Jörn Winter (Hrsg.)

Handbuch Werbetext

HORIZONT **BOOKS**

Jörn Winter (Hrsg.)

Handbuch Werbetext

Von guten Ideen, erfolgreichen Strategien und treffenden Worten

Deutscher Fachverlag

Bibliografische Information Der Deutschen Bibliothek
Die Deutsche Bibliothek verzeichnet diese Publikation in der Deutschen Nationalbibliografie; detaillierte bibliografische Daten sind im Internet über http://dnb.ddb.de abrufbar.

Reihe HORIZONT BOOKS
ISSN 1437-8744
ISBN 3-87150-771-7

Umschlag und Satz: UCMG, Kiew
Druck und Bindung: Lengericher Handelsdruckerei, Lengerich

Inhalt

3 Strategie

4 Voraussetzungen

5 Umsetzung

Exkurs

Anhang

Vorwort

Warum wir so viele Worte über die Texter und das Texten machen

Jörn Winter

Es muss einmal eine Zeit gegeben haben, da lebten die Werbetexter in geradezu paradiesischen Verhältnissen. Zumindest wenn man den Worten des großen David Ogilvy Glauben schenkt. *„Früher waren Art Directoren mehr oder weniger die Handlanger der Texter"*, lässt er uns in seinem Buch „Über Werbung" wissen. Bei diesen Worten keimt für einen kurzen Moment Hoffnung auf – die Ogilvy allerdings gleich im nächsten Atemzug wieder erstickt: *„Dies hat sich inzwischen jedoch grundlegend geändert"* (vgl. Ogilvy 1984, S. 32). Wann das vermeintliche Paradies verloren ging, erfahren wir nicht. Aber eines ist sicher: Seit David Ogilvy 1983 die Verschiebung der Kräfteverhältnisse bedauernd konstatierte, haben das Ansehen der Texter und die Qualität der veröffentlichten Texte weiter abgenommen. Der Grund: Die Branche hat sich ganz auf die Macht der Bilder verlassen, auf die Kraft des Visuellen, auf die schöne Verpackung – und ist darüber beinahe sprachlos geworden. Kein Wunder. Schließlich sind wir doch alle in erster Linie „Bildergucker", schließlich heißt es nicht umsonst: *„Ein Bild sagt mehr als tausend Worte"*, und schließlich sind Bilder international – was in Zeiten der allgegenwärtigen Globalisierung ein starkes Argument ist. Und trotzdem...

Und trotzdem ist der Werbetext auch im dritten Jahrtausend nach Christus allgegenwärtig – in Funk und Fernsehen, auf Anzeigen und Plakaten, in Mailings und Katalogen und natürlich im Internet. Es wird mehr getextet denn je!

Und trotzdem brauchen Menschen für ihre Kaufentscheidung mehr als Bilder. Sie brauchen Informationen, Beweise, Argumente, mit denen sie ihre

Bauchentscheidungen absichern und begründen können. Ein guter Werbetext liefert sie ihnen!

Und trotzdem werden Religionen, Staaten und Unternehmen nicht zuerst auf Symbolen und Zeichen gegründet, sondern auf Verfassungen. Denn am Anfang war das Wort!

Also ist es Zeit, sich dem Umgang mit den Worten umfassender und ausführlicher zu widmen, als man es in den vergangenen Jahren getan hat. Es ist Zeit, diesen wesentlichen Teil der Kommunikation und der Werbebranche gründlich zu reflektieren und damit aus dem Schattendasein zu holen. Nicht etwa, weil wir Texter uns dadurch aufgewertet fühlen (das tun wir natürlich auch). Sondern weil Sprache eine ungenutzte Marketing-Chance ist und weil es gilt, diesen schlafenden Riesen zu wecken. Da es sich in der Werbung ums Verkaufen dreht, darf der „Verkäufer" nicht nur in Bildern (und damit manchmal in Rätseln) sprechen. Nein, er muss auch die richtigen Worte finden. Denn stumme Verkäufer sind selten erfolgreich.

Doch da ein guter Text nun einmal untrennbar mit seinem Schöpfer verbunden ist, kann man sich ihm nicht nähern, ohne sich gleichzeitig dem Texter zu nähern. Deshalb geht es in diesem Buch auch um mehr als nur um die Frage, wie man das treffende Wort wählt. Es ist gleichzeitig der Versuch, eine „unbekannte Spezies" zu entdecken, von der es so viele und so beliebige Vorstellungen gibt und die gerade deshalb so wenig profiliert ist. Wen wundert's? Denn Texter sind zumeist Autodidakten, die vordergründig ein Feld beackern, das jeder Schulabsolvent zu beherrschen glaubt: das Lesen und Schreiben.

Keine Qualifikation, keine Qualität

Was soll schon Besonderes an abgebrochenen Germanistik-Studenten mit einem Faible für Thomas Mann und überdurchschnittlichen Duden-Kenntnissen sein? Nichts. Warum soll man vor Bücherwürmern, die zudem jeden Woody-Allen-Film kennen und heimlich Tagebücher schreiben, Respekt haben? Aus keinem besonderen Grund. Denn diese Klischeebilder beschreiben keineswegs das Profil eines guten Texters. Sondern sie beschreiben vielmehr das Dilemma, das da heißt: keine Qualifikation, keine Qualität, alles beliebig.

Diese einfache Gleichung spukt in den Köpfen vieler Vorgesetzter und Auftraggeber herum. Wenn nicht bewusst, so haben sie doch zumindest unbewusst das sichere Gefühl, in der Materie des Texters ebenso kompetent zu sein wie der Texter selbst. Schließlich haben auch Juristen, Betriebswirtschaftler und Wirtschaftsingenieure schon einmal einen Deutschaufsatz oder eine Seminararbeit formuliert (und mitunter nicht mal schlecht). Warum sollen sie da nicht auch einen Anzeigentext bewerten oder gar verbessern können?

Vielleicht, weil sie gar nicht wissen, nach welchen Kriterien sie den Text bewerten sollen (außer nach ihrem eigenen Geschmack). Vielleicht, weil sie noch nie etwas von der Wahrnehmungslehre und der Psychologie des Lesers gehört haben. Und vielleicht auch, weil ihnen keiner sagt, dass es so etwas gibt und wozu es gut ist, weil es nämlich auch die Spezialisten oftmals nicht wissen – die Texter. Denn auch die Texter haben immense Wissenslücken. Wie sollte es auch anders sein in einem Beruf, der bis heute über keine richtige Ausbildung verfügt und in dem man von den Talenten verlangt, sich selbst zu perfektionieren. Das ist eine Dummheit ohne Beispiel! Jedes musikalische Kind **lernt** das Klavierspielen. Nur der Texter textet kraft seiner genialen Gene?

Texter brauchen mehr als Sprach-Talent

Wohl kaum. Denn zu einem guten Texter gehört so viel mehr als das Talent im Umgang mit der Sprache. Und eben deshalb haben wir uns auch zu diesem Buch entschlossen. Um ein klareres Berufsbild zu zeichnen. Um etwas Licht ins Dunkel der Vermutungen zu bringen, was einen guten Texter auszeichnet und was er können sollte. Und um inmitten der allgegenwärtigen Beliebigkeit die wichtigsten Grundlagen des Texter-Handwerks zu vermitteln.

Es gibt also **mindestens drei Gründe**, sich für dieses Buch zu interessieren:

1. Sie wollen Texter werden und wissen, was alles dazu gehört.
2. Sie sind bereits Texter und wollen sehen, ob Sie sich wieder erkennen und ob es etwas gibt, was Sie noch nicht wissen, was Sie aber tagtäglich gut gebrauchen können.
3. Sie arbeiten in Werbung oder Marketing und haben sich schon immer gewundert, was die Texter den ganzen Tag treiben (außer Papier voll zu schreiben) und ob die Texte eigentlich immer so sein müssen wie sie sind.

Egal was es ist: Lesen Sie weiter! Denn es gibt zu vielen einzelnen Aspekten dieses Buches ganze Bücher. Aber es gibt keines, das den Gesamtzusammenhang herstellt: zwischen Berufsausbildung und Berufsauffassung. Zwischen Texter-Kopfwerk und Texter-Handwerk. Zwischen TV-Spot und Internet. Doch auf diesen Überblick kommt es an. Denn jedes noch so tiefe Detailwissen ist bekanntlich nichts wert, wenn es nicht verknüpft wird.

Dieses Buch ist demnach ein Anfang. Und ich bin froh, dass so viele renommierte Kollegen diesen ersten Schritt mit mir gehen. Den Gewinn davon haben alle, die sich fürs Texten interessieren, die wissen wollen, wie man bedrucktes Papier zum Leben erweckt, wie man mit Worten mehr bewegt. Und das sind Sie, liebe Leser...

Literaturhinweis:

Ogilvy, David 1984: Ogilvy über Werbung. Düsseldorf und Wien

1 Einleitung

Was der Texter ist und was der Texter macht

Der Texter textet, oder?

Jörn Winter

Eigentlich könnte es uns ja egal sein, ob es unterschiedliche Auffassungen darüber gibt, was ein Texter ist, welche Voraussetzungen er mitbringen muss und wie er richtig eingesetzt wird. Frei nach dem Motto: Hauptsache, das Ergebnis stimmt! Doch genau das tut es in vielen Fällen nicht, und zwar weil es einen direkten Zusammenhang zwischen Berufsausbildung, Berufsauffassung, Tätigkeitsbereich und Arbeitsergebnis gibt:

Wer, wie bei Textern üblich, keine Ausbildung hat, der ist ausschließlich auf seinen Ehrgeiz und sein Talent angewiesen. Aber wie viele ehrgeizige Talente gibt es schon? Und wo lernen sie ihr Handwerk? Wer sich eher als freier Künstler denn als einfallsreicher Dienstleister sieht, wie weit stellt der die Probleme des Kunden in den Mittelpunkt seiner Überlegungen? Und wer andererseits von Auftrag- und Arbeitgebern nicht selten auf die Funktion einer Schreibkraft reduziert wird, was kann der zum Gesamterfolg beitragen?

Die Situation ist ähnlich der eines Fußballers, der sich in der Rolle des Mittelfeld-Regisseurs sieht. Er selbst muss begreifen, dass er nur dann wertvoll ist, wenn er nicht eigensinnig zaubert, sondern zuerst für die Mannschaft spielt. Und sein Trainer muss verstehen, dass er ihn nicht als Manndecker einsetzen darf, wenn er sein Potenzial richtig nutzen will. Nur unter diesen Voraussetzungen kann sich der gewünschte Erfolg einstellen. Egal ob im Fußball oder in der Werbung. Und eben deshalb ist es notwendig, mehr Klarheit darüber zu schaffen, was ein Texter ist und was er macht.

Sprach-Talent alleine reicht nicht. Texter müssen mehr mitbringen

Fangen wir also bei der Standortbestimmung ganz vorne an. Nämlich mit der Frage: **Welche Talente** muss einer mitbringen und welche Berufsauffassung sollte er haben, um ein **guter Texter** zu sein?

Mitbringen muss er natürlich den **Spaß an der Sprache** und das Talent, mit ihr umzugehen. Ein Sachverhalt, den wir allerdings nur einmal der Vollständigkeit halber erwähnen, weil er in etwa so selbstverständlich ist wie die Tatsache, dass ein Sprinter eine gewisse angeborene Grundschnelligkeit benötigt.

Dazu braucht er die Fähigkeit, **bildhaft und klar zu denken.** Bildhaft deshalb, weil gute Texter mit Worten malen. Und klar, weil ein großer Teil der Aufgabe darin besteht, vermeintlich komplexe Sachverhalte zu analysieren, zu verstehen und auf das Wesentliche zu reduzieren. Das Wesentliche heißt in der Werbung zumeist, das wichtigste Verkaufsversprechen zu finden und es gleichermaßen **einfach wie einfallsreich zu formulieren.**

Wer daran scheitert und seinen nichts sagenden oder schlecht verständlichen Text damit begründet, die Materie sei nun einmal so kompliziert und das Produkt so vielschichtig gewesen, der hat die Aufgabe verfehlt. Denn schon der Philosoph Karl Popper, der sich bekanntlich mit gewichtigeren und wesentlicheren Themen als Werbung beschäftigte, hat festgestellt: *„Wer's nicht einfach und klar sagen kann, der soll schweigen und so lange weiter arbeiten, bis er's klar sagen kann."* Ein Ratschlag, der für alle gilt, die etwas öffentlich sagen wollen, und für Werbetexter ganz besonders.

Ebenso gilt der gute Rat, **beim Texten nicht von sich auf andere zu schließen.** Auf das Gegenteil kommt es nämlich an: sich in andere Menschen, ihre Bedürfnisse und ihre Lebenssituationen hineinzudenken und sie nachzuempfinden. Andernfalls führt man nämlich entweder einen Monolog oder schreibt für eine anonyme Masse namens „Zielgruppe" und damit ziemlich sicher am eigentlichen Interesse der Menschen vorbei. Was ein Texter dafür braucht, ist **Einfühlungsvermögen.** (Ich wähle bewusst nicht den Begriff Sensibilität, weil es zu sehr an das Klischee vom verweichlichten Künstler-Seelchen erinnert.)

Was er noch braucht: eine möglichst **umfassende Allgemeinbildung.** Sie hilft nicht nur Zusammenhänge zu verstehen, sondern auch interessante Zusammenhänge herzustellen, die den Leser bei der Sache halten, weil er die Sache so vielleicht noch nie gesehen hat. Und natürlich muss er **wissbegierig** sein. Denn in jeder Aufgabe steckt die Chance, etwas Neues dazuzulernen: Wie funktioniert die Einspritz-Automatik beim Diesel? Was ist der Unterschied zwischen Lamm- und Rinds-Nappa? Warum trinken Menschen eigentlich Bier? **Texter müssen verstehen wollen.** Sie müssen sich permanent Fragen stellen, damit sie den Konsumenten die besseren Antworten geben können. Wer den Dingen nicht auf den Grund gehen will, der wird kein guter Texter.

Was außerdem hilfreich ist: eine anständige Portion **Humor und Charme,** denn damit wirbt es sich bekanntlich auch im richtigen Leben besser. Und zu guter Letzt: Ausdauer. **Die Ausdauer und die Leidensbereitschaft eines Marathonläufers,** so lange durchzuhalten, bis der letzte Schritt gemacht ist und unterschiedliche Menschen mit unterschiedlichen Erwartungshaltungen eine Idee oder einen Text für wert befinden, veröffentlicht zu werden.

Texter sind nicht entweder oder, sondern sowohl als auch

Texter sind Killer und Dichter zugleich

Diejenigen, die diese vermeintlichen Widersprüche in sich vereinen, die analytisch **und** einfallsreich, die einfühlsam **und** verkäuferisch, die begeisterungsfähig **und** ausdauernd sind, das sind diejenigen, die wir meinen. Und denen hat David Ogilvy schon vor rund zwei Jahrzehnten eine glänzende Zukunft prophezeit: „Wenn sie sowohl Killer als auch Dichter sind, werden sie reich“ (vgl. Ogilvy 1984, S. 32).

Gerade diese scheinbaren Gegensätze sind es, aus denen die nötige innere Reibung entsteht, um Ideen zu produzieren, um sie aufzuschreiben und so lange dran zu bleiben, bis die Kampagne fertig und der Kunde zufrieden ist. Dennoch hat dies alles weniger mit Genie und Wahnsinn als mit Handwerk und Disziplin zu tun. Oder um es mit den Worten von Reinhard Springer auszudrücken: *„10 Prozent sind Inspiration, 90 Prozent Transpiration.“* In diesem unspektakulären Mischungsverhältnis entstehen nicht nur gute Texte, sondern gute Werbung überhaupt.

Und eben deshalb erkennt man einen fähigen Texter auch nicht zuerst an seinem Pferdeschwanz, seinem Ohrring oder seiner Tätowierung. Auch nicht an seiner exzentrischen Kleidung. Und schon gar nicht daran, dass er alle Welt beharrlich mit Ideen konfrontiert, die außer ihm keiner versteht oder komisch findet. All das kennzeichnet nämlich eher die sich ausbreitende Spezies der Kreativ-Darsteller – und die meinen wir nicht. Den Spinner spielen und gute Ideen entwickeln sind nämlich zwei Paar Schuhe.

Der gesunde Menschenverstand zählt

Wichtigste Voraussetzung für einen guten Texter ist und bleibt ganz einfach der gesunde Menschenverstand, gepaart mit Einfallsreichtum und dem notwendigen strategischen Verständnis für die jeweilige Aufgabe und den Kunden. Denn sosehr wie das Texten ein schöpferischer Prozess ist, so sehr ist es auch eine Dienstleistung. Und dieser Dienst heißt, einem Kunden dabei zu helfen, erfolgreicher zu werden, also mehr Produkte zu verkaufen.

Was der Kunde dafür braucht: Partner, die sich in seine Situation versetzen, die ihm zuhören, die sein Unternehmen, seine Position im Markt, seine Philosophie verstehen, die seine Aufgabe ernst nehmen, die sich bis über beide Ohren in sein Produkt hineinarbeiten, hineindenken, hineinfühlen. Nichts anderes meint nämlich strategisches Verständnis.

Was der Kunde dagegen nicht braucht, sind „Typen", für die der Auftraggeber nur Mittel zum Zweck ist, um sich selbst ins Rampenlicht zu rücken und die mitunter schon einen Slogan formuliert haben, noch ehe sie die Aufgabe begriffen haben.

Je mehr ein Texter sich also mit einem Unternehmen und seiner aktuellen Marktsituation befasst, je mehr er sich gleich zu Anfang eines Projektes in die „strategische Materie" vertieft, um so besser werden seine Ideen und seine Texte am Ende sein. Besser heißt passender, zielgerichteter und damit in Absatzzahlen erfolgreicher.

Was gut und was schlecht ist, entscheiden nämlich nicht die Lachsalven des Publikums z.B. bei der Kinowerbung. Sonst hätte Camel 1992 mit seinen pfeifenden Kamelen Marlboro die Marktführerschaft streitig machen müssen, so begeistert wie die Zuschauer damals reagiert haben. Die Filme waren hervorragend, die Kampagne wurde preisgekrönt und das Ganze war dennoch ein Schlag ins Wasser. Die Absatzzahlen sanken, weil die lustigen Kamele nicht geeignet waren, um den markanten Camel-Mann abzulösen.

Der hatte sich nicht nur jahrelang für ein paar Camel Filter die Schuhe durchgelaufen. Sondern mit ihm hatten sich auch Millionen von Menschen identifiziert.

Vor dem Handwerk kommt das Kopfwerk

Das Beispiel zeigt, wie wichtig es ist, eine Marke so gut wie nur möglich zu ergründen. Und es zeigt, wie unwichtig es ist, was der Texter selbst witzig oder unterhaltsam findet. Entscheidend ist es zu verstehen, wie Zigarettenwerbung generell funktioniert, was die Marke Camel einmalig macht und von anderen unterscheidet und welche Kampagnen-Ideen in diesem Kontext überhaupt sinnvoll und tragfähig erscheinen. Denn Werbetext hat nichts mit verbaler Selbstverwirklichung zu tun. Es ist vielmehr ein beständiges Pendeln zwischen „Kopfwerk" und „Handwerk", zwischen analytischem und schöpferischem Denken und der späteren Ausformulierung, dem Kampf mit dem Wort.

Wer also den Texter als reinen Schreiber sieht, der wird ihm höchstens zur Hälfte gerecht. Denn er vergisst den Strategen und Ideengeber und damit den Teil der Arbeit, der zwingend notwendig ist, um überhaupt mit dem Schreiben beginnen zu können. Dabei spielt es ausnahmsweise mal keine Rolle, ob einer einen Roman, ein Drehbuch oder einen TV-Spot schreiben will – das Prinzip ist immer das gleiche. Und flapsig ausgedrückt lautet es: erst fertig denken, dann machen.

Soll heißen, der Schreiber muss genau wissen, wohin die Reise geht, und zwar bevor er mit dem Schreiben anfängt. Die Gedanken müssen destilliert und geordnet sein, bis nur noch das Wesentliche übrig bleibt, bis für die jeweilige Aufgabe die zentrale Idee, das wichtigste Verkaufsversprechen, im Marketing-Jargon der USP (unique selling proposition) gefunden ist. Bestehen in diesem Punkt Unklarheit oder Zweifel, so werden sie nicht dadurch gelöst, dass der Texter schon mal losschreibt. Im Gegenteil: Die Verwirrung wird mit jeder Anzeigenversion oder jedem TV-Manuskript nur größer.

Eben deshalb widmet sich der erste Teil dieses Buches auch nicht dem eigentlichen Texten, also der Suche nach der treffenden Formulierung oder dem passenden Wort. Sondern den Vorarbeiten, die einer leisten muss, der am Ende einen treffenden und bewegenden Text schreiben will. Und eben deshalb stehen auch gleich zwei Beiträge am Anfang, die nichts mit dem Schreiben, aber sehr viel mit den Aufgaben und der Berufsauffassung eines guten Texters zu tun haben.

Literaturhinweis:

Ogilvy, David (1984): Ogilvy über Werbung. Düsseldorf und Wien

Der Texter als Stratege oder Wie wertvoll gesunder Menschenverstand ist

Christian Storck

Auch wenn ein Texter kein Handwerker ist, muss ein Texter sein Handwerk doch beherrschen; und das ist der Umgang mit der Sprache. Die richtigen Ideen zu haben, spielt dabei sicher eine ebenso entscheidende Rolle wie das notwendige Talent. Doch bevor wir uns jetzt falsch verstehen: Der wahre Auftrag eines guten Texters, eines guten Kreativen überhaupt, geht weit über sein Handwerk und seine Begabung hinaus. Um diesen Auftrag besser einschätzen zu können, ist es hilfreich, die Welt einmal aus Sicht der Auftraggeber zu betrachten. So wird schnell klar, worum es im Großen und Ganzen eigentlich geht und in Zukunft wohl noch mehr gehen wird. Doch weil es bekanntlich keine Zukunft ohne Vergangenheit gibt, beginnen wir die Betrachtung mit einem Blick zurück...

Die Zeiten ändern sich immer gewaltiger

Als die ersten Marken „geboren“ wurden, handelte es sich fast ausschließlich um konkurrenzlose Erfindungen, die die Welt bereicherten. Levi Strauss' Blue Jeans, Coca-Colas Brause, Gottlieb Daimlers Automobil und viele andere Produkte wurden schnell zu erfolgreichen Marken. Damals reichte es, eine „Erfolgsformel“ zu finden und sie in der Produktion und im Marketing umzusetzen.

Heute müssen Unternehmen einerseits diese Erfolgsformel so effizient und wirkungsvoll wie möglich anwenden, andererseits aber gleichzeitig auch den immer rascheren Veränderungen in der Gesellschaft und Wirtschaft anpassen. Ihre Produkte konkurrieren mit vielen ähnlichen um die Gunst der

Menschen. Und diese Menschen haben nicht nur die Wahl, sondern morgen vielleicht schon ganz andere Bedürfnisse.

Dieser durch technologische Fortschritte und globalen Handel begünstigte, immer rasantere Wandel zwingt Unternehmen dazu, neue Kompetenzen und Ressourcen für die Zukunft aufzubauen. Die Zukunft gehört nicht zwangsläufig den größten und auch nicht den schnellsten, sondern den anpassungsfähigsten Marken.

Werbeagenturen sind Dienstleister

Das Gleiche gilt für Werbeagenturen. Der Wandel zur Dienstleistungs-Gesellschaft ist längst vollzogen. Werbeagenturen sind Dienstleister und ihre „Produkte" unterliegen den gleichen Marktgesetzen wie die der Industrie-Unternehmen. Darüber hinaus sind sie symbiotisch.

Doch Werbeagenturen haben es hier besonders schwer. Denn sie haben zwei Arten von Kunden: zum einen ihre direkten Auftraggeber und zum anderen die Kunden ihrer Kunden. Das Produkt einer Werbeagentur muss also auf verschiedenen Ebenen verschiedenen Anforderungen gerecht werden. Klingt nicht nur kompliziert, sondern ist es auch.

Als Folge der Entwicklungen fordern Unternehmen von Agenturen stets innovativere Ansätze, stärkere Kundenorientierung, ein optimales Preis-Leistungs-Verhältnis, perfekte Marktkenntnis, strategische Umsetzung von Konzepten, umfassendes Know-how im Medienmarkt... Und warum sie das fordern müssen, wird deutlich, wenn wir wissen, was Unternehmen eigentlich von Werbeagenturen erwarten.

Louis V. Gerstner, CEO von IBM, formuliert es so:
„Da sind drei Dinge, nach denen wir suchen: Kreativität, Kreativität, Kreativität."

Die Schizophrenie der „Kreativität"

Doch was heißt das: Kreativität? Es heißt schlicht: Einfallsreichtum! Und dieser Einfallsreichtum wird bis heute oft nur im „Endprodukt Werbung" erwartet und gefordert. Kreativität ist aber nicht nur bei der Realisation von Anzeigen oder Werbespots gefragt, sondern auch und gerade in der

Planung, in der Entwicklung neuer Strategien, in der Auswahl der Medien und der Entscheidungsfindung selbst – denn hier werden die Weichen für die Werbung gestellt! Das Schizophrene: Selbst wenn kluge Unternehmer wie Herr Gerstner dieses umfassende Verständnis von Kreativität haben und dementsprechend mehr Gestaltungsraum für Werber zulassen, beschränken sich Werbeagenturen auf eine Dienstleistung in Form von doppelseitigen Anzeigen und 30-Sekunden-Spots. Das definieren sie bis heute als ihre Kernkompetenz.

Die Kreativen kommen zu spät ins Spiel

Einer der etwas weiter denkenden Menschen der Branche, Bill Bernbach, hat deshalb schon vor Jahrzehnten gesagt: *„Creative is not a department."* Doch die Realität sieht anders aus. Denn die namentlich Kreativen, die Texter und Grafiker, bilden bekanntlich sehr wohl nichts anderes als eine Abteilung in der Agentur. Und diese Abteilung kommt bevorzugt dann ins Spiel, wenn die strategischen Weichen bereits gestellt sind. Dabei könnten sie alle, aber ganz speziell die Texter, von Anfang an wesentliche Ideen mit entwickeln. Die Texter deshalb, weil es einen präzisen und analytischen Verstand braucht, um die richtigen Worte zu finden. Und dieser Verstand ist in jeder Phase gefragt – nicht erst, wenn es um die Headline oder den Slogan geht.

Unter der branchenüblichen Fehleinschätzung dieser Tatsache leidet allzu oft die „Produktqualität" der Marken-Kommunikation. Die Produkte der Werbeagenturen laufen verstärkt Gefahr, von ihren Kunden, den Auftraggebern, weniger geschätzt zu werden. Oder anders ausgedrückt: Produkte von Textern und ihren Kollegen bedürfen dringend einer strategischen Aufwertung, um auch in Zukunft als wichtiges Hilfsmittel ernst genommen zu werden. Wichtig deshalb, weil es echten, sprich ökonomischen Mehrwert schafft. Doch dazu benötigen die Texter selbst einer Aufwertung: als einfallsreiche Strategen.

Was genau ist zu tun?

Seit Bill Bernbach und David Ogilvy vor einigen Jahrzehnten die Werbung neu definiert haben, hat sich nicht viel verändert. Dabei hat die Komplexität der Märkte, verbunden mit dem Zwang, alles schneller zu machen und gleichzeitig die Kosten zu senken, die Strukturen auch in den Werbeagenturen (unabhängig von ihrer Größe) überholt. Die größte Herausforderung einer Werbeagentur besteht heute darin, ihr Hauptprodukt – Kreativität – permanent in allen Stufen des Entstehungsprozesses zu verbessern, um es dem raschen Wandel der Märkte bzw. der Gesellschaft anzupassen.

Nur so können sich Unternehmen und folglich die Werbeagenturen gleichermaßen ihre zukünftige Wettbewerbsfähigkeit sichern.

Wieso? Weshalb? Warum das Ganze?

Reorganisiert und abgemagert bis auf die Knochen, haben Unternehmen festgestellt, dass Kostenreduktion allein noch kein Wachstum bringt. Seitdem fordern sie von ihren Beratern zunehmend auch Hilfe bei der Suche nach unternehmerischen Visionen und innovativen Ideen. (Also bis hierhin kein Wort von Werbekampagnen oder gar lustigen Headlines als Lösungsansatz.)

Die meisten Agenturen arbeiten aber immer noch so, wie sie es eh und je getan haben, und produzieren, was sie immer schon produziert haben...: traditionelle, massenorientierte Werbung. Mal mehr, meist weniger einfallsreich.

Aber das ist eigentlich schon lange nicht mehr die zentrale Aufgabe, die Werbeagenturen zu bewältigen haben. Es wird nämlich immer schwieriger, eine Marke einzigartig im Markt zu positionieren, weil alle Kommunikationsspezialisten nach den gleichen Prinzipien arbeiten. Was dabei herauskommt, sind entsprechend gleiche Kommunikationsstrategien und -inhalte für zudem ähnliche Produkte. Vielleicht haben dabei dann sogar alle Beteiligten alles richtig gemacht, aber nur richtig reicht eben nicht. Wer nur Fehler vermeidet, hat noch lange keine großartige, wettbewerbsfähige Idee.

Oft wird nur die Oberfläche poliert

Denn wenn man von Anfang an zu kurz denkt, in Abteilungen beziehungslos nebeneinander her arbeitet, nur rational analysiert, Marktforschungsergebnisse unreflektiert verwendet, daraus eine Strategie erstellt und das Ergebnis als Marktkommunikation erklärt, ist die fatale Folge: Das Produkt/die Marke unterscheidet sich, wenn überhaupt, nur marginal von der Konkurrenz. Die Menschen, für die das investitionsreiche Spektakel veranstaltet wird, bleiben unbeeindruckt und ohne Interesse. Dann hilft es auch nicht, auf die Kreativität der so genannten Kreativen zu hoffen. Die können bestenfalls noch mit einem schönen Foto oder einer netten Headline die Oberfläche polieren. Bewegen im eigentlichen Sinne können sie nicht mehr viel. Also glänzt dann zwar die Fassade, aber dahinter fehlt es merklich an Substanz.

Dieses Problem der Einfalt geht sogar über einzelne Produktkategorien hinaus. BMW führte die neue 3er Serie mit dem Versprechen *„Mehr als ein Auto“* in den Markt ein. Kent-Light-Plakate verkünden: „Mehr als eine Zigarette“. Die SEB Bank behauptet, *„Mehr als eine Bank“* zu sein...

Es sollte „mehr als alarmierend“ für die Werbebranche sein, wenn schon ein Wirtschaftsmagazin feststellen muss: *„Die Gleichmacherei der Kreativen gefährdet viele Markenauftritte. Der ökonomische Schaden, warnen Experten, ist immens“* (WiWo Nr. 34, Jahrgang 99).

Früher anfangen, weiter denken

Die meisten Kunden verfügen über starke Marken. Das Problem heute ist jedoch, vorauszusagen, wie sich diese entwickeln werden. Denn die Fragmentierung der Märkte nimmt zu. Herkömmliche spezialisierte Marketingfertigkeiten treten daher immer weiter zurück hinter: strategisches Denken, Kommunikationsfähigkeit und Sensibilität für Kundenbedürfnisse.

Das, was die Unternehmen mehr denn je beschäftigt und beschäftigen muss, ist die Frage, was eine Marke im Innersten zusammenhält. Einzelmaßnahmen wie PR oder Werbung sind dabei nur Mittel zum Zweck. Viel wichtiger ist es, ein durchdachtes Konzept zu liefern, welches den Gesamtkomplex Marktkommunikation plan- und steuerbar macht.

Die Hälfte der Markenkampagnen ist wirkungslos

Markenführende Unternehmen werden bei dem vorherrschenden Selbstverständnis ihrer Werbeagenturen nervös, denn sie ziehen immer schrecklichere Bilanzen. Eine Studie von Prof. Philipp Jones von der New Yorker Syracuse Universität, welche die Wirkung von Markenkampagnen in den USA und Deutschland untersuchte, kam zu dem Schluss, dass 54 bis 65 Prozent davon auch nach 12 Monaten Laufzeit ohne Wirkung bleiben. Schaut man auf einige Branchen genauer, z.B. Zigaretten, liegt die Floprate bei bis zu 95 Prozent.

Bei Werbungtreibenden verbreitet sich daher langsam eine gefährliche Einschätzung der Leistungsfähigkeit von Werbeagenturen: *Den „Werbern" fehlt es an intellektueller Schärfe und strategischer Stärke* (Marketing Journal 3/98, Horizont Nr. 29/16.7.1998).

Dabei könnte alles so einfach sein:

„Ich brauche ein Team mit Eingebung im Brand-Management-Approach und kein Wenn und Aber" (Gordon Shanken, Marketingchef von Levi Strauss).

Während Kreativität also immer noch viel zu oft nur im Endprodukt „Werbung" erwartet und gefordert wird, geht es eigentlich und schon längst darum, die „Ideen" der Kreativen einzusetzen, um neue Strategien zu entwickeln. Das ist in Wahrheit die Dienstleistung, die z.B. einen Texter unersetzlich für die Wirtschaft machen kann – wenn er ein kluger Kopf ist und über seine Anzeige hinaus denkt.

Ideen für den Wettbewerb (Da haben wir es wieder.)

Richtig genutzt, wird Kreativität zum Wettbewerbsfaktor für alle Beteiligten. Für die Auftraggeber, weil der größte Fehler, aber auch der größte Vorteil immer der strategische ist. Und für die Kreativen, weil eine gute Strategie sich dadurch auszeichnet, dass sie immer etwas Überraschendes enthält. Überraschung erzielt man aber nur mit einem neuen Einfall, einer guten Idee.

Das bedeutet für die Zukunft: Agenturen müssen ihr Produkt durch eine kreative Marketingkomponente erweitern, denn genau hier liegt die eigentliche Kernkompetenz einer Werbeagentur.

Synthese fördert Kreativität

Gefordert sind hier selbstverständlich gleichermaßen Texter, Grafiker, Berater, Media-Spezialisten... Alle Beteiligten müssen sich als Kreative und als Berater begreifen. (Sie erinnern sich: *„Creative is not a department"!*)

Sie müssen ihr Tätigkeitsfeld ganzheitlich sehen und auch so arbeiten, damit die Schnittmengen der einzelnen Disziplinen größer und die Synergien besser zu nutzen sind. Die Fähigkeit zur Synthese ist eng verbunden mit Kreativität. Und die besteht meistens nicht darin, völlig neue Ideen zu entwickeln, sondern vielmehr, bekannte Elemente auf neue Art und Weise zusammenzufügen. Wer die Dinge in einem anderen Licht betrachtet, kann sie auch in einem anderen Licht präsentieren.

In Zukunft wird es nicht mehr möglich sein, dass die einen (meist Kundenberater und Marktforscher) Verkaufstrends durch die Analyse von Zielgruppen herausfinden und die anderen (meist Texter und Grafiker) versuchen, auf dieser Basis eine möglichst originelle Umsetzung zu finden.

Mit Verstand und Verständnis zum Erfolg

Heute geht es darum, ungewöhnlichere Wege zu finden, eine Marke insgesamt zu betrachten und Konsumenten anders anzusprechen. Es geht darum, die Marken und die Konsumenten besser zu verstehen. Es geht um ein breites, qualitatives Spektrum. Es geht darum, nach vorne zu denken und für Kunden in allen Belangen noch einfallsreicher zu werden. Man muss sein kreatives Talent nur für diese Zwecke nutzen, und zwar von Anfang an.

Einfallsreiche Brand Manager sind gefragt

Was Unternehmen schon heute brauchen und daher spätestens in Zukunft von Werbeagenturen fordern werden, ist ein kritischer, freier und vor allem einfallsreicher Geist. Für diese Aufgabenstellung ist das Spielfeld der traditionellen Werbung alleine viel zu eng. Um auch in den Vorstandsetagen ernst genommen zu werden, müssen die Mitarbeiter einer Agentur mehr sein als nur „Werbespezialisten". Sie müssen zu Experten im Bereich „Brand Management" werden. Es ist an der Zeit, den „genetischen Code" einer Marke zu identifizieren, um aus der Substanz der Marke ihre Zukunft zu entwerfen und weiterzuentwickeln, um immer ein frisches und lebendiges Verhältnis zwischen ihr und „denen da draußen" zu schaffen.

Dieser „genetische Code" entschlüsselt, was eine Marke eigentlich ausmacht, erklärt ihr Wesen, zeigt die Bausteine, die **ursächlich** für ihren Erfolg verantwortlich sind. „Dabei kommen Bausteine von durchaus unterschiedlicher Wettbewerbs-Qualität in Betracht:

- Sie können Alleinstellung beanspruchen und erzeugen (z.B. Form und Funktion des Lego-Steins);
- Sie sind vergleichbaren Komponenten einer Wettbewerber-Marke überlegen (z.B. die längere Haltbarkeit einer Miele-Waschmaschine);
- Sie sind weder alleinstellend noch überlegen, aber markentypisch (z.B. die rote Farbe von Ferrari)" (Brandmeyer/Schmidt 2001, S. 280).

Tiefer schürfen heißt besser texten

Was damit deutlich wird: Es reicht nicht, eine Marke nur nach ihrem Außenauftritt, nach ihrer Kommunikation, ihrem Design zu beurteilen, wenn man sie wirklich verstehen will. (Und dieses Verständnis ist die Voraussetzung, um verantwortungsvoll an ihr und für sie arbeiten zu können.) Man muss tiefer schürfen, muss sie intensiver und von allen Seiten betrachten – auch wenn man am Ende vielleicht doch wieder „nur" eine Anzeigenkampagne für sie entwickelt.

Deshalb ist der „genetische Code" auch eine ganzheitliche Management-Methode. Und einer ihrer geistigen Väter, Klaus Brandmeyer, ist ein Paradebeispiel für einen strategischen Kreativen. Heute ist er Direktor des Instituts für Markentechnik in Genf. Und früher? War er Texter bei BBDO!

Auf kreative Strategien kommt's an

Was er vielleicht vor vielen anderen begriffen hat: Unternehmen, Produkte und Service-Anbieter, „also Marken", brauchen nicht zuvorderst lustige Anzeigen oder schräge TV-Spots – sondern die richtigen, weil markenadäquaten Ideen auf allen Ebenen. Sie brauchen kreative Strategien und strategische Kreative. Werbeagenturen und ihre Mitarbeiter, die das verstanden haben, werden auch in Zukunft nicht überflüssig sein, wenn sie ihre Kernkompetenz, Kreativität, auf den Bereich Brand Consulting auszuweiten verstehen.

Wer bei dieser ambitionierten, aber nüchternen Darstellung des Sachverhalts jetzt seine gute Idee, nämlich die, in die Werbung zu gehen, weil er einfach gerne schreibt, infrage stellt, sollte sich die kreativen Größen der Werbung noch einmal genau ansehen. Von David Ogilvy bis Konstantin Jacoby finden sich großartige Strategen in der Gilde der Werbetexter. Diese

Leute haben schon *strategic planning* betrieben, als das Ganze noch gesunder Menschenverstand hieß. Na, und den sollte jeder Kreative wohl sein eigen nennen. Also lesen Sie ruhig weiter...

Literaturhinweis:

Brandmeyer, K./Deichsel, A. (Hrsg.) (1999): Jahrbuch Markentechnik 2000/2001. Frankfurt am Main

Der Texter als Ideen-Lieferant oder Warum Einfallsreichtum mehr denn je gefragt ist

Sebastian Turner

Lohnt es sich überhaupt, über die Rolle des Texters als Ideen-Lieferant Worte zu verlieren? Wer sich hinsetzt und schreibt, muss der nicht zwingend eine klare Idee im Kopf haben? Ein Werbeblock im Fernsehen, ein Blick auf die Anzeigen und Beilagen in Zeitschriften offenbart wenig Schmeichelhaftes für die Werber. Denn viele TV-Spots und Kampagnen kommen scheinbar mühelos ohne Idee aus. Sie sind zwar in vielen Fällen gut fotografiert und grafisch gestaltet – aber das ist nur die dekorative Fassade. Was ihnen fehlt, ist ein überraschendes Moment, eine nachvollziehbare Botschaft, eine klare Idee.

Woran liegt das? Unter anderem daran, dass die **Kreativen** in den Agenturen, also die Grafiker und Texter, oft als unabhängige Teilezulieferer missverstanden werden. Man stelle sich vor, Autos würden so gebaut: Front und Heck würden nicht als Ganzes, Motor und Getriebe nicht als Einheit verstanden. Fahren würden diese Wagen nicht. So geht es auch Werbung, die ohne den Blick fürs Ganze entwickelt und umgesetzt wird. Dabei ist es gerade für die Texter außerordentlich wichtig, dass sie bei der Entwicklung der geistigen Basis bereits eine aktive Rolle spielen. Denn ein guter Text basiert zwingend auf einem klaren Gedanken. Und ein klarer Gedanke, eine gute Idee, trägt eine ganze Kampagne und beeinflusst damit maßgeblich Erfolg oder Misserfolg der gesamten Werbemaßnahmen.

Eine Erkenntnis, die theoretisch von allen bejaht wird, die sich jedoch in der Praxis nur bedingt widerspiegelt. Denn die aktuelle Trefferquote der Werber ist niederschmetternd. Je nach Schätzung lassen sich bei 50 bis 75 Prozent aller Werbeanstrengungen keine Wirkungen feststellen (vgl. Kirschner 1999, S. 12)! Das heißt: Von den rund 60 Milliarden Mark, die jedes Jahr in Deutschland in Werbung investiert werden, dürften bis zu 45 Milliarden einfach verpuffen. Dem steht eine ebenso bemerkenswerte andere Prozentzahl gegenüber: In einer Studie erreichen 87 Prozent der untersuchten Kampagnen ihr Ziel oder übertreffen es sogar! Was wurde untersucht? Die 400 Werbespots, die bei Kreativfestivals in aller Welt am besten abgeschnitten hatten (vgl. Gunn 1996, S. 12).

Heißt die Schlussfolgerung also: Wenn Werbung nur kreativ genug ist, ist ihr Erfolg so gut wie sicher? Spektakuläre Misserfolge sprechen dagegen: Nicht nur einmal wurden Kampagnen erst für ihre kreative Leistung hoch gelobt, um dann im Markt katastrophal zu scheitern. Und auch die Liste der Kampagnen ist gar nicht so kurz, denen es mühelos gelingt, Markterfolg mit Ideenlosigkeit zu verbinden.

Kreativität kann den Erfolg von Werbung beflügeln, muss aber nicht.

Woran liegt das?

Wenn man mit den Augen der Verbraucher sieht, droht eine ernüchternde Erkenntnis: Das Interesse an Werbung könnte kaum geringer sein und es nimmt weiter ab. Eine internationale Studie über Werbeerinnerung zeigt, dass sich 1960 immerhin noch 40 Prozent der Zuschauer eines Werbeblocks an einen Spot erinnern können. Heute sind es nur noch 8 Prozent. Vernichtend für die Bemühungen der Werbetreibenden sind die Antworten auf die Frage „Was machen Sie, wenn eine Sendung für Werbung unterbrochen wird ?“ 19 Prozent zappen zum nächsten Sender, 14 Prozent stellen den Ton ab, 7 Prozent ignorieren die Spots, 53 Prozent wenden ihre Aufmerksamkeit anderen Dingen zu. Nur 7 Prozent sagen über eine Werbeunterbrechung: „Ich habe sie gesehen“ (vgl. Morgan 1999, S. 17).

Selbst wenn die Verbraucher nichts Besseres zu tun hätten, als voll konzentriert Werbebotschaften wie Vokabeln zu pauken, sie könnten gar nicht alles aufnehmen, geschweige denn behalten, was sich ihnen an Werbung aufdrängt. Die Werbemenge ist in den letzten Jahren geradezu explodiert. Von 1990 bis 1997 hat sich die Zahl der im deutschen Fernsehen beworben Marken von 1.952 auf 5.579 nahezu verdreifacht, die Anzahl der ausgestrahlten Spots hat sich in derselben Zeit von dreihunderttausend auf 1,5 Millionen verfünffacht (vgl. Wiencken 1999, S. 5).

Für mehr Geld gibt's weniger Publikum

Da die Deutschen nicht fünfmal so viel fernsehen, war das vergangene Jahrzehnt für die Werbungtreibenden vor allem mit einem drastischen Verlust an Wirksamkeit verbunden. Für immer mehr Geld bekommen sie immer weniger Publikum, das immer weniger aufmerksam ist. 1993 haben drei viertel der Zuschauer einen Spot tatsächlich wahrgenommen, wenn sie ihn achtmal gesehen hatten. 1996 haben acht Kontakte nur noch bei fünfzig Prozent zu einer erinnerbaren Wahrnehmung geführt (vgl. Wiencken 1999, S. 5).

In der Printwerbung hat sich zwar das Werbeaufkommen nicht so stürmisch entwickelt, aber auch hier ist die Werbung mit einer hohen Barriere konfrontiert: Nicht einmal zwei Sekunden schenkt der durchschnittliche Betrachter der durchschnittlichen Anzeige (vgl. Kroeber-Riel 1993, S. 104). Zweitausend (an anderer Stelle ist sogar die Rede von dreitausend) Werbeimpulse dröhnen auf jeden Bundesbürger jeden Tag ein, Landbevölkerung, Kinder und Feiertage inklusive.

Es dröhnt auf allen Kanälen – wie soll Werbung da noch ihr Ziel erreichen?

Ein Weg heißt: Wenige TV-Spots oder Anzeigensujets werden über eine vergleichsweise lange Periode massiv eingesetzt. Die Werbemittel erzielen dabei eine sehr hohe Bekanntheit, nicht aber unbedingt eine hohe Akzeptanz oder gar Sympathie für die Marke. Ein ganz sicherer Nebeneffekt ist allerdings das Ermüden der Zuschauer in den Werbeblocks, wenn sie überhaupt hinschauen.

Hier droht ein Teufelskreis: Je monotoner und marktschreierischer die Werbeblöcke werden, desto weniger werden sie beachtet. Um sich in diesem Umfeld doch noch durchsetzen zu können, muss der einzelne Spot mit noch mehr Druck noch öfter wiederholt werden – die Monotonie nimmt zu, das Interesse weiter ab. Das Ergebnis für alle Werbungtreibenden liest sich eindrucksvoll in den Umfragen unter den Verbrauchern: Die meisten sind der Werbung überdrüssig und weichen ihr aus, 45 Prozent würden Werbung am liebsten gesetzlich einschränken lassen (vgl. Wiencken 1999, S. 5).

Vor allem Vertrautes wird gut getestet

Diese hohe Ablehnung widerspricht allerdings einem ganz anderen Sachverhalt. Ein großer Teil der Werbung, die im Namen des Volkes verboten gehört, wurde zuvor getestet und für gut befunden. Die Problematik der Pre-Tests liegt darin, daß Verbraucher nur sehr begrenzt Auskunft über ihre Werbeeindrücke und noch viel weniger über das sich daraus ergebende Verhalten geben können. Hinzu kommt, dass die Testsituation von der normalen Umgebung, in der Werbung wahrgenommen wird, abweicht, was absurde Nebeneffekte haben kann (vgl. Heller 1996, S. 56 f.). Wer in Pre-Tests nicht nur das inhaltliche Verständnis einer Kampagne, sondern auch ihre Akzeptanz feststellen möchte, kann deshalb leicht einem Trugbild aufsitzen. Am ehesten akzeptiert wird zumeist das, was vertraut erscheint. Neues polarisiert.

Eine der erfolgreichsten Autokampagnen, die es in Deutschland je gegeben hat, wäre nie erschienen, wenn der Pre-Test konventionell interpretiert worden wäre. Etwa drei viertel der Befragten lehnten die Kampagne für den Fiat Panda ab, nur ein Viertel mochte die Werbung. Aber: Nur ganz wenige waren gleichgültig. Das war die entscheidende Erkenntnis! Fiat entschied sich für die polarisierende Kampagne und schuf rund um *„die tolle Kiste“* eine ganze Gemeinde.

Unkonventionelle Idee, mutige Entscheidung, einfache Sprache – die Zutaten einer legendären Kampagne

Dieses Beispiel liefert zwei wichtige Erkenntnisse. Erstens: Das Problem sind nicht die Ergebnisse der Tests, sondern ihre Interpretation. Zweitens: Mit einer guten Idee lässt sich eine hervorragende Kampagne über Jahre gestalten. *Die tolle Kiste* – das war nicht nur ein griffiger Slogan, sondern vor allem der geistige Ansatz- und Ausgangspunkt für eine Werbekampagne, die nicht zufällig, sondern folgerichtig ihre Fan-Gemeinde fand. Der Grund: Die Macher der Kampagne haben zuerst über Inhalte und nicht über formale Lösungen, also über die Verpackung nachgedacht. Was der Texter Klaus Erich Küster zunächst beiläufig notierte – *tolle Kiste* –, setzte sich in den Köpfen seines Teams fest. Küster erinnert sich, dass sie von Anfang an nicht „das übliche Werbe-Geschwafel, nicht die üblichen Superlativ-Bla-Blas“ von sich geben wollten (vgl. Rudolph 1991, S. 251 f.).

Nicht Ablehnung ist das Schlimmste, sondern Gleichgültigkeit

Was im Nachhinein beim Fiat Panda folgerichtig erscheint, nämlich humorvoll und souverän mit seiner spartanischen Ausstattung umzugehen, war zum damaligen Zeitpunkt ein mutiger Schritt. Es war ein Verstoß gegen die Konvention, die „heilige Kuh der Deutschen“, das Auto, nicht in den höchsten Tönen zu preisen. Und so war es nicht verwunderlich, dass die Kampagne im Test polarisierte. Die Tatsache, dass sie in der Praxis aber hervorragend arbeitete, war ein Sieg der Idee und ein Sieg der einfachen, einfallsreichen Sprache. Elemente, die heute, angesichts des dramatisch gestiegenen Werbeaufkommens, mehr denn je gefragt sind. So kommt eine Analyse von vierzig erfolgreichen Marketingstrategien zu dem Schluss: Nicht Ablehnung einer Kampagne im Test ist die größere Gefahr für den Erfolg, sondern Indifferenz (vgl. Morgan 1999, S.124).

Wenn heute der größte Teil der Werbung – mit oder ohne Pre-Test – vom Publikum als lästig empfunden wird, ist es da vorstellbar, dass 61 Prozent der Zuschauer Werbung vermissen? Genau das ergab eine Umfrage: Fast zwei Drittel der befragten Zuschauer vermissen Werbung bei den öffentlichrechtlichen Sendern. Allerdings: Diese Umfrage wurde in Großbritannien gemacht und nicht in Deutschland (vgl. FAZ 12.4.99, S. 32). In diesem Zusammenhang bekommt eine ganz neue Bedeutung, dass die Briten international den Ruf genießen, die kreativste Werbung der Welt zu machen.

Lässt sich die Vermutung auch in Deutschland erhärten: Ist kreativere Werbung wirksamer? Hier liefert wiederum der Automarkt ein interessantes Indiz: Zwei Marken haben sich in den letzten Jahren kontinuierlich durch herausragende kreative Qualität hervorgetan (und dafür zahlreiche Preise gewonnen): Audi und Mercedes-Benz. Interne Studien zu Werbeaufwendungen und Werbeerinnerung zeigen hier eine eindrucksvolle Korrelation: Beide Marken sind die Ausreißer nach oben: Sie erreichen eine signifikant höhere Werbeerinnerung im Vergleich zum eingesetzten Budget. Keine andere der zahlreichen Automarken erzielt eine vergleichbar günstige Relation. Und beide bieten – rund um einen präzise definierten Markenkern (Zukunft des Automobils, Vorsprung durch Technik) – kurzweilige Werbung.

Im Zentrum dieser Werbung stehen immer wieder klare Ideen, die in nachvollziehbaren, pointierten Geschichten erzählt werden. Wie die des Mercedes-Benz-TV-Spots, in dem sich der Mann eine Ohrfeige einhandelt, weil er seine abendliche Verspätung gegenüber seiner Frau mit einer Autopanne zu rechtfertigen versucht – und das, obwohl Mercedes-Benz in der Pannen-Statistik ganz weit hinten rangiert. Das ist eine Botschaft, die für jeden potenziellen Autokäufer relevant ist und die aufgrund ihrer Erzählweise plötzlich mehr ist als nur eine statistische Ziffer. Solche erinnerungswürdigen Beispiele entstehen nicht zufällig und sie haben viel damit zu tun, dass ein Texter ganze Arbeit leistet. Nämlich mit einer guten Idee ein gutes Drehbuch (Script) schreibt, aus dem dann ein noch besserer Film wird.

Einfallsreichtum ist und bleibt der beste Treibstoff für erfolgreiche Werbung

Wenn auf diesem Wege **Kopfwerk** und **Handwerk** zusammenkommen, dann ist das schön für den Texter und die Agentur, aber vor allem wichtig für den Auftraggeber, wie eine gemeinsame Studie der Gesellschaft für Konsumforschung (GfK) und des Gesamtverbands Werbeagenturen (GWA) belegt. Gemessen wurde nicht nur der Werbedruck, also die Budgethöhe, sondern auch die Werbequalität. Die überlegene Werbequalität erbrachte „das mit großem Abstand beste Ergebnis" und führte zu dem Fazit: *„Nicht die Größten werden die Ersten sein, sondern die Innovativsten"* (GWA 1997, S. 10).

Kreative Highlights sind erfolgreicher

Aufschlussreich ist auch eine aktuelle Studie der TU Berlin. Sie vergleicht Kampagnen, die Kreativpreise gewonnen haben, mit solchen, denen besondere kreative Anerkennung versagt blieb. Das Ergebnis ist eindeutig: Die kreativen Highlights sind auch im Markt erfolgreicher (Trommsdorff 2001).

Schließlich spricht auch die Erfahrung von Praktikern für die Vermutung, Kreativität verkaufe besser. So kommt die Untersuchung von 480 überdurchschnittlich erfolgreichen Kampagnen zu einem bemerkenswerten Schluss: *„Die erfolgreichsten Kampagnen sind deutlich kreativer als der Durchschnitt"* (Buchholz/Wördemann, S. 200). Als frühere Procter & Gamble-Marketingmanager sind die Autoren der Studie über jeden Verdacht erhaben, Kreativität als Selbstzweck zu verherrlichen. Ihnen pflichtet der in dieser Hinsicht ebenfalls unverdächtige Nestlé-Chef Helmut Maucher bei: *„Es gibt genügend Beispiele, wo nicht Massen an Werbegeldern, sondern die Idee, die Kreativität und die richtige Ansprache des Konsumenten für einen Erfolg gesorgt haben“* (Maucher 1999, S. 12).

Fazit: Werbung ist dann am effektivsten, wenn sie auf eine einzigartige, für den Verbraucher relevante Botschaft konzentriert ist. Und sie ist am effizientesten, wenn diese Botschaft dem Publikum auf interessante Weise angeboten wird – und es nicht langweilt. Der beste Treibstoff für Effektivität und Effizienz ist Einfallsreichtum. Und davon kann ein Texter gar nicht genug haben.

Literaturhinweise:

Buchholz, A./Wördemann, W. (1998): Was Siegermarken anders machen. Wie jede Marke wachsen kann. Düsseldorf und München

GWA Gesamtverband Werbeagenturen (1997): So wirkt Werbung im Marketingmix. Frankfurt am Main

Gunn, D. (1996): Do award-winning commercials sell? A worldwide study by Leo Burnett. London

Heller, E. (1994): Wie Werbung wirkt, Theorien und Tatsachen. Frankfurt am Main

Jones, J.P., in GWA (Hrsg.) (1994): So wirkt Werbung in Deutschland. Frankfurt am Main

Kirschner, G. (1999): Effektivität der Werbung – der Nachweis durch Forschung. Papier präsentiert anlässlich der 4. Fachtagung des OWM am 22./23.4.1999 in Hamburg.

Kratz, H. (1999): Effektivität und Effizienz der Werbung: Fallbeispiel Print. Papier präsentiert anlässlich der 4. Fachtagung des OWM am 22./23.4.1999 in Hamburg.

Kroeber-Riel, W. (1993): Bildkommunikation. Imagerystrategien für die Werbung. München

Maucher, H. (1999): Schatzkiste Werbung, in: HorizontMagazin, vom 20.5.1999, S. 8-10.

Morgan A. (1999): Eating the big fish. How Challenger Brands Can Compete Against Brand Leaders. New York

Rudolph, E. (1991): Die tolle Kiste. Geschichten, Plaudereien, Betrachtungen rund ums kleine Auto. Stuttgart und Wien, S. 251 f.

Schulze, N. (1999): Nur gutes Planning bringt den Werbeerfolg, in: Horizont vom 1.4.1999, S. 37. Frankfurt am Main

Trommsdorff, Volker (2001): Kreativität und Werbeeffizienz, Präsentation. Berlin

VDZ Verband der Zeischriftenverleger (1997): Werbewert 97. Bonn

Wiencken, M.-P. (1999): Effektivität und Effizienz der Werbung: Fallbeispiel TV. Papier präsentiert anlässlich der 4. Fachtagung des OWM am 22./23.4.1999 in Hamburg

Das Wichtigste auf einen Blick

Was der Texter ist und was der Texter macht

Ein Texter braucht mehr als Sprachtalent!
Ein Germanistik-Studium, Lust am Lesen und Spaß an der Sprache genügen nicht. Analytisches Denken, Einfühlungsvermögen und Wissbegier gehören genauso dazu. Sprache ist nur das Rohmaterial.

Texter müssen Dichter *und* Killer sein!
Gute Texter sind sowohl als auch. Sowohl analytisch als auch fantasievoll. Sowohl einfühlsam als auch verkäuferisch. Sowohl begeisterungsfähig als auch ausdauernd. Aus diesen Gegensätzen beziehen sie ihre Spannung.

Texter müssen verstehen wollen!
Wer den Dingen nicht auf den Grund gehen will, wer sich nicht die „Warum-Fragen" stellt, wird kein guter Texter. Denn das Wesentliche wurzelt selten an der Oberfläche. Gute Texter schürfen tiefer.

Texter sind Dienstleister!
Gute Texter hören zuerst ihren Auftraggebern zu. Sie überdenken die Aufgabenstellung. Sie studieren die Marken, für die sie arbeiten. Und sie denken und fühlen sich in die Konsumenten hinein. Erst dann melden sie sich zu Wort.

Das wichtigste Werkzeug des Texters ist der gesunde Menschenverstand!
So wichtig die Sprache für einen Texter auch ist – sie ist nur das Transportmittel für seine Gedanken. Also kommt zuerst das Kopfwerk und dann das Handwerk. Erst die Analyse, dann die Idee, dann der Text.

Texter brauchen vor allem Ideen – strategische Ideen!
Nicht jeder Einfall ist eine gute Idee. Sie ist erst dann gut, wenn sie dem Auftraggeber, der Marke weiterhilft – wenn sie zur Strategie passt. Deshalb muss ein Texter eine Strategie nicht nur lesen können, er muss sie mitdenken und -entwickeln. Sonst drischt er zum Schluss nur leeres Stroh.

Texter sind Verdichter!

Analyse, Strategie, Umsetzungsidee... Erst jetzt kommt es auf die richtigen Worte an. Erst jetzt ist das Sprachtalent gefragt. Erst jetzt kommt das Handwerk ins Spiel – wenn die Vielzahl kluger Gedanken zu wenigen bewegenden Worten verdichtet werden.

2 Grundlagen

Was nicht im Duden steht und auch der Deutschunterricht nicht lehrt

Auf dem Weg zur einfachen Sprache

Jörn Winter

Wir alle haben schreiben und lesen gelernt und deshalb verstehen wir auch alle etwas von Werbung und vom Texten. Das stimmt. Und zwar genau so, wie in jedem von uns ein echter Fußball-Experte steckt und an jedem Stammtisch mindestens drei potenzielle Bundestrainer sitzen, die genau wissen, wie man die deutsche Nationalmannschaft wieder auf Vordermann bringt. Was die meisten dabei gnädig vergessen: Über eine Sache zu reden ist das eine, sie wirklich zu verstehen, das andere. Weder regelmäßige Stadionbesuche noch die Tatsache, vielleicht selbst einmal passabel Fußball gespielt zu haben, machen einen automatisch zum Experten. Und genau so verhält es sich mit dem Werbetext und dem Deutschunterricht oder dem Germanistik-Studium.

Kein Mensch will Werbung lesen

Denn Werbetext und Deutschaufsatz haben nicht mehr miteinander gemeinsam, als dass sich beide der deutschen Sprache bedienen, jedoch unter völlig unterschiedlichen Voraussetzungen und mit ebenso unterschiedlichen Zielen. Den Aufsatz **muss** der Lehrer lesen und wenn er einigermaßen gegliedert und korrekt formuliert ist, wird er auch entsprechend bewertet. Einen Werbetext muss nicht nur kein Mensch lesen, in der Regel **will** ihn auch keiner lesen. Und allein diese Tatsache macht einen großen Unterschied.

Worum es beim professionellen Texten geht, haben wir also weder in der Schule noch in der Universität gelernt. Nämlich aus einem Wust von Informationen das Wichtigste herauszufiltern und daraus eine klare und spannende Botschaft zu formulieren, die ein gänzlich uninteressiertes Publikum erreicht und überzeugt. Wer sich ein Bild davon machen will, wie uninteressiert das Publikum ist, der sollte sich vorstellen, dass er eine voll besetzte Kneipe betritt und versucht, für einen kurzen Moment die Aufmerksamkeit und das Gehör der Menschen zu finden, die dort gerade in ein anregendes Gespräch mit guten Freunden vertieft sind. Klar kann man die Leute anbrüllen oder sie so lange anrempeln, bis sie ihr Gespräch unterbrechen. Doch damit geht man ihnen höchstens auf die Nerven. Also muss man sich etwas Besseres einfallen lassen, etwas Außergewöhnlicheres, eine gute Geschichte!

Die „Kneipen-Szene" macht deutlich, vor welcher Herausforderung ein Werbetexter steht. Er muss sich zum einen unter schwierigen Bedingungen Gehör verschaffen. Zum anderen muss er die Zuhörer so überzeugen, dass sie am Ende nicht nur begeistert applaudieren und nach Hause gehen, sondern bei der nächsten Gelegenheit das Produkt des Unternehmens kaufen, in dessen Namen der Texter gesprochen hat. Dieser Sachverhalt ist von elementarer Bedeutung, weshalb schon David Ogilvy sein Buch „Über Werbung" mit den folgenden Zeilen begann:

„Für mich persönlich ist die Werbung weder Unterhaltung noch eine Form der Kunst, sondern vielmehr ein Medium der Information. Und ich möchte nicht, dass Sie eine Anzeige von mir als ‚kreativ' bezeichnen, sondern diese so interessant finden, dass Sie das Produkt kaufen. Wenn Aeschines sprach, sagten alle, ‚wie gut er reden kann'. Aber nachdem Demosthenes gesprochen hatte, sagten sie ‚lasst uns gegen Philipp marschieren'" (vgl. Ogilvy 1984, S. 7).

Hinter Imponier-Vokabeln stecken selten intelligente Gedanken

Wer mit Sprache derart bewegen will, dem hilft sein Schuldeutsch, sein Germanistik-Seminar und auch der Duden nicht. Der darf nicht schreiben: „Denken Sie, es gibt eine kriegerische Konfrontation, doch niemand nimmt daran teil." Sondern er muss sagen: „Stell dir vor, es ist Krieg und keiner geht hin." Das lernen wir in keinem Klassenzimmer und erst recht nicht im Hörsaal. Gerade an den Universitäten wird nach wie vor der Eindruck vermittelt, dass anspruchvolle Gedanken und verständliche Ausdrucksweise Antipoden sind. Zu gut Deutsch: Gegensätze. Und dass, wer etwas Wichtiges zu sagen hat, dies möglichst gebläht und akademisch verquast tut.

Das Ergebnis sind „sprachliche Nebelkerzen". Da werden dürftige Gedanken in Imponier-Vokabeln verpackt und so lange ineinander verschachtelt, bis der Text dem Leser jene Expertise vorgaukelt, die der Verfasser gerne hätte. Ganz nach dem Prinzip: Viel Lärm um nichts. Wie dieses Prinzip funktioniert, führt Wolf Schneider in seinem Buch „Deutsch für Kenner" eindrucksvoll vor. Er zeigt, wie Karl Popper die Aussagen seines Kollegen Jürgen Habermas „übersetzt". Oder besser, wie er ihnen die Luft ablässt (vgl. Schneider 1988, S. 32 ff).:

Jürgen Habermas sagt: *„Theorien sind Ordnungsschemata, die wir in einem syntaktisch verbindlichen Rahmen beliebig konstruieren."* Au Backe!

Was laut Popper heißt: *„Theorien sollten nicht ungrammatisch formuliert werden; ansonsten kannst du sagen, was du willst."* Aha!

Jürgen Habermas sagt: *„Sie erweisen sich für einen speziellen Gegenstandsbereich dann als brauchbar, wenn sich ihnen die reale Mannigfaltigkeit fügt."* Wie bitte?

Was laut Popper heißt: *„Sie sind auf ein spezielles Gebiet dann anwendbar, wenn sie anwendbar sind."* Na, bitte!

Da hat uns Herr Habermas sein halbgares Gedankengut also nur reichlich pompös serviert und damit genau der Erwartungshaltung jener Bildungshuber entsprochen, die alles Verständliche per se für banal halten. Ein Phänomen mit langer Tradition. Denn Lion Feuchtwanger stellte schon 1927 fest, dass die Rezensionen der meisten Kritiker auf folgendes hinausliefen: *„Der kann nicht viel taugen, den verstehen wir ja!"*

Einfach ist nicht gleichbedeutend mit banal

Eine Einstellung, die wir so tief und gründlich verinnerlicht haben, dass es nicht verwundern darf, wenn Vorstände, Geschäftsführer und Marketingleiter ihr bis heute auch bei der Beurteilung von Agentur-Präsentationen folgen. Hat es die Agentur nach mühsamem Ringen geschafft, eine einfache Kampagne mit einer eingängigen Botschaft zu entwickeln, dann entsteht bei den Auftraggebern nicht selten das Gefühl: „Was, das ist alles? Das ist ja so simpel, das hätte mir auch selbst einfallen können..." Es ist die weit verbreitete Angst vor dem vermeintlich Banalen und Trivialen, die zudem bei uns Deutschen besonders tief wurzelt. Und es ist das fehlende Verständnis dafür, dass alles Wesentliche auf dieser Welt immer einfach ist. Schwierig ist nur der Weg zur Erkenntnis.

Mit jener „Ver-Bildung“ im Gepäck nähern wir uns dann auch dem Werbetext und legen zielsicher den falschen Maßstab an. Nicht nur die viel gescholtenen Auftraggeber auf Industrieseite, sondern auch so manche Agenturberater verwechseln Niveau mit Kompliziertheit und Einfachheit mit Niveaulosigkeit. Dabei ist kaum etwas schwieriger, als sich einfach und verständlich auszudrücken. Denn wie schon der einstige BBDO-Vordenker Vilim Vasata sagte: *„Die Einfachheit ist ein Stilmittel des Wesentlichen.“*

Korrekt formulieren und mit Worten bewegen sind zwei paar Schuhe

Und wir sitzen noch einem Bildungsmissverständnis auf: Wir verwechseln die Regeln für korrektes Schul- und Duden-Deutsch mit den Gesetzen packender und eingängiger Werbesprache. Dies ist nicht etwa die Aufforderung, Grammatik und Orthografie über Bord zu werfen. Keineswegs! Es ist vielmehr die Aufforderung, sich der Tatsache zu stellen, dass Werbetexte in der Wahrnehmung der Leser nicht den gleichen Stellenwert wie ein Roman von Thomas Mann haben und auch nicht die unaufschiebbare Wichtigkeit einer Steuererklärung. Das eine liest man, weil man es mag, das andere, weil man es muss, und wendet in beiden Fällen auch die entsprechende Konzentration auf. Der Werbetext dagegen wird nur flüchtig wahrgenommen, weshalb er sowohl eingängig formuliert als auch eingängig aufbereitet werden muss.

Unser Hirn muss zustimmend nicken

Eingängig aufbereitet heißt „wahrnehmungsgerecht“. Und wahrnehmungsgerecht bedeutet nicht **Donaudampfschifffahrtsgesellschaft** zu schreiben, sondern **Donau-Dampfschifffahrts-Gesellschaft.** Das lange Wort signalisiert dem Hirn des Betrachters nämlich: „Achtung! Hier kommt jede Menge Arbeit auf dich zu!“ Und eben die will er mit einem Werbetext nicht haben, weshalb er sich wichtigeren Dingen zuwendet. Zerschlägt man das Wortmonster aber, so freut sich das Hirn des Betrachters, weil es jedes einzelne Wort schnell erfasst, den Sinn blitzartig zusammensetzt, zustimmend nickt und den Leser im Text hält.

Wahrnehmungsgerecht bedeutet auch, statt einem langen Schachtelsatz zwei kurze Sätze zu schreiben. Es bedeutet, Sätze mit „Und" zu beginnen. Und es bedeutet, häufiger mal einen Punkt zu machen, als es unserem alten Deutschlehrer lieb gewesen wäre. Dies alles ist kein Akt künstlerischer Freiheit, wie gerne von Auftraggebern und Korrektoren beim Lesen unterstellt wird – weswegen sie die entsprechenden Passagen auch postwendend ins gewohnt umständliche Schuldeutsch zurückkorrigieren. Es ist vielmehr eine Notwendigkeit, um den Text schon für das Auge des Betrachters angenehm zu strukturieren. Um ihn in überschaubare Sinn-Einheiten zu zerlegen. Und um unserem hart erkämpften Leser damit möglichst viele, schnelle Erfolgs-Erlebnisse zu garantieren.

Verständlichkeit ist nur der Anfang

Menschen mögen eben am liebsten, was sie leicht verstehen. Und deshalb ist Verständlichkeit auch die Grundlage für einen guten Text. In dieser Hinsicht hilft uns der Duden nicht weiter. In dieser Hinsicht hilft es nur, sich mit dem Leser, dem Käufer, dem Menschen zu beschäftigen. Mit der Frage: Wie nehmen wir wahr? Warum geht uns das eine schnell in den Kopf und warum findet das andere partout keinen Einlass? Warum können wir uns an bestimmte Formulierungen lange erinnern und warum haben wir andere schon wieder vergessen, kaum dass wir sie gelesen haben?

Wer passt sich wem an: der Text dem Leser oder der Leser dem Text?

Dies sind Fragen der Psychologie, oder präziser: der Leser- und Wahrnehmungs-Psychologie. Es sind Fragen der Gehirn- und Verständlichkeits-Forschung, und auf diese Fragen gibt es mitunter schon seit Jahrzehnten Antworten, die allerdings bis heute nur einen geringen Niederschlag in der Praxis finden. So bedauerlich diese Tatsache ist, so erklärlich ist sie. Sich beim Verfassen der Botschaft auf das „psychologische Strickmuster" der Menschen einzustellen, macht Auftraggebern, Agenturen und Textern mehr Mühe. Die Mühe mit der Botschaft vielmehr dem Leser und potenziellen Kunden zu überlassen, ist dagegen ein Kinderspiel und folgt wiederum dem, was wir in der Schule und der Universität gelernt haben. Nämlich dass es Aufgabe des Lesers ist, den Verfasser zu verstehen.

Natürlich macht es noch keinen packenden Werbetext aus, statt **Computerfachmann** besser **Computer-Fachmann** zu schreiben. Aber es hilft! Weil wir

Texte wie Bilder wahrnehmen, weil wir sie praktisch mit den Augen „abscannen" und weil dieser kleine Bindestrich dazu beiträgt, die Worte schneller zu erkennen und damit den Sinn des Textes schneller zu erfassen. Unser Hirn signalisiert Verständnis und gibt uns grünes Licht zum Weiterlesen.

Texter müssen etwas von Wahrnehmung verstehen

Wenn wir den „informationsüberlasteten" Leser ernst nehmen, müssen wir uns mit diesen Details beschäftigen. In der Summe machen sie nämlich einen entscheidenden Unterschied. Und eben deshalb gehört es zum Rüstzeug eines jeden guten Texters, so viel wie möglich darüber zu wissen, wie Menschen wahrnehmen, was sie verstehen und was sie nicht verstehen **können**. Dieses Wissen ist nicht nur hilfreich, um einen Text besser strukturieren und komponieren zu können. Es hilft auch, um Auftraggebern, Kollegen und Korrektoren gegenüber nicht sprachlos zu sein, wenn diese den Duden aus dem Regal ziehen, um eine bestimmte Schreibweise als „falsch" zu entlarven. Oder wenn sie sich ihres alten Deutschlehrers erinnern, der immer gesagt hat: „Wir fangen keine Sätze mit Und an!"

Hier hilft keine Intuition. In solchen Fällen braucht der Texter Argumente. Die Wissenschaft liefert sie ihm in Hülle und Fülle. Und sollten auch diese Argumente auf taube Ohren stoßen, dann hilft eines auf jeden Fall: der Griff zur Bild-Zeitung! Denn das Flaggschiff aus dem Springer-Verlag ist nicht nur deshalb so erfolgreich, weil es sich ungehemmt auf jedes Sensations-Thema stürzt. Sondern weil es die Themen auch einfach, eingängig und packend aufbereitet.

Wenn nichts mehr hilft, hilft Bild

Wenn Bild-Redakteure ans Werk gehen, dann ist Verständlichkeit garantiert. Dann wird darüber hinaus aber auch die Sprache zum Leben erweckt. Dann werden aus nüchternen Fakten lebendige Geschichten. Und aus kleinen Begebenheiten plötzlich große Ereignisse. Dann wird aus dem Hanauer Fußball-Teamchef Rudolf Völler *„Ruuuuudi Riese"*. Dann wird aus der Bundesliga-Begegnung Borussia Dortmund gegen Schalke 04 *„Der-Gift-und-Galle-Gipfel"*. Da wird aus der Hollywood-Action-Komödie „Rush Hour 2" ein Film namens *„Handkante und dicke Lippe"*. Und aus dem untersetzten Prinz Willem-Alexander kurzerhand *„Prinz Mops"* (vgl. Bild vom 15.02.02/07.02.02/31.01.02).

Über den Geschmack kann man streiten. Über die Kraft dieser (Sprach-)Bilder nicht. Wenn Sie Journalist werden wollen, rümpfen Sie jetzt ruhig die Nase – am besten über die moralischen Grundsätze der Bild-Zeitung, denn die sind zu Recht schon oft kritisiert worden, weil sie, wenn überhaupt, nur im Verborgenen vorhanden sind. Wenn Sie jedoch als Werbetexter etwas lernen wollen, dann nehmen Sie sich ein Beispiel an der „Bild-Sprache". Sie enthält alles, was ein guter Texter können muss. Natürlich taugt sie nicht für alle Fälle und jeden Anlass. Aber wer sie beherrscht, der beherrscht das Wichtigste, um Worte zum Leben zu erwecken und Menschen mit Worten zu bewegen. Und zwar nicht nur, wenn es um Mord und Totschlag geht, wenn „Bild zuerst mit der Leiche sprach".

Mit einfacher Sprache zum Marktführer

Das Prinzip „einfach und eingängig" funktioniert auch, wenn es um Sachthemen geht: *„Als ich vor fünf Jahren Computer-Bild konzipierte, wollte ich eine wirklich für jeden verständliche Computerzeitung machen"*, formuliert Chefredakteur Harald Kuppek rückblickend sein oberstes Ziel (vgl. Glück 2001, Paderborn). Mit dieser Maxime wurde die Computer-Bild zum Marktführer unter den Computer-Zeitungen. Sie stellte sich der Aufgabe, die Welt der Bits und Bytes vom Fach-Chinesisch zu befreien und nicht länger für Experten und Pseudo-Experten zu schreiben, sondern schlicht für jedermann. Das zahlende Publikum dankte es ihr mit einer verkauften Auflage von mehr als 800.000 Exemplaren pro Woche. Ein Erfolg, der nur möglich war, weil die Computer- und Software-Anbieter samt ihrer Agenturen und Texter bis heute konsequent an ihren potenziellen Käufern „vorbeikauderwelschen".

Was Texter von Redakteuren lernen können

Das Kuriose daran ist: Zeitungen müssen ja „nur" gekauft und gelesen werden, dann haben die Redakteure ihr Geld verdient. Werbung dagegen muss erst erhört und gelesen werden, um anschließend etwas zu verkaufen. Dennoch schreibt so mancher Redakteur packender und verkäuferischer als seine Kollegen aus der Werbebranche. Ein Beispiel:

Der Texter schreibt:
„Der Smart ist das Bekenntnis für die individuelle Optimierung urbaner Mobilität."

Der Redakteur schreibt:
„Die Stadt ist das natürliche Revier des Smart. Da ist er unumstritten“ (vgl. Autor Motor Sport 1999).

Die Zielgruppe, für die der Texter geschrieben hat, gibt es nicht. Wer Rätsel lösen will, liest keine Broschüre eines Autoherstellers. Menschen, die sich für die Zeilen des Redakteurs interessieren, gibt es dagegen mit Sicherheit. Ganz einfach, weil er sie auch für Menschen geschrieben hat: in unakademischen, eingängigen und bildhaften Worten. Das ist das Handwerk eines Texters. Und deshalb ist die erste Lektion eines Texters: weg mit dem akademischen Dünkel! Für Menschen schreiben heißt: Menschen verstehen. Es heißt, mit ihrem Kopf zu denken, mit ihren Augen zu sehen. Und es heißt, so bildhaft zu formulieren, dass bedrucktes Papier lebendig wird und unsere Ohren Augen machen.

So entstehen gute Werbetexte. Und sie entstehen nicht zufällig, wenn man das Folgende weiß und beherzigt...

Literaturhinweise:

Glück, Helmut (2001): Kulturpreis Deutsche Sprache, Ansprachen und Reden. Paderborn

Ogilvy, David (1984): Ogilvy über Werbung. Düsseldorf und Wien

Schneider, Wolf (1988): Deutsch für Kenner. Hamburg

Was uns in den Kopf will und was nicht oder Was Ihr Text tun kann, damit er schneller ankommt

Stefan Gottschling

Ja: Ein Texter textet. Das Schreibtalent wurde ihm in die Wiege gelegt, Belesenheit, ein wacher Verstand und die richtige Sozialisation dazu... Schon fühlen wir uns zum Schreiben berufen. Bis hier, mit dem nötigen Schuss Selbstoffenbarungsdrang: der Feierabenddichter. Bis hier – leider ebenso oft – der Texter, der denkt, sein Handwerkszeug läge bereits „in ihm“ und ansonsten gäbe es nichts, das da eine Rolle spielt.

Falsch gedacht: Unsere Sprache hat nicht nur Regeln, sondern ist seit vielen Jahrzehnten Gegenstand der Forschung. Hier gibt es Wissen zu entdecken, das seltsamerweise in Texterköpfen kaum vorhanden ist. Lesbarkeit, Textverständlichkeit und Textverständnis, Erkenntnisse der Gehirnforschung, Gestaltungsebenen in Texten: Know-how, das einfach zum Handwerkszeug des Werbetexters gehört und das die oft unpräzisen Vorgaben aus der Marketing-Perspektive schärft, neue Wege öffnet.

Nur wer Regeln kennt, kann sie ändern

„Zielgruppengerecht“ sollen wir schreiben. Die richtige „Tonalität“ treffen. Doch allzu oft wehrt sich etwas in uns gegen Regelwerke, Vorgaben. Doch nur wer Regeln und Grundlagen kennt, kann sie ändern und „anpassen“. Deshalb geht's jetzt um das, was kluge Köpfe zum Thema: „Was uns in den Kopf will – und was nicht“ herausgefunden haben.

Vorab sei gesagt: In wenigen Zeilen einen wissenschaftlichen Abriss aller Erkenntnisse rund um das Lesen und Verstehen zu geben, ist so gut wie unmöglich. Trotzdem ein Versuch:

Wichtig wäre da zuerst die Unterscheidung zwischen **Lese-Psychologie** und **Leser-Psychologie.** Die Lese-Psychologie oder Psychologie des Lesens beschäftigt sich – allgemein gefasst – mit dem „Leser werden". Dieser Beitrag konzentriert sich jedoch auf Menschen, die schon „Leser sind", die das Lesen bereits gelernt haben. Im Mittelpunkt steht hier die **Leser-Psychologie** und damit die Frage: „Wie wirkt unser Werbetext?"

Beginnen wir mit einer Definition:
Die Psychologie des Lesers oder **Leser-Psychologie** konzentriert sich vor allem auf die *„kognitiven und emotional-motivationalen Aspekte der Verarbeitung von Texten"* (vgl. Groeben 1982, S. 2). Ihre klassischen Themenfelder: Lesealter, Lesertypologie, Leseinteresse und Lesemotivation, Textverständnis und Textverständlichkeit sowie die Wirkung von Texten. Dieser Beitrag beschäftigt sich speziell mit den Themen „Leserlichkeit" und „Textverständlichkeit". Warum, werden Sie, liebe Leser, gleich erkennen.

Was im Kopf des Lesers so alles passiert...

Wie funktioniert Lesen? Wie können Sie Ihren Zielpersonen die Aufnahme von Informationen erleichtern? Welche Schriften, welche Rahmenbedingungen sind zu beachten? Darum geht es in diesem Abschnitt. Im Mittelpunkt: der Kopf des Lesers – und all die Dinge, die Sie wissen sollten, bevor das Schreiben beginnt.

Zunächst einmal: Lesen ist ein komplexer Vorgang, der sich in drei Stufen gliedert.

Stufe 1: Das Erkennen von Wörtern.
Stufe 2: Das Verstehen von Sätzen und Satzfolgen.
Stufe 3: Der Einbau des Gelesenen in das Vorwissen.

Auf jeder Stufe des Lesevorgangs laufen Prozesse im Gehirn Ihres Lesers ab. Kennt man als Texter diese Prozesse, kann man sie „gestalten".

Stufen des Lesevorgangs	Geistige Prozesse	Gestaltungsansatz
Erkennen von Wörtern	**1.** Visuelles Entziffern **2.** Umkodierung in Lautsprache **3.** Aktivierung von Begriffen	**Leserlichkeit** durch drucktechnische Beeinflussung von Text u. Textanordnung
Verstehen von Sätzen und Satzfolgen	**1.** Grammatikalische Struktur/ Satzbau erkennen, Aufteilung in Sinn-Einheiten **2.** Herstellung inhaltlicher Bezüge, „roter Faden" **3.** Anknüpfung an eigenes Wissen, eigene Worte, Abruf von „geistigen Bildern"	**Verständlichkeit** durch sprachliche und stilistische Gestaltung
Einbau in das Vorwissen, „zu Eigen machen"	**1.** Verarbeitung durch Assoziationen, Verknüpfungen, Einfälle beim Lesen **2.** Verarbeitung zur Zusammenfassung des Wesentlichen	**Stimulanz** durch Stil, Wortwahl, Beispiele, rhetorische Mittel und klare Textstruktur

(Entwickelt in Anknüpfung an Ballstaedt: Schema „Lernorientiertes Lesen")

Stufe 1: Das Erkennen von Wörtern

Um Wörter zu erkennen, sind drei Dinge nötig. Ein Leser muss zunächst visuell entziffern, was da steht. So „geht" die altdeutsche Druckschrift sicher nur noch älteren Lesern mühelos „in den Kopf". Die eigene Handschrift liest oft nur der Schreiber ohne Schwierigkeiten. Deshalb wählen wir Schriften, die einfach zu entziffern sind.

Neben dem visuellen Entziffern kodieren wir Wörter in Lautsprache zurück. Hier geht es um das so genannte innere Hören. Deshalb bewegen Menschen die Lippen beim Lesen. Ein Phänomen, das Sie täglich in Bussen oder Straßenbahnen beobachten können.

Um ein Wort zu erkennen, fehlt noch ein weiterer Schritt: Die gedruckten Zeichen auf Papier muss das Gehirn des Lesers als Buchstaben erkennen – um dann durch richtige Zuordnung ein Wort zu bilden. So wird aus „einer Leiter mit einer Sprosse", „einem Halbmond mit Häkchen", „einem nach oben offenen Halboval" und „einer geschwungenen Linie" die Buchstabenkombination „H", „a", „u" und „s" – und schließlich das Wort „Haus".

Stufe 2: Das Verstehen von Sätzen und Satzfolgen

Lange Sätze sind schwerer zu verstehen

Dazu muss der Leser zunächst der deutschen Subjekt-Prädikat-Objekt-Grammatik mächtig sein. Der zweite geistige Prozess: Erkennen und behalten wir den roten Faden eines Textes? Je länger und komplizierter ein Satz, desto schwieriger ist das. Speziell ein Leser von Werbetexten wird kaum die Geduld aufbringen, Schachtelsätze über mehrere Zeilen zu lesen und darüber nachzugrübeln, was Sie ihm über Ihre Produkte denn nun eigentlich mitteilen wollen.

Schließlich – und das ist der dritte geistige Prozess beim Verstehen von Sätzen und Satzfolgen – sollte sich ein Wort mit dem vorhandenen Wissen des Lesers verbinden. Das geschieht nur, wenn wir es kennen. Lesen Sie „Rasenmäher", wird das Bild eines Rasenmähers aus Ihrem Gehirn abgerufen. Lesen Sie „Hrrdlbrmpft", sehen Sie nichts. Dieses Wort gibt es nicht, also gibt es auch kein Bild dazu.

Stufe 3: Der Einbau des Gelesenen in das Vorwissen

Dies geschieht durch Assoziationen, durch Verknüpfungen und durch Einfälle beim Lesen. Für den Werbetexter ist es hier besonders wichtig, durch

Sprachstil und Wortwahl die richtigen Assoziationen im Gehirn seines Lesers abzurufen – doch das ist nur möglich, wenn ich als Texter über meine Zielgruppe informiert bin.

Ein Beispiel:
Gehört der Leser zu einem Personenkreis, für den Rasenmähen unter den Oberbegriff „gemütliche Entspannung" fällt – dann löst das Wort „Rasenmäher" mit Sicherheit positive Assoziationen aus. Wird er jedes Sommer-Wochenende dagegen durch den lärmenden Rasenmäher seines Nachbarn geweckt, ist für ihn „Rasenmäher" eher negativ besetzt. Wer mit Texten verkauft oder eine Marke stützt, muss wissen, welche Assoziationen seine Worte auslösen.

Der Lesevorgang besteht aus drei Stufen:

- Beim Erkennen von Wörtern hilft Ihrem Leser der Einsatz leserlicher Schriften und Ihre Wort- und Textanordnung.
- Das Verstehen von Sätzen und Satzfolgen erleichtern Sie durch Ihren Sprachstil, durch kurze, klare Sätze und das Vermeiden von komplizierten Satzkonstruktionen.
- Den Einbau in das Vorwissen unterstützen bildhaftes Schreiben, zielgruppenorientierte Wortwahl und eine klare Textstruktur.

Wie etwas in den Kopf hineinkommt...

Experimentelle Befunde belegen, dass ein geübter Leser selten Buchstabe für Buchstabe entziffert. Das ist nur bei unbekannten Wörtern üblich. Denn das Auge gleitet beim Lesen nicht kontinuierlich über die Zeilen, sondern es springt von Augenhaltepunkt zu Augenhaltepunkt. Dabei dauert ein solcher Haltepunkt oder „Fixation" gerade einmal durchschnittlich 2/10 Sekunden, ein Augensprung 2/100 bis 5/100 Sekunden. Dabei gilt eine weitere Einschränkung: Unsere Netzhaut kann nur in einem Bereich von ca. zwei Grad um die Sehachse scharf sehen. Der Umfang einer Fixation entspricht bei normalem Leseabstand damit etwa einem Kreis von 2 bis 3 cm.

Außerhalb des Fixationsbereichs nimmt das Auge nur grobe Merkmale der Schrift wahr, die auf die unscharfe Randzone der Netzhaut fallen. Diese Informationen reichen jedoch aus, um eine (unbewusste) Entscheidung über das nächste Sprungziel der Augen zu treffen. Dabei sind Großbuchstaben, Ober- und Unterlängen, Wortzwischenräume und Wortlängen wichtige Anhaltspunkte.

Bei geübten Lesern oder beim Lesen eines einfachen Textes „springt" das Auge gleichmäßig über die Zeile. Insgesamt stellt man nur wenige Rücksprünge (zur Vergewisserung) fest. Viele Wörter werden ganzheitlich erfasst oder aus wahrgenommenen Teilen zum vollständigen Wort rekonstruiert. Ungeübte Leser benötigen bzw. schwierige Texte erfordern dagegen mehr Fixationen und Rücksprünge bei der Auswertung eines Textes.

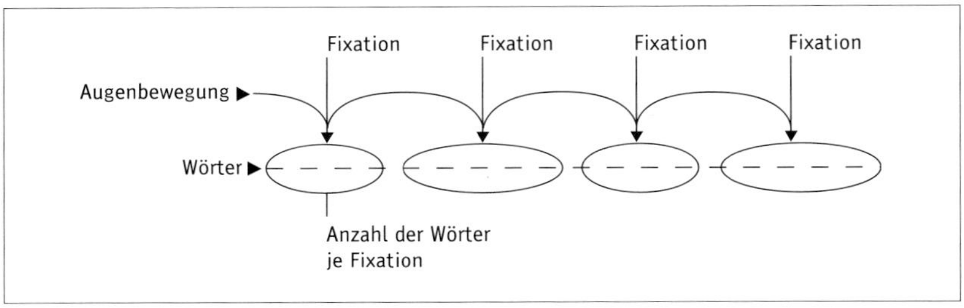

Fixationen eines geübten Lesers: Das Auge „springt" zügig über die Zeile.

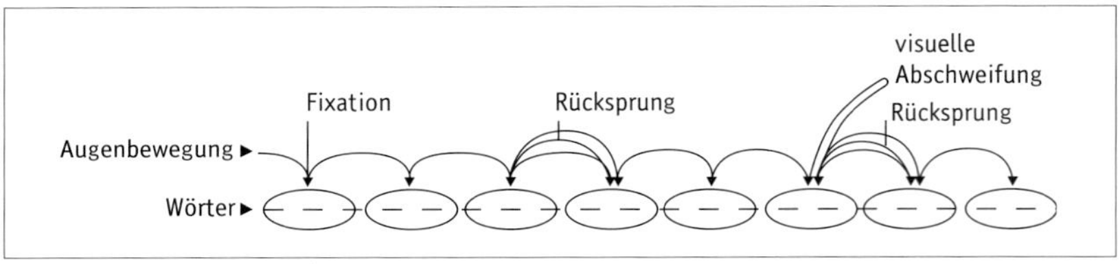

Fixationen eines ungeübten Lesers: Kürzere Sprünge, d.h. weniger Worte pro Fixation und Irritationen wie Rücksprünge (zur Vergewisserung), Abschweifungen.

Ganz klar, dass Worte wie „Automobilzuliefererkonferenz", „Tapeziertischoberfläche" oder „Eröffnungsgutschein" nicht mehr ganzheitlich erfasst werden können. Wir brauchen mehrere Augenhaltepunkte und die müssen, soll's schnell verständlich sein, auch noch Sinneinheiten liefern. Liefern Sie also solche Sinneinheiten und geben Sie dem Auge des Lesers das nächste Sprungziel vor: Aus „Automobilzuliefererkonferenz" wird die „Konferenz der Automobil-Zulieferer" und Ihr „Eröffnungsgutschein" zeigt als „Eröffnungs-Gutschein" sofort, was in ihm steckt.

Was das für Schriftbild und Textstruktur bedeutet...

Wer weiß, wie sich das Auge über eine Zeile bewegt, kann aus diesem Wissen Folgerungen ziehen. So lassen sich z.B. im Hinblick auf das Schriftbild folgende Grundsätze ableiten:

Serifenschriften sind besser lesbar

Zwar gibt es mehrere tausend Schriften, doch die optimal leserliche Schrift gibt es nicht. Denn das Lesen beeinflussen neben der Schrift viele weitere Bedingungen: die Beleuchtung, der Blickwinkel, die Vertrautheit mit einer Schrift, der Leseabstand und Merkmale wie Buchstabengröße, Abstände zwischen Buchstaben und Zeilen und vieles mehr.

Trotzdem gibt es Gemeinsamkeiten wissenschaftlicher Untersuchungen, die zu Empfehlungen führen. So wird eine Tatsache immer wieder bestätigt: Schriften sind dann gut lesbar, wenn die Buchstaben grafisch ausdifferenziert, d.h. formenreich und deutlich voneinander unterscheidbar sind. Dazu tragen vor allem deutliche Ober- und Unterlängen und die so genannten Serifen bei. Das sind kleine Füßchen am Ansatz- oder Abschlussstrich eines Buchstabens.

Diese Serifenschriften fasst man in der Schriftfamilie der Antiqua-Schriften zusammen: Dazu gehören Schriften wie die Times, die Bodoni oder die Courier. Auf der anderen Seite gibt es eine zweite große Schriftfamilie, die so genannten Groteskschriften wie Arial, Helvetica oder Univers.

Antiqua

Grotesk

Beim Lesen bilden die Serifen nun eine feine Leselinie, die dem Auge hilft, in der Zeile zu bleiben. Durch diese unterstützte Augenbewegung sind Serifenschriften etwas einfacher und schneller lesbar als Groteskschriften. Die Gefahr bei Grotesk: Ist der Zeilenabstand zu klein, kann es passieren, dass das Auge des ungeduldigen Lesers die Zeile verlässt und Mühe hat, beim Weiterlesen erneut den Einstieg zu finden. Trotzdem gibt es viele Unternehmen, die sich heute für Groteskschriften entscheiden. Hier sollten Sie darauf achten, dass genügend Zeilenabstand vorhanden ist. Dann wird die Leselinie, die bei einer Serifenschrift durch die Füßchen der Buchstaben gebildet wird, einfach durch die weiße Linie zwischen den Zeilen erzeugt.

Doch mit der Entscheidung „Antiqua“ oder „Grotesk“ ist es noch nicht getan. Fasst man das bisher Gelesene zusammen, erschließen sich schnell weitere Regeln zu Leserlichkeit und damit zur Gestaltung des Schriftbildes in Ihrem Werbetext:

- **Fette und magere Schriften** senken die Leserlichkeit gegenüber halbfetten und Schriften mit normaler Strichstärke. Der Grund: Die Buchstaben bzw. die Buchstabenkontur sind nicht mehr so gut zu erkennen. Allerdings eignet sich fett oder halbfett hervorragend zur Hervorhebung eines Vorteils in der Zeile oder für den „Anschreiber“, d.h. den ersten einführenden Absatz im Prospekt.
- Auch eine **ungewöhnliche Schriftlage** vermindert die Leserlichkeit. Das passiert beispielsweise bei *Kursivschriften*. Verwenden Sie Kursiv also ebenfalls nur zur Hervorhebung kurzer Textabschnitte.
- In **GROSSBUCHSTABEN** (versal) gedruckte Texte werden um etwa 12% langsamer gelesen. Die Augen finden wegen der fehlenden Ober- und Unterlängen weit weniger Anhaltspunkte, die Wortumrisse gehen verloren, die Zeile wirkt als unterbrochener Balken. Deshalb finden Sie Großbuchstaben niemals als Lesetext, sondern bestenfalls in einer kurzen Headline.
- Auch zu enge oder zu breite **Abstände** zwischen Buchstaben oder Wörten beeinflussen die Leserlichkeit. Bei mageren Schriften erscheinen die Buchstaben nicht mehr als einzelne Zeichen, sondern fließen ineinander. Bei breiten Schriften, besonders bei Sperrungen, erschwert der vergrößerte Abstand zwischen den Buchstaben die Zuordnung zu einem Wort. Unter Umständen sind hier mehrere Augenhaltepunkte nötig, um ein längeres Wort zu entziffern.
- In Bezug auf die Leserlichkeit gibt es auch eine **Wechselwirkung zwischen Zeilenlänge und Zeilenabstand.** Je kürzer die Zeile, desto geringer kann der Abstand zwischen den Zeilen ausfallen. Eine Faustregel für den Zeilenabstand: Erfahrene Typographen nehmen als Raum

zwischen den Zeilen die Höhe der Mittellänge (also der Buchstaben ohne Ober- und Unterlänge wie a, o, u) Faustregel für die Zeilenlänge: Kurze Zeilen, die mit wenigen Fixationen ausgewertet werden, sind für die Lesenden angenehmer als lange Zeilen. Deshalb werden Zeitungen auch im Spaltensatz gesetzt. Ideal sind etwa 45 Zeichen pro Zeile, weniger als 35 oder viel mehr als 60 Zeichen pro Zeile sollte man meiden.

- Ein unstrukturierter Text, d.h. ein Text, der nicht in **Absätze** gegliedert ist und ein Blatt von oben bis unten füllt, gibt das Signal: „Ich bin schwer auszuwerten." Präsentieren Sie Ihre Vorteile deshalb in vielen klaren Absätzen, die etwa zwischen 4 und 7 Zeilen lang sind. Das Text-Signal für den Leser: „Nimm mich in einfachen, klaren Häppchen, denn ich bin schnell und einfach auszuwerten." So argumentiert übrigens auch ein guter Verkäufer. Er überschüttet sein Gegenüber nicht mit einem Redeschwall, sondern er spricht Vorteil für Vorteil an.

Textverständlichkeit oder Was Ihr Text tun kann, damit er besser in den Kopf geht

Bisher haben wir uns mit der „Oberfläche" beschäftigt. Mit der Form, dem äußeren Erscheinungsbild Ihrer Inhalte. Betrachtet unter dem Aspekt: „Wie kann man einem Leser das Lesen leichter machen?". Nun wenden wir uns dem Text selbst zu, genauer gesagt den „objektiv auszählbaren" Textmerkmalen.

Verständnis und Verständlichkeit sind zwei Paar Schuhe

Mit der Leserlichkeit haben wir uns bereits beschäftigt. Auch damit, wie Sie Texte dem Auge „gefälliger" präsentieren. Jetzt geht es um das Verstehen von Texten durch den Leser unter den Aspekten „Textverständnis" und „Textverständlichkeit". Zwei unterschiedliche Perspektiven, die in Wechselwirkung stehen: Textverständnis stellt vor allem den Leser und seine Fähigkeiten in den Mittelpunkt, während sich Textverständlichkeit vor allem auf den Text und seine Merkmale konzentriert.

Beim Thema Textverständnis finden wir sie wieder, unsere Zielgruppe. Je mehr wir über sie wissen, über ihre Gewohnheiten und Vorlieben, über ihr

Lebensumfeld und ihre Bildung, desto besser können wir für sie texten. Das heißt: Dieses Thema hängt von vielen individuellen Faktoren ab. Deshalb wenden wir uns hier dem Text und seinen Merkmalen zu. Kurz: der „Textverständlichkeit“.

Der Begriff „Textverständlichkeit“ *„stellt eine Verbindung zwischen materialen Textmerkmalen und dem Rezeptionsprozess des Lesers her; das Konzept der Verständlichkeit geht vom Rezeptionsprozess des Lesers aus und thematisiert Unterschiede dieses Prozesses, soweit sie auf Textcharakteristika zurückführbar sind“* (Groeben 1982, S. 148). „Textverständlichkeit“ stellt also die „Anpassung des Textes an den Leser“ in den Mittelpunkt, während sich „Textverständnis“ eher um die „Anpassung des Lesers an den Text“, z.B. durch Vorbildung, Motivation oder Einstellungen, dreht.

Ein guter Text passt sich an den Leser an

Die Anpassung des Lesers an den Text: Das wünschen wir uns oft als Werber. Das verlangen Lehrtexte, wissenschaftliche Texte, Bedienungsanleitungen, die Literatur. Hier konzentriert sich der Leser. Will verstehen. Doch diesen Gefallen wird uns der potenzielle Werbeleser nicht tun. Denn werbende Unternehmen liefern zunächst einmal ungeliebten und unbestellten Lesestoff. Genau das sind z.B. Mailings oder Anzeigen. Und die müssen Ihre Botschaft schnell und einfach vermitteln – indem sich der Text nicht nur an die Zielgruppe anpasst, sondern sich auch seines (zunächst) wenig aufmerksamen und unkonzentrierten Gegenübers „bewusst“ ist.

Anders gesagt: Der Verkauf eines Videorecorders per Mailing braucht griffige, schnell verständliche Texte. Bei der Einstellung des Gerätes nach Bedienungsanleitung dagegen kann man auf ein höheres Maß an Eigenmotivation und Konzentration des Lesers setzen (was die Unverständlichkeit vieler Bedienungsanleitungen jedoch kein bisschen weniger ärgerlich macht).

Lesbarkeitsformeln oder Wie man Texte „messen“ kann...

Ganz deutlich wird der Aspekt „Anpassung eines Textes an den Leser“ mit den so genannten Lesbarkeitsformeln. Hier untersucht man auszählbare

Textmerkmale und bringt sie mit anderen Kriterien wie Schwierigkeitsgrad (festgelegt durch Experten-Ratings), Lesegeschwindigkeit, Verständnistests in Verbindung. Mehr als 30 Lesbarkeitsformeln gibt es. Begonnen hat das Ganze bereits in den 20er Jahren im angelsächsischen Sprachraum: Ein Mr. Thorndike erstellte erstmals eine Liste der am häufigsten in gedrucktem Material vorkommenden Wörter und ging davon aus, dass ein Text umso einfacher zu lesen ist, je mehr er häufige und damit bekannte Wörter verwendet.

Die bekannteste Formel ist der so genannte Reading-Ease oder Lesbarkeits-Index von Flesch (1948).

RE (Reading-Ease) = 206,835 – 0,846 wl – 1,015 sl

Dabei bedeutet wl die Anzahl der Silben pro 100 Worte, sl steht für die durchschnittliche Anzahl von Worten pro Satz. Der RE-Wert streut nun im Englischen zwischen 0 und 100, wobei 0 einen praktisch unlesbaren Text charakterisiert, 100 steht für maximale Lesbarkeit.

Da die deutsche Sprache im Schnitt längere Worte aufweist, verschiebt man nun die Bewertung (vgl. Mihm 1973) oder passt die Formel an die deutsche Sprache an (z.B. Amstad 1978). So klingt übrigens der Verständlichkeitsindex für die deutsche Sprache:

VI (Verständlichkeits-Index) = 180 – (sl + wl x 58,5)

Die „Gebrauchsanweisung“: Ihre Text-Stichprobe sollte mindestens 100 Wörter umfassen. wl steht für die durchschnittliche Anzahl der Silben pro Wort, sl steht – wie oben – für die durchschnittliche Anzahl der Wörter pro Satz, Streuung von 0 bis 100.

Die folgende Tabelle zeigt den Zusammenhang nach Mihm 1973:

Reading-Ease für deutsche Texte	Entsprechender RE-Score für englische Texte	Charakteristik	Typischer Text	Mittlere Wortlänge	Mittlere Satzlänge
-20 bis +10	0 bis 30	Sehr schwer	Wissenschaftl. Abhandlung	Über 2,20	Über 30
10 bis 30	30 bis 50	Schwierig	Fachliteratur	1,90	25
30 bis 40	50 bis 60	Anspruchsvoll	Sachbuch, Roman (z.B. Thomas Mann: „Buddenbrooks")	1,78	21
40 bis 50	60 bis 70	Normal	Roman (z.B. Max Frisch: „Stiller")	1,70	17
50 bis 60	70 bis 80	Einfach	Unterhaltungsliteratur (z.B. „Karl May")	1,62	14
60 bis 70	80 bis 90	Leicht	Heftchenroman	1,54	11
70 bis 80	90 bis 100	Sehr leicht	Comics	Unter 1,45	Unter 9

(Entnommen aus: Groeben 1982, S. 179)

Was all das bedeutet? Als angehender Texter werden Sie sicher selten mit der Reading-Ease-Formel konfrontiert. Mit den Ergebnissen allerdings schon. Betrachten Sie einmal die Wort- und Satzlängen im Bereich „einfache" bis „sehr leichte" Texte. Was sich hier zeigt, begegnet jedem Texter als „Daumenregeln" in seiner Ausbildung, wenn aus den Satzmonstern und Partizipial-Konstruktionen des „Künstlers" Werbetexte werden sollen. Hier sehen Sie einfach die wissenschaftliche Grundlage einiger Stilvorgaben aus dem Texter-Alltag.

Und die werden auch von anderer Seite gestützt: Wohl jeder Texter kennt die Daumenregel: „Sätze sollten nicht länger als 14 Worte sein." Dies ist auch die so genannte „Obergrenze für gesprochene Texte". Veröffentlicht

1983 vom Paderborner Institut für Kybernetik nach einem achtjährigen Test. Die Frage: Beim wievielten Wort setzt in einem gehörten Text das Verständnis aus? Die Antwort: Bei siebenjährigen Kindern mit dem achten Wort, bei einem Drittel der Erwachsenen mit dem elften Wort und bei mehr als der Hälfte aller Erwachsenen spätestens mit dem vierzehnten Wort (vgl. Schneider 1988, S. 172).

Natürlich bezieht sich diese Untersuchung auf die gehörte Sprache, doch für Schneider hat das Nichtzurückhören*können* des Hörers denselben Effekt wie das Nichtzurücklesen*wollen* des Lesers. Übrigens nennt auch die Deutsche Presse-Agentur dpa eine „Grenze", die mit dem Reading-Ease korrespondiert: So liegt laut dpa die Obergrenze der optimalen Verständlichkeit bei 9 Wörtern pro Satz (vgl. Schneider 1988, S. 198).

Der praktische Nutzen?

Kurze Wörter sind eingängiger

Interessant am Reading-Ease: Er macht klar, dass es nicht allein genügt, Sätze zu kürzen. Verständlicher wird ein Text nur, wenn auch die Wortlänge schrumpft. Über die Wortlänge haben wir bereits an anderer Stelle gesprochen. Hier jedoch noch einige Ergänzungen: Laut Reading-Ease haben einfache Texte eine mittlere Wortlänge von 1,62 Silben oder 16 Silben pro 10 Wörter. Und weil so kein Mensch texten kann, merken Sie sich einfach eine weitere Daumenregel für die Wortlänge: Im Schnitt zweisilbige, maximal viersilbige Wörter. Und wenn's doch einmal länger sein muss, trennen Sie, wie bereits besprochen, durch Umschreibung oder Bindestrich.

Ganz anders: Das Hamburger Modell und die Dimensionen der Textverständlichkeit

Ja, aber... denken Sie nun vielleicht. Ist Verständlichkeit tatsächlich nur das Messen auszählbarer Merkmale? In diese Richtung argumentieren auch Kritiker der Lesbarkeitsformeln. Ein Kernpunkt der Kritik: Menschen erfassen Verständlichkeit auch intuitiv.

Ein System, das dieses intuitive Wissen berücksichtigt, ist das Hamburger Modell der Verständlichkeitsmessung. Es hebt sich von der reinen Betrachtung oberflächlicher Textmerkmale ab und ist sehr interessant, weil die einzelnen Dimensionen des Modells gleichzeitig auch Hinweise zur Optimierung liefern:

Die Psychologen Langer, Schulz von Thun und Tausch legten zunächst eine Liste von Eigenschaften an, die sich zur Beschreibung und Einschätzung von Texten eignen. Diese Liste wurde zu polaren Skalen verarbeitet. Experten – meist Lehrer – beurteilten verschiedene Texte hinsichtlich dieser Merkmale. Wichtig ist hier: Es handelt sich um Eindrucksmerkmale. Sie werden also nicht objektiv ausgezählt, sondern intuitiv bei der Lektüre erfasst.

Die folgende Grafik zeigt die vier Dimensionen der Textverständlichkeit:

Einfachheit	+ 2	+1	0	-1	- 2	**Kompliziertheit**
Einfache Darstellung						Komplizierte Darstellung
Kurze, einfache Sätze						Lange, verschachtelte Sätze
Geläufige Wörter						Ungeläufige Wörter
Fachwörter erklärt						Fachwörter nicht erklärt
Konkret						Abstrakt
Anschaulich						Unanschaulich

Gliederung – Ordnung	+ 2	+1	0	-1	- 2	**Ungegliedertheit – Zusammenhanglosigkeit**
Gegliedert						Ungegliedert
Folgerichtig						Zusammenhanglos, wirr
Übersichtlich						Unübersichtlich
Gute Unterscheidung von Wesentlichem und Unwesentlichem						Schlechte Unterscheidung von Wesentlichem und Unwesentlichem
Der rote Faden bleibt sichtbar						Man verliert oft den roten Faden
Alles kommt schön der Reihe nach						Alles geht durcheinander

Kürze – Prägnanz	+ 2	+1	0	-1	- 2	**Weitschweifigkeit**
Zu kurz						Zu lang
Aufs Wesentliche beschränkt						Viel Unwesentliches
Gedrängt						Breit
Aufs Lehrziel konzentriert						Abschweifend
Knapp						Ausführlich
Jedes Wort ist notwendig						Vieles hätte man weglassen können

Zusätzliche Stimulanz	+ 2	+1	0	-1	- 2	**Keine zusätzliche Stimulanz**
Anregend						Nüchtern
Interessant						Farblos
Abwechslungsreich						Gleichbleibend neutral
Persönlich						Unpersönlich

Allerdings sei hier gesagt: Die Skalen verleiten durch ihre Plausibilität dazu, sich ein schnelles Urteil zu erlauben. Die Experten wurden jedoch durch ein intensives Trainingsprogramm für die Beurteilung und die einzelnen Dimensionen sensibilisiert (vgl. dazu Langer, Schulz von Thun, Tausch 1990). Jedem Text wird in einem Beurteilungsfenster nun ein Wert zugeordnet.

Ein optimal verständlicher Text ist nach Langer, Schulz von Thun, Tausch durch folgendes Beurteilungsfenster gekennzeichnet (vgl. Langer, Schulz von Thun, Tausch 1990, S. 28):

Einfachheit ++	Gliederung – Ordnung ++
0 oder + Kürze – Prägnanz	0 oder + Anregende Zusätze

Den Leser aktivieren, heißt ihn ansprechen

Bemerkenswert: „Anregenden Zusätzen“ und „Stimulanz“ ist hier ein eigener Bereich zugeordnet. Gerade für den Werber ein interessanter Ansatz. Denken Sie nur einmal an die aktivierenden Impulse im Sinn der „Action“ aus der altbekannten AIDA-Formel (Attention, Interest, Desire, Action), die in vielen Fällen wie eine Gebrauchsanleitung für die Werbekonzeption verwendet wird. Auf der Textebene zählen hier: Response-Aufforderungen, Führungsfloskeln und, und, und. Eben alles, was den Leser anspricht und auffordert.

Selbstverständlich kann das Hamburger Modell an dieser Stelle nur kurz beschrieben werden. Doch auch hier gilt: Spielen Sie damit, lesen Sie nach und versuchen Sie mit ein wenig mehr Hintergrund Ihre eigenen Texte zu beurteilen!

Human-Interest-Werte und Abstraktheits-Index oder „Stimulieren“ Ihre Texte wirklich?

Anregend oder nüchtern? Interessant oder farblos? Abwechslungsreich oder gleich bleibend neutral? Persönlich oder unpersönlich? Das sind die beiden Pole des Hamburger Modells in der Dimension Stimulanz/Anregende Zusätze. Doch was bedeuten die hier genannten Merkmale?

Erinnern wir uns: Im Hamburger Modell ging es um „Eindrucksmerkmale". Doch ein Kriterium wie „persönlich" lässt sich auch an objektiv auszählbaren Textmerkmalen festmachen.

Mit dem bisher genannten Reading-Ease reduziert man die Textbeurteilung auf Wort- und Satzlängen. Doch natürlich haben wir noch die Wortbedeutung. Ganz klar, dass die Wissenschaft hier nicht stehen bleibt, sondern fragt: Was macht Texte persönlicher? Stimulierender? Zum Beispiel der Einsatz von Personalpronomen, weniger abstrakte Begriffe, Verben, die sich auf ein lebendiges Subjekt beziehen, und vieles mehr.

Stellvertretend für die vielen Formeln, die den so genannten „Human-Interest-Wert" (HI-Wert) berechnen, sei hier erneut eine Formel von Flesch genannt. Sie misst eine Mischung aus Konkretheit und persönlichem Stil – und zeigt Ihnen in der folgenden Gebrauchsanweisung Ihre Möglichkeiten, einen Text „persönlich" zu schreiben. Es ist „ganz einfach":

1. Bestimmen Sie die Anzahl persönlicher Wörter pro 100 Textwörter (pw). Das sind Hauptwörter mit natürlichem Geschlecht (der Mann), Pronomina und Pluralwörter.
2. Bestimmen Sie die Anzahl persönlicher Sätze pro 100 Textsätze (ps), also z.B. direkte Reden, Fragen, Befehle, Bitten, Ausrufe, an den Leser gerichtete Wendungen.
3. Jetzt setzen Sie die Werte in folgende Formel ein: HI = 3,635 pw + 0,314 ps

Die Werte streuen von 0 bis 100:

Wert	Eindruck
0 – 10	Langweilig
10 – 20	Mäßig interessant
20 - 40	Interessant
40 – 60	Hoch interessant
60 – 100	Dramatisch

(vgl. Ballstaedt 1991, Seite 71 f.)

Interessant für den Texter: Die Formel liefert uns Kriterien, die Sie z.B. auch in anderen Anleitungen für das Texten finden. Die wesentliche Frage für den H-I-Index ist einfach: Wie schreibt man einen Text persönlicher? In der Gebrauchsanweisung finden Sie nun Textmerkmale, die dazu beitragen.

Und wer Kriterien sammelt, um seine Texte anschaulicher und konkreter zu machen: Die folgende Abstraktheitsmessung liefert nicht nur einen exakten Wert pro Text, sondern zeigt uns per Gebrauchsanweisung all die Schreibsünden, die Sie als Texter meiden sollten:

1. Die Textstichprobe muss mindestens 400 Substantive enthalten.
2. Nun zählen Sie die Abstrakta oder A-Substantive. Das sind alle mit folgenden Endungen: -heit, -keit, -ie (wenn langes „i“), -ik, -ion, -ismus, -ität, -nz, -tur, -ung.
3. Sie zählen alle Substantive, egal ob Ein- oder Mehrzahl oder welcher Fall.
4. Nun teilen Sie die Anzahl der Abstrakta durch die Gesamtzahl der Substantive N (in der Regel 400), multiplizieren das Ergebnis mit 100 und erhalten so den Abstraktheits-Index in Prozent.

Wissenschaft und Stilregeln bilden eine Einheit

Halt, halt! Bitte lesen Sie die Gebrauchsanweisung noch einmal aufmerksam. Denn hier begegnen uns viele Stil- und Daumenregeln der Texterausbildung in Kurzform. „Meiden Sie den Nominalstil!“, „Achten Sie auf wenig Fremdwörter!“, „Bildhaft texten heißt, Bilder im Kopf des Lesers zu malen. Tun Sie das mal mit Materialismus!“ und, und, und. All diese Regeln beziehen sich auf die Endungen der verwendeten Substantive, und die Empfehlung Ihres Creative Director, Trainers oder Werbeleiters lautet, solche Wörter zu umschreiben oder gleich ein Synonym zu suchen. Damit Ihr Text eben nicht abstrakt, sondern konkret und bildhaft im Kopf des Lesers ankommt.

Die Formel zur Berechnung des Abstraktheits-Index:

$$AI\% = \frac{S_A \times 100}{N}$$

Einige Anhaltspunkte:

Zahl der Abstrakta in 400 Substantiven	Abstraktheits-Index in Prozent	Der Text ist ...
0 - 25	0 - 6,25%	Sehr konkret
26 - 50	7 - 12,5%	Konkret
51 - 100	12,8 - 25%	Mittelmäßig abstrakt bzw. konkret
101 - 125	25,25 - 31,25%	Abstrakt
> 125	> 31,25%	Sehr abstrakt

(vgl. Ballstaedt 1991, S. 73 f.)

Rechtes Gehirn – linkes Gehirn...

Abstrakt = linkshirnig, bildhaft = rechtshirnig. Diese Gleichung bezieht sich auf die Verarbeitung eines Textes in unserem Gehirn. Der Hintergrund:

Seit Beginn der 60er Jahre weiß man: Die beiden Hälften des menschlichen Großhirns nehmen unterschiedliche Aufgaben wahr. Grob verallgemeinert kann man heute sagen: Die linke Gehirnhälfte oder Hirn-Hemisphäre verarbeitet und speichert andere Daten als die rechte Gehirnhälfte.

Links „wohnt" die Logik, rechts die Emotion

In der linken Hemisphäre wird unter anderem das verbale, sequenzielle, zeitliche, digitale, rechnende, logische, analytische, beurteilende Denken, in der rechten unter anderem das non-verbale, visuell-räumliche, gleichzeitige, analoge, bildhafte, ganzheitliche, synthetische, paradoxe und intuitive Denken lokalisiert. Dementsprechend lassen sich auch bestimmte Fähigkeiten des Menschen jeweils primär einer Gehirnhälfte zuordnen.

Dabei ist eine Gehirnhälfte jeweils mit der „gegenüberliegenden" Körperhälfte verbunden: Linke Hand und linkes Auge ordnet man der rechten Hirn-Hemisphäre zu. Unsere rechte Hand und das rechte Auge transportieren Informationen von und zu der linken Hirnhemisphäre.

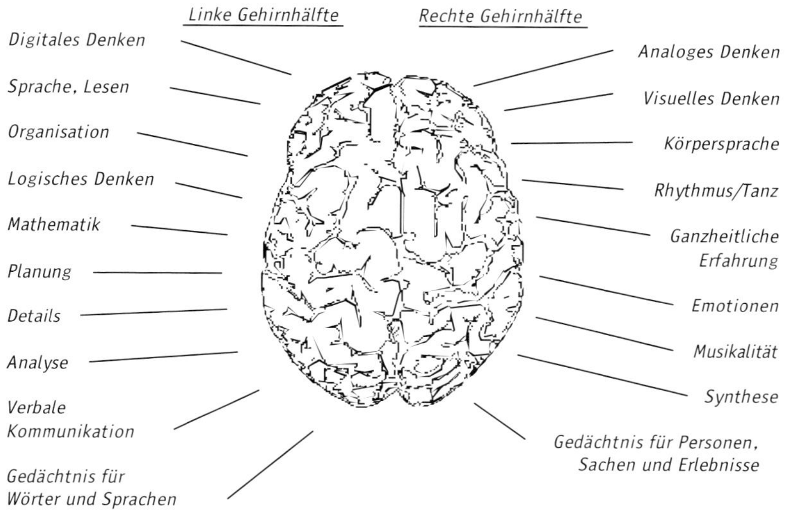

Die Aufgabenteilung des menschlichen Gehirns nach Kirckhoff

Als wichtige Erkenntnis für die Werbemittelgestaltung lässt sich hier festhalten: Texte und Sprache werden in der linken, Bilder und ganzheitliche Strukturen in der rechten Gehirnhälfte verarbeitet.

So führen wir mit jedem Gespräch eigentlich zwei Gespräche: Über unsere „linken Gehirne" werden Worte ausgetauscht. Die andere Hirnhälfte kontrolliert jedoch eine weitere Gesprächsebene: Tonfall, Gesichtsausdruck, Körpersprache und macht diese Informationen jeweils dem linken Gehirn zugänglich.

Beide Gehirnhälften sind Partner

Trotz dieser Aufgabenteilung zwischen rechter und linker Hirn-Hemisphäre darf man keinesfalls eine völlige Trennung „beider Gehirne" annehmen. Dies ist lediglich ein Denkmodell, das durch neuere Forschung bereits etwas relativiert wird. Richtiger wäre es, von einer Partnerschaft der Hirn-Hemisphären zu sprechen. So können z.B. auch Informationen für das linke Gehirn mit „rechtshirnigen Methoden", z.B. bildgestützt, aufgenommen werden, Informationen, die das rechte Gehirn ansprechen, auch über die linke Gehirnhälfte dargeboten werden, z.B. durch bildhafte Sprache. Zwischen den Hirn-Hemisphären findet ein ständiger Austausch von Informationen statt.

Bildhafte Texte sprechen beide Seiten an

Die wirkungsvollste Kommunikation geschieht, wenn eine Information beide Gehirnhälften anspricht. So verstehen wir z.B. Begriffe schneller, wenn wir uns „ein Bild davon machen können". Und hier liegt ein Schlüssel für das Texten. Gute Texte zeigen dem Leser also ein geistiges Bild. Verwenden Sie deshalb konkrete und bildhafte Begriffe:

„Lassen Sie Ihrer Kreativität freien Lauf..." ist bildhafter als *„Seien Sie kreativ!"* *„Da werden Sie staunen..."* verspricht mehr als ein *„Aufgepasst!"*

„Rose", „Sonnenblume", „Nelke" rufen jeweils ein anderes, konkretes Bild ab. „Blume" dagegen erzeugt bei unterschiedlichen Lesern unterschiedliche Bilder je nach individuellen Vorlieben.

Wörter, die wie Bilder wirken

Neben Bildern und Piktogrammen sind auch einige Wörter wie Bildelemente in unserem rechten Gehirn gespeichert. Diese Wörter müssen nicht Laut für Laut decodiert werden, sondern wir erkennen sie als Ganzes in ihrer Bedeutung. Drei grobe Kategorien solcher Bildwörter gibt es:

1. Begriffe mit hoher persönlicher Relevanz, wie z.B. der eigene Name oder Begriffe, die wir permanent nutzen.
2. Vor- und Nachsilben, Füllwörter, Konjunktionen. Viele dieser Kleinstwörtchen sind nicht nur kurz, sondern werden ständig genutzt.
3. Kurze Wörter, die deutliche Vorteile signalisieren. Diesen bildlich gespeicherten Wortschatz nutzt man z.B. für den Text in der Headline. Worte wie *Ja, neu, gratis, Erfolg, Gewinn, Vorteil* sind sichere, positive Augenhaltepunkte in Ihrer Headline. „Neu" am Anfang Ihrer Headline oder in der linken oberen Ecke Ihres Prospekts wirkt wie ein Bild. Und dieses Bild bringt das Auge des Lesers an den Anfang der Zeile bzw. Seite.

Zum guten Schluss oder Wenn Ihnen jetzt der Kopf raucht ...

Brauche ich all das? Ist das wirklich Teil meiner Texterarbeit? fragen Sie sich jetzt. Die Antwort: Nein, Nein, Ja, Ja!

Nein, weil kein Mensch „Textarbeit“ leisten und gleichzeitig die Lesbarkeitsformeln im Hinterkopf haben kann. Das würde nicht nur Ihre Kreativität behindern, sondern flüssiges Texten unmöglich machen.

Nein, weil niemand von Ihnen verlangt, bei einem Auftraggeber einen Vortrag über die wissenschaftlichen Grundlagen des Textens zu halten.

Ja, weil jede Formel Kriterien anbietet, die Sie beschäftigen sollten und die Sie zum Großteil bereits intuitiv beachten.

Ja, weil jeder denkt, er könne schreiben. Wie oft steckt man in einer Diskussion über den subjektiven Geschmack von Auftraggebern, Kunden, Vorgesetzten. Jetzt hilft es, zu zeigen, dass Texten nicht nur das Setzen von Wörtern nach Geschmack und Talent, sondern auch Können, d.h. die Beachtung von Regeln und Techniken ist.

Formeln helfen: auch beim Argumentieren

Und vielleicht beenden Sie in naher Zukunft augenzwinkernd mit einem der hier gezeigten Formelmonster die eine oder andere Diskussion, die sich eigentlich nicht mehr um den Text dreht, sondern um das Ego des Gegenübers. In diesem Sinne: Legen Sie alle Formeln zur Seite – aber nicht ganz – und entwickeln Sie mit den folgenden Kapiteln das, worum es geht: verkaufsstarke, anziehende, zielgruppenorientierte und sofort verständliche (!?) Texte...

Literaturhinweise:

Ballstaedt, Steffen-Peter (1991): Lerntexte und Teilnehmerunterlagen. Band 2 der Reihe „Mit den Augen lernen“. Weinheim und Basel

Gottschling, Stefan (2002): Stark texten, mehr verkaufen. Wiesbaden (in Vorbereitung)

Gottschling, Stefan (2002): Die Texterfibel für das Direktmarketing. Augsburg

Groeben, Norbert (1982): Leserpsychologie: Textverständnis – Textverständlichkeit. Münster

Langer, Inghard; Schulz von Thun, Friedemann; Tausch, Reinhard (1990): Sich verständlich ausdrücken. München, Basel

Schneider, Wolf (1988/3): Deutsch für Kenner. Hamburg

Vom bedruckten Papier zum lebendigen Text oder Ein kleines ABC des Handwerks

Horst-Dieter Martinkus

Worte sind unser Geschäft. Jeder Texter, der Spaß an seiner Arbeit hat, will das Seine dazu beitragen. Durch gute Anzeigen, Plakate, Filme, Funkspots oder Broschüren. Aber will der Leser sie auch lesen, sehen oder hören? Und wenn ich vom Leser spreche, dann meine ich immer auch Sie, liebe Leser- oder Texterin.

Howard Luck Gossage, ein Altmeister der Branche (USA, 70er Jahre), der nicht nur die „Rosa Luft“ für Autoreifen erfand, um eine Tankstellenkette einzigartig zu machen, sondern der es gegen eine Gesetzesvorlage der US-Regierung schaffte, dass der Grand Canyon nicht in einem Stausee verschwand, und das mit nur drei ganzseitigen Anzeigen, dieser Howard Luck Gossage hat zu diesem Thema schon 1967 festgestellt (vgl. Gossage 1987):

„Die Menschen lesen keine Werbung. Sie lesen, was sie interessiert. Und manchmal ist es eine Anzeige.“

Wie Sie als Texter dazu beitragen können, dass Werbung öfter wahrgenommen und gelesen wird, davon soll hier die Rede sein. Aber am besten fange ich noch einmal ganz von vorn an. Bei den Buchstaben.

Über Buchstaben

Wie, ich soll wieder Scrabble spielen? Buchstabensuppe lesen? Anagramme bilden? Ja, bitte sehr, hier geht es ums ABC des Schreibens. Denn jedes Wort besteht aus nichts anderem als einzelnen Lettern. 26 an der Zahl, wenn man das Ä, Ö, Ü und das Eszett nicht dazuzählt. Diese „grafischen

Zeichen zur Wiedergabe von Sprachlauten", wie es der Brockhaus ausdrückt, werden dann zum Wort gebildet, zum Satz gebaut, mit Satzzeichen versehen und durch Absätze getrennt. Punkt. Fertig. Aus. 26 Buchstaben. Mehr hat kein Texter als Handwerkszeug zur Verfügung.

Was man mit Buchstaben anstellen kann und was Sie davon haben, wenn Sie damit jonglieren können, zeigt eine Illustration von Til Mette, die mir vor ein paar Jahren aus dem STERN entgegensprang:

Gerade in der Sprache machen Kleinigkeiten den großen Unterschied... (Quelle: Til Mette, Stern)

Gehen Sie ruhig spielerisch an die Dinge heran. Das bietet sich oft an, wenn es darum geht, etwas Neues zu erschaffen. Selbst Wörter. Erkennen Sie Neues im Vorhandenen, stellen Sie Gegebenes in überraschende und unerwartete Zusammenhänge. Diese Tatsache ist übrigens, auch hier sei es noch einmal erwähnt, das Geheimnis guter Werbung: Das meiste steckt schon in der Sache drin, man muss es nur herauskitzeln.

Wie man Lettern Flügel verleiht

Nehmen Sie sich die Buchstaben Ihres eigenen Namens vor und entdecken Sie, was sich darin alles versteckt. Aus den 20 Buchstaben meines Namens, Horst Dieter Martinkus, habe ich an einem Nachmittag einmal über 100 Anagramme gebildet, z.B.:

Am Anfang steht der Spaß

„Rektor ist im Ruhestand, Drittkaiser ohne Sturm, Ritter mit Krösushand, Mister Hut narrte Disco, Traumkind isst Teer roh, Okraut ist sehr im Trend, Nudist karrt Store heim, dort ist Muhnke rasiert, Humor: Kind reisst Ratte, Kreditort im Sternhaus, Du Stirnerotik Hamster" usw. Falls Sie Arn Rab heißen, können Sie das Gleiche auch mit dem Namen Ihrer Freundin spielen oder dem Ihres Mannes. Was Sie davon haben? Zunächst mal Spaß!

Oder lesen Sie die Trikots der Fußballspieler rückwärts, wenn sich samstags sonst nichts auf dem Spielfeld tut. Es sind immer wieder welche darunter, die rückwärts gelesen genau so heißen wie vorwärts. Beim 1860-er Borimirow stimmt das zwar nicht ganz, aber vielleicht entdecken Sie einen Neuen. Suchen Sie danach. Auch aus Spaß!

Manchmal wird Werbung daraus

Der Künstler oder Grafiker Daniel Heitz hat es für die aktuelle Kunstedition von CAMEL Cigaretten mit seinem Telefon-Plakat gerade auf Platz 4 beim monatlichen IMAS Plakatetest gebracht (w&v 49/01): mit „CAL ME".

Schon über 20 Jahre alt, aber taufrisch wie immer, ist der GGK Düsseldorf Klassiker für IBM Schreibmaschinen:

schreIBMaschinen

Das geniale Buchstaben-Spiel der GGK aus dem Jahr 1981 setzt bis heute Maßstäbe.

Ein persönliches Beispiel: Anfang der 90er Jahre war die Avis Autovermietung die erste in Deutschland, bei der man seinen reservierten Leihwagen am Flughafen blitzschnell ausgehändigt bekam. Und zwar dank eines neuen Computer-Reservierungs-Systems. Der Art Director und ich dachten uns bei Michael Conrad & Leo Burnett eine 5-stufige Anzeigen-Kampagne aus, und dann suchte ich noch nach dem Slogan. Der kam schließlich aus dem Namen selbst.

Anfangs war ich unsicher, ob ich diese wohl fünfzigste Claim-Variante überhaupt vorstellen sollte. Michael Conrad griff sie sich aber. Obwohl er normalerweise nichts von solchen Spielchen hielt, kam unser Versprechen dadurch doppelt plakativ rüber:

AVIS – **A**uto **V**ermietung **I**n **S**ekunden.

Möglichkeiten für das Spiel mit den Buchstaben gibt es überall, wo Menschen kommunizieren. Wenn Sie es schaffen, Lettern zu neuem Leben zu erwecken und wenn es nachher sinnvoll ist, sie auch einzusetzen, warum nicht? Als Texter sollten Sie immer Spaß daran haben, mit Buchstaben oder Wörtern zu spielen. Und sei es nur zum Aufwärmen.

Eigentlich ist der Markenname für Spielereien tabu. In diesem Fall transportierte er die ganze Botschaft der Kampagne und setzte so die Regel gekonnt außer Kraft.

Über Wörter

Im Anfang war das Wort. Ihr Art Director sieht das vielleicht anders, aber man rauft sich zusammen und spielt sich die Bilder und Wörter irgendwann wie selbstverständlich zu. Wörter, die Sie dann wieder aufschreiben müssen und, schwerer noch, zu texten haben.

Manchmal sind die Worte selbst das Bild, wie ein großer deutscher Werbekunstquerdenker, Michael Schirner, zeigte, als er auf einer Vernissage nur Wörter präsentierte, z.B.:

Aus Worten müssen Bilder werden

„Marilyn Monroe über einem Luftschacht“. Oder: *„Der erste Fußabdruck auf dem Mond“*, *„Die Titanic in Schräglage“*, *„Willi Brandts Kniefall in Warschau“*. Ich weiß nicht mehr, wie viele Wortbilder es waren und welche. Egal, denken Sie sich neue aus. Bilder, von denen Sie glauben, dass sie im optischen Gedächtnis der meisten Menschen vorhanden sind. Oder in Ihrem Freundeskreis. Spielen Sie das mal durch. Machen Sie aus Worten Bilder!

In der Werbung brauchen Sie das auch

Manchmal reicht nur eine Abbildung, damit sich der Leser viele Bilder machen kann. Zum Beispiel bei den HOPPE-Anzeigen für Türgriffe, die ich mir seit Jahren immer wieder aus den Publikumszeitschriften „herausreiße“. Sie zeigen Griffe an typischen Türen in Schulen, Vereinen, Discos, Restaurants, Gerichten, Bibliotheken, Arztpraxen usw. Und dann wird erzählt, was sie in ihrem langen Leben so erleben:

So soll es sein: Der Text ergänzt das Bild und öffnet zusätzliche Bilder im Kopf des Lesers.

Seltsamerweise gibt es gerade in Deutschland viele ausgezeichnete Türgriff-Anzeigen. Seit Jahren schon. Die reiße ich mir auch heraus. Das sollten Texter überhaupt tun und nicht nur die Grafiker: Worte, Bilder, Sprüche... gute Sachen rausreißen und sammeln! Aus gegebenem Anlass aber noch eine HOPPE-Anzeige, diesmal nur in Worten, damit Sie sich selbst ein Bild davon machen, wo dieser Türgriff wohl sitzt:

„Nach den Stones bis zum Anschlag,
nach Tina Turner bis zum Geht-nicht-mehr,
nach zigtausend Abbas und Bee Gees und Queens,

Madonnas und Jacksons bis zum Hört-jetzt-auf,
nach aberhundert Shames und Shut Ups
und 27 DJs,
nach hundertfacher Eifersucht
und tausend neuen Lieben,
abertausend schönsten Stunden
und sehr viel Kleinholz an der Bar
immer noch der gute Griff."

Warum ist das gut? Weil Bilder im Kopf des Lesers produziert werden. Mehr noch: Wenn die Idee zu einer solchen Kampagne erst einmal steht, kann sich fast jeder daran üben. Jeder, der in Bildern denken kann. Vielleicht hat der Kunde sogar Spaß daran, sich neue Motive und Texte auszudenken. Oder Leser, die Ihnen unaufgefordert neue Vorschläge schicken. Freuen Sie sich darüber. Aber dann überprüfen Sie bitte noch einmal, ob auch jedes Wort bzw. Bild stimmt. Denn Sie sind der Texter!

Mark Twain hat gesagt, und das schon im letzten Jahrhundert: *„Der Unterschied zwischen dem richtigen Wort und dem beinahe richtigen ist derselbe wie zwischen dem Blitz und dem Glühwürmchen."*

Die Sprache ist das Stiefkind aller

Was ist seitdem passiert? Die Produktion von Wörtern hat sich explosionsartig vervielfältigt. Von allen Seiten schallt es in Wort, Bild und Ton auf uns ein. Aus den Zeitungen, Zeitschriften, Briefkasteneinwürfen. Von Häusern, Geschäften, Litfasssäulen und Plakaten. An der U-Bahn, in der U-Bahn oder auf dem Bus. Aus Radio und Fernseher, per SMS oder aus dem Internet. Die Sprache ist dadurch nicht besser geworden. Ein paar Gründe dafür nannte Helmut Schmitz in seinem „Think small"-Vorwort zum ADC Jahrbuch 1991 (vgl. Schmitz 1991):

„Die Sprache ist heute das Stiefkind aller. Der Politiker, der Pädagogen, der Sachbuchautoren, der Verwalter, der Gesetzesmacher, ja selbst der Journalisten und Germanisten. Sie ist das Stiefkind, weil man nicht mir ihr umgehen kann. Man hat nicht gelernt, wie wichtig sie ist, diese Sprache, und wie ernst man sie nehmen muss, nämlich beim Wort. Deshalb wird sie missbraucht, vergewaltigt, erniedrigt und versaubeutelt. Vor allem deshalb, weil man ihre Kraft und damit ihre Ausdruckskraft und damit ihre

Eindruckskraft unterschätzt. Und das wiederum aus Unwissenheit und Faulheit. Das gilt für alles und vor allem für jedermann, der sich erkühnt zu schreiben für wenig, für gar kein oder sogar für viel Geld.“

Mit dem letzten Punkt spricht er wahrscheinlich die Werbetexter an. Wahr ist, wer sich um die richtigen Wörter bemüht, kann in dieser Branche gutes Geld verdienen. Aber er muss es sich auch verdienen. Das fängt beim Feilen am Wort an. Und hört auch dort auf, beim Feinschliff.

Wie sollen Wörter sein?

Am besten so, wie Sie die Wörter selber lesen oder hören möchten, im jeweiligen Kontext. Kein Mensch interessiert sich für aufgeblasene Worthülsen und leeres Geschwätz. Jeder Text wird nur dann gern gelesen, wenn er Wort für Wort fesselt und mitzieht, wenn jeder Satz etwas ausdrückt, ein Bild ist, eine Information enthält, Vergnügen bereitet.

Obwohl es keine Regeln für das „einzig richtige Wort“ gibt, so decken sich die Erkenntnisse von Wolf Schneider (vgl. Schneider 1994), einer wichtigen deutschen Instanz für Stil und Sprachkultur (u.a. „Deutsch fürs Leben – was die Schule zu lehren vergaß“), mit meinen Erfahrungen:

1. Meiden Sie Floskeln

Waren Sie bei der Bundeswehr? Hat der Spieß etwa geschrien: „Würden Sie jetzt bitte strengstes Stillschweigen bewahren!“ Nein, sondern: „Ruhe!!!“ Zugegeben, auf dem Kasernenhof herrscht eine eigene Sprache. Aber verinnerlichen Sie bitte das Prinzip: Vermeiden Sie aufgeblähte, nichts sagende, selbstredende oder unnötige Füllwörter und Phrasen. Reden Sie nicht von „ballorientierter Gegnerdeckung“, oder war es „gegnerorientierte Balldeckung“, wenn Sie fordern, dass auch die Stürmer den Verteidigern hinterherzulaufen haben. So riskieren Sie nur Ihre Entlassung, wie der Fußballnationaltrainer Berti Vogts. Vielleicht auch durch die Wahl seiner Worte, ja. Der Fußballstürmer Horst Hrubesch war da besser, als er in ruhmreicheren HSV-Zeiten schwärmte: *„Flanke Kaltz, ich hoch, Birne hin, Ding drin!“*. Damit stand er Martin Luther in nichts nach, der sagte: *„Machs Maul auf! Tritt fest auf! Hör bald auf!“*. Seien Sie präzise und fassen Sie sich kurz!

2. Achtung vor Adjektiven

Sie sind oft überflüssig, hässlich und falsch, aber gerade in der Werbung scheinbar „ehrlich unentbehrlich“. Wenn sie sich aber nicht vermeiden lassen, spielen Sie damit. Wie Harry Rowohlt in einer ZEIT-Kolumne von 1991 (vgl. Rowohlt 1991), in der er sich darüber aufregt, dass er ein „*blauäugiger Stammtischpolitiker*“ sei:

„*Diese beiden Wörter sind ja wohl das Vermuffteste, Gestrigste, Stumpfste, Dumpfste, Verbohrteste, Angegangenste, Wiedergängerischste, Ausgeblutetste, Zugemutetste, Saft-, Kraft-, Stein- und Beinloseste, Verstaubteste, an den Haaren Herbeigeklaubteste, Uncoolste, Unhipste, Mega-Outeste, aus Leitartikeln Zusammengeklauteste, Maueste, Malleste, Alleste, Zickigste, Mickrigste, Blöde/Öde/Schnödeste, das schrägst Gesenkelte, von keinem Gedanken Angekränkelte, Dümmste, Dööfste, was sag ich: Reaktionärste, was man sagen kann.*“

Ansonsten gilt: Adjektive prüfen!

3. Vorsicht vor Modewörtern

Aus dem US-Spielfilm „Auf der Flucht“ habe ich mir dazu einen Dialog auf Lager gelegt (siehe „Rausreißen“), bei dem das Modewort „bizarr“ fällt:

Der Inspektor fragt: „*Was bedeutet das eigentlich?*“
Polizist: „*Äh, sonderbar, verdreht...*“
Inspektor: „*Ja warum sagst du das dann nicht! Benutze in meiner Gegenwart keine Wörter, die niemand versteht!*“

Auch mit abgedroschenen Sprüchen, bildleeren Wörtern und Sprachklischees können Sie keinen Leser auf Ihre Seite ziehen. Sie sind in zu vieler Munde und tun nichts für Sie. Hüten Sie sich davor!

4. Kurze Silben wählen

Die alten Einsilber sind die besten

Wolf Schneider hat es in seinem zuvor genannten Buch auf den Punkt gebracht: „*Es sind die uralten Einsilber, in denen die Grundtatsachen unseres Lebens und unsere stärksten Gefühle eingefangen sind: Kopf und Fuß, Haus und Hof, Geld und Geiz, Hass und Neid, Wut und Gier, Glück und Pech, Angst und Qual, Not und Tod.*“

Bemühen Sie sich, so „einsilbig“ wie möglich zu schreiben. *„Liebe macht blind. Lotto macht reich“*, schrieb ich vor zehn Jahren für eine Lotto-Kampagne bei Scholz & Friends, oder: *„Lieber neureich als nie reich“*. *„Die alten Wörter sind die Besten und die kurzen die Allerbesten“*, riet Churchill. Und Nike sagt: *„Just do it“*. Tun Sie es auch! Es geht einher mit der nächsten Regel…

5. Simple Wörter suchen

„Was Krupp in Essen, ist Spaten in Trinken“, habe ich einmal für Spatenbräu Funkspots in München getextet, oder: *„Ein Maß Spaten ist besser als eine Wanne-Eickel“*. Als ein Boxkampf-Kommentator von Eurosport eine neue Entschlossenheit im Antlitz eines der Kämpfer zu sehen glaubte, knockte er mich mit folgendem Satz aus: *„Das Gesicht zur Faust geballt“*. Das ist genauso gut wie die Bildkraft eines Reporters bei der Schwimm-WM 2000 über eine besonders zart gebaute Athletin: *„Sie hat das Gewicht von Balsaholz, aber den Vortrieb eines Hais.“* Einfache Wörter, kräftige Bilder: *„Ach Weihnachten, sitzen, essen, sitzen, essen – und kein Laden hat auf!“* Das stammt vom Schalker Fußballspieler Lothar Böhme, aus einem Interview vom 12. Dezember 2000. Wenn's Ihnen lieber ist, halten Sie sich an Schopenhauer: *„Gebrauchen Sie gewöhnliche Worte und sagen Sie ungewöhnliche Dinge.“* So einfach ist das!

6. Lebendige Verben werben

Auch hier gilt wieder das Gebot der Schlichtheit. Suchen und benutzen Sie Verben (Tätigkeitswörter) des täglichen Lebens. Verzichten Sie auf tote Verben. In einem ARD-Tierfilm hieß es 1998 über ein davonstiebendes Rebhuhn: *„Rita flitzte, was die kleinen Schenkelchen hergaben.“* Dieses Bild hat sich mir eingebrannt: Rita „flitzte“ wirklich!

Vorsicht vor dem Passiv

Auch das Passiv sollten Sie möglichst meiden, wenn Sie nicht gerade für Kochbücher oder Bedienungsanleitungen schreiben. Merken Sie sich das deutsche Wort „Leideform“ dafür oder einen Ausspruch von William Zinsser in seinem Buch „On Writing Well“ (vgl. Zinsser): *„Der Unterschied zwischen Aktiv und Passiv ist der Unterschied zwischen Leben und Tod.“*

Im Marketing tauchte vor vielen Jahren das Wort „Intrinsics“ auf. Den Kundenberatern fiel es schwer, uns zu vermitteln, was damit gemeint ist. Ich konnte es erst verinnerlichen, als ich es mir auf gut deutsch mit „Indrinsichs" übersetzte, weil es die Eigenschaften meint, die dem Produkt oder einer Sache innewohnen. Die gilt es Wort für Wort herauszukitzeln: präzise, konkret und anschaulich.

Oder aber Sie setzen auf emotionale „Indrinsichs" und brechen die Regel: Wenn Ihr Art Director z.B. mit einem Bild auftaucht, das zwei grinsende Männer beim Verlassen eines Stripteaselokals zeigt, dann reicht es durchaus, ganz banal dazu zu schreiben: „Das Bier war klasse." Für sich genommen ein Untext, aber wenn Sie eine Kampagne entwickelt haben, wie 1999 Jung von Matt für Astra, die solche Bilder enthält, dann hat keiner was dagegen.

Jetzt kommen die Sinne ins Spiel

Zur Überleitung zum nächsten Abschnitt eine Illustration, die mir eine Freundin aus einer amerikanischen Zeitschrift „herausriss". Der unbekannte Autor/Zeichner möge mir doppelt verzeihen, dass ich ihn hier für die Werbung zitiere:

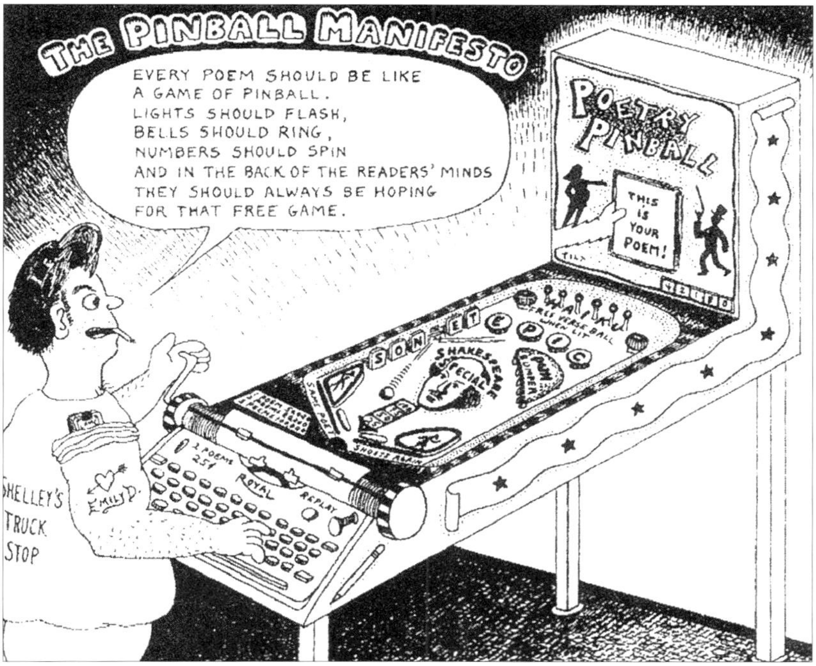

Wenn ein Text alle Sinne anspricht, dann ist der Leser voll bei der Sache!

Über Sätze

Zum Einstieg wieder William Zinsser aus „On Writing Well“: *„Schreiben ist harte Arbeit. Ein klarer Satz ist kein Zufall. Sehr wenige Sätze stimmen schon bei der ersten Niederschrift oder auch nur bei der dritten. Nehmen Sie das als Trost in Augenblicken der Verzweiflung. Wenn Sie finden, dass Schreiben schwer ist, so hat das einen einfachen Grund: Es ist schwer.“*

Nur Wörter sprechen alle Sinne an

Sie haben es etwas weniger schwer, wenn Sie sich etwas Grundsätzliches vor Augen führen: Nur Geschriebenes, im Gegensatz zu allen anderen Darstellungsformen, kann das Sehen, das Hören, das Fühlen, das Schmecken und das Riechen ausdrücken. Einige Disziplinen arbeiten nur für die Ohren, wie Musiker, Sänger oder Komponisten. Andere nur für die Augen, wie Grafiker, Maler oder Bildhauer. Allein mit Wörtern können Sie in der Phantasie des Lesers alle Sinneseindrücke zum Leben erwecken.

Unser Handwerk bietet nichts Materielles wie Farben oder Instrumente. Wir können einzig und allein auf der Klaviatur des ABC spielen. Wenn Sie diese Buchstaben, Wörter und Sätze aber zum Leben erwecken, dann können Sie die Leser fesseln, etwas auslösen ihn ihren Köpfen, sie interessieren. Manchmal sogar für eine Anzeige.

Oder passiv ausgedrückt, was ausnahmsweise stärker ist als aktiv: **Sie müssen Ihren Leser die Geschichte sehen, hören, fühlen, riechen und schmecken lassen!**

Halt, sagt hier der Art Director, das ist auch mein Part! Recht hat er. Sie sollen keinen Roman schreiben, sondern Werbung gestalten, die verkauft. Wenn Sie dabei beide Ihre Sinne bemühen und sich gegenseitig befruchten, um so besser für die Werbung.

Doch bleiben wir beim Texter. So führt der Drehbuchautor Sol Stein (vgl. Stein 1998) mit seinem Ratgeber „Über das Schreiben“ ins Thema ein: *„Von einem gut geschriebenen Text erwarten wir, dass er beim Leser eine Empfindung wachruft, nicht die Tatsache, dass es regnet, sondern das Gefühl, klatschnass zu werden.“*

Ein Beispiel:
1998 zeichnete der ADC drei Funkspots von AP Lintas Frankfurt, für Getränke Heber, mit Bronze aus. Einer heißt „Die Mumie", und der geht so:

*„Mann (trocken-suggestiv):
Deine Lippen fühlen sich an, als hättest du eine Herdplatte geküsst, die seit fünf Stunden auf Drei stand. Dein Zahnfleisch ist so trocken wie der Speck in der Pfanne, die die ganze Zeit auf dieser Platte stand. Und wenn du versuchst zu schlucken, hört es sich an, als würde man einer altägyptischen Mumie den Arm brechen." Dann folgt das zischende Öffnen einer Bierflasche, gluckerndes Einschenken, der Kundenname und der Claim: „Denn Durst ist schlimmer als Heimweh."*

Üben Sie sich an diesem Beispiel. Denken Sie sich interessante Personen, gemeine Durstsituationen und die entsprechenden Bilder dazu aus. Je konkreter Sie schreiben, desto besser. Was könnte sich alles rund-um-und-im-Mund abspielen? Auf der Zunge, an den Zähnen, am Gaumen, im Hals. Kitzeln Sie das heraus. Schreiben Sie sich durstig.

Gute Formulierungen liegen oft auf der Straße

Und hören Sie in Ihrem Umfeld, und besser noch: außerhalb davon, aufmerksam zu. Sammeln Sie gute Wörter und Sätze, wo immer sie Ihnen begegnen. Im Taxi, in der U-Bahn, am Arbeitsplatz. Auf der Straße, beim Schlachter, im Theater. Aus Zeitungen, Büchern oder Anzeigen. Aus dem Radio, dem Fernsehen, dem Kino. Man spürt förmlich, wie dunkel es plötzlich wird, als der Erzähler in dem US-Spielfilm „The Big Lebowski" den Helden aus dem OFF in einer kritischen Situation beschreibt: *„Dunkelheit schwappte über den Dude hinweg. Dunkler als der Allerwerteste eines schwarzen Stieres in einer mondlosen Prärienacht."* Das ist lebendige Sprache!

Vielleicht legen Sie sich auch einen Ordner an, im Regal oder auf dem PC, und sammeln Sie seltsame Worte. Meine „Gut gesagt"-Datei ist bestimmt schon 30 Jahre alt und umfasst über tausend Redewendungen. Damit lässt sich arbeiten.

Die Sinne allein sind´s aber nicht

Man muss als Allererstes etwas zu sagen haben! Sie haben Glück, Sie haben ein Briefing. Sie haben sich mit den „Indrinsichs“, der Konkurrenz und der Zielgruppe (hoffentlich!) auseinander gesetzt. Und dann haben Sie eine Idee. Zum Beispiel für eine Anzeige für einen neuen CD-Player. Wenn die so gut ist wie die von Technics, 1985 von der Hamburger Agentur Springer, Nicolai, Jacoby gestaltet, dann: Herzlichen Glückwunsch!

Wer hatte die Idee? Als Texter neige ich dazu zu glauben, der Texter hatte sie, doch wer weiß? Es ist auch egal. Drei Copies in einer Anzeige! Eine zum Angeben, eine zum Mitreden, eine zum Fachsimpeln. Ich kriege mich immer noch nicht ein vor Vergnügen! Und Respekt.

Fangen wir von hinten an. Bei der letzten Copy, was zum Fachsimpeln. Sie beweist, dass der Texter zunächst alles über sein Produkt gelernt hat. Am

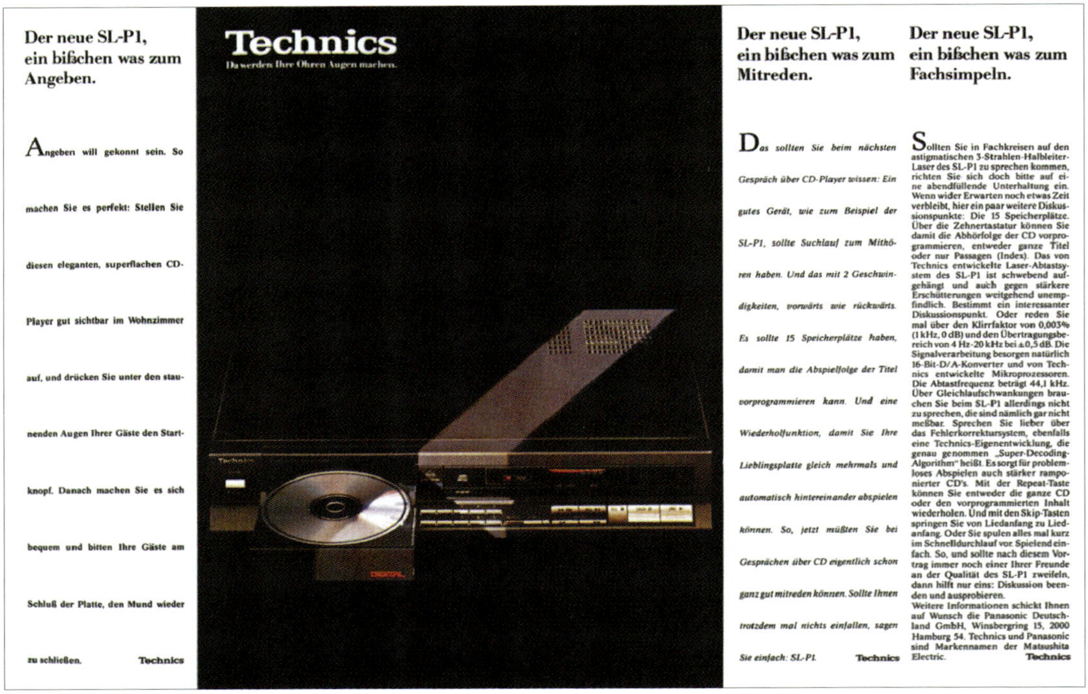

Drei Texte für drei Zielgruppen und drei unterschiedliche Bedürfnisse zu einem Produkt: Da zeigt sich der wahre Texter!

liebsten hätte er wahrscheinlich eine Longcopy-Anzeige geschrieben. Doch er sollte sich kürzer fassen, und kürzer.

An dieser Anzeige lässt sich das ABC des Handwerks gut darstellen. Sie werden Longcopy-Anzeigen schreiben. Sie werden kurze Texte schreiben. Sie werden Headlines und Plakattexte schreiben. Oder Sie werden auch nichts schreiben, weil es nur stören würde. Aber das wissen Sie erst, wenn Sie alles über Ihr Produkt oder Ihre Dienstleistung wissen. Wenn Sie dieses Prinzip verinnerlichen, können Sie gedanklich und schreibend viele Probleme lösen. Die Wege dahin sind wunderbar – und natürlich gibt es auch hier wieder keine Regeln. Aber ein paar praktische Tipps:

1. Verallgemeinern Sie nicht!
Seien Sie so konkret wie möglich. Denken Sie an Berti Vogts und die „ballorientierte Gegnerdeckung". Denken, sagen oder schreiben Sie so etwas nicht. Konkret ist: „Lauft hinterher!"

2. Langweilen Sie nicht!
Schreiben Sie nicht vom Briefing ab, dass es z.B. den neuesten Mercedes jetzt preiswert bei SIXT gibt. Texten Sie sich vor, wie es Jung von Matt tat: *„Leute mit wenig Geld schickt Sixt wieder weg: im neuesten Mercedes"*.

3. Schwafeln Sie nicht!
Kein Mensch will Worthülsen lesen. Neue, einfache und treffende Begriffe reizen mehr zum Weiterlesen als abgedroschene und harmlose Formulierungen. Denken Sie an die *„SchreIBMaschinen"* oder an einen Klassiker der VW-Werbung: *„Er läuft und läuft und läuft."*

Wer liest, will unterhalten werden

Und am Ende läuft wieder alles auf Howard Luck Gossage hinaus: *„Die Menschen lesen, keine Werbung. Sie lesen, was sie interessiert. Und manchmal ist es eine Anzeige."* Die richtigen Wörter und Sätze öffnen dem Leser nur den Zugang zum Text. Wenn er Ihnen bis zum Ende folgen soll, dann müssen Sie versuchen, ihm Lesevergnügen zu verschaffen. Vom ersten Satz an.

Zum Abschluss eine Einleitung von S.R. Bernstein (vgl. Bernstein 1967), Verleger von Advertising Age, aus seinem Buch „Die hohe Kunst des Werbetextens":

„Für die meisten von uns ist das Schreiben eine langweilige, widerwärtige und manchmal sogar unglückliche Erfahrung, die wir machen müssen. Dass jemand am Schreiben selbst Freude hat, erscheint ausgesprochen ungewöhnlich.
Meist freut man sich erst, wenn man etwas zum Papier gebracht hat und ist gar nicht begeistert, einen Bleistift über das Papier bewegen oder gar eine Taste nach der anderen auf der Schreibmaschine drücken zu müssen.

Wer vor der Aufgabe steht, etwas schreiben zu müssen, wird von einer bestimmten Art Grauen erfasst, so dass der Beginn der Arbeit jedesmal wieder auf die letzte Minute verschoben wird. Ein unendlich komplizierter und sinnloser Ritus wird vollzogen – ähnlich den Verrenkungen eines Baseball-Werfers, bevor er seinen Arm anspannt und endlich zur eigentlichen Wurfbewegung übergeht.

Das Papier muss in ganz bestimmter Weise gestapelt sein, Schreibmaschine oder Bleistift müssen betastet und befühlt werden. Kaffee muss getrunken oder auch nicht getrunken werden, das Fenster muss geöffnet, angelehnt oder ganz geschlossen werden; der Stuhl muss etwas höher oder niedriger gestellt werden, näher an den Schreibtisch herangezogen, weiter abgerückt oder ganz und gar durch einen neuen Stuhl ersetzt werden. Die jetzt gerade neu entdeckte und sich merkwürdig anfühlende Stelle im Genick muss sorgsam im Badezimmerspiegel betrachtet werden, oder das Mädchenprofil, das an einem Fenster auf der anderen Seite der Straßenschlucht wahrgenommen wird, muss vorsorglich beobachtet werden.
Bei diesem sinnlosen Ritus verrinnt die Zeit, bis zu guter Letzt der Beginn der Arbeit wirklich nicht mehr verschoben werden kann. Es ist Zeit, mit dem Schreiben anzufangen...“

Literaturhinweise:

Bernstein, S. R. (1967): Die hohe Kunst des Werbetextens, Landsberg/Lech

Gossage, Howard Luck (1987): Ist die Werbung noch zu retten? HÖRZU-Reprint

Rowohlt, Harry (1991): Pooh's Corner. ZEIT-Kolumne

Schmitz, Helmut (1991): Think Small. Vorwort ADC Jahrbuch 1991

Schneider, Wolf (1994): Deutsch fürs Leben – was die Schule zu lehren vergaß. Reinbek

Stein, Sol (1998): Über das Schreiben. Zweitausendeins-Tüte

Zinsser, William: On Writing Well. Aus meiner persönlichen Zitatensammlung

Was nicht im Duden steht und auch der Deutsch-Unterricht nicht lehrt

Das Wichtigste auf einen Blick

Schuldeutsch ist der falsche Maßstab!
Wir alle haben schreiben und lesen gelernt. Das heißt, wir kennen die Regeln der Sprache. Doch beherrschen wir die Sprache deshalb meisterlich? Natürlich nicht. Denn korrekt formulieren und mit Worten bewegen sind zwei Paar Schuhe. Verwechseln Sie das nie.

Der Universitäts-Jargon gibt uns den Rest!
An der Hochschule lernen wir, dass zu einem anspruchsvollen Inhalt ein komplizierter Stil gehört und dass alles, was einfach verständlich ist, kein Niveau hat. Verabschieden Sie sich von diesem Irrglauben. Denn nichts ist schwieriger, als anspruchsvolle Gedanken einfach auszudrücken. Und wenn es um Werbung geht, ist es sogar lebensnotwendig.

Was Texter texten, will keiner wissen!
Wissenschaftliche Abhandlungen muss man lesen. Thomas Bernhard will man lesen. Aber Werbung will und muss kein Mensch lesen. Und deshalb müssen Texter das Gegenteil von dem tun, was wir alle gelernt haben: nämlich den Text an den Kopf des Lesers anpassen. Das ist die Verpflichtung, einfach zu texten.

Die Leser-Psychologie hilft!
Was uns in den Kopf will und was nicht, ist keine Ansichtssache und kein Geheimnis. Es ist längst erforscht. Und gute Texter wissen es zu nutzen. Denn sie versetzen sich immer in die Menschen, für die sie texten.

Schon der äußere Eindruck entscheidet!
Der Mensch hat es gerne einfach. Deshalb prüfen unsere Augen zuerst, wie viel Arbeit auf unser Gehirn bei einem vorliegenden Text zukommt. Ist die Schrift gut lesbar? Ist der Text klar gegliedert? Wurden sperrige Wortmonster (wie z.B. Donaudampfschifffahrtsgesellschaft) vermieden? Wenn ja, steigen die Chancen, dass wir anfangen zu lesen.

Was verständlich ist, ist keine Ansichtssache!
Kurze Wörter, kurze Sätze, persönliche Formulierungen, keine abstrakten Substantive, dafür viele Verben und bildhafte Begriffe – so wird ein Text eingängig. Das behaupten die Stilkundler seit Jahrzehnten. Und die Lesbarkeitsforschung beweist es.

Lesbarkeitsformeln setzen Maßstäbe und liefern gute Argumente!
Es gibt mehr als 30 Möglichkeiten, Texte nach arithmetischen Formeln zu messen – das heißt anhand äußerer Kriterien (Wortwahl, Wortlänge, Satzlänge) zu bewerten. Das ist kein Allheilmittel. Aber es hilft, geschmäcklerische Diskussionen zu beenden. Und es liefert guten Textern gute Argumente.

Erst kommt die Verständlichkeit, dann die Faszination!
Verständlichkeit ist nicht alles. Sie ist nur der wichtige Türöffner zum Leser. Doch Texter müssen weiter gehen. Sie müssen Interesse wecken, Faszination auslösen, zum Kauf motivieren... Und dazu müssen sie alle Sinne ansprechen.

Ein guter Text lässt seinen Leser sehen, hören, riechen, schmecken und fühlen!
Ein schlechter Text behauptet, dass es regnet. Bei einem guten hat der Leser das Gefühl, klatschnass zu werden. Um nur mit Worten solche Empfindungen auszulösen, müssen Sie Ihr Handwerk beherrschen. Klare Gedanken, keine abgedroschenen Phrasen, kein Geschwafel, keine abstrakten Begriffe: Malen Sie mit Worten Bilder!

Unsere Sinne sind der wahre Maßstab!

3

Strategie

Warum der Texter Marken-Philosophie und Marketing-Strategie verstehen muss

Der Texter braucht keinen eigenen Stil

Jörn Winter

Jetzt haben wir uns ein Kapitel lang der Verständlichkeit und dem Stil gewidmet und dennoch ist das Thema nicht erledigt – im Gegenteil, es fängt gerade erst an. Denn verständliche Sprache und fesselnde Diktion gehören zum kleinen Einmaleins des Werbetexters, sie sind jedoch nicht die Antwort auf **alle** Stilfragen. Wenn es nämlich darum geht, für ein bestimmtes Unternehmen, das eine bestimmte Zielgruppe erreichen will, den richtigen Stil zu finden, dann zeigt sich der wahre Profi. Dann kommt es auf die sprachliche Wandlungsfähigkeit des Texters an.

Schließlich lässt sich der beste Rasierer von Braun nicht mit denselben Worten an den besser verdienenden Mann bringen wie ein „Premiere-Abonnement“, das der ganzen Familie schmackhaft gemacht werden soll. Das scheint sonnenklar, weil ein Rasierer etwas anderes als Bezahl-Fernsehen ist, weil es verschiedene Argumente für das eine wie für das andere gibt und weil unterschiedliche Menschen damit angesprochen werden sollen. Stimmt alles. Nur die Frage des Stils ist damit nicht beantwortet.

Wenn Braun wie Premiere klingt, stimmt was nicht

Es wäre nämlich nicht das erste Mal, dass Braun plötzlich wie Premiere klingt, nur weil rein zufällig die gleiche Agentur und der gleiche Texter am Werk waren. Statt Braun mit einer etwas nüchternen, sachlichen Stimme sprechen zu lassen und Premiere einen emotionalen und lebendigen Tonfall zu geben, hört sich beides mit einem Mal sehr ähnlich an. Der Grund: Der Texter hat so getextet, wie er es für richtig hielt, er hat den Stil gewählt, der ihm am meisten liegt. Und das ist im Zweifelsfall sein eigener. Doch eben der ist mitunter gar nicht gefragt.

Texter müssen lesen, fragen, zuhören

Gefragt ist dagegen die intensive Beschäftigung mit der Marketing-Strategie und der Marken-Philosophie. Und das meint dreierlei:

Erstens muss ein Texter verstehen, was das wichtigste Ziel der Aktion ist, für die er textet: Ist es eine Image-Broschüre oder ein Verkaufs-Prospekt? Ist es eine TV-Kampagne, mit der eine Marke Bekanntheit und Sympathie gewinnen will, oder ein DRTV-Spot (Direct Response TV), bei dem die Zuschauer ein Produkt direkt bestellen sollen? Beides ist Fernsehen. Aber beides verlangt nach einem unterschiedlichen Stil, nach einer unterschiedlichen verkäuferischen Vordergründigkeit und möglicherweise auch Lautstärke.

Zweitens muss er wissen, welche Zielgruppe angesprochen werden soll: Sind es Männer und Frauen zwischen 25 und 40 Jahren mit Realschulabschluss und mittlerem Einkommen? Sind es Akademiker über 50 Jahre? Sind es Zahnmediziner, die gerade ihre eigene Praxis eröffnet haben? Oder sind es Langstreckenläufer und -läuferinnen, die mehr als einmal pro Jahr die Marathonstrecke zurücklegen? Für alle gilt: Es sind Menschen und keine statistischen Kennziffern. Aber es sind Menschen mit unterschiedlichen Interessen und auch Erwartungshaltungen, wie sie von einem bestimmten Unternehmen angesprochen werden wollen. Den Interessen muss ein Texter vor allem inhaltlich entsprechen. Die Erwartungshaltung dagegen hat viel mit dem Stil zu tun, den die Menschen mit einer bestimmten Marke in Verbindung bringen. Was uns direkt zu Punkt drei führt.

Drittens muss ein Texter die Marke, ihren Charakter und ihre Philosophie so gründlich wie möglich hinterfragen und verstehen: Was macht diese Marke einmalig? Was unterscheidet sie von anderen? Welche „Persönlichkeit“ hat sie? Wie tritt sie auf? Und nicht zuletzt: Wie spricht sie? Mercedes kann keinen kumpelhaften „Hey-Du-Ton“ anschlagen, ebenso wenig wie Nike sich offiziös an die „sehr geehrten Damen und Herren“ wenden kann. Ein Traditions-Unternehmen wie Quelle kann nicht plötzlich auf jugendlich machen und alles „cool und fett“ finden. Und wenn der Media-Markt sein verbales „Ich-bin-doch-nicht-blöd-Gerempel“ durch ein „Wir-sind-auch-günstig-Gesäusel“ ersetzen würde, dann wäre das ein glatter Stilbruch.

Diese drei Aspekte haben wesentlichen Einfluss auf die Gestaltung, auf die visuelle Verpackung, ebenso wie auf die Sprache. Deshalb müssen sie auch geklärt sein, ehe der Erste zum Stift greift oder den Computer einschaltet. Was sich hier so plausibel und selbstverständlich anhört, ist in der täglichen Praxis keineswegs die Regel. Entweder, weil Agenturen und Texter wichtige Fragen ganz einfach nicht stellen. Oder – was häufiger vorkommt – die Kunden sie nicht wirklich beantworten.

Texter sind wie Ghostwriter. Aber was, wenn der Ghostwriter weder das Publikum noch den Star richtig kennt?

Die präzisesten Informationen sind am ehesten zu Ziel und Zweck der Aktion zu bekommen: ein Mailing, das Interessenten gewinnt. Ein TV-Spot, der Aufmerksamkeit und Image bringt. Ein Rundfunk-Spot, der in den Handel führt. Das lässt sich in aller Regel klar formulieren.

Die Zielgruppe braucht ein Gesicht

Aber schon bei der Frage „Wer ist eigentlich unsere Zielgruppe“, „Wen wollen wir ansprechen?“ werden die Informationen bei genauer Betrachtung schnell nichts sagend und damit nicht verwertbar. Schreiben Sie mal „einer Zielgruppe im Alter von 25 bis 40 Jahren mit durchschnittlicher Bildung, überdurchschnittlichem Fernseh-Konsum und einem durchschnittlichen Haushaltsnetto-Einkommen von 2.100,– Euro.“ Da schreiben Sie schnell für jedermann und der hat bedauerlicherweise kein Gesicht.

Das Problem der Zielgruppen-Beschreibung ist ihre Konzentration auf die Statistik, also auf Durchschnittswerte. Und diese Durchschnittswerte liefern zwar harte, aber mitunter ebenso irreführende Fakten. So waren Rockefeller und sein Chauffeur statistisch gesehen Multimillionäre. Was sagt uns das? Nichts. Rockefeller war Milliardär und sein Chauffeur ein armer Schlucker.

Noch dürftiger fallen schließlich die Informationen aus, wenn es um die Marken-Philosophie und die daraus resultierenden Richtlinien geht. Hier wird bevorzugt auf die Corporate-Identity-(CI)-Richtlinien verwiesen, die sich dann bei näherer Betrachtung nicht selten als Corporate-Design-(CD)-Handbuch entpuppen. Das ist hilfreich für den Grafiker, denn dort findet er Angaben zur Typografie, zum Fotostil und zur Verwendung des Unternehmenslogos. Auch für den Texter ist es interessant. Was er jedoch zusätzlich noch bräuchte, findet er hier nicht – nämlich Beispiele und Vorgaben zum Umgang mit der Sprache, also Text-Richtlinien. Fragt er danach, was selten genug geschieht, so erntet er zumeist sprachloses Staunen und wird dann auf altes Werbematerial verwiesen, das er zum besseren Verständnis ja studieren kann. Ohne Zweifel: der Blick in alte Werbematerialien hilft. Aber der Hinweis darauf entbindet das Unternehmen nicht, seine Text-Philosophie aussagefähig zu formulieren.

Das Ende vom Lied ist bekannt: Der Texter textet nach Gutdünken, er schreibt den Stil, den er und die Agentur für richtig erachten und dieser Stil ist nicht selten sein eigener. Im Gegensatz zu einem Roman-Autor braucht ein Texter jedoch keinen eigenen Stil, an dem man ihn als Verfasser erkennt. Er schreibt nämlich nicht im eigenen Namen. Sondern er schreibt im Auftrag einer Marke und deshalb muss er auch mit ihrer Stimme sprechen. Stefan Zschaler von Leagas Delaney hat es so formuliert: *„Wenn der Ghostwriter bekannter werden will als der Bundeskanzler, stimmt was nicht."* (vgl. New Business 46/2001)

Texter sind wie Schauspieler: Sie schlüpfen in die Rolle der Marken-Persönlichkeit

Der Charakter der Marke gibt den Stil vor

Das heißt, die Persönlichkeit des Texters tritt in dem Moment, da er anfängt zu schreiben, hinter die Persönlichkeit der Marke zurück, ohne jedoch ganz zu verschwinden. Es ist wie bei einem Schauspieler, der in eine Rolle schlüpft. Bevor er die Rolle verkörpern kann, muss er den Charakter der Figur studieren, die er darstellen soll. Er muss ihr Temperament kennen lernen, ihr Auftreten, ihre Mimik, ihre Gestik, ihre Sprache!

Robert de Niro beispielsweise ist berüchtigt dafür, dass er sich wie ein Besessener vorbereitet. Für die Rolle des Jake la Motta in „Raging Bull" lernte er nicht nur Boxen, sondern er fraß sich auch mehr als zwanzig Kilo Körpergewicht an, um den alternden Box-Champion glaubwürdig verkörpern zu können. Und zur Vorbereitung auf „Taxi Driver" fuhr er selbstverständlich in den Stadtvierteln New Yorks Taxi, in denen auch der Film spielte. So verleiht er seinen Figuren jene Intensität, die einen ganzen Film tragen und durch die sich ein guter Schauspieler von einem gewöhnlichen Darsteller unterscheidet. Es ist die Bereitschaft zur Selbstaufgabe. Und auch wenn diese Selbstaufgabe niemals wirklich gelingt und auch wenn Robert de Niro immer ein Stück weit er selbst bleibt, so stellt er sich dennoch besser als die meisten anderen in den Dienst der Rolle.

Der Unterschied zwischen Robert de Niro und Sylvester Stallone

Was de Niro tut, muss auch ein Texter tun: Er muss den Marken-Charakter studieren. Er muss begreifen, warum die Marke auftritt, wie sie auftritt und warum sie spricht, wie sie spricht. Und er darf nicht davon ausgehen, dass der Kunde, also sein Auftraggeber, ihm die Antworten auf dem silbernen Tablett serviert. Denn die meisten Unternehmen sind nicht in der Lage, die Identität ihrer Marke(n) aussagefähig zu beschreiben, geschweige denn ihren Sprachstil zu definieren. Schließlich ist die Selbsterkenntnis eine schwierige.

Also müssen Agenturen und Texter dieses Vakuum füllen. Und zwar nicht, indem sie der Marke ihren Stil überstülpen. Im Gegenteil: **Wir** müssen uns in die Marke hineindenken und fühlen, wir müssen bohren und schürfen, wir müssen ihr so tief auf den Grund gehen wie ein Schauspieler seiner Rolle. Das heißt, wir müssen uns konsequent in den Dienst der Marke stellen.

Der Marke dienen heißt, mit ihrer Stimme sprechen

Das ist eine Aufgabe, die nicht unbedingt populär ist, allzumal es in der Werbebranche vor Narzissten und Selbstdarstellern wimmelt. Und es ist eine Aufgabe, die ein hohes Maß an geistiger und sprachlicher Flexibilität voraussetzt. Deshalb muss ein Texter auch mehr als einen Stil beherrschen, wenn er die Bezeichnung verdienen will. Denn seine Kunst besteht darin, sich die Stimme der Marke zu leihen und sie für die unterschiedlichen Zwecke auszuformen. Seine Kunst ist es, die Corporate Tonality der Marke nachzuempfinden.

Und eben deshalb ist es wichtig, sich das Feld der Corporate Tonality etwas genauer anzusehen...

Von der Corporate Identity zur Corporate Tonality oder Warum jede Marke ihre eigene Stimme hat

Jörn Winter

Viele reden von CI und meinen CD. Von CT reden die wenigsten, obwohl es sich nicht wenige wünschen. Klingt verwirrend? Ist es auch – aber nur, wenn man die Unterschiede und die Zusammenhänge von Corporate Identity (CI), Corporate Design (CD) und Corporate Tonality (CT) nicht kennt. Erstaunlich ist: Es sind nicht wenige „Experten" aus Marketing und Marketing-Kommunikation, deren „CI-Expertise" bestenfalls oberflächlicher Natur ist.

Woran liegt das? Mutmaßlich an folgenden beiden Aspekten:

Zum einen an der Vielschichtigkeit und scheinbaren Kompliziertheit des Themas. Zum anderen an seiner schwer wiegenden Bedeutung. Klaus Brandmeyer, Direktor des renommierten „Instituts für Markentechnik", spricht von „Markenverfassungen", Roman Antonoff, Herausgeber des bekannten „CI-Reports", dagegen von „Geboten" – womit beide die „staatstragende" Dimension der Corporate Identity ausdrücken, nur eben mit unterschiedlich gelagerten Vergleichen.

Was damit klar wird: Beim Thema CI wird gerne tief geschürft. Und wo tief geschürft wird, wird zwar nicht immer weit gedacht, aber bevorzugt schwer verdaulich und pompös formuliert. Das hat Tradition. Deshalb darf es nicht verwundern, dass Abhandlungen und methodische Ansätze zur Corporate Identity sich gerne im akademisch-wissenschaftlichen Kleid präsentieren. Während die Corporate Identity selbst sich bevorzugt in priesterliche Gewänder hüllt, also häufig so abgefasst ist, dass jedes Wort, jeder Satz, die gesamte Diktion nach Höherem strebt.

CI-Leitsätze erinnern dadurch nicht selten an die weihevollen Worte des Pfarrers in der Sonntagspredigt. Und vielleicht wurzelt hierin auch der Grund, weswegen man sie in vielen Unternehmen für nicht alltagstauglich hält. Woran man sonntags glaubt, ist das eine, was man werktags tut, bekanntlich das andere. So leugnet zwar niemand die Bedeutung einer klar formulierten und vor allem „gelebten" Corporate Identity, aber ihr Einfluss auf das nächste Bilanz-Ergebnis wird doch eher gering geschätzt. Dabei ist der Unterschied zwischen klarer und unklarer Identität der Unterschied zwischen Marlboro und Camel, zwischen Ikea und Möbel Walther, zwischen Wertschöpfung und Wertvernichtung.

Von Ikea lernen, heißt die Bedeutung von CI verstehen

Wer's nicht glauben mag, der soll das 1976 verfasste „Testament eines Möbelhändlers" des Ikea-Gründers Ingvar Kamprad lesen und sich anschließend einen aktuellen Ikea-Katalog ansehen oder, noch besser, Ikea einen Besuch abstatten. Das ist Anschauungsunterricht in Sachen praktizierter CI!

Sprache ist Ausdruck der Identität

Nun ist es nicht Aufgabe dieses Buches, das Thema CI neu oder anders zu interpretieren. Dazu wäre ein eigenes Buch nötig. Sondern es geht darum, zu zeigen, dass ein Unternehmen oder eine Marke sich nicht nur über das Auftreten definiert, sondern auch über die Sprache. Dieser Aspekt wird sowohl von Unternehmen wie von Agenturen und Textern zu wenig berücksichtigt. Und es geht darum, dass beides, Auftreten und Sprache, zwingend mit der Identität zusammenhängen.

Wir beschränken uns also darauf, diese Zusammenhänge so weit herzustellen, wie sie dem Verständnis unseres eigentlichen Themas dienen: der Corporate Tonality. Und wir versuchen zu verdeutlichen, warum die gängige Praxis nicht mehr ausreichend ist. Nämlich die Corporate Identity in Sonntagsreden abzuhandeln, sie aber im Alltag zu vergessen; die ganze Konzentration auf das Corporate Design zu verwenden, weil sich Farben und Formen am leichtesten standardisieren lassen; und sich der Corporate Tonality nur vorsichtig zu nähern, weil Sprache doch scheinbar etwas unverrückbar Individuelles ist.

Ein Texter, der eine Marke verstehen will, der muss dieses Beziehungsgeflecht durchschauen. Und dazu muss er wissen, wo er am besten anfängt – bei der Corporate Identity. Deshalb werden wir auch als Erstes versuchen, etwas Licht ins Dunkel zu bringen, indem wir diesen vermeintlich abstrakten Begriff mit Leben Erfüllen.

Abstrakt ist er nämlich nur, solange man versucht, ihn durch Umschreibungen zu erklären. Fassbar wird er – wie so vieles beim Texten – durch einen bildhaften Vergleich: Stellen Sie sich einfach eine Marke oder ein Unternehmen wie einen Menschen aus Fleisch und Blut vor. Sie werden feststellen, es gibt sehr viele Parallelen, die uns dabei helfen, einer Marke auf den Grund zu gehen, ihr Wesen zu entdecken.

Was Oliver Kahn und Coca-Cola gemeinsam haben

Genau wie Unternehmen prinzipiell alle das Gleiche sind, nämlich Wirtschafts-Systeme, so funktioniert prinzipiell auch ein Mensch wie der andere. Und dennoch gibt es wesentliche Unterschiede, die dazu führen, dass die einen auf immer „unsichtbar“ bleiben, während andere bekannt und berühmt werden und ihre Namen ganze Generationen überdauern. Das hat zum einen mit den angeborenen Fähigkeiten der Menschen zu tun. Zum anderen aber auch mit der Gabe, die eigenen Fähigkeiten zu entdecken und zu formen. Wer seine Fähigkeiten entdeckt, der wird sich seiner Identität bewusst. Der weiß plötzlich, wofür er glaubwürdig stehen kann und wodurch er sich im Positiven von anderen unterscheidet. Und an diesem Bewusstsein kann er seinen zukünftigen Weg ausrichten.

Zwei Beispiele mitten aus dem Leben: Hätte Oliver Kahn nicht irgendwann bemerkt, dass er zum Fußball-Torwart berufen ist, dann würde ihn heute vermutlich kein Mensch kennen. So aber hat er sein ganzes Leben darauf ausgerichtet und gilt heute als die Nummer eins auf der Welt. Und hätte Coca-Cola weiter sein Glück als medizinisches Gesundheitsgetränk versucht, dann hätte das Unternehmen wahrscheinlich längst das Zeitliche gesegnet. So aber liefert es seit Jahrzehnten das erfolgreichste Erfrischungsgetränk überhaupt.

Wo liegen die Unterschiede, wo die Gemeinsamkeiten?

Oliver Kahn hat sein persönliches Talent entdeckt. Coca-Cola hat das entdeckt, was Klaus Brandmeyer als „das Erfolgsmuster“ der Marke beschreibt – in diesem Fall war es der Wechsel des Vertriebskanals, raus aus der Apotheke, rein in den Lebensmittelhandel (vgl. Brandmeyer/Schmidt 2001, S. 274 ff.). Dieses Erfolgsmuster kann eine Marke intuitiv entwickeln. Hegen und pflegen kann sie es jedoch nur, wenn sie sich dieses Musters bewusst ist, wenn sie aus einem eher zufälligen Schritt ein **bewusstes Prinzip** macht.

Nur ein klares Bewusstsein bringt dauerhaften Erfolg

Denn es ist immer das Bewusstsein um die eigenen Stärken und Fähigkeiten, das den dauerhaften und geplanten Erfolg vom Zufälligen unterscheidet. Nur dass Oliver Kahn sein Bewusstsein nicht aufschreiben muss, er muss einfach „nur“ danach handeln. Während bei einem Unternehmen wie Coca-Cola die Kunst darin besteht, dieses Bewusstsein so in Worte zu fassen, dass es von allen Beteiligten gleichermaßen verstanden und mitgetragen wird – und zwar für einen möglichst langen Zeitraum.

Marken sind lebende Systeme sind Persönlichkeiten

Unternehmen sind nämlich nicht statisch, sie verändern sich, sie sind mit den Worten von Klaus Brandmeyer *„lebende Systeme“*. Sie bestehen aus einzelnen Bereichen, die sich aus unterschiedlichen Abteilungen zusammensetzen, in denen wiederum viele verschiedene Menschen arbeiten. Nur wenn diese Menschen dauerhaft mit den gleichen Wertvorstellungen, den gleichen Auffassungen und den gleichen Zielen ans Werk gehen, dann werden sie in der Summe eine Unternehmensleistung erbringen, die es sich zu merken lohnt. Dann und nur dann wird das Unternehmen zur Marke. Es tritt aus der grauen Masse hervor, es gewinnt an Profil, es wird zur Marken-Persönlichkeit.

Für diese Wertvorstellungen, Auffassungen und Ziele liefert die Corporate Identity die Grundlage. Sie beschreibt die wichtigsten Charakter-Eigenschaften und größten Stärken der Marken-Persönlichkeit. Sie macht den Mitarbeitern bewusst, wodurch „wir“ uns von den „anderen“ unterscheiden. Sie definiert die inneren Werte und ist damit auch die wichtigste Bezugsgröße für das Verhalten der Marken-Persönlichkeit (Corporate Culture), für ihr äußeres Erscheinungsbild (Corporate Design) und für ihre Sprache

(Corporate Tonality). Hier muss eines zum anderen passen, weil sich alles aus derselben Quelle speist: der bewussten Identität.

Als Mercedes unter der Führung Edzard Reuters sich immer weiter von seinem Kerngeschäft, dem Automobilbau, entfernte und alles daran setzte, sich in einen breit gefächerten Technologie-Konzern zu verwandeln, ist die Marke letztlich daran gescheitert, dass sich diese Entwicklung nicht mit ihrer Identität, ihrer gewachsenen Persönlichkeit vertrug. Weder die Märkte noch die Belegschaft konnten diesem Weg so recht etwas abgewinnen. Die Erfinder des Automobils waren auf dem besten Weg, ihr Profil im Technologie-Mischmasch zu verlieren. Erst die Kurskorrektur von Reuter-Nachfolger Jürgen Schrempf brachte wieder die notwendige Klarheit und damit den Erfolg zurück.

Was starke Persönlichkeiten stark macht? Dass alles zusammen passt

Das Beispiel zeigt, dass man sich eine Identität nicht verordnen kann und dass man sie ebenso wenig beliebig wechseln kann wie das Logo oder den Marken-Claim. Eines erwächst aus dem anderen. Wenn Mercedes heute *„Die Zukunft des Automobils“* verspricht, dann ist das glaubwürdig und konsequent, weil das Versprechen zum Wesen der Marke passt. Es passt zur Identität, zu den inneren Werten der Marken-Persönlichkeit von Mercedes.

Und genauso muss auch der visuelle Stil, das Corporate Design, zur Identität dieser Persönlichkeit passen – also das Logo (Firmenzeichen), die Typographie (Schrift), die bevorzugt verwendeten Farben und der Stil der Fotografie. Oder, um im Bild zu bleiben: die Kleidung, die eine Marken-Persönlichkeit trägt.

Das Äußere entwickelt sich aus dem Inneren

Stellen Sie sich unseren Kanzler, Gerhard Schröder, im Hawaii-Hemd vor. Undenkbar! So könnte er sich bei keiner Regierungserklärung zeigen und selbst im Urlaub wäre dieser Aufzug unmöglich. Nicht anders verhält es sich bei einer etablierten Marke wie Mercedes. Das Äußere muss sich aus dem Inneren entwickeln. Mercedes mit Nasenring, Schlaghose und Dockers an den Füßen... das wäre albern und ein schlechtes Kostüm, selbst wenn die Marke sich bei einer Techno-Party vor lauter Jugendlichen präsentierte.

Und selbstverständlich muss noch etwas anderes passen: die Sprache. Die Corporate Tonality, die im langen Schatten des Corporate Design mitunter ein kümmerliches Dasein fristet, obwohl sie zweifellos ein wichtiger Bestandteil der Marken-Persönlichkeit ist. Denn was hilft der gepflegteste Auftritt, wenn die Sprache nicht dazu passt? Was hilft die schillerndste Garderobe, wenn die Sprache farblos bleibt?

Auch Sprachfehler können zum Markenzeichen werden

Was wäre beispielsweise Verona Feldbusch ohne ihre Sprache oder vielmehr: ihre perfekt kultivierten Sprachfehler? Der fehlende Genitiv ist bei ihr genauso zum Markenzeichen geworden wie ihre tiefen Ausschnitte oder ihr überzogenes Wimpern-Geklimper. Und damit hat sich die Einzelperson Verona Feldbusch konsequent zur Marken-Persönlichkeit Verona Feldbusch gewandelt. Wer heute für diese Marken-Persönlichkeit einen Auftritt planen oder eine Rede schreiben soll, der weiß, woran er ist. Denn Identität, Design und Tonalität sind klar.

Marken sind wie Menschen

Von so viel Klarheit können Agenturen und Texter häufig nur träumen, wenn sie ihre Arbeit für ein Unternehmen starten. Und dennoch, es führt kein Weg daran vorbei: Wenn wir uns in den Dienst einer Marke stellen wollen, dann müssen wir zuerst wissen, mit wem wir es zu tun haben. Ist unsere Marke ein Mann im Anzug mit T-Shirt, der dynamisch auftritt und sich mit lauter Stimme in kurzen Sätzen artikuliert? Oder ist es eine Frau in einem Sommerkleid, die warmherzig und sympathisch spricht?

Wir müssen die Identität dieser Marke verstehen, wir müssen wissen, wie sie aussieht, wir müssen wissen, wie sie klingt, wenn sie aggressiv wird, und wie sie sich anhört, wenn sie um Sympathie wirbt. Und wenn der Kunde uns diese Fragen nicht beantworten kann, dann müssen wir selbst aktiv werden. Dann müssen wir gemeinsam mit dem Unternehmen die Antworten erarbeiten, dann müssen wir uns mit der gleichen Besessenheit auf unsere Rolle vorbereiten wie Robert de Niro. Selbst auf die Gefahr hin, dass es für alle Beteiligten etwas anstrengender wird.

Doch diese Anstrengung zählt. Sie ist wichtig, damit die Agentur und der Texter wissen, worauf es ankommt, um das Unternehmen in der öffentlichen Wahrnehmung merkfähig zu machen. Denn wer heute so und morgen so auftritt, an den kann sich übermorgen keiner mehr erinnern. Merkwürdig im eigentlichen Sinne wird nur derjenige, der es schafft, dauerhaft ein **bestimmtes** Erscheinungsbild zu prägen und der sich dazu passend auch in einem bestimmten Stil artikuliert. Denn fraglos trägt auch Sprache entscheidend zum Gesamteindruck und damit zum Profil einer Marke bei. Denken Sie an die Bild-Zeitung oder an das Versandhaus Manufactum. In beiden Fällen prägt der Umgang mit Sprache, der Text, die Wahrnehmung der Marke nachhaltig.

Sprache prägt die Wahrnehmung

Aber natürlich ist der Sprachgebrauch für ein Unternehmen und damit für eine Vielzahl von Menschen schwieriger zu regeln als der Einsatz der visuellen Stil-Elemente. Weswegen die meisten Unternehmen die Finger ganz davon lassen und damit der Beliebigkeit Tür und Tor öffnen. Doch schwierig heißt nicht unmöglich. Unmöglich ist nur der Versuch, sich eine Art „Unternehmens-Wörterbuch" zu entwickeln, das alle Fragen zum Thema Text endgültig beantwortet. Der Wunsch nach einem solchen Nachschlagewerk, am besten nach einer Software, ist zwar nachvollziehbar, aber er muss unerfüllt bleiben. Denn Sprache ist kein Fertiggericht: einfach die Buchstaben in den Teller geben, 200 Milliliter heißes Wasser darüber schütten, umrühren und... fertig ist die Quelle-, Adidas- oder BMW-Sprache? Das ist Wunschdenken! Und darum geht es hier nicht.

Sprache gehört dazu wie das Logo. Und sie wirkt auch so

Worum es geht: einer Marken-Philosophie sprachlichen Ausdruck zu verleihen. Also Stilproben zu entwickeln, einen sprachlichen Korridor aufzumachen, der dem Einzelnen Freiheiten lässt, aber die Richtung der Marke von vornherein kanalisiert. Schließlich leben Marken davon, dass möglichst einheitliche Auffassungen darüber existieren, was sie auszeichnet, was man in ihrem Namen tut und was man lässt.

Also auch, ob die Marke „eine exquisite Offerte unterbreitet" oder „ein geiles Angebot macht". Im einen Fall spricht geziert-antiquiert eine Grande Dame, eine Marken-Persönlichkeit wie Yves Rocher. Im anderen Fall artikuliert sich rotzig-schnoddrig ein ungehobelter Typ, eine Marken-Persönlichkeit wie der Media-Markt. Der Unterschied in der Wahrnehmung ist in etwa so groß wie der Unterschied zwischen Tag und Nacht. Und er ist aus nichts anderem gemacht als aus Sprache.

Deshalb darf es keinen Zweifel über die Wortwahl und Stimmlage einer Marke geben. Es bedarf einer einheitlichen Auffassung, und zwar zuallererst bei denjenigen, die die Marke repräsentieren: den Mitarbeitern und Dienstleistern. Denn sie tragen die Marke in die Öffentlichkeit und sorgen so für ihr öffentliches Bild, ihr Image in den Köpfen der Menschen. Wenn eine Marke sich also auf die Fahne schreibt, dass sie passend zu ihrer Identität beispielsweise „sachlich und kompetent" kommunizieren will, dann darf sie keinen Zweifel daran lassen, was sie damit meint: in der Imagewerbung, in der Verkaufsförderung, im Kundenbrief und am Service-Telefon.

Übersetzungshilfen sind nötiger denn je

Hier sind „Übersetzungshilfen" notwendig. Denn „sachlich" wird schnell mit leblos und dröge verwechselt und bei „kompetent" schaltet so manch einer auf Fach-Chinesisch um. Was hier gebraucht wird, sind konkrete Textproben, an denen sich jeder Einzelne im Bedarfsfall orientieren kann. Und diese Textproben sind nötiger als je zuvor, weil es heute so viel Kommunikation zwischen Marke und Konsument gibt wie noch nie.

Nicht nur, dass die Marken mehr Werbebotschaften in den unterschiedlichsten Kanälen aussenden. Auch die Verbraucher sind dialogfreudiger geworden – dank Fax, E-Mail und Handy. Die Folge ist, dass Marken ihren Kunden und Interessenten praktisch rund um die Uhr Rede und Antwort stehen, und zwar überwiegend mit den Mitteln von Text und Sprache. Und dass somit immer mehr Menschen im Namen einer Marke schreiben und sprechen. Angefangen vom Kundendienst-Mitarbeiter bis zum Call-Center-Agent.

Wenn man dann noch bedenkt, dass die Kunden selbstbewusster und kritischer geworden sind, zudem viel schneller bereit, die Marke zu wechseln, als früher, wenn sie sich schlecht beraten oder unfreundlich angesprochen fühlen, dann wird die gesamte Tragweite des Themas Corporate Tonality deutlich. Es reicht nicht, eine schöne Anzeige zu texten. Denn was die Anzeige verspricht, muss auch der Kundenbrief halten. Alles andere irritiert und wäre in etwa so, wie wenn Verona Feldbusch im Fernsehen aus „mein' Leben" plaudert und im Radio aus „meinem Leben". Sprachfehler beseitigt, Identität beschädigt, Verbraucher irritiert!

Corporate Tonality heißt, die Stimme der Marke aussagefähig übersetzen

Wer derlei Irritation vermeiden will, der tut gut daran, nicht nur seine Identität in Worte zu fassen, sondern auch den sprachlichen Ausdruck dieser Identität zu übersetzen. Denn anhand dieser Übersetzungen kann sich ein Texter der Marken-Persönlichkeit nähern, er kann nachvollziehen, warum sie welchen Stil anstrebt, er kann ihre Stimme verinnerlichen. Damit macht sich die Marke nicht nur unabhängiger von einzelnen Agenturen und Textern, sondern sie legt aktiv die Basis für eine erfolgreiche Zusammenarbeit.

Diese Basis ist die definierte Corporate Tonality. Sie besagt, mit welcher Stimme die Marke sprechen **will.** Nicht mehr und nicht weniger. Wie ein Texter die Stimme dann für einen TV-Spot, für ein Mailing oder eine Anzeige im Einzelnen ausformt, das hängt natürlich auch noch von der jeweiligen Zielgruppe ab. Denn Sprache ist nicht nur und vor allem zur Markenprofilierung gut, sondern auch, um unterschiedliche Menschen mit unterschiedlichen Erwartungen zu erreichen.

Keine sprachlichen Kniefälle vor Jugendlichen

Daraus folgt: Die Stimme einer Marke und ihre Diktion kann nicht immer gleich sein. Sondern der Texter muss sie je nach Zielsetzung und Zielgruppe verändern. Allerdings niemals bis zur Unkenntlichkeit, sondern nur so weit, wie es sich mit der Identität der Marke verträgt. Genauso wenig, wie sich eine etablierte Marken-Persönlichkeit mit Nasenring, Schlaghose und Dockers an den Füßen präsentieren muss, um Jugendlichen zu gefallen, genauso wenig muss sie in den „Mega-cool-Jargon" der Jugendlichen verfallen, um sie anzusprechen. Beides ist billige Maskerade. Und beides wird von der Zielgruppe auch so empfunden: als plumpe Anbiederung.

Das Erfolgsgeheimnis besteht darin, den Ton und die Diktion jeweils so weit zu variieren, dass man sich selbst treu bleibt und das Auditorium sich angesprochen fühlt. Wenn die öffentliche Person Franz Beckenbauer bei „Premiere" den Bundesliga-Spieltag kommentiert, dann artikuliert er sich anders, als wenn er bei der Fifa für Deutschland als Austragungsort für die nächste Weltmeisterschaft wirbt oder auf der Jahres-Hauptversammlung des FC Bayern München für einen Stadion-Neubau plädiert. Er spricht für unterschiedliche Ziele und vor unterschiedlichen Menschen. Er wählt andere Worte. Aber er bleibt Franz Beckenbauer.

Und wenn die Redenschreiber von Gerhard Schröder einen Vortrag des Kanzlers beim Arbeitgeberverband verfassen, dann wird er sich mit Sicherheit in Wortwahl und Argumentation deutlich von einer Rede vor der Gewerkschaftsführung unterscheiden. Aber der Stil wird wieder erkennbar sein. Es ist der Stil von Gerhard Schröder.

Worte ändern sich, Stil bleibt

So wie Franz Beckenbauer und Gerhard Schröder unterschiedliche Zielgruppen ansprechen, ohne ihre Identität als öffentliche Personen zu verraten, so müssen es auch Marken tun. Und so wie die Ghostwriter diesen Spagat beherrschen, so müssen auch die Texter immer nach dem optimalen gemeinsamen Nukleus suchen zwischen sprachlicher Identitätstreue und Zielgruppen-Orientierung. Für den Ghostwriter ist die Aufgabe zugegebenermaßen insofern einfacher, als er es tatsächlich mit einem Menschen aus Fleisch und Blut zu tun hat, während die Persönlichkeit, in deren Namen der Texter schreibt, immer vielgestaltig ist.

Bei homogenen Marken sind sich alle einig

Spürbar wird diese Vielgestaltigkeit meistens bei der Beurteilung und Freigabe von Texten. Passt dieser TV-Spot zu uns? Geben wir dieses Drehbuch so frei? Kann der Anzeigentext so gedruckt werden? Versteht unsere Zielgruppe diese Formulierung? Spätestens wenn die Produktmanager, Marketing-Verantwortliche und Werbeleiter zur Entscheidung zusammentreten, zeigt sich, wie weit es mit der Identität her ist, wie sehr sich die einzelnen Verantwortlichen über das Wesen ihrer Marke einig oder uneinig sind. Dann zeigt sich, ob wir es mit einer starken und homogenen Marken-Persönlichkeit zu tun haben oder mit einem gespaltenen Wesen, das sich janusköpfig in unterschiedliche Richtungen gleichzeitig reckt.

Und es zeigt sich noch etwas. Nämlich, ob die Marke weiß, was die Konsumenten von ihr erwarten. Ob sie weiß, wie die Zielgruppe sie sieht und welche Ansprache sie als angemessen empfindet. Denn nicht alles, was ein Unternehmen für sich als richtig ansieht, wird gleichsam von den Konsumenten so gesehen. Genau wie im richtigen Leben liegt die Wahrheit auch hier sehr oft in der Mitte – dort, wo die Selbsteinschätzung (Selbstbild) des Unternehmens sich mit der Außensicht (Fremdbild) der Verbraucher überlagert. Diese Schnittmenge muss die Marke treffen: mit ihrem visuellen Auftritt ebenso wie mit ihrer Sprache.

Texter müssen die Balance halten

Eben deshalb ist das permanente Ausbalancieren zwischen sprachlicher Identität und sprachlicher Zielgruppen-Annäherung eine der schwierigsten und wichtigsten Aufgaben eines Texters. Es ist die Kunst, den richtigen Ton zu treffen. Denn es gibt immer verschiedene Möglichkeiten, ein und denselben Sachverhalt auszudrücken. Und je nach Wortwahl ist es am Ende auch immer eine andere Persönlichkeit, die spricht.

Zur Veranschaulichung ein Beispiel, das zeigt, wie sich die Tonalität eines Satzes und damit die Wahrnehmung des Absenders grundlegend verändern lässt.

Die Aussage ist immer die gleiche: **„Die Sonne scheint heiß und andauernd in den Tropen.“** Doch je nachdem, wie diese Aussage variiert wird, wie die Tonlage verändert wird, vermuten wir jeweils eine andere Persönlichkeit dahinter...

Jugendlich: „In den Tropen ballert's auf die Birne!“

Romantisch: „Die tropische Sonne legte einen ewigen Schleier von Hitze über die Landschaft.“

Technisch: „Die Tropen sind durch eine andauernde, große Hitzeeinstrahlung gekennzeichnet.“

Verträumt: „Ja, in den Tropen scheint die Sonne warm und immer.“

Das ist einerseits ein spaßiges Spiel mit der Sprache. Es zeigt andererseits aber auch, wie gewissenhaft die Worte gewählt werden müssen, damit sie zur Persönlichkeit einer Marke passen. Denn genauso wenig wie das Coca-Cola-Logo heute auf roter Fläche und morgen auf blauem Grund eingesetzt wird, kann eine Marke permanent ihre Stimme wechseln. Das schadet nicht nur der Wiedererkennung. Es schadet auch der Glaubwürdigkeit und damit der Überzeugungskraft der Marke.

Marken müssen merkfähig bleiben

Ganz egal, was so mancher selbst ernannte Trend-Guru zu Anfang der 90er Jahre in seinem Kaffeesatz zu lesen glaubte und für die Markenführung der Zukunft prophezeite, es kam erstens wieder einmal anders und zweitens als man denkt. Denn gerade in Zeiten des dynamischen Wandels suchen die Menschen nach festen Größen, nach Persönlichkeiten, die nicht heute dies und morgen jenes versprechen, nach Marken, denen sie vertrauen können. Und Vertrauen haben sie nun einmal zu denen, die nicht auf jeden Trend springen und sich nicht jedes Zeitgeist-Mäntelchen umhängen, sondern zu denen, die klar profiliert sind, weil sie Kontinuität signalisieren. Kontinuität heißt aber keineswegs Stillstand. Sondern es bedeutet, den Wandel bewusst und behutsam zu vollziehen, so dass in den Augen der Öffentlichkeit sich scheinbar nichts verändert, weil sich die Marken-Persönlichkeit visuell und verbal immer auf der Höhe der Zeit präsentiert.

Und hier schließt sich der Kreis. Denn wer diesen Weg der großen Marken-Persönlichkeiten gehen will, der muss sich zuallererst seiner Identität bewusst und sicher sein. Er darf sich nicht nur auf die Strahlkraft einer identischen „Außenfassade", eines Corporate Design, verlassen, sondern muss diese Marken-Persönlichkeit auch zum Sprechen bringen: mit einer klaren Botschaft, die von einer charakteristischen Stimme in allen Kommunikationskanälen vermittelt wird – der Corporate Tonality.

Das Ziel: Eine Marke, eine Sprache

Wer im Fernsehspot emotional und lebendig auftritt, der darf den Kunden, die sich dadurch angesprochen fühlen, keine Briefe im trockensten Landratsamts-Stil schreiben. Hier muss sich dieselbe Marken-Persönlichkeit artikulieren. Hier gilt: eine Marke, eine Sprache. Eben deshalb ist es notwendig, dass die Unternehmen die Stimme ihrer Marke klarer definieren. Und eben deshalb ist es wichtig, dass Agenturen und Texter sensibler mit dieser Stimme umgehen und nicht im Zweifelsfall ihren eigenen Stil auf die Marke übertragen.

Denn Sprache ist nicht beliebig. Sondern sie ist – richtig eingesetzt – ein wichtiger Wettbewerbsfaktor. Oder um es mit den Worten von Kurt Tucholsky martialisch, aber plakativ zu sagen: *„Sprache ist eine Waffe"*. Und dessen sollte sich jeder Texter bewusst sein.

Literaturhinweis:

Brandmeyer, K./Deichsel, A. (Hrsg.) (1999): Jahrbuch Markentechnik 2000/2001. Frankfurt am Main

Sprache schafft Marken oder Wie guter Text den Unternehmenserfolg beeinflusst

Wolfgang Momberger

„Im Anfang war das Wort“, so beginnt die Menschheitsgeschichte. Es sind Worte, es ist Sprache, die Menschen voranbringt oder zurückwirft, die den Unterschied zwischen groß und klein, zwischen bedeutend und unbedeutend, zwischen einzigartig und austauschbar, zwischen Erfolg und Misserfolg ausmacht.

Der christliche Glaube, das Judentum, alle Religionen der Welt leben seit vielen tausend Jahren durch die Weitergabe **geschriebener** Worte, Gedanken und Interpretationen. Alle Nationen der Welt haben ihren Kern in einer **geschriebenen** Verfassung und in den tagtäglich ergänzend verfassten Gesetzestexten sowie den Interpretationen durch Politiker, Staatsorgane, Intellektuelle und Bürger.

Es ist Sprache und oft nur ein Satz, der für Millionen Menschen die Richtung aufzeigt, in die sie motiviert gehen. Bei vielen erhöht sich noch heute der Pulsschlag, wenn sie die Rede von Martin Luther King hören: *„I have a dream“*. Oder von John F. Kennedy: *„It's not the question what America can do for you, but what you can do for America“*.

Marvin Bower, der Gründer von McKinsey, war davon überzeugt, dass nur Unternehmen (und damit Marken), die ihre Grundsätze und Ziele schriftlich fixieren, langfristig erfolgreich sein können.

Schon 1982 machten Terence Deal und Allen Kennedy in ihrem Buch über Unternehmenskultur deutlich, dass die Gründer der Firmen, für die Amerika berühmt ist, wie besessen daran arbeiten, starke Unternehmenskulturen zu schaffen. Kulturen, die durch Sprache, Werte und Rituale geschaffen und weiterentwickelt werden. Es ist der Inhalt und der Sprachstil, aus denen die Einzigartigkeit erwächst.

Häufig ist es wirklich nur ein Satz, der die Essenz einer Marke darstellt, der Unternehmen für immer erfolgreich ausrichtet:

„Das Beste oder nichts" war die Leitlinie von Carl Benz und ist im Kern noch heute die Erfolgsformel von Mercedes-Benz.

„Aus Freude am Fahren" begründete in den 60er Jahren die Renaissance von BMW.

„Vorsprung durch Technik" machte aus der maroden Kleinwagenfirma Audi die größte Erfolgsstory der Automobilindustrie in den letzten 20 Jahren.

Mit ***„We sell for less"*** wurde Wal Mart zum größten Händler weltweit.

Mit ***„Value and good fun"*** wurde Virgin groß und sein charismatischer Gründer Richard Branson zum Milliardär.

Es sind Worte, die die Welt bewegen. Und es sind Worte, die Marken bewegen. Aber wie groß ist das Bewusstsein, die Fähigkeit, die Bereitschaft, Sprache gezielt für den Markenaufbau einzusetzen? Es scheint, als ob es immer noch eher die Ausnahmen als die Regeln sind, in denen Marken bewusst durch Sprache vorangetrieben werden – allerdings sind dies dann auch gigantische Erfolgsgeschichten:

Die sprachbasierten Erfolgsstories

Coca-Cola	unter der Ägide von Roberto C. Goizueta
Sixt	durch Erich Sixt
Virgin	durch Richard Branson
Mercedes-Benz	durch Carl Benz und Jürgen Hubbert
Bertelsmann	durch Thomas Middelhoff
General Electric	durch Jack Welch
Ogilvy & Mather	durch David Ogilvy

Interessanterweise sind diese Ausnahmen immer durch Unternehmer getriebene Unternehmens- und gleichzeitig auch Sprachkulturen. Sprachkulturen, die – wie sollte es anders sein – durch eine unendliche Anzahl von Briefen, Notizen, Statements, Reden, Mails und Interviews entwickelt und ausgebaut wurden.

Ogilvy & Mather ist die einzige globale Werbeagentur mit einer wirklichen Unternehmenskultur. Diese Kultur ist das Verdienst von David Ogilvy, der 1968 seine Gedanken zu den Werten und Zielen der Agentur formulierte und danach in einem fast manischen Schreibtrieb auf tausenden Seiten die Agentur tagtäglich befruchtete.

Sprache bringt Rentabilität

Dabei wurde die Typik und Brillanz seiner Sprache in jeder Äußerung bis hin zu kürzesten internen Notizen deutlich – ein Stil, der ansteckte. Die Sprachqualität der Briefe und Notizen aller Mitarbeiter von Ogilvy & Mather, selbst zu den banalsten Themen, ist bis heute unerreicht. Das Ergebnis: eine der rentabelsten Agenturen der Welt!

Die Sprachqualität von Ogilvy & Mather ist **nicht** in erster Linie Ausdruck kreativer Intuition, sondern das Resultat eines bewussten Prozesses. So hat David Ogilvy am 7. September 1982 in seinem typischen Schreibstil ein Memorandum an das Management verfasst, um die Sprachkultur der Agentur weiterzubringen. Er schrieb:

David Ogilvy *7. Sept. 1982*

WIE MAN SCHREIBT

Wenn jeder in unserem Unternehmen sich einer Schreibprüfung unterziehen müsste, bekämen die vierzehn Direktoren die besten Noten.
Je besser Du schreibst, desto weiter wirst Du es bei Ogilvy & Mather bringen. ***Leute, die gut denken, schreiben gut.***
Leute mit krausem Verstand schreiben krause Memos, krause Briefe und krause Reden.
Gut schreiben zu können, ist keine natürliche Gabe. Man muss ***lernen,*** *gut zu schreiben. Hier sind zehn Tipps.*

1. *Lesen Sie das Buch von Roman und Raphaelson „Writing That Works" (1981). Lesen Sie es dreimal.*
2. *Schreiben Sie, wie Sie sprechen. Ganz natürlich.*
3. *Benutzen Sie kurze Wörter, kurze Sätze und kurze Absätze.*
4. *Benutzen Sie nie modische Fachwörter wie „Reconceptualize", „Demassification", „Attitudiually", „Judgementally". Es sind die Markenzeichen angeberischer Idioten.*
5. *Schreiben Sie nie mehr als zwei Seiten über ein Thema.*
6. *Überprüfen Sie Ihre Zitate.*
7. *Verschicken Sie nie einen Brief oder ein Memo an demselben Tag, an dem Sie es geschrieben haben. Lesen Sie sich den Text am nächsten Morgen laut vor – und dann überarbeiten Sie ihn.*
8. *Wenn es sich um ein wichtiges Schreiben handelt, holen Sie einen Kollegen zur Hilfe, der Verbesserungen anbringt.*
9. *Bevor Sie Ihren Brief oder Ihr Memo abschicken, vergewissern Sie sich, dass für den Empfänger kristallklar ist, was Sie von ihm wollen.*
10. *Wenn Sie AKTION wollen, schreiben Sie nicht. Gehen Sie hin zu dem Kerl, und sagen Sie ihm direkt, was Sie wollen.*

David

Diese von David Ogilvy bewusst vorangetriebene und institutionalisierte Sprachkultur einer Corporate Language als Pendant zum Corporate Design ist eine ganz seltene Ausnahme, die die Regel bestätigt, dass es nämlich kaum markentypische Sprache gibt.

Dies ist erstaunlich, denn so notwendig ein klar strukturierter optischer Auftritt ist, so sehr sind es die sprachlich vermittelten Argumente, mit denen die Umsätze zum Laufen gebracht, Mehrwerte generiert werden, mit denen sich die besten Talente der Universitäten anziehen und die wertvollsten Mitarbeiter täglich neu für die Marke motivieren lassen.

Zwar gilt generell der Satz *„Ein Bild sagt mehr als tausend Worte"* – aber wie soll das Bild aussehen, das diesen Satz ersetzen soll?

Es ist die Sprache, die den Kern der Marke ausmacht

Jeder erfolgreiche Verkäufer tritt gepflegt im Stil der Marke auf, die er repräsentiert, aber um zu verkaufen, muss er argumentieren. Ein stummer Schönling wird nie Erfolg haben – warum sollte für den Erfolg der Marke etwas anderes gelten? Rolf Breuer, bis Mai 2002 der **Sprecher** des Vorstandes der Deutschen Bank, sagte kürzlich: *„Vergleichbare Unternehmen, die besser als andere ihre Strategie* ***erläutern,*** *erzielen bis zu 8 % höhere Börsenkapitalisierungen."*

Sprache bewegt alle

Da lohnt es sich doch, schon etwas weiter zu denken als nur an die klassischen Rhetorik-Kurse für den Vorstandsvorsitzenden. Es geht um den durchgängigen Sprachstil eines Unternehmens in allen Äußerungen nach innen und außen gegenüber Kunden, Aktionären, Uni-Absolventen und Medien. Es geht um die Kraft der Sprache, um die Alleinstellung und Differenzierung mittels Sprache nach außen und es geht um die Motivation und Fokussierung mittels Sprache nach innen.

Es geht darum, sich die Marken-Persönlichkeit bewusst zu machen: Jung oder gereift? Maskulin oder feminin? Deutsch, französisch oder angloamerikanisch? Es geht um den markentypischen Ausdruck:

Wenn das Mission Statement *„Just do it"* für die amerikanische Marke Nike genau richtig ist, ist ein englischsprachiger Claim für eine deutsche Marke in Deutschland exakt falsch.

Es ist nicht nur peinlich, sondern wertvernichtend, wenn eine gereifte Marke mit einer gewollt jugendlichen Sprache daherkommt – nur weil es dem Texter gerade einmal so eingefallen ist und das Unternehmen wegen fehlender explizierter Orientierungslinien zum sprachlichen Ausdruck nichts dagegen unternimmt.

Im optischen Auftritt haben sich (fast) alle daran gewöhnt, die kleinsten Details festzulegen, und man hat gelernt, dass Typik und Kontinuität die Marke stärken – und keineswegs die Kreativität einengen.

Es ist an der Zeit, hinter der optischen Fassade den inhaltlichen Kern zu profilieren und damit zu stärken

Es ist schon grotesk, wenn man sich vor Augen führt, wie viele Abermillionen und Milliarden Euros in das Corporate Design geflossen sind und weiter fließen, wie viel Geld, Zeit und Energie in die Arbeit der Art Directoren, Fotografen, Typografen und Graphic Manuals investiert werden und wie gering im Vergleich hierzu die Beschäftigung mit Sprache ist.

Warum ist das so? Nun, die Lemminge rennen eben der Optik hinterher und verstärken damit den Herdentrieb. Der sich selbst verstärkende Kreislauf dreht sich kräftig; Corporate Design ist angeblich Corporate Identity. Weil Corporate Design so wichtig ist, reichen die besten Art Directoren Deutschlands nicht mehr, es müssen die Stars aus den USA sein.

Dann werden die besten Designer ausgezeichnet und damit wird die Bedeutung der Optik durch sich selbst bestätigt und die nächste Runde der Weiterentwicklung eingeleitet – und wie viel Zeit wird für den Inhalt und die Sprache verwendet? Verdammt wenig! Es gibt ja auch immer weniger, die sich leidenschaftlich damit beschäftigen.

Welche CI-Agentur wird von einem Star-Texter geleitet, der besser schreibt als die besten Journalisten?

Welcher Agentur-Texter kommt an die Textqualität von David Ogilvy heran? Gleichgültig, ob man die berühmte Rolls-Royce-Anzeige *„At 60 miles an hour, the loudest noise in this new Rolls Royce comes from the electric clock“* oder seine Hausmitteilung, die man in dem Buch „The unpublished David Ogilvy“ nachlesen kann, als Maßstab nimmt.

Im Schatten der Optik wächst nichts

Vergleicht man die Texte der meisten Autoanzeigen, die häufig eine Beleidigung für die geistige Aufnahmebereitschaft selbst durchschnittlich begabter Leser darstellen, mit den Texten von Autojournalisten, wird deutlich, dass das Thema „Sprachkultur“ auch bei den größten Werbetreibenden und Agenturen nur ein Schattendasein fristet.

Der Teufelskreis rotiert kräftig: Kaum jemand kümmert sich mehr um Texte, deswegen wird die Aufgabe an drittklassig Begabte delegiert. Weil das

Die Headline dieser Anzeige ist legendär. Sie entstand nicht aus bloßer kreativer Intuition. Sie war vor allem das Ergebnis der harten Recherche-Arbeit von David Ogilvy.

Ergebnis entsprechend schlecht ist, entsteht die selbsterfüllende Behauptung, dass Texte keine Bedeutung für den Marken- und Werbeerfolg haben. Welch ein Trugschluss! Warum soll für die Sprache einer Marke nicht das Gleiche gelten wie für den Erfolg eines Verkäufers, nämlich dass gute und markenkonsistente **Argumente** zum Kauf führen?

Der häufig verwendete Satz: *„Texte liest sowieso niemand"* ist schlichtweg Unfug! Richtig ist: Schlechte Texte liest niemand – warum sollte man sie auch lesen? Aber bei guten Texten ist das anders.

Gute Texte werden mehr denn je gelesen – ja, die Menschen zahlen sogar dafür

- Noch nie wurden so viele Magazine weltweit verkauft wie zur Zeit – und was ist der Hauptinhalt von Magazinen? **Texte!**
- Noch nie wurden so viele Bücher gekauft wie zur Zeit– und was steht in den Büchern? **Texte!**
- Buchautoren wie Frederik Forsyth, Joanne K. Rowling und Stephen King verdienen mehr als die Bildmarken von Hollywood, weil Sprache faszinieren kann und dafür finanziell honoriert wird.
- Die Harry-Potter-, SMS- und E-Mail-Kulturen belegen, ohne dass ein Plädoyer notwendig ist, die Renaissance der Textkultur gerade bei Jugendlichen.

Es ist also an der Zeit, die CI-Handbücher um das Kapitel „Unternehmenssprache" zu ergänzen, um die Beschreibung, wie das Unternehmen inhaltlich und im Sprachstil profiliert werden soll.

Es geht um das Bewusstsein, dass Inhalt und Sprache mehr Wert generieren als die üblichen CD-Maßnahmen – und zwar sowohl auf der operativen Seite des Geschäfts wie auch gegenüber dem Kapitalmarkt.

Corporate Design ist die Voraussetzung für die Markenidentität, aber Corporate Tonality ist der Treiber zum Erfolg.

Marken brauchen Sprachregeln

Es geht um das Bewusstsein, dass die Entwicklung der Unternehmenssprache einen gleichermaßen strukturierten Prozess verlangt wie etwa die Entwicklung des Corporate Design; dass es die besten Texter und Journalisten braucht, um die Unternehmenssprache zu definieren; dass es klarer Regeln bedarf, die einzuhalten sind; und dass es einen Verantwortlichen braucht, der die Regeln weiterentwickelt und die Nichtbeachtung beinhart sanktionieren kann.

Es geht darum, dass eine Marke durch die Entwicklung einer exzellenten Sprachkultur attraktiv für die besten Texter, Schriftsteller und Journalisten der Welt wird und die Marke damit laufend attraktiver dargestellt wird. So wird aus dem derzeitigen Teufelskreis eine Erfolgsspirale.

Es geht um die Weiterentwicklung einer Sprachkultur, eines Sprachkultes, wie es z.B. „Sixt" gelungen ist.

Die ersten werden belohnt

Die ökonomischen Notwendigkeiten, diesen Weg zu beschreiten, sind offensichtlich, obwohl so gut wie keine Marke bisher bewusst in diese Richtung marschiert ist. Die viel beschworenen Vorteile des Ersten (first-mover advantages) sind offensichtlich und werden die Pioniere doppelt und dreifach belohnen – wenn sie bereit sind, ihr Bestes zu geben.

Vor den Erfolg haben die Götter den Schweiß gesetzt

Gutes Schreiben ist Knochenarbeit – und redigieren ist kaum einfacher. Gutes Schreiben zwingt dazu, eine hundertprozentige Ordnung in die Gedanken zu bringen und zu wissen, wie man mit Worten motiviert.

Wie schwer gutes Schreiben selbst (oder besser: gerade) für die Begabtesten ist, belegen ein Brief von David Ogilvy an Ray Calt und eine Manuskriptseite von Charles Dickens.

David Ogilvy *19. April 1955*

Lieber Mr. Calt:

Am 22. März baten Sie mich in Ihrem Brief um ein paar Erläuterungen über meine Arbeitsgewohnheiten als Texter. Sie sind erschreckend, wie Sie gleich feststellen werden:

1. *Ich habe noch nie eine Anzeige im Büro verfasst. Zu viele Unterbrechungen. Meine ganze Schreibarbeit erledige ich zu Hause.*

Ogilvy zeigt, wie dick das Brett ist, das Texter bohren müssen

2. Ich verbringe viel Zeit damit, Präzedenzfälle zu untersuchen. Ich sehe mir jede Werbung für jedes konkurrierende Produkt aus den vergangenen zwanzig Jahren an.
3. Ich bin hilflos ohne Marktforschungsunterlagen – aber je mehr ich davon lesen kann, desto besser.
4. Ich schreibe eine Definition des Problems nieder und umreiße das Ziel, das ich mit der Werbekampagne erreichen möchte. Dann arbeite ich nicht weiter, bis die Prinzipien meiner Zielsetzung von dem Kunden akzeptiert worden sind.
5. Bevor ich den Text formuliere, schreibe ich jedes nur denkbare Faktum und jede nur mögliche Verkaufsidee nieder. Dann sortiere ich alles und setze es zu meinen Marktforschungsergebnissen und dem Anzeigenschwerpunkt in Beziehung.
6. Dann entwerfe ich die Headline. Tatsächlich entwerfe ich für jede Anzeige zwanzig verschiedene Headlines. Und ich entschließe mich nie für eine Headline endgültig, bevor ich nicht die Meinung anderer in der Agentur eingeholt habe. Manchmal bitte ich auch die Marktforschungsabteilung um Hilfe und lasse sie einen Test mit eine Gruppe von Headlines anstellen.
7. An diesem Punkt angelangt, kann ich es nicht länger aufschieben, den eigentlichen Text zu schreiben. Deshalb gehe ich nach Hause und setze mich an meinen Schreibtisch. Ich muss dann feststellen, dass ich nicht eine einzige Idee habe.
   Meine Laune wird immer schlechter. Wenn meine Frau den Raum betritt, knurre ich sie an. (Das ist noch schlimmer geworden, seit ich aufgehört habe zu rauchen.)
8. Mich erfasst Schrecken bei der Vorstellung, eine miserable Anzeige zu konzipieren. Deshalb werfe ich die ersten zwanzig Versuche fort.
9. Wenn alles nichts nützt, trinke ich eine halbe Flasche Rum und lege eine Schallplatte mit einem Händel-Oratorium auf. Normalerweise folgt darauf ein unkontrollierbarer Textschwall.

10. Am nächsten Morgen stehe ich früh auf und überarbeite diesen Schwall.

11. Dann nehme ich den Zug nach New York, und meine Sekretärin tippt einen Entwurf. (Ich kann nicht tippen, das ist sehr unpraktisch.)

12. Ich bin ein miserabler Texter, aber meine Überarbeitungen sind gut. So gehe ich daran, meinen eigenen Entwurf zu überarbeiten. Nach vier oder fünf Durchgängen ist er dann gut genug, um dem Kunden vorgelegt zu werden. Wenn der Kunde den Text ändert, werde ich sauer – schließlich habe ich mir viel Mühe gegeben, und was ich geschrieben habe, habe ich mit Überlegung geschrieben.

Alles in allem ist ein langwieriges und mühsames Geschäft. Ich bin überzeugt, dass es manchen Textern viel leichter von der Hand geht.

Mit freundlichen Grüßen

David Ogilvy

Wahrscheinlich liegt es unter anderem auch an der Mühseligkeit, die mit gutem Scheiben verbunden ist, warum Corporate Tonality nicht so weit verbreitet ist wie Corporate Design.

Das zu bohrende Textbrett ist einfach fünfmal so dick wie das Design-Brett – aber dennoch: Die Marke, die auch zukünftig erfolgreich sein will, kommt um die markentypische Sprache nicht herum.

Wenn der Weg dahin auch steinig ist und manchmal an die Aufgabe von Sisyphus erinnert, die Erfolge, das Rampenlicht, die Marktanteile und die Börsenkurse werden schon bald allen Schweiß und manche Tränen vergessen lassen.

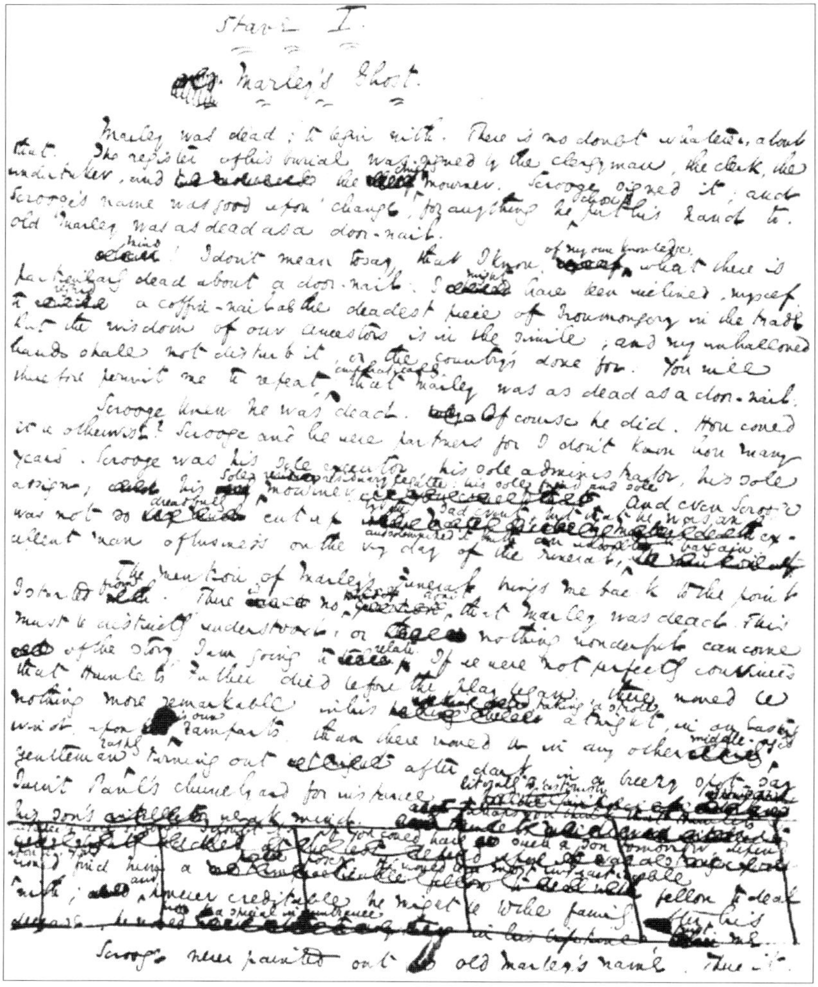
Stave I.

Marley's Ghost.

Marley was dead: to begin with. There is no doubt whatever about that. The register of his burial was signed by the clergyman, the clerk, the undertaker, and the chief mourner. Scrooge signed it. And Scrooge's name was good upon 'Change, for anything he chose to put his hand to. Old Marley was as dead as a door-nail.

Eine Seite des Manuskripts von „Christmas Carol" mit den Korrekturen von Dickens. Sie zeigt: Gutes Schreiben ist Knochenarbeit.

Warum der Texter Marken-Philosophie und Marketing-Strategie verstehen muss

Texter brauchen keinen eigenen Stil!
Texter schreiben nicht in ihrem eigenen Namen. An ihren Texten soll man weder den Verfasser noch die Agentur erkennen, sondern nur die Marke. Texter schreiben im Namen der Marke. Sie sind Ghostwriter.

Marken sind Persönlichkeiten!
Jede Marke hat ihre eigene Identität (Corporate Identity). Dort wurzeln jene Charakter-Stärken, die sie einmalig machen. Sie hat ihre eigene Verhaltensweise (Corporate Culture). Sie hat ihren eigenen visuellen Stil (Corporate Design). Und sie hat ihre eigene Sprache und Stimme (Corporate Tonality). Das ist die Sprache, die der Texter sprechen muss!

Das Wichtigste auf einen Blick

Sprache ist Ausdruck der Persönlichkeit!
Die Sprache einer Marke ist nicht beliebig – sie muss genauso zu ihrer Identität passen wie das Logo oder die Typografie. Sie muss den Geist der Marke transportieren, ihr Wesen ausdrücken. Und dieses Wesen muss der Texter erkennen.

Gute Texter sind wie Schauspieler!
Texter studieren die Marken-Persönlichkeit. Sie versuchen ihre Identität, ihre inneren Werte zu verstehen. Sie versuchen zu begreifen, wo die Marke herkommt, was sie stark macht und wie sie deshalb spricht. Texter schlüpfen in die Rolle der Marke – sie leihen sich ihre Stimme.

Marken leben von der Wiedererkennung!
Bei starken Marken passt alles zusammen. Sie treten nicht heute so und morgen so auf und sie artikulieren sich auch nicht permanent anders. Sie signalisieren Beständigkeit und damit Zuverlässigkeit. Ihr Kapital ist die Kontinuität. Und dazu liefert eine durchgängige Sprache einen wichtigen Beitrag.

Marken mit Sprach-Bewusstsein sind erfolgreiche Marken!
Wo immer sich eine ausgeprägte Sprachkultur entwickelt, sind die Marken erfolgreich. Das ist kein Zufall. Denn klare Sprachregelungen sind auch Ausdruck eines klaren unternehmerischen Geistes: Sixt beweist uns das seit Jahren. Und auch der Texter David Ogilvy hat es für Ogilvy & Mather eindrucksvoll dokumentiert.

Text schafft echten Mehrwert!
Worte bewegen Menschen. Mitarbeiter ebenso wie Konsumenten. Deshalb leisten Texter, die den Zusammenhang zwischen Marken-Identität und Marken-Sprache begreifen und umsetzen, einen aktiven Beitrag zur Erhöhung des Unternehmenswertes. Und deshalb ist es so wichtig, dass Texter sich mit der Marken-Philosophie intensiv beschäftigen.

4 Voraussetzungen

Was der Texter zum Texten braucht

Zwischen zu viel und zu wenig Information

Jörn Winter

Aus allen bisherigen Beiträgen ist eines klar geworden: Texten hat nicht nur etwas mit schreiben und schon überhaupt nichts mit einfach drauflos schreiben zu tun. Texten heißt, zielgerichtet zu arbeiten. Und wer zielgerichtet arbeiten will, der muss zunächst einmal genau wissen, wohin die Reise geht. Dazu ist es notwendig, alle Punkte zu klären, die in den vorherigen Kapiteln eine Rolle gespielt haben – und zwar bevor wir auch nur einen Gedanken an die Umsetzung verschwenden.

Bevor wir „kreativ" werden, bevor wir in Bildern und Slogans denken, müssen wir nämlich vor allem eines: die Aufgabe **verstehen!** Das heißt:

Die Marke verstehen, für die wir arbeiten – ihre Identität, ihren Stil, ihre Stimme.

Die strategische Zielsetzung klären, die wir mit der jeweiligen Aktion verfolgen – Image verbessern, Produktverkauf forcieren, Interessenten gewinnen.

Die Zielgruppe festlegen und begreifen, die wir erreichen wollen – ihre Bildung, ihre Einstellung, ihre Interessen.

Die Vorteile des Produkts erfahren und gewichten, das wir verkaufen wollen – rational, emotional, aus Sicht der potenziellen Käufer.

Es sind also jede Menge Informationen, die eine Agentur braucht, um überhaupt mit der Arbeit anfangen zu können. Und woher bekommen wir all diese Informationen? Natürlich vom Auftraggeber, sollte man denken. Schließlich kennt der sein Unternehmen am besten. Er weiß, wo ihn der Schuh drückt und welche strategischen Ziele er deshalb erreichen will.

Selbstverständlich ist er auch genauestens über die Zielgruppe im Bilde, also über jene Menschen, für die er sein Produkt entwickelt hat. Und von diesem Produkt und seinen Vorteilen versteht er selbstredend mehr als jeder andere. Also muss der Kunde nur noch eine Zusammenfassung dieser Punkte erstellen, muss alles Wesentliche aufschreiben und fertig ist die Arbeitsgrundlage für die Agentur: das so genannte Kunden-Briefing.

Wenn der Kunde wüsste, was er wollte...

Soweit die durchaus plausible Theorie, die sich in der Praxis zumeist aber als lehrbuchhafte Wunschvorstellung erweist, weil sie einiges nicht berücksichtigt. Zum Beispiel, dass es in Unternehmen nicht immer Einigkeit über die anzustrebenden Ziele gibt; dass unterschiedliche Vorstellungen über die Zielgruppe herrschen; und dass die Frage nach dem Hauptvorteil des Produktes nicht selten mit einer ganzen Liste von Vorteilen beantwortet wird; kurz: dass der Kunde also mitunter selbst nicht genau weiß, was er will. Oder wenn er es weiß, er häufig nicht in der Lage ist, es präzise zu formulieren.

Dies alles führt dazu, dass das Unternehmen wahlweise entweder mit einer spärlichen Kurzinformation aufwartet und es anschließend der Agentur überlässt, die fehlenden Puzzlesteine aufwändig selbst zu recherchieren. Oder im gegenteiligen Fall, die Agentur wahllos mit allen nur erdenklichen Informationen überschüttet, aus der sie sich dann das vermeintlich Wesentliche heraussuchen darf.

Das Briefing wird oft unterschätzt

Die Kurzinformation wird gerne damit begründet, dass man die Agentur in ihrer Kreativität nicht habe einschränken wollen – gerade so, als ob es in der Werbung so etwas wie uneingeschränkte Kreativität gäbe. Im Falle der Informationsflut dagegen lautet die Begründung, man könne schließlich nie genug wissen. Beide Varianten entspringen manchmal einer gewissen Hilflosigkeit, manchmal schlicht der Ahnungslosigkeit über die Bedeutung des Briefings. Egal, was es ist, im Ergebnis haben sie eines gemeinsam: Sie verlagern die Diskussion vom Auftraggeber in die Agentur.

Wer jetzt den Fehler macht, diese Diskussion nicht in aller Konsequenz und Hartnäckigkeit mit dem Auftraggeber zu führen, also über ein so genanntes Re-Briefing den Ball zurückzuspielen und verbindliche Arbeitsgrundlagen mit dem Kunden zu definieren, der hat schon fast die Chance auf ein erfolgreiches Arbeitsergebnis verschenkt.

Entweder Klarheit von Anfang an oder Chaos bis zum Ende

Dieser Prozess ist mühsam und anstrengend und wird von den Auftraggebern auch nicht immer gerne gesehen, weil sie mitunter ja gerade froh darüber waren, ihr „Entscheidungs-Problem“ außer Haus gebracht zu haben. Aber es dient der Sache mehr, als darauf zu hoffen, dass sich schon eine schöne Kampagnen-Idee finden wird, die alle Unklarheiten beseitigt. Wer so vorgeht, der macht seine Agentur und vor allem seine Texter und Grafiker zum Spielball und endet daher nicht selten im Chaos.

Ohne Maßstab kann jede Idee gut sein

Und dieses Chaos ist alles andere als kreativ. Es bedeutet endlose Diskussionen, die sich zumeist um Sinn und Zweck der Maßnahmen und nicht um ihre Art und Weise drehen. Es bedeutet hektische Betriebsamkeit, in der unendlich viele Ideen und Varianten von Anzeigen, Plakaten und TV-Spots entwickelt und verworfen werden. Es bedeutet mit der Stange im Nebel herumzustochern, weil das Ziel nicht klar ist. Und am Ende? Am Ende wird die Strategie passend zu den Entwürfen der Kreation geschrieben, wird ein bunter Strauß von Ideen präsentiert... Am Ende ist alles so wirr, wie es schon am Anfang war.

Ausnahmen gibt es selbstverständlich, in denen das Durcheinander ein hervorragendes Ergebnis produziert. Aber bei diesen Ausnahmen verhält es sich wie mit dem berühmten blinden Huhn, das auch mal ein Korn findet. In der Regel nämlich führt nur ein klares Kunden-Briefing zu einer klaren Strategie und nur eine klare Strategie zu einem klaren Kreations-Briefing (Creative-Brief) und das wiederum zu wirkungsvollen und einfallsreichen Ergebnissen – also auch zu überraschenden, aber passenden Text-Aussagen.

Deshalb muss dieser Entwicklungsprozess auch so geradlinig und so unnachgiebig wie möglich gestaltet werden. Er hält dennoch genügend Überraschungen bereit und bietet auch so ausreichend Stoff für Meinungsverschiedenheiten. Er verhindert aber, um noch einmal einen Vergleich mit dem Fußball zu ziehen, dass wir wahllos Bälle durch die Gegend schießen, weil wir nicht wissen, wo das Tor steht. Jeder Treffer wäre Zufall. Und unser Ziel ist es nicht, Zufallsergebnisse zu produzieren.

Die Aufgabe des Texters ist es nicht, das Ziel zu finden – sondern den Weg dahin

Deshalb kommt es auch so sehr auf die richtigen Ausgangsvoraussetzungen an. Sprich: auf die richtigen Informationen. Und um die zu bekommen, müssen wir fragen, sammeln und filtern: Was ist der wichtigste Vorteil am neuen Braun-Rasierer? Dass er noch gründlicher ist als seine Vorgänger? Dass er sich selbst reinigt? Oder dass er besser in der Hand liegt, weil sein Design ergonomisch verbessert ist? Wie sehen das die Marketing-Experten bei Braun? Und noch viel wichtiger: Wie sehen es die Kunden? Wer darauf drei Antworten hat, der hat immer noch zwei zu viel.

Drei Antworten sind zwei zuviel

Es geht schon in dieser Auftaktphase entscheidend darum, alles Wichtige vom Unwichtigen zu trennen, jeden Sachverhalt zu hinterfragen und so den Kern der Aufgabe freizulegen, also zu definieren, was wir eigentlich erreichen wollen. Wollen wir das Image aller Braun-Rasierer verbessern und das neueste Modell dazu als Lokomotive benutzen? Wollen wir den Neuesten als das Nonplusultra darstellen, auch wenn es auf Kosten der anderen geht? Wollen wir in erster Linie verkaufen, verkaufen, verkaufen? Oder dient das Spitzenprodukt hauptsächlich dazu, den Ruf der Gesamtmarke Braun zu polieren?

Wer den Auftraggeber fragt, der braucht sich nicht zu wundern, wenn ihm sinngemäß geantwortet wird: Viel verkaufen ist immer gut, das Image zu verbessern sowieso, aber auf Kosten der anderen Modelle des Hauses soll es nicht gehen. Das Unternehmen möchte in der Regel eben auf nichts verzichten, will für das eingesetzte Geld möglichst viel auf einmal erreichen... und muss sich doch entscheiden. Denn der Pfeil, den wir schmieden, braucht eine Spitze, sonst bleibt er stumpf und wirkungslos. Und diese Spitze muss bereits im Briefing festgelegt werden. Möglichst eindeutig. Oder noch besser: eineindeutig (wie es in der Mathematik heißt).

Denn nur wenn wir Einigkeit mit dem Kunden darüber erzielen, was wir genau erreichen wollen, werden wir auch Einigkeit darüber erzielen, wie wir es erreichen. Erst wenn wir unser Ziel kennen, können wir die strategische Marschrichtung festlegen. Erst wenn wir wissen, dass wir nach Rom wollen, können wir uns den besten der sprichwörtlich vielen Wege dorthin suchen. Und erst wenn wir wissen, was wir in Rom wollen, können wir die richtige Botschaft formulieren.

Das Spielfeld muss klar abgesteckt sein

Der Auftakt beeinflusst das Endergebnis

Das hört sich so banal an, weil es so selbstverständlich scheint. Aber wenn es so selbstverständlich wäre, warum werden dann so viele Kampagnen-Entwicklungen zur Odyssee? In erster Linie, weil im Vorfeld weder das Ziel unmissverständlich geklärt ist, noch Einigkeit über den Kern der Botschaft herrscht. Es ist also ein Prozess in mehreren Stufen, den wir bis zur eigentlichen Umsetzung durchlaufen. Und jede dieser Stufen entscheidet bereits mit darüber, wie das Endergebnis ausfällt. Denn vom ersten Briefing-Gespräch bis zur letzten Präsentation werden die Weichen mehrfach entscheidend gestellt.

Was der Auftraggeber (mit der Agentur) genau erreichen will, muss im **Kunden-Briefing** festgelegt werden – in dieser Phase wird das Spielfeld abgesteckt.

Wie die Agentur dieses Ziel erreichen will, muss sie in der **Strategie-Präsentation** erläutern – in dieser Phase wird die Spiel-Taktik geplant und verabschiedet. (Was im Fußball Aufgabe der Trainer ist, ist hier die Aufgabe der Kundenberater. Und genau wie so mancher Trainer seine erfahrenen Spieler in seine taktischen Überlegungen mit einbezieht, so tut auch mancher Berater gut daran, bereits jetzt die Meinung seiner kreativen Köpfe einzuholen.)

Wie die Strategie in Werbung, also in Wort und Bild, umgesetzt werden soll, wird im **Kreations-Briefing** zusammengefasst – jetzt wird die Mannschaftsaufstellung bekannt gegeben und das Team auf die taktische Richtung und das Spiel eingeschworen. (Danach wissen wir hoffentlich nicht nur, wo das Tor steht, sondern auch, wie wir den Ball darin unterbringen wollen.)

Gerade diesem letzten Schritt kommt natürlich für Texter und Grafiker eine enorme Bedeutung zu. Denn die Art, wie der „Creative Brief“ abgefasst und vermittelt wird, entscheidet mit darüber, ob die namentlich Kreativen in die richtige oder die falsche Richtung denken, texten, scribbeln.

Ballast abwerfen, Klartext schreiben

Gelingt es dem Verfasser, zumeist ein Kundenberater oder „Strategic Planner", die Aufgabe und die Strategie so zu formulieren, dass sie befreit ist von überflüssigem Ballast, aber dennoch alles Wesentliche für das Verständnis enthält? Gelingt es ihm, das Marketing-Chinesisch zu eliminieren und statt dessen Klartext zu schreiben? Gelingt es ihm, die abstrakten Zielgruppen-Beschreibungen in anschauliche Bilder zu übersetzen? Kann er die notwendige Begeisterung für die Aufgabe vermitteln? Spricht er die Sprache des Teams?

Wenn ja, dann trägt er in diesem Moment entscheidend zum Erfolg bei und die Texter und Grafiker sollten sich glücklich schätzen, ihn zu haben. Wenn nein, dann müssen ihm die Kreativen eben auf die Sprünge helfen. Nicht etwa, indem sie zickig oder zornig werden, sondern indem sie ihm Löcher in den Bauch fragen und alles aus ihm herausholen, was er ihnen vermutlich unabsichtlich vorenthalten hat.

Nur wer weiß, was er will, kann auf alles Überflüssige verzichten

Der Grund dafür ist einfach: Da Kreativität in der Werbung kein Selbstzweck ist, müssen Ziel und Zweck der Aufgabe klar sein, bevor sie angegangen werden kann. Genau wie ein Drehbuch-Autor seine Geschichte kennen muss, bevor er sie schreibt, weil er sonst keine Dramaturgie aufbauen und keine dramatischen Wendepunkte setzen kann, so muss ein Texter ebenfalls wissen, auf was er seine Konzentration zu richten hat.

Unterscheidet sich die Levi's-Jeans von anderen dadurch, dass sie das Original ist? Dass sie besser passt? Oder dass sie denjenigen, der sie trägt, besonders anziehend macht? Jeder Aspekt führt zu einer anderen Aussage – also muss klar sein, welcher Aspekt der wichtigste ist. Denn Werbung lebt mehr als alles andere von der Verdichtung. Davon, eine Botschaft, einen Vorteil überraschend zu präsentieren.

Es ist die Kunst des Weglassens, der Reduktion. Genau wie ein Maler, der sich auf die wichtigsten Pinselstriche konzentriert und auf alles Überflüssige verzichtet, dabei aber ein komplettes Bild entstehen lässt, so muss sich Werbung auch aufs Wesentliche konzentrieren. Und genau wie der Maler von vornherein wissen muss, was wesentlich an seinem Motiv ist, so muss auch der Texter wissen, auf welche Punkte es ankommt.

Dafür werden im Briefing die Weichen gestellt und deshalb ist ein gutes Briefing auch so wichtig. Weil das, was am Ende herauskommt, ursächlich mit dem zusammenhängt, was man vorne hineinsteckt.

Was Cowboys tragen oder Warum das Briefing Definition und Inspiration zugleich ist

Peter John Mahrenholz

Die Wichtigkeit des Briefings

Mittwochabend, alle verlassen die Agentur und gehen – nach Hause oder in die nächste Bar. Nur bei Richard brennt noch Licht, er brütet über dem Briefing für eine Volkswagen-Kampagne. „Alle Punkte sind doch geklärt!?", will ich ihn beruhigen, aber er ist verzweifelt: „Morgen bekommen die Kreativen das Briefing, und was ich bis jetzt geschrieben habe, ist einfach noch nicht gut genug!"

Jetzt steht eine Nachtschicht an für Richard, Planner bei BMP DDB in London und ein einschüchternd kluger Kopf. Das Briefing mit der Kreation ist für ihn nicht nur ein Meeting, sondern so wichtig wie eine Präsentation. Er will das Publikum, anspruchsvolle Kreative allesamt, nicht enttäuschen. Dieses Erlebnis ruft mir immer wieder in den Kopf, wie ernst man das Briefing nehmen muss. Stets ist das kreative Ergebnis im Mittelpunkt, wird geboren, verworfen, verbessert, präsentiert, realisiert, juriert und vielleicht prämiiert, aber wie es in diesen einzelnen Phasen besteht, das entscheidet sich zu einem Teil bereits beim Briefing. Der erste Schritt zu einem guten Text ist also, das Briefing ernst zu nehmen!

Wem nützt dieses Kapitel?

Die Geschichte mit Richard, dem Planner, spielt in England. Denn dort wird die klare Arbeitsteilung zwischen Beratung, Kreation und dem Planning als dritter, wichtiger Disziplin intensiv gelebt. Es kommt aber nicht darauf an, ob ein Planner das Briefing schreibt, ein Berater oder ein

Creative Director. Es ist egal, ob man in einer Agentur mit fünf oder fünfhundert Menschen arbeitet. Denn alles hier gilt unabhängig davon, ob oder von wem man ein Briefing bekommt. Wer Partner hat, die ihm gute Briefings schreiben, kann vielleicht sein Verständnis verbessern und Briefings besser lesen. Wer schlechte Briefings bekommt, kann sich mit seinen Beratungspartnern zusammensetzen und an einer Verbesserung arbeiten. Es ist immer sinnvoll, mit seinen Partnern in der Agentur zusammen über die Fragen des idealen Briefings zu sprechen und als Kreativer eine hohe Briefingqualität einzufordern. Natürlich muss man dann auch Zeit dafür opfern. In England, dem Mutterland des Planning, wird in manchen Agenturen bis zur Hälfte der Zeit, die für eine Kampagnenentwicklung zur Verfügung steht, für Strategie- und Briefingentwicklung reserviert. Arbeitet jemand ganz allein, so helfen die Gedanken vielleicht dabei, an eine Aufgabe strukturiert und mit neuen Perspektiven heranzugehen.

Ein gutes Briefing braucht Zeit

Was ist das Briefing?

Wir sprechen hier nicht vom Briefing des Kunden an die Agentur, sondern vom agenturinternen Briefing der Berater oder Planner an die Kreation. Also von nichts anderem als der Formulierung der Aufgabenstellung, dem so genannten „Creative Brief". Er ist die Schnittstelle zwischen strategischen Überlegungen und der Kreation. Es ist nicht die Strategie, auch wenn es oft wie deren Zusammenfassung aussieht, sondern die aus der Strategie folgende Aufgabe für eine Kampagne oder ein einzelnes Werbemittel.

Eigentlich gibt es in der Agentur zwei Dinge, die irritierenderweise Briefing genannt werden: einerseits das Dokument, der oben genannte Creative Brief, auf dem die Aufgabe niedergeschrieben und festgehalten wird. Und andererseits dessen Präsentation: das auf diesem Dokument aufbauende Briefing als Meeting, als Happening, als Ereignis, das die Kreativen motiviert, indem man miteinander spricht und diskutiert und ein Gefühl für die Aufgabe vermittelt – und wo nicht nur ein Papier vorgelesen wird. Zumindest gibt es eine solche Briefing-Session in der idealen Welt. Nachfolgend geht es aber zunächst um das Dokument bzw. die darin enthaltenen Gedanken.

Gute Werbung ist ganz einfach. Wenn das Briefing hilft

Es ist tatsächlich ganz einfach. Für erfolgreiche Werbung gibt es nur zwei Voraussetzungen: Sage **das Richtige** und sage es auf **einzigartige Weise.** Das ist natürlich schwierig genug.

Das Richtige zu sagen heißt, das Argument zu kommunizieren, das die identifizierte Zielgruppe auf den Gedanken bringt, sich im gewünschten Sinne zu verhalten. Eine Frage der richtigen Strategie. Jedes Briefing ist demnach nur so gut wie die strategischen Gedanken, auf die es aufbaut.

Einzigartig heißt, einen neuen, originalen Weg zu finden, dieses Argument zu kommunizieren. Sonst wird unsere Werbung im allgemeinen Lärm ungehört verhallen. Das Briefing kann auch hier helfen, indem es erste Türen zu einer einzigartigen kreativen Idee aufstößt.

Die Basis: ein klarer Fokus

Der Beitrag des Briefings zu erfolgreicher Werbung ist also einerseits Definition und andererseits Inspiration. Die Definition kann das Briefing nur leisten, wenn es fokussiert und konzentriert die Aufgabe darlegt. Die Kreativen, die Leser des Briefings, sollen denken: „Jetzt weiß ich, was ich tun soll." Bringt man zusätzliches Wissen oder neue Perspektiven, beispielsweise eine Beobachtung des Marktes oder eine Erkenntnis über die Zielgruppe, in das Briefing ein, so werden die Leser vielleicht denken: „Interessant. Das habe ich so noch nie gesehen." Diese Erkenntnisse werden oft englisch mit Insight benannt.

Ein gutes Briefing definiert die Aufgabe eindeutig

Jeder, der schon einmal am Telefon erklären sollte, wie man einen Videorecorder programmiert oder der solchen Erklärungen zuhören und folgen musste, weiß, dass es nicht leicht ist, eine klare Handlungsanweisung in nachvollziehbare Worte zu fassen. Ein Briefing zu schreiben ist noch schwieriger, denn es geht nicht um eine technische Handlungsanweisung, sondern um die Darstellung eines komplexen Sachverhaltes. Hauptproblem: Auf dem Weg zum Briefing, bei der Strategieentwicklung, hat man viele Gedanken und Erkenntnisse gewonnen. Man kennt das Produkt im

Detail, den Markt in allen Einzelheiten, den Verbraucher in allen Facetten. Jetzt gilt es, das alles wieder wegzupacken. Zu viele Informationen und Gedanken verwirren. Denn nur der Autor des Briefings kennt die verborgenen Wertungen und Beziehungen der einzelnen Gedanken. Er hat das Hintergrundwissen, der Leser nicht.

Was zur Entwicklung der richtigen Strategie an Informationen und Details notwendig war, muss man jetzt destillieren, um einen isolierten Gedanken zu vermitteln. Dafür muss man Opfer bringen und sich fest vornehmen, höchstens eine Seite zu schreiben. Der Klarheit des Briefings werden alle Gedanken und Darstellungen geopfert, die nicht unmittelbar für das Verständnis der Aufgabe notwendig sind (auch wenn sie noch so reflektiert und clever waren). Nur dann ist das Briefing konzentriert und der Leser hat eine präzise Vorstellung von der Aufgabe.

Wenn es der Nachbar versteht, ist es gut

Dazu gehört auch, dass das Briefing keine marketingtheoretische Abhandlung ist, sondern eine klare Sprache spricht. Die Zielgruppe des Briefings (Kreative) und die Zielgruppe unserer Kommunikation (Verbraucher) haben eines gemein: Sie kennen sich im Marketing-Jargon nicht aus. Also dürfen wir Briefings auch nicht so schreiben. Eine klare, einfache Sprache ist auch immer ein guter Maßstab für klare Gedanken. Kann man etwas nur auf Fach-Chinesisch ausdrücken, so hat man den Punkt meist selbst noch nicht vollständig durchdrungen. Ein guter Test für die richtige Sprache: Kann man das Briefing zu Hause dem Nachbarn vorlesen? Nur wenn er versteht, was die Aufgabe ist, ist das Briefing gut. (Und wenn er plötzlich Werbung spannend findet, ist das Briefing **sehr gut.)**

Ein gutes Briefing inspiriert zu guter Kreation

Ist die Aufgabe klar, kommt die größte Herausforderung für jedes Briefing: die Inspiration zu guten Ideen. Der Grundstein dafür wird in der Strategie-Entwicklung gelegt: Ohne echte Erkenntnis keine Inspiration! Oft kommt eine Erkenntnis aus einer Beobachtung über die Beziehung zwischen Verbraucher und Produkt. Wie sieht mein Kunde eigentlich aus? Warum benutzt er ein bestimmtes Produkt oder eine bestimmte Marke? Hier liegen die meisten Schätze begraben – auch bei scheinbar banalen Produkten. Beispiel: *Bei Klopapier reden alle von Weichheit, dabei ist Saugfähigkeit viel wichtiger.*

Auch Lebensmittel müssen nicht so langweilig sein, wie die entsprechenden Kampagnen suggerieren. Alte Haushaltsbücher oder psychologische Betrachtungen über die Bedeutung unserer Nahrung liefern Hunderte von Assoziationen und damit Ideen. Ein Briefing profitiert eher von einem Besuch im Buchladen als von zehn Marketing-Theorien.

Gute Kreative lassen sich inspirieren

Das Element der Inspiration ist in der Praxis dennoch sehr schwierig zu handhaben. Denn das, was als Sprungbrett oder Zündfunke für die Kreation dienen soll, geht manchen Kreativen schon zu weit. Sie bestehen darauf, dass jeder Gedanke, der bereits eine Richtung vorgibt, aus dem Briefing getilgt wird. Dies ist oft ein unnötiger Angstreflex. Denn natürlich soll kein Briefing die kreative Arbeit unnötig machen und eins zu eins übersetzt werden. Jeder Anstoß soll nur eine Möglichkeit aufzeigen oder breite Assoziationsfelder abstecken. Am Ende ist auch diese Diskussion (wie so oft) eine Frage der Qualität. Gute Kreative nehmen gute Hilfestellungen gerne an. Denn es geht nicht um einen Wettbewerb der Ideen zwischen Planner und Kreation, sondern um den Teamgedanken. Kann sich der Kreative auf die Richtigkeit des Briefings verlassen, so kann er sich ganz darauf konzentrieren, die Botschaft wirklich einzigartig zu inszenieren, anstatt die Botschaft selbst erst zu definieren.

Das ist der beste Weg zu einzigartiger Werbung. Außerdem: Kein Briefing ist das letzte Wort. Natürlich kann man es modifizieren, wenn man im Laufe des Kreationsprozesses neue Erkenntnisse gewonnen hat. Und natürlich können Ideen entstehen, die überhaupt nichts mit der Wegweisung des Briefings gemein haben. Dann muss nur sorgfältig geprüft werden, ob das kreative Konzept wirklich die strategische Herausforderung löst. Jedenfalls sind viele der besten, oft bewunderten Londoner Kreativagenturen wie BMP oder BBH in ihrer Arbeitsstruktur sehr strategiebewusst und nehmen Briefings entsprechend ernst.

Der Inhalt des Briefings

Es gibt Dutzende verschiedener Formate, die aber alle eine ähnliche Struktur haben. Wichtig ist dabei nur, sich agenturintern überhaupt zu einer festen Struktur durchzuringen und diese zu verinnerlichen. Sonst gibt es immer wieder Diskussionen und Verständnisfragen zum Format.

Die vier inhaltlichen Grundelemente eines Briefings sind

- eine kurze Beschreibung des Hintergrundes der Aufgabe,
- Erkenntnisse über die Zielgruppe,
- die Definition der eigentlichen Botschaft und der möglichen Argumente, um die Botschaft zu stützen,
- die Tonalität.

Ob man sich an diese Elemente hält oder ob man sie jeweils mit Unterpunkten erläutert, ob man manches ganz ignoriert oder anderes als zentrales Element hervorhebt, ist nicht allgemeingültig zu beantworten, sondern eine Frage der jeweiligen Arbeitsphilosophie.

Grundelement 1: Hintergrund der Aufgabe

Der Hintergrund soll einerseits alle im Kontext der Aufgabe notwendigen Informationen bereitstellen und andererseits die spezifische Rolle der Werbung definieren. Typische Überschriften für den Hintergrund sind: „Hintergrund", „Problem und Chance", „Wettbewerbssituation", „Marktüberblick", „Warum machen wir Werbung", etc.

Auf Marketing-Phrasen verzichten

Hier lauert die Gefahr, alles während der Strategie-Entwicklung angesammelte Wissen auszuschütten. Die Details des Marktes interessieren nicht. Ob man von 3 % Marktanteil auf 5 % kommen will – was sagt das dem Leser? Besser, man drückt klar aus, worum es geht. „Marktführer werden" versteht jeder. Es gilt, sich auf das zu beschränken, was für die Aufgabe und den gefundenen strategischen Weg tatsächlich relevant ist. Und das in klaren Worten und nicht in Marketing-Phrasen.

Ein schlechtes Beispiel:

„Die Marke X hat mit dem anhaltenden markentypischen Profildefizit zu kämpfen und kommt damit nicht in den Relevant Set der Zielgruppe. Die führenden Marken bestimmen die kategoriespezifischen Parameter und demgegenüber wird unsere Marke nur als me-too wahrgenommen, da sie sich mit einer eigenen Aussage nicht durchsetzen kann. Ein wesentlicher

Teil der Zielgruppe hat insofern einen Wahrnehmungskontext, der hinter den tatsächlichen, segmentspezifisch überdurchschnittlichen Produktleistungen zurückbleibt.

Ziel der Kampagne muss es daher sein, die Marke stärker zu profilieren und eine Markenidentität zu vermitteln, die motivierend ist und dem Produkterlebnis entspricht."

Klingt schlau. Wenn man das nicht gleich versteht, sucht man die Schuld vielleicht bei sich selbst. Zu Unrecht. Dieser Text hat zwar eine Aussage, nur ist sie zu versteckt und kann für alles gelten: Man kann jede beliebige Marke einsetzen, die ein gutes Produkt hat, aber weniger Bekanntheit und Image als die betreffenden Marktführer.

Zwei bessere Beispiele, die diese Situation so klar ausdrücken, dass man etwas damit anfangen kann:

Auf die Anschaulichkeit kommt's an

„Keiner denkt daran, Gurgel-Brause zu kaufen, weil alle meinen, dass es nur der billige Ersatz für Fanta ist – wenn sie überhaupt ein Bild haben. Dabei ist Gurgel Brause viel fruchtiger als alle anderen. Wir müssen Gurgel auf die Einkaufszettel bringen und die Marke so attraktiv darstellen, wie das Produkt wirklich ist."

„Tallard ist eine der großen klassischen Uhrenmarken und war früher die erste Wahl gekrönter Häupter. Der Gründer, Jean-Jacques Tallard, ist eines der größten Uhrmacher-Genies und hat die Entwicklung der Uhr entscheidend geprägt. Er war ein brillanter Techniker, hat aber auch gestalterische Maßstäbe gesetzt. Die Uhren sind kostbar (billigstes Einstiegsmodell ca. DM 10.000, klassische Uhr ca. DM 35.000) und nur in wenigen exklusiven Häusern erhältlich.

Hört sich alles gut an, aber niemand weiß wirklich davon. Ikone der Luxusuhren ist viel eher Patek Philippe. Tallard ist nicht bekannt genug und hat ein Imageproblem, denn die besondere Persönlichkeit (Authentizität, Historie, Exklusivität) der Uhr ist selbst vielen Uhrenfans nicht bewusst. Kurz: Tallard ist die vielleicht bedeutendste Uhrenmarke der Welt und keinen interessiert's. Die Werbung muss den Wert der Marke bekannt machen."

Beide Beispiele haben auch die Aufgabe der Werbung kurz definiert. Das Kommunikationsziel ist in der Regel nicht gleich dem Marketingziel. Es muss möglichst genau beschrieben werden. Deshalb fragen viele Briefingformulare nach. Typische Überschriften: „Was ist die Aufgabe der Werbung? Was wollen wir mit der Werbung erreichen? Was ist die Möglichkeit der Werbung?“

Die Aufgabe, den Marktanteil einer Marke zu erhöhen, hilft nicht bei der genauen Definition dessen, was zu tun ist. Will man letztlich mehr Knäckebrot verkaufen, dann kann man dies tun, indem man eine Kampagne entwickelt, die bisherigen Nichtkäufern sagt: „Knäckebrot schmeckt besser, als du denkst“ oder indem man bestehenden Verwendern sagt: „Esst noch viel mehr Knäckebrot“. Das Kommunikationsziel muss im Rahmen der Strategie-Entwicklung möglichst genau festgelegt werden. Dort ist die Herausforderung festzustellen und der Lösungsweg zu definieren: Erhöhung der Bekanntheit, Steigerung der Sympathie oder Kommunikation eines rationalen Produktvorteils? Mit der genauen Zieldefinition nähert man sich auch bereits dem Typus der benötigten Kommunikation.

Grundelement 2: Die Zielgruppe

Gesucht wird der repräsentative Typus

Zielgruppe ist ein oft missverständlicher Begriff, weil man mit vielen verschiedenen Zielgruppen arbeitet. Es gibt eine breite Zielgruppe und enge Kernzielgruppen. Es gibt mögliche Verwender, auch bezeichnet als „Source of Business“, und weitere Zielgruppen wie z.B. für die Mediaplanung etc. All diese Aspekte gilt es in der Strategie-Entwicklung zu betrachten. Im Briefing darf sich dann aber nur noch die Zielgruppe finden, zu der wir sprechen. Aber nicht in einem weiten Sinne aller, die wir erreichen wollen, sondern im engen Sinne des typischen Menschen, der repräsentativ für die Gruppe steht. Ich würde sie „Strategische Zielgruppe“ oder einfach den „Projektiven Verwender“ nennen.

Die Zielgruppe wird in der Regel zuerst demografisch definiert. Alter, Geschlecht, Einkommen, Bildung und weitere Merkmale sollen die Menschen abbilden, die wir ansprechen. Klappt natürlich nicht, weil diese Raster zu sehr an der Oberfläche bleiben und kein nutzbares, plastisches Bild zeichnen. Deshalb haben Experten weiter gehende Typisierungen entwickelt.

Die Skala reicht vom einfachen Lebensphasen-Modell (beispielsweise „Junge Paare“ oder „Empty Nesters“) bis hin zum komplexen Sinus-Milieumodell. Aber letztlich machen diese Modelle den gleichen Fehler, alle Menschen über Schubladen definieren zu wollen – wenn auch schönere als früher. Natürlich sind diese Angaben hilfreich, um in der Phase der Strategie-Bestimmung den richtigen Weg zu finden. Nicht aber, um in einem Briefing die Zielgruppe begreifbar zu machen. Wer hat schon ein plastisches Bild von „Post-Modern Trendsetters“?

Nehmen wir den Käufer eines beliebigen Luxusartikels. Schlechtes Beispiel:

„Männlich, 40 – 60 Jahre alt. Mittlerer bis hoher Bildungsgrad, in leitender Position oder Selbstständiger. Er hat ein Haushaltsnettoeinkommen von 120.000, ist verheiratet und hat zwei Kinder. Er hat eine positive Lebenseinstellung, ist aktiv und hat keine Probleme, seinen Status nach außen zu dokumentieren.“

Was wissen wir jetzt außer ein paar statistischen Daten und Allgemeinplätzen? Der Mensch dahinter bleibt unbekannt – es sei denn, wir interpretieren weitere Merkmale in die Angaben hinein. Mit unklarem Ergebnis.

Besser ist es, einen konkreten Menschen so lebendig wie möglich zu porträtieren (es hilft, gedanklich von einem Freund zu erzählen):

Je konkreter das Bild, desto besser

„Ein aktiver Mann, der sich selbst in der Blüte des Lebens sieht. Er ist beruflich erfolgreich und davon überzeugt, dass er seinen Zenit noch nicht erreicht hat. Und wenn schon: ‚Es macht immer Spaß, Pläne zu schmieden und von der Zukunft zu träumen.‘ Unser Mann ist nicht viel zu Hause. Wenn, dann um mit seiner Frau oder Freundin zusammen Freunde einzuladen. Er ist stolz auf seine Wohnung, hat eine voll ausgestattete Küche mit japanischen Messern – auch wenn er kaum kochen kann. Egal: Mit einer teuren Flasche Wein kann man sowieso mehr beeindrucken.“

Es ist viel einfacher, eine Kampagne für den zweiten Mann zu konzipieren als für den ersten. Trotzdem: Man weiß immer noch nicht genug. Denn die Beschreibung bezieht sich nur auf die Zielperson selbst. Um unser Kommunikationsziel zu erreichen, ist ein weiterer Punkt sehr wichtig: Wie steht die Zielgruppe zu unserem Produkt oder unserer Marke? Typische Briefingüberschriften: „Was wissen wir über die Zielgruppe, das uns hilft?“, „Consumer Insight“, „Welche Hindernisse müssen wir überwinden?“, Welche Erkenntnisse haben wir über die Zielgruppe?“

In diesen Fragen liegt oft der Kern der Strategie und damit der Kern der Kommunikation. Hier gibt es auch in Fällen hoher Austauschbarkeit von Produkten und Marken noch Differenzierendes zu entdecken. Bleiben wir einmal bei den bereits genannten Beispielen. Die Tallard-Luxusuhr. Passend zu dem bereits beschriebenen Hintergrund müsste eine präzise Beschreibung der Zielgruppe wie folgt fortgesetzt werden:

„Bei allem Spaß am Ausleben seines Wohlstandes ist er sehr selbstbewusst und muss in seinem Tennisklub niemandem etwas beweisen. Er braucht keine Uhr, deren Besonderheit jeder Sterbliche erkennt. Er sucht etwas für Fans, für den Connaisseur, der sich mit dem Kauf selbst belohnt und einem exklusiven Club beitritt.“

Ein weiteres Beispiel: Das Luxusauto (schließlich sind Autos immer besonders bewusste Marken-Entscheidungen). Hier wäre die weiter gehende Beschreibung eine andere:

Die Zielgruppe zum Anfassen

„Das Auto gibt ihm die individuelle Freiheit, die er so liebt. Er kann damit jederzeit überallhin, ohne zu leiden – denn Autofahren macht Spaß. Die Aussage einer großen Limousine ist ihm wichtig, weil das Auto seine Stellung nach außen dokumentiert. Wie bei jeder Wahl, so ist natürlich auch beim Auto eine hohe Identifikation mit der Marke entscheidend. Das Auto soll so sein, wie er sich selbst sieht: kein Möchtegern, kein vordergründiger Trendsurfer, sondern durchaus konservativ, dabei aber modern und elegant.“

Das ist wahrscheinlich ein Mercedes-Kunde. BMW wäre etwas technischer und dynamischer, Jaguar extravaganter. Für weitere, nicht-klassische Marken denkt man an andere Typen:

„Er kauft nicht zum ersten Mal einen Luxuswagen und muss nichts beweisen. Er ist eher gelangweilt von den Klischees, die man mit den etablierten Marken verbindet, und sieht auch Nachteile darin. Der offensichtliche

Status schafft nicht nur Bewunderung, sondern auch Vorurteile und Eifersucht. Er sucht nach einer frischen Alternative, nach einer neuen, individuelleren Wahl in diesem Segment."

Jetzt könnte es eine Zielgruppe für den Lexus oder einen Phaeton von Volkswagen sein. Aber auch je nach der in der Strategie erarbeiteten Zielgruppe ergeben sich Unterschiede. Ging es eben um einen erfahrenen Käufer, betrachten wir jetzt einen Neueinsteiger, ebenfalls in zwei Variationen, einen moderneren und einen traditionellen:

„Er kauft zum ersten Mal ein Luxusauto, nachdem er dies bisher immer abgelehnt hat. Er sucht nach einer Möglichkeit, Raum, Kraft und Perfektion des Wagens zu genießen, ohne dies offensiv darzustellen und den gängigen Status-Klischees zu entsprechen."

„Er kauft zum ersten Mal ein Luxusauto. Er sucht nach einer Marke, die Raum, Kraft und Perfektion des Wagens unmissverständlich ausdrückt. Denn er freut sich, dass er im Kreis der Etablierten angekommen ist, und möchte das auch demonstrieren."

Jede strategische Weichenstellung wird in der Zielgruppen-Definition sichtbar, zumindest dann, wenn wir das konkrete Verhältnis zum betreffenden Produkt oder zur Marke betrachten. Dieses Verhältnis ist fast immer aussagekräftig – egal welche Produktgattung man betrachtet.

Grundelement 3: Botschaft und Begründung

Das eigentliche Herz des Briefings ist natürlich die Botschaft, die vermittelt werden soll. Typische Überschriften: „Die große Botschaft", „Kernbotschaft". Oder englisch: „Proposition", „Reward". Grundsätzlich ist die Botschaft der wesentliche Punkt, den das Publikum der Kommunikation entnehmen soll. Die Botschaft kann der Nutzen oder Vorteil (englisch: Benefit) eines Produktes oder einer Dienstleistung sein, muss aber nicht.

Es ist schwer, einen abstrakten Ratgeber zu schreiben, der zu guten Botschaften führt. Zudem gibt es wohl auch hier persönliche Vorstellungen, gerade bei Kreativen. Denn hier entscheidet sich die Frage, wie offen oder strikt ein Briefing ist. Ich bin der Meinung, dass die besten Botschaften, wie die besten Briefings insgesamt, sehr einfach ausgedrückt sind. Also nicht abstrakt, sondern so konkret wie möglich. Beispiel: „Mambo Weinbrand bringt dir das besondere Geschmackserlebnis." Oder: „Mit Mambo Weinbrand genießt du die wertvollen Momente." Auf welcher Botschaft kann man besser arbeiten? Die erste Botschaft scheint näher am Produkt und sie scheint den Geschmacks-Benefit besser auszudrücken. Die zweite Botschaft ist aber viel konkreter. Sie enthält eine Situation, Stimmung und Gefühl. Alles davon fehlt der ersten. Das besondere Geschmackserlebnis ist zu diffus: Wie soll man es in Worte und Bilder kleiden?

Die besten Botschaften sind einfach

Konkret sein: „Wrangler Jeans halten die stärksten Strapazen aus". Klingt aber langweilig und, schlimmer, irrelevant. Versucht man die Abstraktion zu vermeiden, so muss das nicht bedeuten, faktisch zu werden. Will man eine Jeansmarke bewerben, sollte man vermutlich nicht über Robustheit und Strapazierfähigkeit reden. Schließlich ist die Jeans heute eher Mode- und Markenstatement als Arbeitshose. Besser: **„Wrangler ist die Jeans der Cowboys."**

Diese Aussage macht ein konkretes, bildhaftes Angebot und liefert zugleich eine ganze Welt von Assoziationen, die den Kreativen helfen können. Natürlich führen diese Assoziationen wieder zu dem Problem, dass manche ein solches Briefing als zu eng empfinden und sich schon zu sehr in eine bestimmte Richtung gedrängt sehen.

Hinweis für Briefingautoren: Deshalb ist es so wichtig, dass das ganze Briefing konzentriert auf einen strategischen Schlüsselpunkt ausgerichtet ist. Hat man hier erfahren, dass die Marke Wrangler tatsächlich authentisch für den Westen steht und noch heute alle Rodeo-Reiter natürlich Wrangler tragen, und hat man über die Zielgruppe gelernt, dass sie Levi's als Poser-Marke sehen, dann kann sich der Kreative mit dem Cowboy leichter anfreunden.

Hinweis für Kreative: Das Angebot einer solchen Welt kann sehr weit aufgefasst werden. Im Beispiel gehen die Möglichkeiten vom historischen Cowboy bis zum gegenwärtigen, vom Western- bis zum City- oder Cyber-Cowboy, vom ernsten zum ironischen etc. Oder auch gar kein Cowboy, aber jemand, in den wir die gleichen Werte projizieren können.

Trotzdem bleibt die Frage, wie kreativ die Botschaft formuliert sein darf. Leidenschaftliche Briefingautoren schreiben Botschaften gerne so, dass sie sich wie Claims anhören. Nicht, um in den Wettbewerb um den besten Text einzusteigen. Sondern weil ein Claim noch mehr Inhalt und assoziative Kraft haben kann. „Real men wear Wrangler“ oder „Wrangler. For Cowboys not Clubbers“.

Da ist die Information über die strategische Abgrenzung von Levi's gleich mit drin. Ich habe auch sofort Bilder im Kopf: Ein weich gekochtes Levi's-Bürschchen rennt aus der Gefahrenzone, während der Wrangler-Mann sich mit spöttischem Grinsen auf kantigem Kinn aufmacht, um dem Schrecken zu begegnen. Es ist letztlich Geschmackssache, womit Kreative lieber arbeiten. Klar ist: Eine gut formulierte Botschaft ist schon manchmal zum Claim geworden, weil sie sich in einem Entwicklungsprozess durchgesetzt hat. Beim Briefingschreiben sollte das aber nie das Ziel sein.

Die Botschaft muss gut begründet werden

Zur Botschaft gehört auch die Begründung. Typische Formulierungen: „Warum soll man uns die Botschaft glauben?“, „Support“, „Reason why“, „Begründung“. Hier gilt es, alle Dinge aufzuschreiben, die unsere Botschaft glaubwürdig machen können (aber auch nichts sonst). Botschaft und Begründung stehen, wie das ganze Briefing, in engem Zusammenhang. Hat man hier nichts zu sagen, ist die Botschaft schlecht formuliert oder die gesamte Strategie falsch.

Begründungen sucht man zuerst im Produkt: Was es kann, was es enthält, wo es herkommt, wie es aussieht, wie es sich benutzt usw. Wenn sich hier keine relevanten Punkte finden, muss man weitersuchen. Beispielsweise bei den Verwendern eines Produktes: „Wrangler ist bis heute die offizielle Hose der Rodeo-Reiter.“

Die Begründung ist der einzige Teil des Briefings, wo es sinnvoll sein kann, nicht so kurz und konzentriert wie möglich zu schreiben. Kann man ein umfangreiches Angebot machen, so ergeben sich mehr Optionen für die kreative Lösung.

Grundelement 4: Tonalität

Der letzte wesentliche Punkt ist die Tonalität. Typische Briefingüberschriften: „Tonalität", „Tone of Voice", „Brand Personality", „Brand Identity". Gemeint ist der Stil, die Art und Weise, in der man die Botschaft kommuniziert bzw. in der man die Botschaft markenspezifisch kommuniziert. Hier lauern Gefahren.

Vorsicht vor allgemeinen Abhandlungen

Insbesondere die markenbezogenen Formulierungen verführen viele dazu, lange Abhandlungen über die Marke im Allgemeinen zu schreiben. Das verwirrt eher, als dass es hilft. Denn es geht im Briefing um ein spezielles Stück Kommunikation, nicht um die ganze Welt der Marke. Spricht man spezifisch über die Anforderungen der konkreten Aufgabe, so fühlen sich Kreative aber zu stark eingeschränkt und zu sehr in eine Richtung gedrängt. Manche Briefingformulare lassen den Punkt deshalb gleich ganz weg. Gibt es bestimmte Persönlichkeitsmerkmale einer Marke oder eines Produktes, die wichtig und relevant für die Verbraucher sind, so können diese in der Zielgruppen-Beschreibung benannt werden, wenn man das konkrete Verhältnis zwischen Zielgruppe und Produkt beschreibt.

Beispiel: Die Kampagne eines Haushaltsreinigers, der als Marke stark, schnell und effektiv wirken soll:

„Sie ist keine leidenschaftliche Hausfrau. Das regelmäßige Saubermachen ist für sie ein sehr lästiges Übel und sollte so schnell wie möglich erledigt sein. Den Dominatrix-Reiniger nimmt sie gerne, weil er so stark ist, dass man auch bei kurzem, flüchtigem Putzen das gute Gefühl hat, alles pieksauber gemacht zu haben."

Über die Zielgruppenbeschreibung versteht man jetzt, welche Persönlichkeit die Reinigungsmarke hat.

Gegen ein simples Weglassen dieses Punktes spricht, dass die Tonalität zunehmend wichtig für Marken wird. In dem Maße, wie rationale Produktvorteile immer seltener zu schaffen oder langfristig aufrechtzuerhalten sind, werden emotionale Markenwerte bedeutsamer.

Ein gutes Beispiel ist die Kampagne für die Sixt Autovermietung. Die Marke lebt neben rationalen Kriterien (Preiswürdigkeit, tolle Angebote, Innovationen) maßgeblich von ihrer Persönlichkeit, die in der Tonalität der Werbung zum Ausdruck kommt (clever, kompetitiv, respektlos-humorvoll). Wenn man solche Angaben macht, muss man darauf achten, dass diese aussagekräftig und unmissverständlich sind. Oft findet man Floskeln wie „sympathisch und verständlich". Unnötig, denn niemand war bisher davon ausgegangen, unverständlich argumentieren zu müssen. Und sympathisch muss beispielsweise immer die Frage auslösen: Wem sympathisch und warum? In der Einführungskampagne für den Discount-Broker Consors war der Protagonist selbstverliebt und überheblich, aber auch gerissen, sicher und kompetent. Wenn es ums Geld geht, ist mir das sehr sympathisch.

Floskeln helfen nicht weiter, Stimmungsbilder schon

Um Leerfloskeln zu vermeiden, kann die Tonalität auch eine Stimmung beschreiben: „Positiv, optimistisch, fröhlich. Aber kein Hurra-Geschrei, sondern mehr der freudige Kitzel am ersten Tag der Sommerferien."

Eine weitere Möglichkeit ist es, andere Werbung oder Filme als Beispiel zu nehmen: „Das echte Leben. Also keine inszenierte Hypovereinsbank Pseudo-Authentizität, sondern eher Lindenstraße." Spätestens hier schreien Kreative natürlich auf. Aber die Tonalität kann nicht nur für die Markenpersönlichkeit wichtig sein, sondern auch ein maßgeblicher Teil der Strategie. So beispielsweise, wenn man analysiert hat, dass der gesamte Wettbewerb auf bestimmte Art zu seinen Kunden spricht und man deshalb bewusst etwas ganz anderes machen will.

Anforderungen und Formalia

Ein lästiger Punkt sind die Pflichtbestandteile. Beispiele: „Layout muss der Unternehmens-CI entsprechen". „Juristischer Pflichttext muss enthalten sein". „Das Produkt muss gezeigt werden". „Der alte Jingle und das Logo müssen genutzt werden". Klar ist: je weniger hier steht, desto besser. Zudem muss das Briefing definieren, welche Werbemittel zu entwickeln sind. Das Briefing gibt daher auch an, welche Medien, welche Formate oder wie viele Einzelmaßnahmen gefordert sind. Dies sind oft Vorgaben aus dem Kundenbriefing oder Vorschläge der Media-Agentur.

Insbesondere bei Neukonzeptionen sollte man sich allerdings davor hüten, dies zu genau festzuschreiben.

Media- und Formatüberlegungen dürfen die kreativen Möglichkeiten nicht zu stark einschränken. Vielmehr sollten sie das kreative Konzept unterstützen und daher letztendlich erst gemeinsam mit dem Konzept besprochen und verabschiedet werden. Dennoch kann es in der Praxis natürlich klare Restriktionen geben. Auch das Gesamtbudget einer Kampagne kann angegeben werden, um einen ungefähren Rahmen vorzugeben – sowohl für die Media-Auswahl als auch um den möglichen Produktionsaufwand abschätzen zu können.

Unterschriebene Briefings verpflichten alle

Das Briefingdokument stellt die Grundlage für die weiteren Überlegungen dar und ist Maßstab für die Beurteilung der Ideen. Damit wird es praktisch zu einem Arbeitsvertrag innerhalb des Teams. Es ist deshalb gut, wenn alle für die Kampagnenentwicklung Verantwortlichen, Kreative und Berater, das Briefing unterschreiben. Das wirkt bürokratisch und damit unkreativ – hilft aber sehr. Denn wer sich mit der Unterschrift auf die Arbeitsgrundlage verpflichtet, wird alles sehr genau hinterfragen und sich nicht zwei Wochen später auf die Freiheit berufen, alles ganz anders gesehen zu haben.

Wenn Kunden das agenturinterne Briefing sehen wollen, dann hat dies Vor- und Nachteile. Gut ist, dass der Kunde die in der Agentur entwickelte Kommunikationsstrategie prüft, freigibt und damit Teil des „Vertrages“ wird. Dadurch ist er vorbereitet auf die Vorschläge, die ihn erwarten, und man erspart sich eventuell lange Diskussionen, die am fertigen Kampagnen-Produkt oft geschmäcklerisch werden.

Andererseits sind Kunden die stark konzentrierte Darstellung nicht gewöhnt. Sie verlangen in der Regel, dass alle möglichen, in ihren Augen wichtigen, Punkte auch noch irgendwo untergebracht werden (und verkennen dabei, dass es nicht möglich ist, alle diese Aspekte gleichzeitig über Werbung einem Konsumenten zu vermitteln). Auch sehen Kunden das Briefing oft sehr technisch und marketing-theoretisch. Sie verstehen nicht, dass die Aufgabe des Briefings auch darin besteht zu inspirieren. Sollte man in einen Abstimmungsprozess mit Kunden eintreten, so ist es aber letztlich nicht wichtig, über einzelne Formulierungen zu streiten. Das Wesentliche wird meist sein, den strategischen Grundgedanken und einen klaren Fokus, auf eine einzige Botschaft beizubehalten.

CREATIVE BRIEF

Kunde	....	**Werbemittel**	....
Marke	....	**geschrieben**	....
Produkt	....	**geprüft**	....
Jobnr.	....	**Datum**	....

Hintergrund.
Alle im Kontext wichtigen Informationen. Keine Marketingphrasen, sondern eine nachvollziehbare Situationsbeschreibung in klarer Sprache. Dazu eine deutliche Beschreibung der Aufgabe, die der Werbung zugewiesen wird.

Wen wollen wir ansprechen?
Keine statistischen Daten, sondern ein lebendiges Porträt einer typischen Zielperson. Insbesondere alles, was hilft, die Aufgabe zu erfüllen. Dazu gehört immer die Einstellung zu dem jeweiligen Produkt und der jeweiligen Marke.

Botschaft.
Nur ein Gedanke. So konkret wie möglich formuliert.

Begründung.
Alles, was hilft, die Botschaft zu stützen.
Insbesondere eine intensive Auseinandersetzung mit dem Produkt.

Tonalität.
Kein komplexes Markenprofil, sondern konkrete Anforderungen für das jeweilige Werbemittel. Unbedingt Leerfloskeln vermeiden.

Pflichtbestandteile.
So wenig wie möglich.

bestätigt von:

Planning **Kreation** **Beratung**

Ein typisches Briefingformular

Das Briefing als Meeting

Auch wenn es noch so überlegt formuliert wurde: Das Briefingdokument sollte nicht einfach an die Kreativen verteilt werden. Es ist wichtig, das Dokument in einem besonders geplanten Meeting vorzustellen.

Das Briefing-Meeting ist die Chance des Planners oder Beraters, das Briefing so zu präsentieren und zu erklären, dass die Kreativen alle Inhalte nachvollziehen und annehmen. Es kann auch sein, dass sie sofort einen Fehler oder logischen Bruch identifizieren (besser jetzt als später!). Aber es ist wichtig, eine intensive gemeinsame Diskussion der Aufgabe vorzunehmen. Dadurch lernen sich auch alle Teammitglieder besser kennen und eine gemeinsame Arbeitskultur kann entstehen.

Zusätzliche Initiative weckt Begeisterung

Das Briefing-Meeting ist außerdem die Chance, alle für die Aufgabe zu interessieren. Neben einer möglichst lebendigen Präsentation geht es darum, einen Kontakt mit dem zu bewerbenden Produkt herzustellen. Man kann sich gemeinsam das Produkt und alle Wettbewerber ansehen oder Proben verteilen, für den Test zuhause (wie Mel Gibson in *Was Frauen wollen*). Man kann mit dem Team in ein Geschäft gehen und dort die Perspektive der Zielgruppe einnehmen. Man kann Videos von Verbraucherbefragungen zeigen oder einfach beim Kunden eine Werksbesichtigung machen. Jede zusätzliche Initiative macht das Briefing inspirierender und die Aufgabe interessanter als das bloße Blatt Papier.

So hat auch Richard, der eingangs erwähnte Planner, sein Briefing verbessert. Er organisierte einen Besuch des Teams im Wolfsburger Volkswagenwerk. Nach Gesprächen mit Ingenieuren dort und dem Staunen über ihren Enthusiasmus schrieben die Kreativen eine vielfach preisgekrönte Kampagne: ***„Passat. A car born out of obsession.“***

Was der Texter zum Texten braucht

Das Wichtigste auf einen Blick

Bereits das erste Briefing hat Einfluss auf das Endergebnis!
Das Briefing ist mehr, als der Agentur ein paar Informationen zu überlassen. Das Briefing ist Zielvereinbarung und Wegweiser. Es ist der Gradmesser für alles, was folgt. Hier werden die Weichen für den Projektverlauf und das Endergebnis gestellt.

Das Kunden-Briefing: Wer keine Klarheit mit seinem Auftraggeber erzielt, stellt die Weichen auf Chaos!
Wenn die Aufgabenstellung und die Zielsetzung zwischen Kunde und Agentur nicht vor dem Projektstart eindeutig geklärt sind, wird am Ende höchstens zufällig eine klare Strategie entstehen. Was viel eher entsteht: Hektik, Stress, Unsicherheit... Um das zu verhindern, müssen Kundenberater hartnäckig bleiben und Kunden ihre Hausaufgaben machen.

Das Kreations-Briefing: Weil Kreative keine Fährtenleser sind, muss das Briefing die Richtung vorgeben!
Es ist nicht Aufgabe der Texter und Grafiker, das Ziel zu finden, sondern den Weg dahin. Deshalb müssen Kreative die Strategie kennen und sie müssen sie verstehen. Entsprechend muss der Creative Brief abgefasst sein: klar, präzise und vor allem bildhaft! Er muss eindeutige und inspirierende Antworten auf die wichtigsten Fragen liefern.

Wer das Ziel nicht kennt, kann nichts dafür tun, dass es erreicht wird!
Auftraggeber wollen häufig viele Ziele erreichen, doch Werbung lebt von der Verdichtung auf einen Aspekt. Soll die Bekanntheit einer Marke erhöht werden? Oder geht es um die Verbesserung der Sympathiewerte? Die Kreativen müssen wissen, worauf es ankommt!

Wer die Zielgruppe nicht versteht, kann sie nicht ansprechen!
Statistische Daten und soziodemografische Profile sind zu wenig, um ansprechende Werbung zu entwickeln. Kreative brauchen ein Bild von ihrem Publikum. Sie müssen wissen, was die Menschen bewegt, um sie bewegen zu können.

Wem der Kern der Botschaft unklar ist, kann sie nicht formulieren!
Es ist nicht primäre Aufgabe eines Texters, die Botschaft herauszufinden, die kommuniziert werden soll. Seine Hauptaufgabe ist es, diese Botschaft zu formulieren. Also muss der Inhalt der Botschaft eindeutig definiert und begründet sein. Erst dann kann der Texter sie einfallsreich in Worte fassen.

Die Kunst liegt im Weglassen!
Ein guter Maler lässt mit wenigen Strichen ein ganzes Bild entstehen – weil er genau weiß, worauf es ankommt. Und genauso ist es auch bei erfolgreicher Werbung: Sie konzentriert sich aufs Wesentliche. Doch dazu muss die Frage, was wesentlich ist und was nicht, geklärt sein, bevor die Texter und Grafiker mit ihrer Arbeit beginnen.

5

Umsetzung

Was der Texter alles textet und wie er dabei vorgeht

Werbetext ist nicht gleich Werbetext

Jörn Winter

Wer „Werbetext“ hört, woran denkt der zuerst? Gewöhnlich an die Headline auf einem Plakat, an den Text in einer Anzeige, vielleicht an die Broschüre in einem Mailing, ganz sicher an einen Slogan à la *„Otto find' ich gut“* oder *„Ich bin drin“*. Was die meisten unter „Werbetext“ abgespeichert haben, dreht sich also zuerst um etablierte, traditionelle Printmedien – um gedruckte Werbung – und um flotte Werbesprüche. Doch das Betätigungsfeld eines Texters ist bei weitem größer. Und durch die flächendeckende Ausbreitung der elektronischen Medien, wie Funk und Fernsehen, sowie die schnelle Entwicklung der so genannten Neuen Medien, wie CD-ROM und Internet, ist es in den letzten Jahren und Jahrzehnten noch weiter gewachsen.

Texter schreiben nämlich nicht nur das „Endprodukt“, also den fertigen Text, der dann schwarz auf weiß in Katalogen und Anzeigen erscheint. Sie arbeiten auch wie Redakteure, indem sie Informationen für Online-Auftritte recherchieren und redigieren („Content generieren“ im Web-Jargon). Und sie liefern darüber hinaus die Ideen und die Vorlagen für Funk- und Fernseh-Spots.

Vieles beginnt im Kopf des Texters

Denn genau wie ein Spielfilm, so entsteht auch ein Werbefilm zunächst im Kopf eines Autors, in diesem Fall des Texters. Der entwickelt aus einer Idee zuerst eine Inhaltsangabe (Treatment) und dann ein Drehbuch (Script), das er schließlich gemeinsam mit einem Art Director in einem Storyboard bebildert und aus dem zu guter Letzt ein Regisseur und eine Filmproduktion einen fertigen Film machen. Eine lange Reise, die ebenso auf dem Papier beginnt wie die Entwicklungsgeschichte eines Funkspots – auch sein Ausgangpunkt ist der Kopf und der Schreibtisch eines Texters.

Was die wenigen Beispiele zeigen: Es gibt ihn nicht, *den* Werbetext. Sondern es gibt viele unterschiedliche Arten und Formen von Texten, die alle ihre eigenen Anforderungen und Gesetzmäßigkeiten haben. Welche Form wann zum Einsatz kommt, das ist in erster Linie eine strategische Frage. Was bei der Entwicklung zu beachten ist, darum geht es in den folgenden Beiträgen:

Was zeichnet ein **gutes Drehbuch** für einen **TV-Spot** aus und warum ist das beste Drehbuch trotzdem nur eine Vorlage?

Wie entsteht ein **Funkspot** und wann geht er ins Ohr?

Was unterscheidet eine **Headline** in einer klassischen **Image-Anzeige** von einer Headline in einer **Direct-Response-Anzeige** und wie schreibt man beide so, dass sie mehr sind als bloße Überschriften?

Worauf kommt es beim **Werbebrief** an und warum ist er trotz aller Grabreden immer noch lebendig?

Was hat das **Internet** eigentlich mit Dialog-Marketing zu tun und wie wird in den Neuen Medien getextet?

Wodurch unterscheidet sich ein **Claim** von einem **Slogan** und wie findet man die richtigen Worte dafür?

Wieso sind **PR-Texte** und Werbetexte zwei Paar Schuhe und haben dennoch einiges gemeinsam?

Das sind Fragen, die im folgenden Abschnitt im Mittelpunkt stehen. Und ihre Beantwortung dient in erster Linie dazu, einen Überblick über die verschiedenen Textformen in den unterschiedlichen Medien zu geben. Selbstverständlich können die einzelnen Beiträge hierzu nicht jedes Gebiet in ganzer Breite und Tiefe ausleuchten, weil so manches Gebiet ausreichend Stoff für ein ganzes Buch bieten würde. Was sie jedoch können: jene Praxis-Tipps vermitteln, die dabei helfen, die gröbsten Fehler zu vermeiden.

Jedes Medium hat seinen Reiz. Man muss ihn nur entdecken wollen...

Es geht also im Folgenden nicht primär um die Frage „Wie schreibe ich einen perfekten Text für..." im Sinne einer kochbuchähnlichen Gebrauchsanweisung. Solche Rezepturen sind ohnehin immer mit Vorsicht zu genießen. Es geht vielmehr darum, einen aussagefähigen Gesamtzusammenhang der Medien herzustellen, in denen der Text eine relevante Rolle spielt, und dabei seine charakteristischen Besonderheiten praxisnah herauszuarbeiten.

Und es geht um Standortbestimmung und Begriffsdefinitionen. Namentlich darum, mit längst überkommenen, aber immer noch diskutierten und praktizierten Vorstellungen von „Above-the-line-Kommunikation" und „Below-the-line-Kommunikation" aufzuräumen.

Alle Medien sind heute wichtig

Was sich dahinter verbirgt? Der tief verwurzelte Glaube, dass die klassischen Medien, also die weithin sichtbaren (above the line) wie Funk, Fernsehen, Anzeige und Plakat, noch immer das Maß der Dinge sind; dass sie es sind, die eigentlich den Namen Werbung verdienen, weil sie und nur sie das Image und den Erfolg einer Marke bestimmen. Während all die Kataloge, Aufsteller, Anzeigen mit Coupons, Mailings und sonstigen kleinteiligen Auftrittsformen von untergeordneter Bedeutung sind, weil sie in der Regel ohne die ganz große Öffentlichkeit auskommen oder direkt beim Adressaten landen und im Stillen ihre Arbeit verrichten (below the line).

Deswegen fasst man sie auch mit etwas spitzigen Fingern an und stellt sie in der Bedeutung in etwa auf eine Stufe mit den Neuen Medien. Dabei werden CD-ROM und Internet-Auftritt zwar als schick und innovativ angesehen, in der Priorität gelten sie vielen jedoch nach wie vor als „nice to have". Was so viel heißt wie: nicht wirklich wichtig.

Diese Denke entspringt einer Zeit, als wir alle noch mit drei Fernseh-Programmen auskommen mussten und das Internet von einem Dutzend Wissenschaftlern zum vorsichtigen Datenaustausch genutzt wurde. Seitdem ist bekanntlich viel passiert in der Welt. So wurde nicht nur das Privat-Fernsehen erfunden und die Fernbedienung. Auch die Zahl der gesendeten Fernseh-Spots ist sprunghaft gestiegen: allein zwischen 1990 und 1997 von dreihunderttausend auf 1,5 Millionen (vgl. Wiencken 1999, S. 5). Die Erinnerungswerte dagegen sind dramatisch gesunken: Nur noch 8 Prozent der Zuschauer können sich an einen Spot aus einem Werbeblock erinnern (vgl. Morgan 1999, S. 17).

Heute TV-Spot, morgen Werbebrief? Gute Texter waren schon immer flexibel

Wenn es ihn also je gab, den Königsweg der Werbung (was ich stark bezweifle), dann müssen wir heute davon ausgehen, dass er so verstopft ist, dass er keineswegs schnell und direkt zum Ziel führt. Und deshalb müssen wir auch alle anderen Wege in Betracht ziehen. Sprich: Wir müssen die gesamte Palette der Werbeformen berücksichtigen und beherrschen.

Geredet wurde deshalb auch viel in der Werbebranche, bevorzugt von der „integrierten" oder „ganzheitlichen Kommunikation", die in der Theorie alle Medien und Werbeformen auf eine Stufe stellt, sich in der Praxis dann aber zumeist als Lippenbekenntnis erweist, weil in den Köpfen der Macher und Entscheider nach wie vor die alte Trennlinie verläuft: TV-Spot hui, Mailing pfui.

Es kommt darauf an, was man daraus macht

Dabei ist die Frage, was hui und was pfui ist, nicht pauschal und schon gar nicht mit den alten Wertmaßstäben zu beantworten. Es ist heute mehr denn je zuerst eine strategische Frage, die sich ausschließlich an der Situation und den Zielen des jeweiligen Unternehmens bemisst und nicht an den Wertigkeiten, die man einzelnen Medien und Auftrittsformen per se unterstellt. Und dann ist es und war es schon immer auch eine Frage der Ausgestaltung, also der Umsetzung.

Deshalb sollte ein Texter von der strategischen Bedeutung der Medien zumindest so viel verstehen, dass er weiß, warum es sich lohnt, auf einen Brief ebenso viel Mühe zu verwenden wie auf einen Funk-Spot. Und er sollte in der Umsetzung so bewandert sein, dass er auch weiß, wie man beides bewegend textet.

Wenn er es dann noch schafft, die menschliche Eitelkeit zu besiegen, die naturgemäß mehr nach der großen Bühne Funk und Fernsehen strebt als nach der Aufführung im privaten Kreise, die Kataloge und Mailings geben, dann ist er auf dem besten Weg, ein echter Profi zu werden. Und nur um die geht es in diesem Buch.

Literaturhinweise:

Morgan, A. (1999): Eating the big fish. How Challenger Brands Can Compete Against Brand Leaders. New York

Wiencken, M.-P. (1999): Effektivität und Effizienz der Werbung: Fallbeispiel TV. Papier präsentiert anlässlich der 4. Fachtagung des OWM am 22./23.4.1999 in Hamburg

Wie der alte Mann zum Regenschirm kam oder Wie bessere TV-Spots entstehen

Armin Reins

„This guy is a Schmock!", schimpfte der alte Mann leise auf dem Parkplatz nahe Miami North Beach. Michael Haussmann, mein Regisseur auf dem TV-Spot-Dreh für Shell Select, hatte ihn jetzt zwanzig Klappen lang gebeten, einen alten, verbogenen Regenschirm gegen den Wind aufzuspannen. Der 75jährige brauchte dafür immer etwa 2,4 Sekunden. Und das waren Michael immer genau 1,5 Sekunden zuviel. „So again, Mr. Breszinsky, like I showed you in the storyboard – can you please do it a little bit faster for me... and Action!" Der alte Mann konzentriert sich merklich. Er öffnet den Schirm in einer zackigen Bewegung.... 2,1 Sekunden. Ich konnte Michaels Augen durch die dunkle Sonnenbrille sehen. „Armin, I think we have a smart problem..."

Dabei hatte alles so nett begonnen. Frau Haffner, bei Shell damals verantwortlich für die Werbung, hatte angerufen und zum Briefing in die City Nord gebeten. Es galt sich vier TV-Spots auszudenken, die dann als Paket gedreht werden sollten. „Der wichtigste Spot ist für den Quick Wash, unsere Aktions-Schnellwäsche. Aber ich bin mir sicher, Ihnen fällt da schon was ein."

Da saß ich nun mit meinem Team bei JWT j.w.d. an der Elbe und dachte nach. Ich schaute in die Runde: „Wer von euch fährt mit seinem Auto eigentlich manchmal in die Waschanlage?" Schweigen um mich herum. Die jungen Damen und Herren vertrauten da wohl lieber auf den Hamburger Regen.

Regel 1: Hast du das Briefing wirklich verstanden? Kennst du das Produkt in- und auswendig? Benutze das Produkt, das du bewerben sollst. Finde heraus, ob daran irgendetwas einmalig ist.

Rückblende 1

Als ich 1989 in Frankfurt CD bei Lowe, Lürzer auf dem Opel-Etat war, wurden wir nach Rüsselsheim bestellt. Gedämpftes Licht, Musik im Hintergrund, Dutzende von hyperventilierenden Kunden, Ingenieuren, Journalisten und Fotografen und ein Tuch über einem Auto. Darunter der neue Opel Omega. Als das Tuch weggezogen wurde – na sagen wir mal – lähmendes Entsetzen. Ach so, so sieht er aus. Hm, ja, doch. Nett. Mir war sofort klar, da kommt ein hübsches Problem auf uns zugerollt.

Das Problem war dann tatsächlich nicht nur hübsch, es war 200 Seiten stark. So dick war der Informationskatalog des Kunden. 200 Seiten Infos, Infos, Infos. Aber das Entscheidende fehlte. Oder anders ausgedrückt: Wir konnten damit nichts anfangen. „Wir haben den Wagen als den komfortabelsten seiner Klasse positioniert", strahlte mich mein damaliger Kontakter an. „Da sind jede Menge Extras quasi inklusive", flötete er mir und meinem Art Director Rene Clohse ins Ohr. „Da könnt ihr bestimmt was Schöööööönes draus machen, gell?" (Ich bin ja geradezu berühmt für meine Nachsicht mit Kontaktern. Aber das war dann doch zu viel für mich. Oder netter gesagt: zu wenig).

Die eigene Erfahrung hilft

Wir hatten also nichts. Nichts, womit wir den Omega gegen seinen Konkurrenten, den Passat, positionieren konnten. Nichts, mit dem wir diese Hoffnung Rüsselsheims im Markt flott kriegen konnten. Rene und ich beschlossen, dass wir nach Dudenhofen fahren mussten. Dort gibt es etwas ganz Aufregendes, was man in seinem Leben als Opel-Kreativer einmal erlebt haben muss: eine Teststrecke. Rene und ich steigen also in den neuen Omega. Rene rast durchs Schotterbett, durch den Wassergraben, über Holperpisten, durch die Steilkurve. Und mir will irgendwie gar nicht schlecht werden. „Mensch, der fährt sich, als ob man in einer Badewanne liegt", denke ich noch, als Rene sagt: „Ziemlich weich abgestimmt. Eher was für Männer mittleren Alters ab 40.'" Das konnten wir natürlich unserem Kunden nicht sagen. Aber wir hatten eine Spur.

Tags drauf haben wir dann so lange genölt, bis wir noch einmal mit dem Chefingenieur bei Opel reden durften. „Was wollt ihr denn von dem? Steht doch alles in den Büchern... der Komfort..." Sie ahnen es, mein Kontakter. Wir also zum Chefingenieur. Schon mal daran zu erkennen, dass auf seinem Parkplatz ein Opel GT steht, den geilsten Opel, den es je gab.

„Soso, Sie wollen also wissen, was es Neues am Omega gibt?", kommt er uns im weißen Kittel entgegen. „Sind Sie ihn denn mal gefahren?" Wir nicken stolz. „Dann ist Ihnen doch sicherlich die Fahr- und Lenkstabilität aufgefallen." Wir nicken, noch stolzer. „Ja, das ist unser neues DSA-Sicherheitsfahrwerk. Haben wir sieben Jahre dran entwickelt. Kommt nun zum ersten Mal im Omega zum Einsatz." Wir schauen ungläubig. „Ja, hat Ihnen denn das keiner erzählt?" Mein Kontakter neben mir versinkt im Boden. „Mit dem Fahrwerk fahren Sie – na, ich würd's mal so beschreiben – da fahren Sie selbst durch Kurven so sicher wie auf Schienen." Bingo! Wir hatten unsere Kernaussage. **Der Omega fährt so sicher wie auf Schienen.** Wir hatten dann ganz schnell auch unsere Kampagne. Der Omega hatte damit Erfolg. Opel verdiente damit ordentliches Geld. Die Arbeiter in Rüsselsheim fuhren Sonderschicht auf Sonderschicht. Und wissen Sie, in welcher Zielgruppe er sich besonders gut verkaufte? Bei Männern mittleren Alters ab 40...

Regel 2: Wie lautet die eine Botschaft, die beim Betrachter hängen bleiben soll? Schreibe die Kernaussage in einem Satz nieder. Heb sie auf, vielleicht wird sie später dein Claim. Wenn sie länger als zehn Worte ist, wirf sie weg.

Texter und Art Director kommen also aus der Waschanlage zurück. „Mensch, die kostet nur 5 Mark!", schallt es mir entgegen. „Irre, ne volle, komplette Wäsche für nur 5 Mark!! Und der Wagen ist sauber!!! Den müsstest du mal sehen... Armin, weißt du, was das sonst kostet?" „7 Mark fünfzig, glaub ich."

Der erste Satz muss nicht kreativ sein

Wir haben also unsere Kernaussage: **Im April bei Shell Select: Quick Wash für 5 Mark.** Ja, ich weiß, kein super kreativer Satz. Aber das muss eine Kernbotschaft auch nicht sein. Sie soll nur eine Alleinstellung herausarbeiten. Im Idealfall aus dem Produkt selbst. Oder zumindest aus einem emotionalen Versprechen heraus. Und vor allem: Die Kernbotschaft soll so einfach, so motivierend sein, dass einem dabei sofort „ein Fenster aufgeht"; dass sie einem Freiheit gibt beim Vor-Zurück-und-Quer-Denken; und einen punktgenau landen lässt.

Na ja, ganz ehrlich, in diesem Fall war es anders. Wir hatten bereits eine „Kampagnen-Identity". Unsere Shell-Select-Spots spielten immer irgendwo in der Nähe des Strandes oder des Meeres. Und sie sollten immer irgendwie humorvoll sein. Es ging also darum, unsere Kernbotschaft in einen Film umzuwandeln, der in dieser Shell-Select-Welt spielt. Was die Sache nicht ganz einfach macht. Oder glauben Sie, man darf in Deutschland so einfach ein Auto zeigen, das am Strand gewaschen wird? Als Shell schon mal gar nicht.

Not macht erfinderisch

Aber Limitierung ist ja bekanntlich immer der beste Ideengeber. Also Autowäsche und trotzdem Strand. Oder Strand und trotzdem Autowäsche. „Hey, das ist doch toll, wir dürfen keine Autowaschanlage zeigen. Also müssen wir ein völlig neues, noch nie da gewesenes Bild für diese Quick-Wäsche finden", jubelte meine Art Directorin. „Ich war übrigens überrascht...", fügte mein Texter flugs hinzu, „mit was für einer Wucht da in so einer Waschanlage gewaschen wird. Das sind richtig heftige Wellen, die da über den Wagen hauen...." Aha, da war sie also: die Idee! „Hört mal", sag ich zu meinem Team, „wie findet ihr das...?"

Regel 3: Entwickele die Geschichte zuerst im Kopf. Was ist der Plot? Ist sie leicht zu erzählen? Ist sie unterhaltsam? Welche Emotionen löst sie bei meinem Gegenüber aus, wenn ich sie ihm erzähle? Was bleibt hängen?

Ich sehe das Leuchten in den Augen. „Echt, du willst ne original Welle über ein Auto jagen? Wie willst du das machen? Das hat aber noch nie einer gemacht in der Werbung..."

Regeln 4-11: Erzähle die Geschichte wie einen guten Witz. Schreibe kurz und knapp: Klarer Einstieg – wo bin ich? Dann Drama, Aufbau, Spannung, Pointe. Und dann Aufklärung, Angebot. 15 Sekunden dürfen vorgelesen nicht länger als 30 sein. Mach das Produkt zum Helden! Konzentriere dich auf die wirklich notwendige Handlung. Keine Stylingbeschreibungen. Keine Castingbeschreibungen. Keine Witzerklärungen. Kein Einschmusen beim Kunden durch das Wiederholen des Briefings im Treatment. Schreibe im Hier und Jetzt. Schreibe aus der Sicht des Zuschauers. Und schreibe gesprochenen Text, so, wie Menschen wirklich reden.

Hier mein damaliges Originaltreatment:

Spot: „Quick wash" (15 Sekunden)
Eine Reihe leerer Parkplätze an einer einsamen Strandpromenade. Wir sehen das ruhige Meer hinter der steinernen Ufermauer. Plötzlich fährt ein Cabrio vor. Für den Betrachter unverständlich, müht sich der Fahrer, den Wagen an einer ganz speziellen Stelle einzuparken. Endlich hat er es geschafft. Der Mann steigt aus, schließt sorgfältig das Verdeck und lässt die Autoantenne einfahren. Zwei Meter vom Auto entfernt, schaut er auf seine Armbanduhr. Plötzlich brandet eine einzelne Riesenwelle über sein Auto. Super: Im April an der Shell Select Tankstelle: Quick wash für 5 Mark. Zufrieden betrachtet der Fahrer das nun saubere Auto, öffnet das Verdeck und fährt fröhlich davon. Die Kamera schwenkt auf den Boden des Parkplatzes. Wir erkennen am Boden eine Muschel. Überblendung in das Shell-Logo und dann auf den Monolithen. Off: „Wir lassen uns für Sie immer etwas ganz Besonderes einfallen: Shell Select."

Präsentation bei Shell. Hanseatische Begeisterung. „Na gut. Aber wie wollen Sie die Welle drehen? Oder wird das in Postproduktion gelöst?"

Sie haben also den Spot gekauft. Kein Animatic, kein Pre-Test. Dafür Gruppendiskussion mit zehn regelmäßigen Shell-Tankern. Ich trage ihn selbst vor. Ich merke, wie es mir auch nach zehnmaligem Wiederholen noch Spaß macht, ihn zu erzählen. Sie mögen den Spot. Dann Bauchentscheidung des Kunden. Machen.

Mutiger Kunde. Ich weiß immer noch nicht, wie man das mit der Welle löst. Lass ich mir natürlich nicht anmerken. Frau Haffner freut sich, dass sie diesmal beim Dreh dabei sein wird.

Regel 12: Bezieh den Regisseur so früh wie möglich mit ein.

Die moderne Technik macht es möglich. Am Nachmittag schicken wir das Treatment auf Englisch an Michael Haussman in Los Angeles. Nachts um 3 Anruf bei mir zuhause: „Fuck, I like it! But I have no idea how to do the wave..."

Am Montag sitze ich im Taxi und fahre von Heathrow rein zum 1a Rede Place London W2 4TU. Habe ein mulmiges Gefühl im Bauch. Ok, ich weiß, er hat einen genialen Levi's-Spot gedreht, wo die Jeans in einem Beerdigungszug an einem Haus vorbei kommt, wo in Zeitlupe aus dem dritten Stock eine Tasse Kaffee herunterfällt. (Ästhetisch eine meiner zehn Lieblingsszenen in der Geschichte des Werbefilms). Gut, von ihm sind die Dockers-Spots mit den Jungs auf ihren Brettern in den Wellen. Wellen kann er also. Das war das Wichtigste für den Kunden. Ja, er war für einige Zeit der Lover von Madonna... Das war das Wichtigste für meine Freundin. Aber wer erwartet mich da? Wer ist Michael Haussman? Hat der überhaupt Bock auf den Spot? Auf das Produkt? Auf die Zusammenarbeit mit JWT? Kann der mit mir? Kann ich mit ihm?

Auch Star-Regisseure sind Menschen

Regel 13: Der Spot ist dein Baby. Lass es den Regisseur als „seinen Sohn" adoptieren.

Alles ist ganz anders, als ich es erwarte. Michael trägt Bermudas (in London!) und ist irgendwie gar kein Star-Regisseur. Er betont noch mal, wie gut er den Spot findet, und ich glaube ihm sogar. Als ich ihn frage, ob ich noch mal das Treatment vorlesen soll, holt er einen Fetzen Papier aus seiner Hosentasche. „Here's my version of it". Dachte ich mir's doch.

Regel 14: Hör zu. Halt dich zurück. Dein Regisseur hat mehr Filme gedreht als du. Man muss auch gönnen können. Alles wird gut.

Leicht blass lese ich mir den Zettel durch. Hier Michael Haussmans Treatment:

Car Wash.
A sea wall and wide open space. An old man and a dog walks through this vast space. The old man struggles with his beach umbrella. Suddenly a car enters. Stops turns. Close up the wheels turning, rubber on cement. Close up hands turning the steering wheel. The car lurches forward. Overhead, as the car turns the other direction, now shuffle to one side, as the car reverses toward them. Overhead wide shot of this vast open space, as the car now inches forward. Close up, the wheels turn. Again the car lurches towards the old man, obviously trying to park exactly where he is standing. The old man grabs his dog and walks away with his hige beach umbrella still open. The man inside the car looks at his watch. Wide shot, suddenly a wave crashes over the sea and lands exactly over the car.

Man sagt, in dem Moment, bevor man stirbt, zieht das Leben noch einmal wie in einem Film an einem vorüber. Durch mein Hirn zieht ein Film aus Fragen: Hat er das Super und den Off vergessen? Wahrscheinlich. Ist jetzt nicht wichtig. Wo ist die Muschel und der Monolith? Nehmen wir aus den anderen Spots. Kein Cabrio? Keine Verdeck-Geschichte? Wohl doch zu kompliziert in 15 Sekunden. Stimmt, so ist es besser. Finde ich den alten Mann und den Regenschirm gut? Nein. Nee, den will ich nicht. Aber warum eigentlich nicht?

Regel 15: Menschen wollen Menschen sehen. Lass die Menschen im Film zum Spiegel der Handlung werden.

Wir diskutieren den alten Mann. Ich muss nachdenken. Als mich Michaels Argumente fast überzeugt haben, schlägt er vor, auf ihn zu verzichten. Meine Argumente wären einleuchtend. Der Alte würde nur ablenken.

Regel 16: Vermeide zu viele Darsteller, Schnitte, Szenen, Handlungsstränge.

Ich erwidere, dass andererseits der Alte das Drama unterstreicht. Plötzlich kämpfe ich für den Alten. Michael lacht. Er schlägt vor, dass er auch noch einen Hund an die Seite bekommt.

Regel 17: Das Bessere ist des Guten Feind.

Wir müssen beide lachen.

Dann reden wir über die Welle. Nein, wir wollen beide keine Welle in der Postproduktion „reinschneiden“ oder eine animierte Welle verweben. Ja, wir wissen, dass wir hier keine Hollywood-Produktion haben. Ja, wir haben beide noch keine Idee, wie es gehen soll. Nein, wir geben nicht auf. Ja, das war ein gutes Meeting.

Auf dem Rückflug bin ich irgendwie froh. So müsste es immer sein zwischen Regisseur und Kreativen. Ein Team. Frühzeitig zusammen sitzen. Die bessere Idee entscheidet. Offene Diskussion. Gemeinsames Ergebnis. Keine Angst, seine Ideen „nicht durchgekriegt zu haben“.

Rückblende 2

Ein anderer Spot. Ein anderer Regisseur. Der Spot wurde über ein halbes Jahr lang entwickelt. Geschrieben vom Texter. Überarbeitet vom CD, „finegetuned" vom European Creative Director. Verändert vom Chief Executive Creative Director worldwide. Getestet, überarbeitet, getestet. Für 60.000 DM einen Animatic gedreht. Wieder getestet. Wieder geändert. Ergebnis: ein Film mit netter schöner Dame mit vollen Lippen. Die Kundin findet ihn immer noch viel zu kreativ (!) und damit viel zu gefährlich für sich, ihre Karriere und irgendwo auch fürs Produkt. Wir suchen einen Regisseur. Der Regisseur erhält ein Storyboard. 20 Sekunden, 18 Bilder ausgepinselt in Essig und Öl. Er liebt es trotzdem. Casting. Wir suchen die Überfrau mit vollen Lippen. Der Regisseur schlägt vor, mit einem Transvestiten zu drehen. Und der soll vor einem Leuchtturm von einem silbernen Fels springen. Ich halte die Ideen für – nee, ich sag's lieber nicht. Nächte voll nackter Angst. Ich wache nachts auf und finde mich unter den Brücken von Paris... Dann das Kundenmeeting. Die Kundin ist entzückt. Was für ein interessanter Mann, dieser Regisseur. Extra aus Amsterdam eingeflogen! Ja, eine interessante Idee, findet sie.

Auch wenn es lang dauert, kann es gut werden

Das Unfassbare geschieht. Der Film wird genau so gedreht. Na gut, ohne Transvestit. Aber dafür vor einem nachgebauten U-Boot mit 12 Matrosen und vor einem silbernen Fels. Das Ganze in Miami. Die Kundin natürlich mit. Alles wird gut.

Oder alles wird schlecht. Wie auf einem Haarspot-Dreh für Procter & Gamble. Der Regisseur sieht das Storyboard erst drei Tage vor dem PPM, Pre-Production-Meeting. Er macht kein genaues Timing. Als sein Lieblings-Casting nicht durchgeht, verliert er völlig die Lust. Zum Schnitt kommt er dann überhaupt nicht mehr. Was für ein Spaß.

Zurück aus London. Zwei Tage später habe ich ein Fax auf dem Tisch. Michael hat ein Shootingboard gezeichnet. Ich bin baff. Exakt die Geschichte, die wir besprochen haben. Sogar die Muschel ist drin. Wer ist hier eigentlich der Preuße?

Regel 18: Nichts ist hilfreicher als ein Shootingboard vom Regisseur.

ShellSelect „Quick Wash"

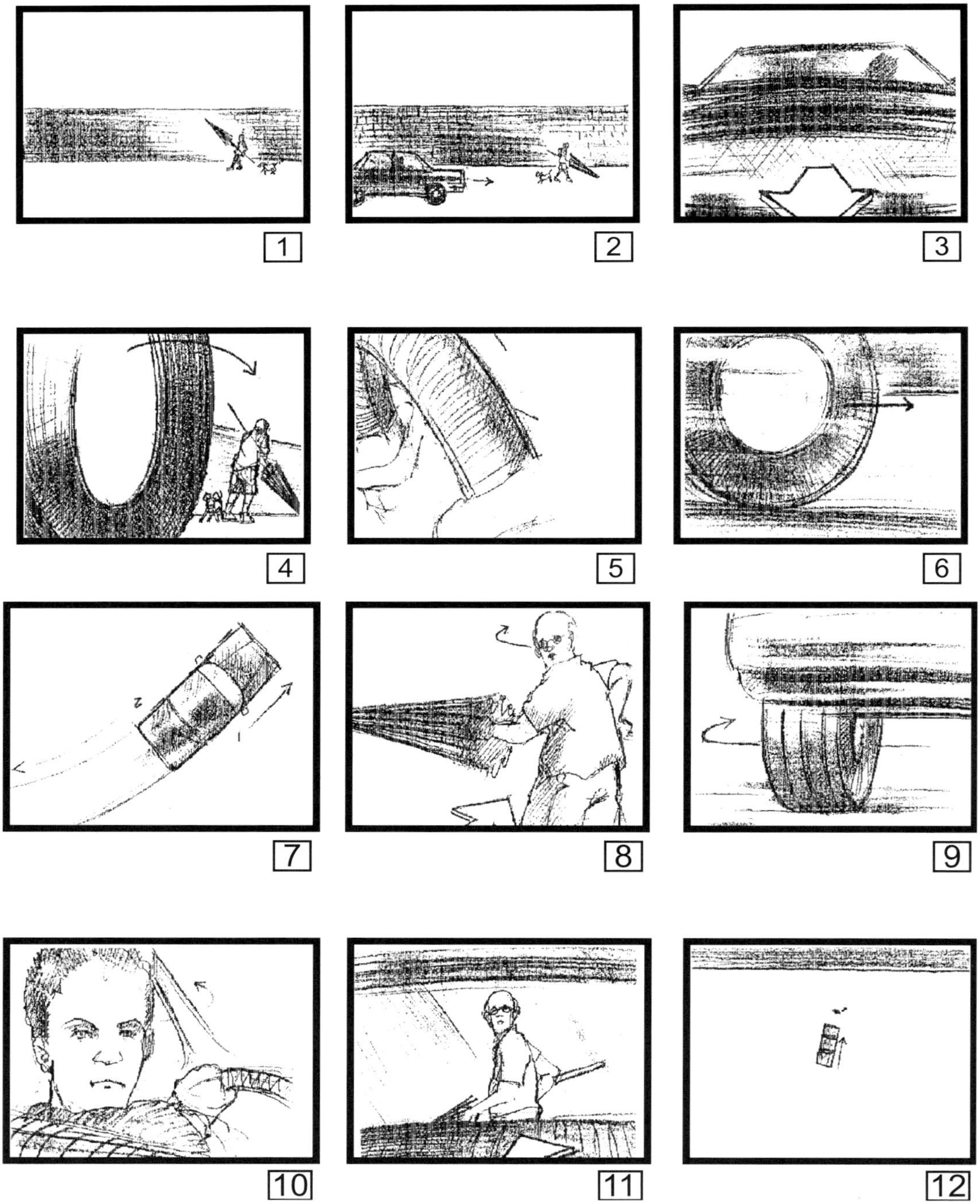

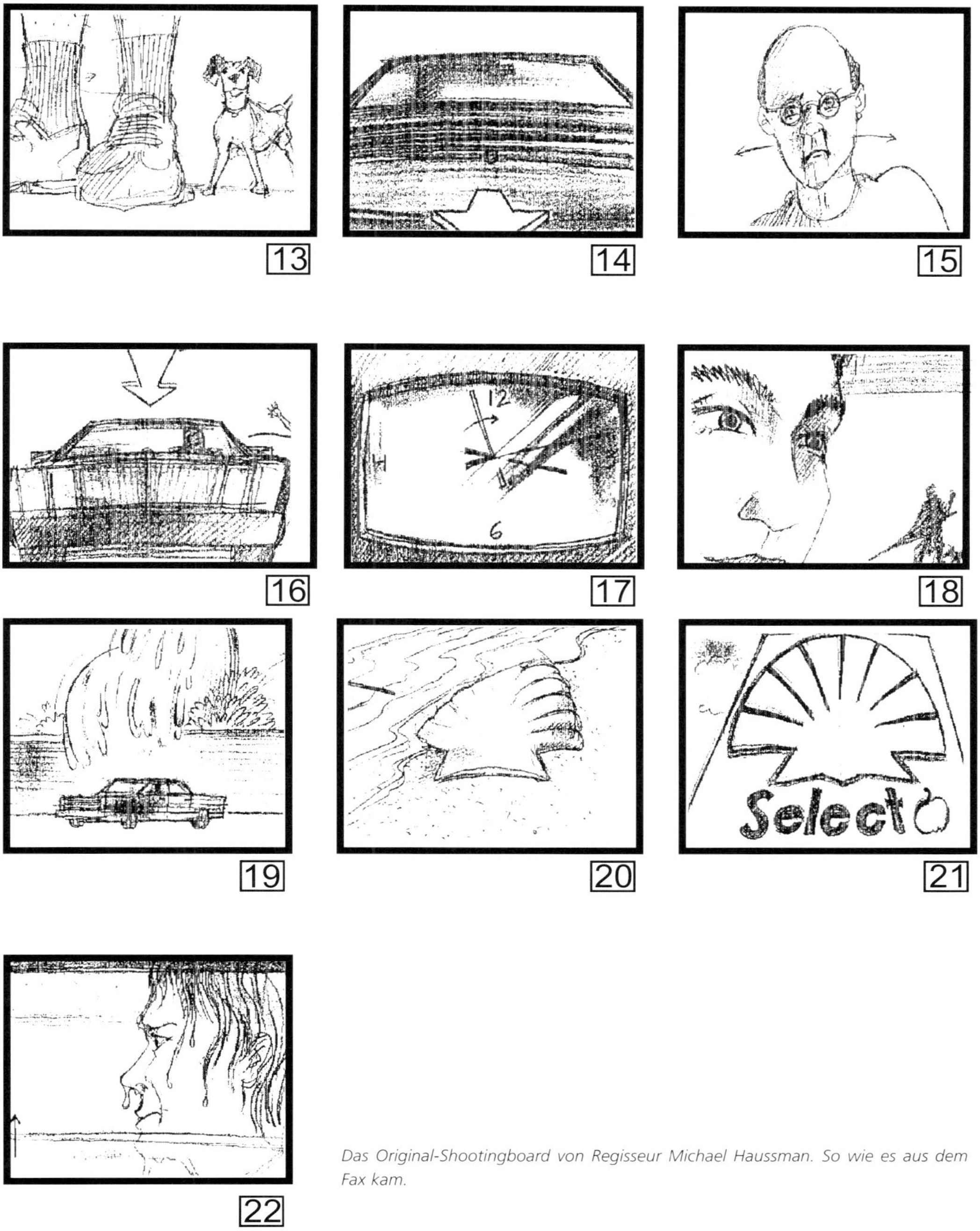

Das Original-Shootingboard von Regisseur Michael Haussman. So wie es aus dem Fax kam.

Die Kundin ist noch „baffer“. Ja, sie hat nichts dagegen, dass wir das PPM nicht in der City Nord von Hamburg, sondern im National Hotel von Miami abhalten.

Noch zehn Tage bis zum Dreh. „Wie macht ihr denn nun eigentlich die Welle?“, fragt mich der Geschäftsführer der Agentur. Ehrlich gesagt, ich weiß es auch nicht. Aber natürlich lasse ich mir nichts anmerken. „Och, die wird real gedreht!“, teile ich mit und verdrücke mich ganz schnell in mein Büro.

Regel 19: Alles ist möglich. Für Geld. Oder in der Postproduktion. Oder mit den richtigen Leuten.

Im PPM erklärte uns dann Michael Haussman seine Lösung. Und die hieß John Frankish und Robert Thomas. John Frankish hatte das Production Design vom „Gladiator“ gemacht. Robert Thomas die Special Effects von „Speed“ und „Speed 2“. Noch Fragen? Keine Fragen mehr, Sir.

Wir werden also eine 7 Meter hohe Kaimauer auf einem Parkplatz bauen. Dahinter kommt eine 12 Meter hohe, elektronisch bewegbare Wasserschütte mit einem Tank und einer Pumpe. Ca. 5000 Liter werden in die Schütte gepumpt, die Schütte neigt sich und das Wasser schwappt über die Kaimauer... über das Auto, klar. Danach wird der Parkplatz von einem Saugtrockner wieder trocken gesaugt. Und dann kann man das Ganze in zwei Stunden wiederholen.

Ja, sie wird wie eine Mauer am Meer aussehen. Ja, die Mauer ist aus Beton. Ja, 5000 Liter reichen, haben wir gemessen. Ja, kann sein, dass das Autodach eine Delle bekommt. Ja, wir haben vier Reserveautos. Ja, ein alter Käfer ist definitiv geiler als ein neuer Audi TT (auch wenn wir den kostenlos bekommen könnten, liebe Kundin!). Ja, kann sein, dass der Hund dabei durchdreht. Ja, wir haben einen Reservehund. Nein, wir sind nicht durchgedreht.

Regel 20: Es gibt im PPM keine dummen Fragen. Und offene sowieso nicht.

Und dann sind wir also auf dem Parkplatz. Crew stand by. Video läuft. Kamera läuft. Windmaschine an. Und Action! Und der alte Mann bekommt den Schirm wieder nicht auf. Der Wind ist zu stark. Michael und ich besprechen uns. Und wenn wir... könnten wir dann? John Frankish spricht mit Robert

Thomas. Ganze 15 Minuten (!) später: John Frankish hat in den Schirm eine Fernsteuerung eingebaut. Nun öffnet er sich, wenn wir es wollen...

Dann können wir also zur Welle kommen. Die Schütte ist voll. Der Wagen exakt in Position. Der alte Mann und der Hund weit genug entfernt. Und Action! Die Schütte ergießt sich als Riesenwelle über den Käfer. Keine Delle im Verdeck. Perfekt. Ein One-take-shot. Check the gate!

Nachwort

Natürlich dreht man solche Spots nicht jeden Monat. Noch nicht mal jedes Jahr. Aber was ich hier aufgezeigt habe, gilt eigentlich für jeden Spot, völlig unabhängig vom Produkt und Budget.

Was wichtig ist: dass Texter und Regisseur möglichst eng und frühzeitig zusammenarbeiten. Wir müssen in Deutschland wirklich davon loskommen, dass nur die Kreativen in den Agenturen Ideen haben. Wir müssen aufhören, an durchschnittlichen Treatments festzuhalten. Wir müssen aufhören, das Mittelmaß zu verteidigen. Ein Regisseur bekommt auch deshalb viel Geld, weil es seine Aufgabe ist, unsere Boards besser zu machen. Ich würde sogar so weit gehen zu sagen: Holen wir uns die Regisseure so früh wie möglich nach der Briefing-Phase ins Boot.

Je früher der Regisseur einsteigt, desto besser

Ho, ho, ho, höre ich da die Junioren rufen. Das ist ja toll, ich muss eigentlich selbst gar keine Ideen mehr haben, sondern der Regisseur macht meine Arbeit? Ist ja cool... Nein, so war das nun auch wieder nicht gemeint!

Natürlich werden wir weiterhin zuerst allein über dem weißen Papier sitzen. Werden wir uns mit unserem Art- oder Text-Partner kiloweise Treatments ausdenken. Werden wir abends nach Hause kommen und nicht schlafen können, weil uns nichts „richtig" Gutes eingefallen ist. Werden wir am nächsten Tag Rollen gucken, im „Lürzers's" blättern, das ADC-Buch von '91 wälzen. Und außer dass wir müde von Bildern sind, ist uns meistens wieder nichts eingefallen. Natürlich werden wir dann noch mal bei Prof. Dr. Gaede in der „Abweichung von der Norm" und bei Mario Pricken in „Kribbeln im Kopf" nachschauen, was man eigentlich macht, wenn einem nichts einfällt. Werden dann vielleicht einige völlig abwegige Ideen haben. Und werden sie erst mal runterschreiben und vielleicht feststellen: „Hm, mutig, aber auch gut!“

Ja, und nun kommt der Punkt, auf den ich hinaus will – jetzt, bevor man die Treatments zu Storyboards macht oder Moodfilme „kundentauglich“ bügelt –, jetzt würde ich doch mal vorschlagen, die entstandenen Spot-Ideen zu einem befreundeten Regisseur zu faxen. Und sich dann überraschen zu lassen. Von seinen frischen Ideen. Wie er „ohne Kundenbrille“ frech an die Sache herangeht. Wie er plötzlich durch eine ungewöhnliche Idee für eine Kameraperspektive der Story eine überraschende, andere Wendung gibt. Wie er vielleicht ein völlig anderes Ende findet. Wie er plötzlich aus seinem Archiv ein völlig schräges Casting zieht, welches das aussichtslose Verkaufen des Hauptdarstellers plötzlich ganz einfach macht. Wie er durch ein völlig abgefahrenes Art Work eine durchschnittliche Idee plötzlich zu einem echten Brüller macht.

Merken Sie's? Jetzt wird's gefährlich. Für Ihre Idee. Für Ihr Selbstbewusstsein. Für Ihre Karriere. Für Ihre Idee, weil Sie nun die Größe haben müssen, zu sich selbst sagen zu können: Och, seine Idee ist besser. Für Ihr Selbstbewusstsein, weil es die hohe Schule der Eigenmotivation erfordert, sich zu sagen: Aber ohne mein Treatment wäre er nicht drauf gekommen! Für die Karriere, weil Sie in Cannes mit ihm zusammen auf die Bühne im Grab Auditorium müssen.

Schlussgedanke

Daran, wie früh man einen Regisseur ins Boot holt, daran erkennt man die Erfahrung eines Kreativen. Sie sind nicht meiner Meinung? Sprechen wir in fünf Jahren und zehn Filmen später noch mal drüber...

Wie bessere TV-Spots entstehen

Das Wichtigste auf einen Blick

Hinterfragen Sie das Briefing! Und vor allem: Benutzen Sie das Produkt!
Briefings sind nicht selten sehr theoretisch abgefasst. Doch um die Idee für einen guten Spot zu entwickeln, brauchen Sie keine graue Theorie – Sie müssen das Produkt hautnah erlebt haben. Darin liegt häufig der erste Schlüssel zum Erfolg...

Schreiben Sie die eine Botschaft auf, die Sie vermitteln wollen!
Egal wie viele Vorteile das Briefing aufzählt, Sie können nur eine Hauptbotschaft vermitteln. Welche ist es? Sie müssen sie kennen, bevor Sie sich eine Story ausdenken. Schreiben Sie sie auf! Sie muss nicht druckreif sein, aber kurz: nicht länger als 10 Worte!

Entwickeln Sie die Geschichte zuerst im Kopf!
Fangen Sie nicht gleich an zu schreiben. Denken Sie sich zuerst eine Geschichte aus. Notieren Sie Stichworte. Hat sie einen echten Plot? Passt er zu Ihrer Hauptbotschaft? Ist die Geschichte leicht zu erzählen? Probieren Sie's aus!

Schreiben Sie die Geschichte wie einen guten Witz – kurz und knapp!
Konzentrieren Sie sich beim Schreiben des Treatments auf das Wesentliche – Ihre Idee! Verkneifen Sie sich Styling-Beschreibungen und Casting-Angaben (das kommt alles später). Verzichten Sie darauf, Teile des Briefings zu wiederholen. Verzichten Sie überhaupt auf alles, was nicht der Geschichte dient.

Achten Sie auf den dramatischen Aufbau und auf die Zeit!
Wählen Sie einen klaren Einstieg, steigern Sie die Spannung und kommen Sie zur Pointe. Dann lassen Sie Aufklärung und Angebot folgen. Und achten Sie von Anfang an auf die Zeit: Für 15 Sekunden Film dürfen Sie beim Vorlesen nicht länger als 30 Sekunden brauchen!

Schreiben Sie in der Gegenwart! Und schreiben Sie ungekünstelt!
Schreiben Sie im Hier und Jetzt – das ist am dramatischsten. Schreiben Sie aus der Sicht des Zuschauers – das ist die entscheidende Perspektive! Und schreiben Sie so, wie Menschen wirklich reden, schreiben Sie gesprochenen Text – das ist lebensnah und echt.

Beziehen Sie den Regisseur so früh wie möglich ein!
Der Spot ist Ihr Baby – er ist in Ihrem Kopf entstanden. Lassen Sie es den Regisseur adoptieren. Hören Sie ihm zu. Seien Sie offen für seine Ideen. Und denken Sie immer daran: Er hat schon mehr Filme gemacht als Sie!

Wehren Sie sich nicht gegen ein Shootingboard vom Regisseur. Freuen Sie sich darüber!
Nichts ist hilfreicher, als wenn der Regisseur zum Stift greift und die Handlung in Bilder umsetzt. Dann identifiziert er sich mit Ihrer Idee, er setzt sich mit ihr auseinander. Vielleicht verändert er sie sogar... Wenn es zum Guten ist, sollten Sie der Erste sein, der sich darüber freut!

Lassen Sie sich nicht entmutigen – in der Produktion ist alles möglich!
Glauben Sie an Ihre Ideen – auch wenn sie komplizierte Einstellungen erfordern. Gemeinsam mit dem Regisseur und dem richtigen Team finden Sie eine Lösung. Arbeiten Sie frühzeitig an der Lösung. Verschieben Sie nicht alles auf die Nachbearbeitung (Post Production).

Nutzen Sie das PPM, um zu fragen. Es gibt keine dummen Fragen!
Das Pre-Production-Meeting (PPM) ist die Stunde der Wahrheit. Und egal wie akribisch Sie sich vorbereitet haben, egal von wie vielen Spezialisten Sie umgeben sind: Stellen Sie jetzt jede Frage, die Ihnen wichtig ist. Ihre Zurückhaltung kann sonst sehr teuer werden...

Vergessen Sie eines nie: Sie haben die Verantwortung! Aber Filmarbeit ist Teamarbeit. Deshalb: Tauschen Sie sich frühzeitig aus!

Radio für Kopf und Bauch oder Wie Funkspots entstehen, die nicht nur ins Ohr gehen, sondern auch drin bleiben

Carsten Heintzsch

Funkspots sind eine wunderbare Sache. Sie sind direkt. Sie sind schnell. Und sie sind unmittelbar. Sie treffen uns im Auto. In der Küche bei der Hausarbeit. Sie kommen ohne Umwege in unser Ohr und pusten ihre Botschaft per Radiowelle in unser Gemüt. Und doch sind sie die Stiefkinder der Werbung. Vernachlässigt in Mediaplänen und Präsentationen. Von Auftraggebern und Agenturen. Funkspots werden selten gehegt und gepflegt, bekommen nicht die Planung und Fürsorge, die sie eigentlich verdienen, haben in der Wertschätzung der Werbungtreibenden ihren Platz irgendwo zwischen Regalwobblern und Deckenhängern, am unteren Ende der Mediumrangliste.

Funk ist das Stiefkind der Werbung

Warum ist das so? Weil sie im Vergleich zu TV-Spots und Print-Anzeigen so günstig zu produzieren sind? Weil ihre Auftrittsplattform das alte Dampfradio ist? Oft, viel zu oft, werden sie in liebloser Weise missbraucht, eine Werbebotschaft mal eben so in 30 Sekunden herauszublasen. Ohne Idee. Ohne Charme. Ohne Tiefgang. Und doch gibt es immer wieder Ausnahmen, die Mut machen. Wirklich gut gedachte und gemachte Funkspots, die einen von der ersten Sekunde an vereinnahmen. Die einen begeistern, die Freude machen, die man gerne hört und wieder hört. Funkspots, die dann sogar Preise gewinnen, die ihren Machern Awards und Ehre bringen. Und die vor allem eines tun: wirken!

Um diese Funkspots soll es hier gehen. Wie man sie erdenkt. Wie man sie schreibt, sie vorbereitet. Und wie man sie produziert und verkauft. Lassen Sie sich von diesem wunderbaren Medium begeistern. Es hat nichts anderes verdient.

1. Das Ausdenken

Wie denkt man sich einen Funkspot aus? Setzt man sich einfach an seinen Schreibtisch und wartet auf die geniale Eingebung? Gibt es eine Technik, mit der man dem idealen 30-Sekünder auf die Spur kommen kann? Ist es glücklicher Zufall oder eine systematische Herangehensweise? Oder ist es ein bisschen von allem?

Nun, zunächst einmal gilt für Funkspots das Gleiche wie für TV-Filme oder Anzeigen: Die Idee dazu kann man nicht planen, man muss sie einfach erst mal haben. Und dazu braucht es Geduld. Eine gute Idee zu entwickeln hat vor allem damit zu tun, es aushalten zu können, ganz lange keine zu haben. Deshalb geht es darum, sich nicht unter Druck zu setzen, sondern von Beginn an für sich und den Funkspot eine entspannte, lockere und lässige Atmosphäre zu schaffen, in der er entstehen und zu dem Stück Werbung werden kann, das dem Produkt Erfolg und den Hörern Spaß bringt.

Am Anfang steht die Geduld

Diese lässige Atmosphäre kann man sich selber bescheren, indem man sich von der ersten Sekunde des Ausdenkens klar macht, dass es hier um Spaß geht. Man muss sich klar machen, Funkspots sind wie Kinder, die am liebsten in einem freudvollen Umfeld aufwachsen. Also sich hinsetzen, ein Grinsen aufsetzen und dann drauflosschreiben? Ganz so einfach ist es nicht. Denn Freude beim Machen kommt ja nicht auf Kommando. Man kann ihr aber den Weg bereiten, man kann Platz für die Freude machen, indem man erst einmal die Hindernisse beiseite räumt.

Hierfür gibt es einen ganz einfachen Kunstgriff, der erste und wichtigste Schritt: Aufschreiben, was man erzählen will. Ohne Schnörkel, gerade und einfach. Die Botschaft ganz simpel hinschreiben. Am besten in einem Satz. Nehmen wir mal an, es geht um einen Funkspot für ein neues Auto, das besonders wenig Benzin verbraucht und das man jetzt beim Händler Probe fahren kann. Dann sollte man sich keinesfalls zu blöd dabei vorkommen, das fürs Erste genauso hinzuschreiben:

„Das Auto XY ist sehr benzinarm im Verbrauch und Sie können es jetzt bei ihrem Händler Probe fahren."

So nüchtern und unspannend das klingt, so befreiend ist es, es einfach mal aufgeschrieben zu haben. Es ist der Kern der Botschaft, um den herum man nun eine Idee aufbauen kann. Und: Es macht von Beginn an beruhigend deutlich, dass alles, was der Funkspot zu erzählen hat, eigentlich ganz einfach ist.

Beim Start ist alles erlaubt

Mit diesem guten Gefühl im Rücken geht man nun an den Start. Jetzt ist nur eines wichtig: sich alle Erlaubnisse zu geben, die nur denkbar sind. Das Hirn einfach drauflosspinnen lassen. Ohne Einschränkungen. Mag der Einfall auch noch so hirnrissig erscheinen, er gehört erst einmal aufgeschrieben. Denn jede Idee inspiriert zu weiteren, in jeder Idee steckt immer ein Funken, den man für die Entwicklung einer neuen nutzen kann.

Wie ein Fond, den man für ein Gericht bereitet, hält man alle ersten Einfälle fest. Ganz wichtig dabei: Laut sein! Funkspots wollen beim Aufschreiben laut vor sich hin gesprochen sein. Es geht darum, sie von Beginn an mitzuplappern. Mit allem zu Sprechenden, allen Sounds und Nuancen. Dadurch bekommen sie Leben, dadurch nehmen sie Fahrt auf.

Und dann schaut man sich die ersten Einfälle ganz entspannt an. Mit einer grundsätzlichen Frage: Welche Idee hat einen kategorischen Einfall? Ist etwas dabei, das sich im Rahmen eines Funkspot-Werbeblocks ganz eigenständig heraushebt? Etwas, das es schafft, schon in den ersten Sekunden mein Herz und damit später dann auch das des Hörers zu gewinnen? Etwas, dem ich von Beginn an gerne zuhöre?

Oft ist es nur eine Kleinigkeit, die diesen Unterschied ausmacht. Ein akustischer Einfall. Oder eine besondere Stimme. Oder eine intelligente Mechanik. Manchmal ist es die gesamte Spot-Idee – die man dann wieder mit Kleinigkeiten aus den anderen Ideen anreichern kann.

Bleiben wir bei der Aufgabe, einen Funkspot für das verbrauchsarme Auto zu machen. Und sagen wir mal, die Spot-Idee ist, dass ein Mann in einem simplen Satz von diesem wunderbaren Auto erzählt und der andere diesen Satz nicht kapiert. Und der erste Mann den Inhalt dieses Satzes in immer neuen Varianten formuliert. Der zweite Mann aber immer sagt, er verstehe ihn nicht. Und der Off-Sprecher schließlich einspringt und sagt, es gäbe eben Dinge, die könne man nicht verstehen, die müsse man selbst erleben. Bei einer Probefahrt zum Beispiel!

Dann hat man schon mal eine schöne Grundidee. Jetzt kann man drangehen und sich bei anderen Ideen beklauen. Nehmen wir mal an, in einer der anderen Ideen kommt ein akustisches Signal, wie ein Pausengong beim Boxen vor. Den kann man hier wunderbar integrieren. Immer nachdem der eine Mann gesagt hat, er verstehe nicht, und bevor der andere ansetzt, den Satz über das verbrauchsarme Auto neu zu formulieren, ertönt der Pausengong, wie die Ankündigung zu einer neuen Runde.

So könnte es funktionieren. Und so weit erst einmal die grundsätzliche Idee, die sich beim Ausdenken herauskristallisiert hat. Nun geht es in die nächste Phase. Die Idee so ausgefeilt zu Papier zu bringen, wie sie es verdient hat.

2. Das Schreiben

Der Prozess des Ausdenkens ist abgeschlossen, aus den entwickelten Ideen hat man sich seinen Favoriten herausgesucht und weiß ganz genau: Der soll es sein! Dann geht es jetzt darum, dieser Lieblingsidee ein Haus zu bauen. Sie so zu schreiben, dass ihr ganzes Potenzial genutzt wird.

Die Idee nimmt Formen an

Man muss sich klar machen, dass es hier um den Unterschied geht, eine Funkspot-Idee einfach nur so hinzuschreiben oder sie richtig gut zu texten. Es ist ein bisschen wie beim Fußball: Die Taktik steht, die Mannschaftsaufstellung auch – nun geht es darum, den Ball auch richtig schön zu spielen. Oder wie beim Witzeerzählen. Ich kann den Witz wiedergeben oder ich kann ihn mit Leib und Seele aufführen, ihm mitreißendes Leben geben. Denn jede noch so gute Idee verliert viel, wenn sie nicht optimal dargeboten wird.

Also, wie geht das Schreiben eines Funkspots? Gibt es da den idealen Weg?

Die goldene Regel? Die Antwort darauf ist: Wege und Regeln muss jeder langfristig für sich selber herausfinden. Nur solange man noch in dieser Findungsphase ist, gilt ein hilfreiches Stufenmodell, an dem man sich orientieren kann. Es besteht aus drei Abschnitten:

Stufe 1:
Schreiben Sie den Funkspot, so wie er Ihnen in den Kopf gekommen ist, auf.

Stufe 2:
Ändern Sie ihn an den Stellen, wo er noch lustiger oder genauer oder ungewöhnlicher klingen kann.

Stufe 3:
Lassen Sie ihn eine Weile – eine halbe Stunde reicht vollkommen aus – ruhen. Schauen Sie ihn dann noch mal an und geben Sie ihm, mit einigen letzten Verbesserungen, den finalen Feinschliff.

Soweit der theoretische Ablauf. Schauen wir uns das Ganze doch mal in der Praxis an. Und bleiben wir bei der Idee mit dem Nichtversteher und dem verbrauchsarmen Auto.

Stufe 1. Im ersten Entwurf vom Kopf direkt aufs Papier könnte er so aussehen:
Mann 1: *„Ich habe den neuen XY gefahren und er ist beim Benzinverbrauch enorm sparsam."*
Mann 2: *„Ich verstehe nicht."*
Box-Runden-Gong: *„Gong!"*
Mann 1: *„Ich habe am Steuer des neuen XY gesessen und in puncto Benzin ist er ein Wunder an Sparsamkeit."*
Mann 2: *„Ich verstehe nicht."*
Box-Runden-Gong: *„Gong!"*
Mann 1: *„Den neuen XY konnte ich jetzt mal fahren und er verbraucht ganz wenig Benzin."*
Mann 2: *„Ich verstehe nicht."*
Box-Runden-Gong: *„Gong!"*
Mann 1: *„Als einer, der den neuen XY gefahren hat, kann ich dir sagen: Er verbraucht ganz wenig Benzin."*
Mann 2: *„Ich verstehe nicht."*
Box-Runden-Gong: *„Gong!"*
Off-Sprecher: *„Es gibt Dinge, die kann man nicht verstehen, die muss man erleben. Bei einer Probefahrt zum Beispiel. Der neue XY. Jetzt bei Ihrem Händler."*

In der zweiten Stufe kann ich die Schwachstellen ausmerzen. Und davon gibt es ein paar. Die Wiederholungen zum Beispiel. Mann 1 spricht einmal vom „enorm sparsamen Benzinverbrauch" und dann im nächsten Satz von einem „Wunder an Sparsamkeit". Auch der Part „er verbraucht ganz wenig Benzin" kommt bei ihm anschließend zweimal vor. Außerdem müsste man sich überlegen, ob Mann 2 immer nur dieses eine „Ich verstehe nicht" von sich gibt.

Also nun Stufe 2:
Mann 1: *„Ich habe den neuen XY gefahren und er ist beim Benzinverbrauch enorm sparsam."*
Mann 2: *„Ich verstehe nicht."*
Box-Runden-Gong: *„Gong!"*
Mann 1: *„Ich habe am Steuer des neuen XY gesessen und war völlig von den Socken, wie wenig Benzin er verbraucht."*
Mann 2: *„Hä?"*
Box-Runden-Gong: *„Gong!"*
Mann 1: *„Den neuen XY konnte ich jetzt mal fahren, und er verbraucht ganz wenig Benzin."*
Mann 2: *„Wie bitte?!"*
Box-Runden-Gong: *„Gong!"*
Mann 1: *„Als einer, der den neuen XY gefahren hat, kann ich dir sagen: der verbraucht fast null."*
Mann 2: *„Was?!"*
Off-Sprecher: *„Es gibt Dinge, die kann man nicht verstehen, die muss man erleben. Bei einer Probefahrt zum Beispiel. Der neue XY. Jetzt bei Ihrem Händler."*

Jetzt heißt es: Abstand gewinnen

So kann man ihn erst einmal ruhen lassen. Und sich freuen, ihn so weit hinbekommen zu haben. Es ist jetzt ganz ok, sich selbst ein wenig auf die Schulter zu klopfen. Das entspannt einen für Stufe 3. Denn in der geht es darum, sich das Ganze mit Abstand, ganz souverän anzuschauen – um dann mit dem sicheren Gefühl im Rücken, eigentlich schon einen ganz feinen Funkspot geschrieben zu haben, noch mal ein paar entscheidende Kunstgriffe vorzunehmen.

Also: Den Spot haben wir uns noch einmal durchgelesen. Dabei fällt auf: Die Variante mit den unterschiedlichen Ausdrucksweisen des Nichtverstehens ist vorstellbar, könnte aber auch falsch gedeutet werden. Nämlich

Mann 2 verstehe Mann 1 akustisch nicht. Vorschlag: Im Studio beide Versionen aufnehmen, die mit dem dauernden „Ich verstehe nicht" und die mit den unterschiedlichen Ausdrucksweisen des Nichtverstehens. Und sich dann für eine von beiden entscheiden.

Und noch etwas spürt man: Wenn Mann 1 seine Botschaft zum vierten Mal wiederholt, wird es fast schon ein bisschen viel. Vorschlag: Lassen wir ihn beim vierten Mal doch in all seiner Verzweiflung einfach Chinesisch sprechen. Das mag jetzt merkwürdig klingen, sorgt im nachher fertigen Spot aber ganz sicher für einen drolligen Effekt. Und macht nochmals deutlich, dass der andere wirklich gar nichts kapiert hat.

So wäre der Funkspot jetzt fertig geschrieben:
Mann 1: *„Ich habe den neuen XY gefahren und er ist beim Benzinverbrauch enorm sparsam."*
Mann 2: *„Ich verstehe nicht."*
Box-Runden-Gong: *„Gong!"*
Mann 1: *„Ich habe am Steuer des neuen XY gesessen und war völlig von den Socken, wie wenig Benzin er verbraucht."*
Mann 2: *„Hä?"*
Box-Runden-Gong: *„Gong!"*
Mann 1: *„Den neuen XY konnte ich jetzt mal fahren, und er verbraucht ganz wenig Benzin."*
Mann 2: *„Wie bitte?!"*
Box-Runden-Gong: *„Gong!"*
Mann 1: *„Hong gong ho tschi nang lein tschang ho lumm schung."*
Mann 2: *„Was?!"*
Off-Sprecher: *„Es gibt Dinge, die kann man nicht verstehen, die muss man erleben. Bei einer Probefahrt zum Beispiel. Der neue XY. Jetzt bei Ihrem Händler."*

3. Das Tischrehearsal

Der Spot ist geschrieben. Jetzt geht es darum, ihn dem ersten Test zu unterziehen. Das Tischrehearsal. Das funktioniert sehr simpel: Man liest sich den Spot am Tisch laut vor. Und prüft dabei zwei wesentliche Dinge.

Erstens: Wie klingt der Funkspot, wie kommt er in meinen eigenen Ohren an? Zweitens: Wie lang ist der Spot, passt er in das vorgegebene Format? Für beides ist wichtig, den Funkspot phonetisch und darstellerisch voll auszuspielen. Also einmal alle Silben voll und ganz auszusprechen, so wie es die Sprecher im Studio nachher auch tun werden. Und zweitens ihn dabei in seiner Dramaturgie so zu betonen, wie man ihn beim Schreiben schon im Kopf hatte.

Laut vorlesen, Schwächen entdecken

Tut man genau das mit unserem Auto-Funkspot und gehen wir davon aus, er hat eine vorgegebene Länge von 30 Sekunden, dann fallen einem einige Sachen auf. Erstens klingt der Spot noch nicht so, wie er klingen könnte. Er ist noch nicht richtig rund. Zweitens ist der Einfall mit dem chinesischen Satz ganz hübsch, im Spot aber falsch platziert. Und drittens ist er etwas zu lang.

Von diesen Erkenntnissen sollte man sich jetzt nicht schrecken lassen, sie sind für ein Tischrehearsal völlig normal und sprechen keineswegs gegen die Idee bzw. den Funkspot selbst. Es ist wie bei einer Generalprobe eines Theaterstückes, wo dann ja anschließend auch noch dieses und jenes abgeschliffen wird.

Also warum klingt der Funkspot noch nicht richtig rund? Ganz einfach:

Die unterschiedlich formulierten Antworten von Mann 2, des Nicht-Verstehers, zusammen mit dem jeweils nachfolgenden Gong nehmen dem Spot den Rhythmus. Besser ist es, zu der ursprünglichen Idee zurückzukehren, Mann 2 immer mit ein und demselben „Ich verstehe nicht" antworten zu lassen. Das gibt dem Spot einen besseren Beat.

Dann kommt der chinesische Satz am Ende des Dialogs nicht so gut, als wenn man ihn etwas früher platziert. Denn der letzte Unverständnis-Kommentar von Mann 2 wirkt jetzt so, als würde er sich auf die fremde Sprache beziehen. Erscheint der chinesische Satz etwas eher, wird klar, dass er eben rein gar nichts versteht – ganz egal, was man ihm sagt.

Und dann ist da noch die leichte Überlänge des Spots. Um ihn jetzt in der Länge von 30 Sekunden unterzubringen, müssten beide Sprecher sehr hetzen. Es geht also darum, hier und da etwas zu kürzen. Das müsste aber in den Sätzen von Mann 1 möglich sein, ohne dass es dem Spot schadet.

Also: Diese drei Änderungen sollten nach dem Tischrehearsal jetzt noch einmal vorgenommen werden. Danach wäre der Spot reif für die nächste Stufe. Und so würde er laufen:

Mann 1: *„Ich habe den neuen XY gefahren und er ist beim Benzinverbrauch enorm sparsam."*

Mann 2: *„Ich verstehe nicht?!."*

Box-Runden-Gong: *„Gong!"*

Mann 1: *„Ich habe am Steuer des neuen XY gesessen – Wahnsinn, wie wenig Benzin er verbraucht."*

Mann 2: *„Ich verstehe nicht!?"*

Box-Runden-Gong: *„Gong!"*

Mann 1: *„Hong gong ho tschi nang lein tschang ho lumm schung."*

Mann 2: *„Ich verstehe nicht?!"*

Box-Runden-Gong: *„Gong!"*

Mann 1: *„Konnte den neuen XY fahren und er verbraucht ganz wenig Benzin."*

Mann 2: *„Ich verstehe nicht?!"*

Off-Sprecher: *„Es gibt Dinge, die kann man nicht verstehen, die muss man erleben. Bei einer Probefahrt zum Beispiel. Der neue XY. Jetzt bei Ihrem Händler."*

4. Der Kollegencheck

Nun ist es Zeit aufzustehen. Mit seinem Funkspot, für seine Idee. Das Tischrehearsal ist abgeschlossen, der Spot ist jetzt so, wie man ihn mag, ihn wirklich gut findet. Jetzt ist der Moment gekommen, wo man herausfinden sollte, ob und wie sehr andere ihn mögen. Er erblickt sozusagen zum ersten Mal das Licht der Öffentlichkeit. Er wird nun dem einen oder anderen Kollegen vorgelesen – oder besser: vorgetragen. Eben möglichst nahe an dem, wie man ihn nachher im Radio auch hören möchte.

Vom Vorlesen zum Vorspielen

Eine Variante sollte man daher von vornherein vergessen: dem Kollegen den Spot einfach so hinzulegen, zum Selberdurchlesen. Das ist ein bisschen feige und vor allem gemein angesichts der ganzen Arbeit, die man sich gemacht hat. Nein, der Funkspot gehört bitteschön so richtig mit Herz vorgetanzt. Mit allen Betonungen, Nuancen und Facetten.

Und auch nicht irgendeinem Kollegen, sondern nur demjenigen, der bestimmte Kriterien erfüllt. Man sucht sich am besten den oder die Kollegen aus, die man gut genug kennt, um auch ganz ehrlich untereinander zu sein. Jemand, der möglichst freundlich mit einem umgehen will, dann aber leider damit hinter dem Berg hält, was er wirklich denkt und fühlt, nützt einem bei diesem Check nicht viel. Genauso wenig ist es sinnvoll, sein Werk jemandem vorzutragen, der gehetzt ist und einem mal eben so auf dem Gang sein Ohr leiht. Auch kein guter Kandidat ist jemand, der Werbung eigentlich gar nicht mag, sondern nur in der Branche ist, weil er es toll findet, Zahlen zu bewegen und viel Geld zu verdienen. Die gibt es zum Glück nicht massenhaft, aber es gibt sie. Derjenige, dem ich meinen schönen Funkspot vortrage, sollte schon etwas Herz fürs Handwerk haben.

Die Auswahl des Publikums ist wichtig

Dann ist es ebenfalls hilfreich, wenn der Kollege mit dem Kunden, für den der Funkspot gemacht ist, auch selber zu tun hat. Das garantiert, dass er sich auch wirklich intensiv damit beschäftigt, dass ihm die Sache etwas bedeutet.

Und enorm wichtig ist die Form der Anmoderation. Wie kündige ich an, dass ich etwas habe, was ich gerne mal zum Besten geben würde?

Leider oft praktiziert ist die so genannte Anhau-Variante, die so aussieht, dass der Kollege zwischen Tür und Angel am Ärmel festgehalten wird und sich nach einem „Hier, wie findst'n den hier?" einen hastig vorgetragenen 30-Sekünder um die Ohren hauen lassen muss. Welche Reaktion will man da erwarten?

Genauso schlecht ist das andere Extrem, mit dem Kollegen extra ein Meeting einzuberufen, mit der Ankündigung, er könne sich da schon mal auf was ganz Dolles gefasst machen. Das ist zu unentspannt.

Am besten ist diese Variante: Zum ausgewählten Kollegen gehen, ihn fragen, ob er nachher mal fünf Minuten Zeit hat, man hätte da einen Funkspot, der ganz hübsch sei, und wolle einfach mal wissen, was er davon hält. So. Und da zwei Meinungen weiter helfen als eine und drei noch mehr, sucht man sich gleich noch zwei weitere Kollegen aus und trägt seinen Spot auch da vor.

Beim Vortragen ist dann wichtig, den Funkspot möglichst voll auszuspielen. Es geht also nicht so sehr darum, die 30 Sekunden genauestens einzuhalten, als erst einmal die Idee klarzumachen, für sie Begeisterung zu schaffen. Und die weckt man unter anderem auch dadurch, dass man sich beim Vortragen nicht zurückhält, es einem nicht peinlich ist, seine Funkspot-Idee so aufzuführen, wie sie es verdient. Dazu gehört, verschiedene Stimmlagen anzunehmen. Dazu gehört, Geräusche und akustische Effekte nicht zu sagen, sondern richtig zu machen. Dazu gehört die Variation von laut und leise an den richtigen Stellen.

So. Nehmen wir mal an, der Funkspot ist jetzt bei drei verschiedenen Kollegen vorgetragen worden und kam bei allen dreien recht gut an, sie mochten ihn richtig gern. Aber alle drei hatten eben auch ihre Kommentare und Ideen dazu.

Was tun? Sich freuen und fröhlich ins Studio gehen? Oder versuchen, die Kommentare und Ideen noch in den Spot einfließen zu lassen?

Zunächst kann man sich natürlich freuen. Dann heißt es aber trotzdem, noch mal kurz nachzudenken, welche der Kommentare und Ideen wirklich sinnvoll sind, welche man ernst nehmen sollte, weil sie den Spot vielleicht noch ein Stückchen weiter nach vorne bringen.

Gehäufte Kritik ist zu beachten

Ist zum Beispiel eine Sache dabei, die von allen dreien kam, lohnt es schon, darüber nachzudenken. Sagen wir mal, alle Kollegen haben gesagt, der chinesische Satz in der Mitte wirke etwas zu klamaukig und lenke vom eigentlichen Konzept des Spots ein wenig ab. Dann gibt es dafür eine ganz simple Lösung: sich davon nicht gleich schrecken lassen, aber durchaus hellhörig werden. Und im Studio eine Variante mit chinesischem Satz und eine ohne aufnehmen. Dann kann man nachher immer noch mal vergleichen – und die Kollegen eventuell überzeugen, dass man doch Recht hatte.

So weit, so gut. Jetzt geht es aber darum, jemand ganz anderen zu überzeugen – den Kunden.

5. Die Kundenpräsentation

Wie stiefmütterlich Funkspots von Werbeagenturen behandelt werden, zeigt sich spätestens bei der Präsentation beim Kunden. Sie werden nämlich in der Regel gar nicht präsentiert. Sie werden gefaxt. Das passiert sehr oft. Und das muss man sich mal vorstellen.

Der Texter hat lange an der Idee gesessen, hat sie schließlich gehabt, hat sie aufgeschrieben, hat dran gefeilt, hat sich den Spot selbst vorgetragen, hat noch mal etwas geändert, hat sich zu Kollegen damit vorgewagt, hat Applaus bekommen und nun wird das schöne Werk einfach so in die Faxmaschine gestopft und mutterseelenallein auf Reisen geschickt. Der Kunde nimmt sich das Fax mit dem Funkspot dann irgendwann vom Faxgerät, ohne dass man weiß, ob er gerade überhaupt Zeit dafür hat oder in der richtigen Stimmung ist. Er liest sich den Spot durch, ohne wirklich zu wissen, was wie betont werden soll, oder wie sich bestimmte Geräusche und Stimmen anzuhören haben. Er soll sich innerhalb kürzester Zeit in all das hineinversetzen, woran ein Kreativer mit Liebe und Leidenschaft gefeilt hat. Anhand eines schnöden Stücks Papier! Armer Kunde. Er ist allein. Armer Funkspot. Er ist genauso allein. Und beide finden in der Regel sehr schwer zusammen.

Per Fax finden Kunde und Spot nicht zusammen

Und bevor sich ein Kontakter noch die Mühe macht, dem Kunden zu erklären, wie schön der Spot doch eigentlich ist, hat sich der Kunde innerlich schon gegen ihn entschieden. Schade. Und wie dumm.

Also, Regel Nr. 1: **Funkspots niemals faxen.** Davon hat der Kunde nichts, davon hat die Agentur nichts und man selber als Macher des Spots hat davon am allerwenigsten.

Funkspots gehören erzählt. Am besten live vor Ort. Wenn es gar nicht anders geht, kann man das auch mal am Telefon machen. Aber weil man auch da nicht weiß, was der Kunde nebenher so macht, ob er wirklich richtig bei der Sache ist, ersetzt eigentlich nichts den Vortrag von Angesicht zu Angesicht. TV-Spots werden dem Kunden direkt präsentiert – mit Storyboards, Moodbildern oder sogar Moodfilmen. Anzeigen sowieso. Warum dann Funkspots nicht? Nur weil Radio ein günstiges Medium ist, muss man mit diesem Medium ja nicht gleich billig umgehen.

Deswegen sollte es sich jede Agentur zur festen Regel machen, ihre Funkspots richtig zu präsentieren, sie dem Kunden richtig von Mensch zu Mensch vorzutragen. Dann bekommt man sie auch besser verkauft.

6. Das PPM

Jetzt reden wir über etwas, das es für Funkspots leider noch gar nicht gibt: das Pre-Production-Meeting (PPM). Eigentlich unvorstellbar. TV-Filmen widmet man dafür einen ganzen Tag. Bespricht das Casting, legt das Styling fest, vereinbart den Look des Films, geht akribisch das Storyboard durch, beurteilt das vom Regisseur daraus abgeleitete Shootingboard, einigt sich auf Sprecher und Musik.

Keine Produktion ohne Vor-Besprechung

Beim Funkspot hingegen passiert gar nichts davon. Statt eines PPMs werden höchstens die CDs mit dem Sprecher-Casting per Kurier zum Kunden geschickt und dann per Telefon entgegengenommen, welcher der Sprecher es denn sein soll. Das war es dann aber auch. Das freigegebene Skript wird „nackt“, ohne große Vorbesprechung samt Texter ins Studio geschickt. Der produziert gemeinsam mit dem Tonmeister dann munter drauflos.

Das kann gut gehen. Das kann – weil der Texter weiß, wie der Spot klingen muss und weil der Tonmeister ein gutes Gespür für die zu vertonende Idee hat – genau den Funkspot hervorbringen, den sich alle vorgestellt haben. Nicht selten aber runzeln viele der Involvierten – in der Agentur und beim Kunden – die Stirn, weil sie ganz etwas anderes erwartet hatten. Und darum geht es in einem PPM. Zu klären, was man bei dem Funkspot genau erwartet.

Deshalb muss man sich vielleicht nicht unbedingt treffen. Da fallen dann gleich Flugkosten an, die ganz schnell die Produktionskosten des eigentlichen Spots übersteigen können. Aber reden sollte man miteinander. Das kann man auch sehr gut am Telefon tun. In einer Telefonkonferenz.

Ersetzt man also treffen durch anrufen, also „meet“ durch „call“, haben wir für die Vorbesprechung einer Funkspot-Produktion gleich einen neuen Gattungsbegriff: **das PPC.**

Und so könnte es ablaufen:

1. Der Kreative (der den Spot geschrieben hat und produzieren wird) und der Kundenberater rufen den Kunden an. Zugeschaltet ist der Tonmeister des Studios.
2. Der Kreative trägt noch einmal den Funkspot vor.
3. Der Kreative versucht dabei der später angestrebten Tonality so nah wie möglich zu kommen.
4. Der Kreative ergänzt die Dinge, die beim Thema Tonality noch nicht rübergekommen sind, verbal (Sounds, Musik, Geräusche).
5. Der Kunde macht seine Anmerkungen.
6. Der Tonmeister regt an, was ihm von produktionstechnischer Seite noch vorschwebt.
7. Alle hören noch einmal die CD mit den ausgewählten Sprechern.
8. Kreativer, Kundenberater, Tonmeister und Kunde verabschieden eine gemeinsame Marschroute für die Produktion.

7. Die Produktion

Keine Produktion in Eile

Wichtig ist zunächst einmal die Auswahl des Studios. Man sollte sich hier für eines entscheiden, in dem man sich für das Feilen an einem Spot die nötige Zeit lässt. Und das nicht dermaßen überbucht ist, dass sich die Agenturen dort gegenseitig auf die Füße treten. Das kommt bei beliebten Produktionen leider gerne mal vor. Doch einige haben erkannt, dass es keinen Sinn hat, alles anzunehmen und seine Tonmeister von einem Job in den nächsten zu hetzen. Sie wissen, dass ein zu produzierender Funkspot auch seine Zeit des Experimentierens und Ausprobierens braucht.

Solch ein Studio achtet dann auch darauf, dass die Sprecher, die für den Spot gebucht sind, die nötige Zeit dafür mitbringen. Und nicht mit wehendem Mantel ins Studio einfliegen, weil sie gerade von Produktion X kommen, das hier mal eben schnell sprechen wollen, um dann gleich zu Produktion Y weiterzuhetzen. Anschluss heißt hier das schreckliche

Zauberwort. Ein Sprecher soll aber keinen Anschluss haben, sondern Geduld, Zeit und Hingabe für unseren Funkspot.

Selbst Vorsprechen ist am besten

So. Wie fängt man an? Was ist das Erste, was bei einer Produktion zu tun ist? Nehmen wir an, das richtige Funkstudio ist gewählt, der Tonmeister – den man am besten schon durch eine vorherige Zusammenarbeit kennt, mag und schätzt – sitzt an seinem Platz, die Sprecher sind da und es kann nun losgehen. Dann ist der erste Schritt sehr simpel. Man holt die Sprecher erst mal nach vorne zu sich in den Mischpult-Raum und trägt ihnen und dem Tonmeister den Spot so vor, wie man ihn sich vorstellt.

Danach schickt man die Sprecher in den Aufnahmeraum und lässt sie den Spot einfach mal sprechen. Und zwar mehrmals, ungefähr 6- bis 8mal. Dabei lässt man sie möglichst frei laufen, also ohne korrigierende Kommentare und Verbesserungsvorschläge. Man lässt das, was die Sprecher anbieten, erst mal auf sich wirken, macht sich seine Notizen, merkt sich, was einem gefällt und was man gerne ändern möchte.

Dann bittet man die Sprecher in den Mischpultraum und hört sich zusammen diese ersten Versionen an. Dabei kristallisiert sich schon automatisch eine gewünschte Richtung heraus. Meistens ist es eine der aufgenommenen Varianten, die es schon annähernd trifft, die den Weg aufzeigt, den man gehen könnte. Diese Version pickt man sich als Master-Variante heraus, bittet die Sprecher zurück in den Aufnahmeraum und spielt sie ihnen dort noch einmal vor. Dann sollen sie bitte gleich noch einmal eine Version drauf (in dieser Richtung) sprechen. Danach geht es darum, sich Stück für Stück vorzuarbeiten.

Nach jeder gesprochenen Variante kann man nun seine Anmerkungen machen. Dieses oder jenes Wort mehr betonen. Vor jenem Satz eine Pause machen. An der Stelle ein wenig lauter werden. Hier die Tonlage in die und die Richtung verändern. Dabei ist es sehr hilfreich, wenn man den Mut hat, den Sprechern das, was man sich von ihnen an den einzelnen Stellen wünscht, vorzusprechen. Das wird in der Regel nie als anmaßende Besserwisserei verstanden, sondern im Gegenteil als profunde Regieanweisung gerne entgegengenommen.

Nach weiteren 10 bis 12 Varianten sollte man einen Cut machen. Für die eine eingeschlagene Richtung reicht das. Ist nämlich jetzt keine Favoriten-Version dabei, dann kommt sie auch nicht mehr. Durch ewiges Wiederholen der Übung wird die Performance der Sprecher nämlich nicht besser.

Meistens sind aber zwei, drei Perlen dabei und die gilt es jetzt, durch kurzes Durchhören aller Versionen herauszufiltern. Der Tonmeister vermerkt sie und nun kann der zweite Teil kommen.

Die Kür: Entspannen, überraschen lassen

Die Kür. Denn nun hat man ja den Spot, so wie man sich ihn vorgestellt hat, im Kasten und kann sich ganz entspannt für alles öffnen. Man bittet also die Sprecher, jetzt Varianten anzubieten, die ihnen vorschweben. Manchmal kommt da gar nichts bei heraus, weil die Sprecher die vorgegebene Richtung so gut fanden, das sie dem eigentlich nichts mehr hinzuzufügen haben. Sehr oft nutzen die Sprecher die angebotene Freiheit zu ganz überraschenden Versionen. Sie fühlen sich durch die Verantwortung, die man ihnen überträgt, das Vertrauen, was man ihnen gibt, dermaßen motiviert, dass sie noch einmal so richtig in sich gehen und tolle neue Angebote machen. Nicht selten übertrumpft eine von diesen Versionen die eigentlich angestrebte und geplante Richtung. Zumindest aber ergibt sich bei dieser Kür eine begeisternde Alternative, die man dem Kunden nicht vorenthalten möchte.

Hat man diese Kür auch im Kasten, ist nur noch eines wichtig: gehen! Den Tonmeister nun mit dem Endschliff der Spots – Störtöne ausmerzen, Geräusche einbauen, abmischen etc. – alleine lassen. Das kann er. Und am besten alleine. Denn er ist ja ein Guter.

Die fertigen Spots schickt er einem dann in die Agentur, wo man sie sich nun mit dem Abstand dieser zwei, drei Stunden noch einmal anhört.

8. Die Hörprobe

Die Studioarbeit liegt nun einige Stunden hinter einem und der Kurier mit dem fertig abgemischten Funkspot trifft ein. Jetzt ist es ganz wichtig, dass man im Timing noch einen Tag eingebaut hat, der einem Zeit und Luft gibt, mit sich selbst, mit seinem Team und mit dem Kunden in Ruhe das Ergebnis der Produktion anzuhören.

Mit sich selbst fängt man an. Man sollte dabei versuchen, innerlich so weit wie möglich von dem abzurücken, was man bisher war: Schreiber und Produzent. Das funktioniert am besten, indem man sich während der Zeit, bis der Spot aus dem Studio in die Agentur kommt, mit anderen Dingen beschäftigt, sich zum Beispiel gleich daran setzt, sich Sachen für einen anderen Kunden auszudenken. Oder einfach nur bereits angefangene Projekte zu Ende schreibt. Oder telefoniert. Wichtig ist nur, dass man sich ablenkt.

Mit dem Ohr des Hörers hören

Und dann nimmt man sich den Spot vor, lehnt sich zurück und hört ihn sich jetzt noch einmal mit dem Ohr eines ganz normalen Hörers am Radio an. Das ist natürlich nicht hundertprozentig zu schaffen, aber mit der zuvor empfohlenen Ablenkungstaktik und dem zeitlichen Abstand kann man es zu einem Großteil hinbekommen.

Dabei muss man sich auch immer vorstellen, dass die Menschen, die den Spot hören, gerade mit ihrem Leben beschäftigt sind. Sie machen Hausarbeit, sie fahren gerade Auto, sie sitzen an ihrem Arbeitsplatz. Da gibt es Nebengeräusche, da gibt es optische und emotionale Ablenkung.

All das ist wichtig, wenn man den ersten Sekunden des Funkspots lauscht. Die erste Frage, die man sich und dem Spot stellen muss: Wie ist der Opener? Wie wirkt der Spot in den ersten zwei, drei Sekunden? Stellt er einem die Ohren auf? Fesselt er vom ersten Moment an? Bindet er einen an sich? Lautet die Antwort hierauf „ja“, kann man schon mal sehr, sehr froh sein. Denn dann hat der Spot schon mal die wichtigste erste Hürde genommen. Er hat bei einem eingefädelt.

Als nächstes sollte man auf den weiteren Rhythmus des Spots achten: Behält er den einmal begonnenen Spannungsbogen bei? Geben Betonung, Stimmlage und Phrasierung der Sprecher dem Funkspot Charme, Sympathie und Attraktivität? Ist die Pointe optimal herausgearbeitet? Erzeugte der Spot Kino im Kopf? Möchte man ihn gerne wieder hören?

Gibt einem der Spot, während man ihn hört, auf alle diese Fragen eine entspannte, bestätigende Antwort, kann man froh sein, für sich einen Volltreffer gelandet zu haben. Kommt man zu dem Schluss, diesen oder jenen Satz noch einmal neu sprechen zu lassen, ist das auch kein Beinbruch. Bevor man das tut, sollte man aber noch sein Team und dann den Kunden mit einbeziehen.

Mit den eigenen Anmerkungen im Kopf spielt man den Spot nun seinem Kreativpartner, dem Kundenberater und eventuell noch anderen, die zum Team gehören, vor. Da man das nur tut, wenn der Funkspot von einem selbst schon ein OK bekommen hat, kann jetzt nicht mehr die große Kritik-Katastrophe über einen hereinbrechen. Sie werden ihn sicher auch ganz gut finden. Zumal sie Idee und Skript ja schon kannten.

Aber gerade mit ihrer Distanz zum Ausdenk-, Schreib- und Produktionsprozess können jetzt vielleicht noch ganz wertvolle Anmerkungen kommen. Die sollte man auf jeden Fall erst mal sammeln, dann in Ruhe beurteilen und eventuell bei der Nachverbesserung mit umsetzen.

Mit den Anmerkungen des Kunden verhält es sich ein bisschen anders. Er ist der Auftraggeber, er bezahlt Produktion und Schaltung des Spots, er hat letztendlich das letzte Wort. Und ihm muss dieser Funkspot – so banal das auch klingen mag – deshalb erst einmal gefallen.

Funkspots kann man nicht schönreden

Wenn seine erste Reaktion zögerlich bis relativ unbegeistert ist, hat es wenig Sinn, ihm diesen Spot noch schönzureden. Funkspots haben im Vergleich zu Anzeigen oder TV-Spots so ganz und gar nichts mit Verstand und Argumenten zu tun. Ganz allein das Gefühl ist entscheidend. Außer dem Geschmackssinn ist unseren Gefühlen nichts so nah wie das Ohr. Es ist praktisch direkt an unser „Bauchfeeling" angeschlossen. Über einen Funkspot zu diskutieren ist das Gleiche, als wolle man jemandem, der bei einem gemeinsamen Dinner aufgrund des Essens angeekelt das Gesicht verzieht, klar machen, dass es ihm eigentlich gerade ganz hervorragend schmeckt. Also, wenn der Kunde den Spot so nicht mag, muss man sich im Detail mit ihm darüber auseinander setzen, was ihm missfällt, und ihn dann noch einmal komplett neu aufnehmen.

Da man aber vorher schon alles besprochen hat, man selbst und das Team auch nicht von einem anderen Stern ist, wird dieser Fall höchst selten eintreffen. Wahrscheinlicher ist vielmehr, dass der Kunde den Spot so generell mag, aber eben noch diese oder jene Anmerkung hat.

Hier gilt es nun klar zu trennen. Zwischen den Anmerkungen, die den Spot besser machen, und jenen Anmerkungen, die einen auf den falschen Weg bringen. Letztere gilt es dann überzeugend wegzudiskutieren.

Der nächste Schritt: Die eigenen Anmerkungen und die sinnvollen Anregungen vom Team und vom Kunden aufschreiben. Und noch einmal ins Studio gehen. Das braucht nicht aufwändig zu sein, eventuell kommt man sogar ohne neue Sprachaufnahmen aus, weil man etwas von dem bereits Aufgenommenen verwenden kann. Nur sollte man sich die Chance, dem Spot den letzten Feinschliff zu geben, nicht entgehen lassen.

9. Die Nachbesserung

Für die Nachbesserung gilt eine Grundregel: Den Spot optimieren ja, den Spot neu produzieren nein. Man soll jetzt nicht den Fehler begehen und all das, was man bereits als gut und richtig empfunden hat, ebenfalls noch einmal zu hinterfragen. Die Seele des Spots muss unangetastet bleiben. Das heißt: 90 Prozent der Aufnahme bleibt so bestehen, wie sie ist.

Nicht alles neu produzieren

Es geht jetzt darum, nur dort neu aufzunehmen, wo die Betonung noch etwas stärker sein könnte, wo das Timing noch besser sein kann, wo ein Wort zu undeutlich klingt, wo ein Soundeffekt, ein Geräusch noch besser herauskommen könnte. Um diese Dinge geht's. Wie der Bäcker, der bei seiner eigentlich schon wunderbaren Torte noch hier etwas abstreicht und dort etwas dazutut, um sie völlig unwiderstehlich zu machen, geben Kreativer und Tonmeister ihrem Werk hier nochmals den letzten Schliff.

Das muss nicht länger als eine, maximal zwei Stunden dauern – macht aber nicht selten aus einem guten einen sehr guten und aus einem sehr guten einen brillanten Funkspot. Und um den geht's uns ja.

10. Der Radiomoment

Der schönste Augenblick für einen Texter und seinen Funkspot ist der Radiomoment. Der Moment, wenn man sein Werk zum ersten Mal „in freier Wildbahn" hört. In seinem eigenen Leben. Das kann im Auto sein. Morgens beim Frühstück. Bei Freunden bei einem Essen. In seiner Stammkneipe. Im Supermarkt. Eben dort, wo ein Radio läuft. Der Effekt ist ganz wunderbar. Man hört ja Radio wie immer und wie alle, also beiläufig und nebenher. Man weiß auch nicht, wann der eigene Spot kommen wird. Und plötzlich ist er da. Wie ein Stück von einem selbst blitzt da etwas akustisch auf.

Zufriedenheit für einen Moment

Man bekommt einen kleinen Stich in den Magen. Man ängstigt sich ein bisschen, ob er auch laut genug ist, ob man alles verstehen kann, ob der Ton nicht plötzlich ausfällt. Aber dann spürt man: Alles ist gut. Man ist in der Konsumenten-Situation von seinem eigenen Funkspot angetroffen worden und es war richtig klasse. Das kleine Werk steht wie eine Eins im Werbeblock, setzt sich bestens von den anderen Spots ab. Es hat Charme. Es hat Witz. Es hat einen sogar selber zum Schmunzeln gebracht. Man kann zufrieden sein.

Wenn dann in den nächsten Tagen Freunde anrufen und Kollegen bei einem vorbeikommen, um zu sagen, dass sie den Spot im Radio ganz toll fanden, wenn der Kunde anruft, weil er schon ein paar positive Reaktionen auf das Werk bekommen hat, dann darf man besonders glücklich sein, dann hat der Spot den nötigen Rückenwind, um ihn zu Awards einzuschicken.

Und gewinnt er da dann noch einen Preis, hat man eine feine Bestätigung für sein eigenes Können, für die Art von Werbung, die man gerne gemeinsam mit dem Kunden macht.

Wie Funkspots entstehen, die nicht nur ins Ohr gehen, sondern auch drin bleiben

Das Ausdenken: Bleiben Sie locker! Und schreiben Sie nur einen Satz!
Am Anfang geht's nicht um die Formulierungskunst, sondern um die Idee. Was fällt Ihnen ein? Schreiben Sie pro Idee Ihren wichtigsten Gedanken, Ihre Botschaft auf – in einem Satz!

Das Schreiben: Wählen Sie Ihren Favoriten aus! Und beginnen Sie den Kampf mit dem Wort!
Von allen Ideen wählen Sie Ihre Lieblings-Idee aus und schreiben sie einfach so auf, wie sie Ihnen in den Kopf gekommen ist. Dann überarbeiten Sie diese Version, feilen an den Formulierungen und legen sie eine halbe Stunde zur Seite. Jetzt gehen Sie noch einmal ran...

Das Wichtigste auf einen Blick

Das Tisch-Rehearsal: Spielen Sie sich den Funkspot selbst vor!
Lesen Sie Ihr Manuskript nicht nur herunter – führen Sie es phonetisch und darstellerisch auf. So bekommen Sie ein Gefühl dafür, wie der Spot klingt und ob er in den vorgegebenen Zeitrahmen passt. Verbessern Sie ihn anschließend, bis nach Ihrer Meinung alles stimmt.

Der Kollegen-Check: Stehen Sie auf und tanzen Sie!
Suchen Sie sich einen ehrlichen Kollegen, dem Sie vertrauen. Warten Sie ab, bis er Zeit hat. Und dann nehmen Sie Ihren Mut zusammen und spielen ihm die ganze Geschichte vor. Nicht ein bisschen, sondern mit Haut und Haar. Wie kommt der Spot an? Wie finden Sie ihn selbst? Gibt es noch etwas zu verbessern? Wenn ja, machen Sie es!

Die Kunden-Präsentation: Schicken Sie kein Fax! Es kann nicht sprechen...
Am besten treffen Sie sich mit dem Kunden. Wenn das nicht geht, rufen Sie ihn an. Auf keinen Fall aber schicken Sie Ihr Manuskript per Fax oder E-Mail! Es ist eine Vorlage für ein phonetisches Werk. Also muss der Kunde Ihnen auch sein Ohr leihen...

Das PPM: Versuchen Sie, alle an einem Tisch zu versammeln! Oder telefonieren Sie wenigstens!

Für TV-Spots ist das Pre-Production-Meeting (PPM) eine Selbstverständlichkeit. Bei Funkspots dagegen werden meist nur Demo-Bänder zur Sprecher-Auswahl zum Kunden geschickt. Das ist zu wenig. Versuchen Sie zumindest eine Telefonkonferenz zwischen Ihnen, dem Tonmeister und dem Kunden zu arrangieren. Das schafft Sicherheit für die Produktion.

Die Produktion: Suchen Sie sich ein Studio mit Zeit! Geben Sie den Sprechern Zeit! Und spielen Sie mit!

Ihr Funkspot verträgt keine Hetze. Die Sprecher müssen einige Versionen frei sprechen können. Erst dann korrigieren Sie. Haben Sie den Mut, vorzusprechen, was Sie sich vorstellen. Das sind die besten Regie-Anweisungen.

Die Hörprobe: Leihen Sie sich die Ohren eines gewöhnlichen Hörers! Und hören Sie zuerst alleine!

Vergessen Sie, was Sie bisher waren: Autor und Produzent. Hören Sie sich das Ergebnis an, wie jemand, der im Auto sitzt. Wie ist Ihr Eindruck? Was sagt Ihr Team dazu? Und was sagt der Kunde? Wenn er nicht spontan begeistert ist, hilft nur eines: nachbessern.

Die Nachbesserung: Optimieren Sie! Aber produzieren Sie nicht neu!

Die Seele des Spots muss unangetastet bleiben. Verändern Sie nichts, was Sie schon gut fanden. Verbessern Sie wirklich nur die Schwachstellen!

Der Radio-Moment: Wie finden Sie Ihren Spot als Konsument?

Der Moment der Wahrheit: wenn der Spot Ihnen zum ersten Mal quasi in freier Wildbahn begegnet. Wenn er sich hier durchsetzt, dann sollten Sie den Moment genießen. Er ist schließlich kurz genug...

Die Headline oder Wie Sie in der Königskategorie bestehen

Gepa Hinrichsen

Kennen Sie diese Filme, in denen irgendein Nebendarsteller dazu verdammt ist, aus einer ungehobelten Rotzgöre eine Schönheitskönigin zu machen?

Gut, dann wissen Sie im Prinzip, worum es geht: Ihre Rolle ist die des Nebendarstellers. Das Produkt ist die spätere Schönheitskönigin und die klassische Anzeige ist quasi der große Show Down.

Anzeigen werden vom Art Directors Club als Königskategorie bezeichnet. Sie sind das wichtigste Forum für Headlines und Ideen. Anzeigen erscheinen im „Stern" und im „Spiegel". Sie werden von allen gesehen und was das Schlimmste ist: Man kann nicht schummeln. Die Bilder eines Films, der Text eines Funkspots, ein Handzettel, alles zieht flüchtig vorbei. Nicht die Anzeige. Sie steht. Und sie fällt. Und zwar mit der Idee, die ihr zugrunde liegt.

Produktvorteile sind nur Stützräder

Hersteller denken in aller Regel, ihr Produkt sei von Haus aus mit überzeugenden Vorteilen gesegnet. Man brauche sie nur aufzuzählen und fertig. Doch die Realität sieht anders aus. Stellen Sie sich einen Mann vor, der zu einer Frau sagt: „Ich kann gut Auto fahren, ich bin gut im Bett, ich seh' gut aus, wie wär's mit uns beiden?" Meinen Sie, da läuft was? Wohl kaum.

Um bis in die Wohnung eines Konsumenten vorzudringen, sind so genannte Produktvorteile allenfalls Stützräder. Die wahren Türöffner sind genau das, was so gut wie jedem Produkt fehlt:

Charme, soziale Intelligenz und sehr häufig auch Geld.

Da sind gute Ideen gefragt. Gute Ideen, wie man die Vorzüge eines Produktes charmant in Szene setzt. Und wenn für Ausstattung, Optik, Styling, Foto (also diverse Schönheitsoperationen) das Geld fehlt, ist umso dringender eine gute Aussage von Nöten. Eine Headline, die sitzt.

Headlines können nämlich was und kosten nichts. Auch wenn das Bild miserabel ist, eine gute Headline kann die Sache immer noch retten.

Nicht das Bild oder die außergewöhnliche Gestaltung haben diese Anzeige zum Klassiker gemacht, sondern die Headline.

Herr Sixt will einen Porsche für 99 Mark vermieten. Das ist ein stolzer Preis für einen Leihwagen. Dagegen ist die Aussicht auf Neid und Missgunst für 99 Mark ein Angebot, dem man kaum widerstehen kann. Warum? Ganz einfach: Weil die Idee gut ist. So holen Headlines den Karren aus dem Dreck.

Sie möchten diesen Job in Zukunft auch machen? Nun, wenn Sie ein paar Grundregeln beachten, ist es eigentlich ganz einfach:

1. Schauen Sie sich das Produkt an.

2. Schauen Sie sich das Produkt noch einmal an.
Und diesmal bitte etwas genauer. Drehen und wenden Sie es. Irgendetwas daran ist es immer wert, in einer Anzeige groß herausgebracht zu werden.

3. Übertreiben Sie es nicht.
Versprechen Sie nicht mehr als sie halten können. Und wenn Sie es doch übertreiben wollen, dann bitte richtig.

4. Nennen Sie die Dinge bei einem einfachen Namen.
Vermeiden Sie die zum Teil hanebüchenen Wortschöpfungen, mit denen die Kunden ihre Produkte verklären.

5. Reden Sie vernünftig mit dem Leser.
Brüllen Sie ihn nicht unnötig an. Er wird Sie auch so verstehen. Besonders wenn das, was Sie zu sagen haben, sinnvoll ist.

6. Spitzen Sie Ihren Bleistift und los geht's!
Diese wunderbare Anleitung stammt übrigens fast wörtlich aus einer alten amerikanischen VW-Käfer-Anzeige, in der der Verbraucher aufgefordert wird, sich seine Anzeige selber zu texten. Womit wir beim nächsten Thema wären. Jede Idee ist in jeder Form erlaubt. Aber es gibt auch durchaus bewährte Formen, die immer wieder verwendet werden. Und die immer wieder Spaß machen, sofern sie neue Ideen und Headlines transportieren:

Die reine Text-Kampagne
Hier muss die Headline die ganze Arbeit alleine machen. So wie bei „Lucky Strike". Vom Bild ist keinerlei oder nur sehr wenig Unterstützung zu erwarten. Es zeigt das Produkt. Manchmal sogar nur das Logo.

Die Headline-Bild-Mechanik
Die Headline ergibt erst mit dem Bild zusammen einen schönen Sinn. Z.B. das Motiv von einem Autostau, eingesetzt für die Bahn. Headline: *„Der Ansatz ist im Prinzip richtig. Jetzt bitte alle gleichmäßig 280 fahren."*

Das Text-Prinzip
Die Headlines werden immer nach demselben Muster gestrickt. Die Motive, sofern vorhanden, auch. Bekanntestes Beispiel: *„Ich trinke Jägermeister, weil..."*

Der Einzeiler
Diese Technik wird meist für kleinere Kunden angewendet. Oder dann, wenn große Kunden einen so genannten „Kampagnen-Flight" benötigen.

Dieser „Flight“ steht dann häufig unter einem zu findenden Headline-Motto: Wir sehen z.B. verschiedene Situationen, bei denen Menschen in ihrer Wohnung zu Tode kommen. Dazu immer dieselbe Headline: *„28,4 % aller Todesfälle ereignen sich zuhause. Besser Sie sind nicht da. Cinemaxx – Der Filmpalast.“*

Die fehlende Headline

Ja, auch wenn die Headline fehlt, ist der Texter oft federführend. Bei der fehlenden Headline ist das Motiv so stark, dass sich jedes weitere Wort erübrigt, wie z.B. in dieser Anzeige von einem Hersteller für Angelschnüre.

Anschaulicher kann man die Qualität der beworbenen Angelschnüre kaum darstellen.

Noch ein paar Tipps und Tricks für die Ideensuche

Headlines sind immer nur so gut wie die Idee, die sie vermitteln wollen. Nehmen wir die Headline: *„Mercedes Benz bringt als erster die Keramikbremse.“*

Geht es noch langweiliger?

Diese Headline hat im Jahre 2001 vom Art Directors Club Gold bekommen. Saßen da nur „Doofe“ in der Jury? Mitnichten. Das Bild, zusammen mit der Headline, war umwerfend. Ich werde Ihnen nicht verraten, was da zu sehen war. (Denken Sie sich selbst was aus!) Stattdessen lieber noch ein paar Tricks, wie man selber vielleicht auf gute Ideen kommt:

Adrenalin produzieren!

Ohne Druck geht nichts

Am Anfang macht man sich über das Produkt schlau: Was will der Hersteller, was sagt der Kontakter? Dann schiebt man diese ganzen Informationen etwas zu lange vor sich her. Die Zeit wird knapp. Und plötzlich wird Ihnen bewusst, dass Sie ja immer noch keine Idee haben. Angst. Ihr guter Ruf steht auf dem Spiel! Adrenalin wird ausgestoßen. Jetzt heißt es loslegen.

Loslegen!

Packen Sie es an. Dies ist definitiv der wichtigste Schritt, um zu einer Idee zu kommen. Selbst bei schlechter Laune gilt: Einfach den Stift in die Hand nehmen und es fließen lassen. Anfangen, machen. Was fällt mir zu dem Produkt ein?

Assoziieren!

Familienausflüge, Filme, Ausstellungen, Musik, alles, was sich in Ihrem Hirn angesammelt hat, könnte den entscheidenden Anstoß für die zündende Idee geben: Einfach mal reimen. Einen philosophischen Gedanken verfolgen. Alles darf sein. Auch wenn es peinlich erscheint. Wegstreichen kann man später immer noch.

Selbstkritisch sein!

Stellen Sie sich dem Unsinn, den Sie aufgeschrieben haben, und verwerfen Sie ihn wieder. Ein schönes Model mit der Headline: *„Meine Brille bin ich."* Das ist nicht nur Unsinn. Das ist auch noch traurig. Also weg damit. Auf keinen Fall zum Kunden tragen! Sonst hängt der Quatsch irgendwann als riesiges Blow-up-Plakat am Hamburger Hauptbahnhof und alle fragen sich, warum Werbung immer so blöde ist.

Formulieren!

Manchmal weiß man schon, was man sagen möchte. Dann muss man nur noch eine elegante Form finden. Klingen die Worte schön? Wie ist der Rhythmus? Und vor allem: Kann man das auch kürzer sagen?

Kürzen!

Je weniger Text, desto besser die Idee

Plakat-Zeilen sind kurz, damit der Autofahrer sie noch im Fahren lesen kann. Aber auch bei Anzeigen ist Kürzen ein gutes Mittel, um Ideen zu verdichten. Wenn die Headline gar nicht mehr gebraucht wird, dann hat der Texter ganze Arbeit geleistet. Wie in diesem Fall: Wir sehen, Lämmer, Kälber, Hühnerküken und dazu nichts weiter als das Logo eines Restaurants mit dem Hinweis: vegetarisch! Jedes weitere Wort ist überflüssig!

Trennen!

Man muss sich auch trennen können. Wenn keiner nachvollziehen kann, was Sie sagen wollen, lassen Sie die Idee fahren. Nehmen Sie es nicht persönlich. Vielleicht ist die Welt noch nicht reif für Ihren Einfall. Denken Sie sich etwas Neues aus! Wenn der Kunde nicht zufrieden mit Ihrer fantastischen Headline ist, schicken Sie ihm einfach eine bessere. Zur Strafe!

Zum Schluss: Das Schatzkästchen hilft

Die unverstandenen Ideen, sofern sie Ihnen am Herzen liegen, können Sie aufbewahren. Sie gehören in Ihr privates Schatzkästchen. Es enthält die Ideen, auf die Sie stolz sind, auch wenn die anderen sie verschmähen. Es ist ein sehr schönes Gefühl, so einen Schatz zu besitzen. Obwohl man ihn meistens nicht nutzen kann. (Jedes Produkt ist ja doch anders.) Trotzdem: So ein Ideen-Schatz gibt Vertrauen, dass einem schon irgendetwas Gutes einfallen wird. Und das ist das Wichtigste, wenn es wieder heißt: Denk dir was aus!

Wie Sie in der Königskategorie bestehen

Alles zieht vorbei... Nur die Anzeige nicht!
TV-Spots und Plakate sind flüchtige Medien. Die Anzeige dagegen steht: im Stern oder im Spiegel. Und sie steht und fällt mit Ihrer Idee!

Schöne Optik braucht Geld. Gute Aussage braucht Verstand!
Das Bild, das mehr als tausend Worte sagt, ist häufig teuer. Und in den seltensten Fällen erzählt es die ganze Geschichte. Doch in der Anzeige haben Sie die Chance, eine Geschichte zu erzählen. Und wenn Ihre Headline gut ist, können Sie sogar am Bild sparen...

Das Wichtigste auf einen Blick

Schauen Sie zuerst das Produkt an! Schauen Sie es gleich noch mal an!
Verlassen Sie sich nicht nur auf die Produkt-Vorteile, die das Briefing aufzählt. Drehen und wenden Sie das Produkt. Denn im Produkt steckt die eigentliche Geschichte. Sie müssen nur die richtige Perspektive finden...

Bleiben Sie auf dem Teppich!
Versprechen Sie nicht mehr, als Sie halten können. Versprechen Sie lieber das, was Sie halten können, so interessant wie möglich. Konstruieren Sie keine hanebüchenen Wortschöpfungen. Arbeiten Sie stattdessen an Ihrer Idee. Dann tun's auch einfache Worte...

Brüllen Sie Ihre Leser nicht an!
Wenn Sie etwas Interessantes zu sagen haben, wird man Ihnen auch so zuhören. Wenn nicht, können Sie schreien, so viel Sie wollen...

Machen Sie es kurz!
Auch wenn die Anzeige die Chance hat, gelesen zu werden, so gilt trotzdem: Je dichter die Aussage, desto größer die Eingängigkeit. Also stellen Sie sich immer die Frage: Geht es noch kürzer? Sonst stellt sie Ihnen am Ende der Kunde...

Seien Sie nicht selbstverliebt, sondern selbstkritisch!

Schreiben Sie auf, was Ihnen einfällt. Werfen Sie weg, was keinem gefällt. Egal, wie toll Sie Ihre Idee finden – wenn sie keiner versteht, trennen Sie sich davon. Vielleicht ist die Welt noch nicht so weit, vielleicht gehört sie aber auch in den Papierkorb. Egal. Werden Sie Ihr härtester Kritiker!

Wenn Sie sich gar nicht trennen können: ab ins Schatzkästchen!

Die unverstandenen Ideen, die unveröffentlichten Texte – eben alles, was Ihnen am Herzen liegt – sammeln Sie es ruhig. Sie werden es wahrscheinlich niemals verwenden können. Aber so ein Schatz ist dennoch beruhigend...

Guter Text für Direkt-Response-Anzeigen oder Wie Sie sich mit dem hermeneutischen Zirkel selbst das Stichwort geben

Thomas Lammoth

Klassische Anzeigen gelten unter Kreativen und Auftraggebern noch immer als die Königsdisziplin im Bereich der gedruckten Werbung. Eine Disziplin, die fast alles darf und kaum etwas muss. Und nicht wenigen Exemplaren dieser Gattung sieht man genau das schon von Weitem an.

Vielleicht muss diese Spezies ja nur den Vorstands- und Direktionskollegen der Mitbewerber Respekt und Anerkennung abnötigen. Vielleicht sitzen aber auch Copy-Directoren und Art Directoren an solchen Projekten, denen die Sehnsucht nach dem wahrhaft künstlerischen Pantheon näher steht als die zielgruppengerechte Absicht, für die der Auftraggeber tief in seine Kommunikations-Kasse greift (Medaillen des Art Directors Club möchte ich erst gar nicht unterstellen...).

Deshalb sei Ihnen schon an dieser Stelle ins Texter-Buch geschrieben: Nicht was wir während kreativer Sternstunden in unsere Anzeigen hineininterpretieren, sondern ausschließlich, was der Verbraucher aus ihnen herausliest, ist das Maß, woran sich gelungene bzw. gescheiterte Werbebotschaften messen lassen müssen.

Nur der Nerv des Lesers zählt

Kreativ ist es daher, den Nerv des Lesers zu treffen – nicht den einer wie auch immer gearteten Jury; kreativ ist es, aus Bildaussage, Headline und Fließtext eine homogene Einheit zu schaffen – nicht die Selbstinszenierung der Einzelteile. Und kreativ ist es, das Instrumentarium des Direktmarketing so zu beherrschen, dass der Leser gern und unmittelbar zustimmend reagiert, kommt er auf die Seite mit unserer Anzeige – nicht, wenn er einfach nur lobt, wie schön die Anzeige doch sei, um dann beeindruckt, aber ohne Reaktion weiterzublättern.

Anzeigen, die mit der Wirkung Zeit haben

Direktmarketing-Anzeigen machen keine Werbung für die Masse, sondern sie wollen jeden Einzelnen ansprechen. Sie sind auch keine Werbung mit Langzeitwirkung. Sie zielen auf die sofortige Reaktion: jetzt! Deshalb müssen Texter bei der Response-Anzeige auch Schwerstarbeit leisten, während sich die klassische Schwester darauf beschränkt, aufmerksam zu machen, Marken-Image zu schaffen und Wiedererkennungswerte langfristig zu stabilisieren. Das ist anspruchsvoll genug, aber es ist eben doch ein nennenswerter Unterschied.

Hauptsache positive Erinnerung

Die klassische Anzeige vertraut auf den Urschrei des Produkts, auf die Aura der Marke und auf ihre Langzeitwirkung im Gehirn des Verbrauchers. Nach diesem Muster entdeckt Audi das Lust-Gen TT und bewirbt – sozusagen auf Vorrat – schon heute junge Golf- und BMW-Fahrer, die erst in einem Jahr wieder vor einer Kaufentscheidung stehen; erweckt der Schokolade-Hersteller Lind bereits im Februar „Frühlingsgefühle“, damit sich die Hausfrau irgendwann vor vollen Supermarkt-Regalen an feinste Tiramisu-Pralinés erinnert; und verspricht ein schwedisches Möbelhaus allen, denen der Sinn nach Tapetenwechsel steht, dass überall noch Platz für IKEA ist.

Darauf kommt es bei klassischen Anzeigen an:

- Gewinnung, Entwicklung und Sicherung von Märkten
- Identifikation von Marken, Dienstleistungen und Erzeugnissen
- Schaffung von Markenbewusstsein für Firmen und Erzeugnisse
- Kanalisierung von Bedürfnissen und Kaufbereitschaft

Klassische Image-Anzeigen: Sie müssen nicht sofort zur Reaktion führen, ihr Ziel ist die Langzeitwirkung.

Anzeigen, die sofort wirken müssen

Hauptsache direkte Reaktion

Die Response-Anzeige ist und will etwas ganz anderes: Ihr Maßstab ist einzig und allein der Return-on-Investment, also die zählbare, spontane Sofortreaktion per Coupon, Tip-On-Karte, Telefon, Fax oder Internet. Und um das zu schaffen, muss sie wenigstens fünf Kriterien erfüllen:

1. Initial-Effekt

Sie muss auf den ersten Blick mehr auslösen, als nur Aufmerksamkeit zu erregen. Sie muss begeistern! Mit Headline und Verbrauchernutzen, die den Leser sofort in das Thema einsteigen lassen.

2. Anziehungskraft

Sie muss so gestaltet sein, dass die Schlüsselbotschaft im Mittelpunkt steht und den Leser unwiderstehlich wie durch einen Trichter in die Anzeige hineinzieht. Headline und Abbildungen müssen mit redaktionellen Aufmachern und Fotos konkurrieren können.

3. Verständlichkeit

Sie muss deutlich sein – und dem Leser keine Rätsel aufgeben. Deutlichkeit entsteht neben Bildern, Schriften und Positionierung vor allem durch die Klarheit von Headlinetext und argumentierender Sprache.

4. Akzeptanz

Die Anzeige darf beim Leser keinen inneren Widerstand auslösen – zum Beispiel durch plumpe Übertreibungen –, sondern muss in allen Einzelheiten auf Übereinstimmung von Aussage und Absicht achten.

5. Mobilisierung

In einer Response-Anzeige findet die Mobilisierung nicht erst in der letzten Zeile vor dem Coupon oder der Internet-Adresse statt, sondern vom ersten bis zum letzten Wort – als roter Faden und tragende Dramaturgie, die den Leser von A bis Z führt.

Nur so bringen Sie die Leser Ihrer Anzeige „auf Trab"

Das Gerüst für den kreativen Aufbau jeder Response-Anzeige sollte dabei ebenfalls eingehalten werden:

1. Auftritt und Gestaltung
Das redaktionelle Umfeld bestimmt den Auftritt Ihrer Response-Anzeige. In der Frankfurter Allgemeinen Zeitung im Bildzeitungs-Stil daherzukommen gelingt ebenso wenig wie der umgekehrte Versuch. Achten Sie also unbedingt auf Stimmigkeit mit dem Medium.

2. Die Headline
Die Headline hat Lautsprecher-Funktion und muss Ihre Anzeige dominieren. Mit einer unmissverständlichen Schlüsselbotschaft, die in sich bereits das Stenogramm all Ihrer Argumente darstellt. Je weniger Erklärungen in Wort und Bild Ihre Headline bedarf, desto größer ist ihre Wirkung.

3. Sub-Headlines und Teaser
Zusätzliche Sub-Headlines geben dem Leser Orientierungshilfen, ermöglichen ein Spannungsfeld unterschiedlicher Argumentationen, führen in einzelne Textblöcke und beantworten Fragen im Telegrammstil. Bitte nie vergessen!

4. Der argumentierende Text
Auch wenn hier nicht Gegenstand der Betrachtung: Er muss alle Zweifel am Nutzen und der Einmaligkeit des Angebots ausräumen, Zusagen geben und zur Reaktion auffordern. Und immer die in der Headline getroffene Aussage bestätigen.

5. Das Response-Element
Wichtigstes Element der Anzeige und überhaupt erst Grund für deren Veröffentlichung. Behandeln Sie es deshalb genauso wie Ihre Headline (ganz gleich, ob Coupon oder Internet-Adresse): Es muss optisch logisch platziert sein, klare Handlungsanweisungen geben und im Rahmen der gesamten Anzeige sofort signalisieren: Hier hat der Leser die Möglichkeit zu reagieren.

Wer von diesen Kriterien abweicht, riskiert viel. Und an exponierter Stelle im immer dichter werdenden Blätterwald gibt es weder Netz noch doppelten Boden. Ein Fehltritt an der rauen Verkaufsfront – und Ihre Anzeige landet unweigerlich bei 90% ihrer Artgenossen, die nachweisbar einfach übersehen bzw. überlesen werden.

Orientieren Sie sich also mit Ihren unwiderstehlichen Headlines nicht an den meist klassischen Anzeigen, weil Sie dann haushoch über Ihr Ziel hinaus schießen. Orientieren Sie sich am eigenen Produkt und Ihrer Zielgruppe!

Im professionellen Umfeld redaktioneller Schlagzeilen haben kleinlaute Headlines keine Chance. Kommen Sie also bloß nicht auf leisen Sohlen daher, als ginge es um gefühlsfreie Kommunikation im Stile von Geschäftsbedingungen. Sie haben den zündenden Funken zu vermitteln!

Sehen und verstehen ist eins

Stellen Sie sich beim Texten der Headline auch unbedingt schon deren typografische Umsetzung vor. Denn: Je länger Ihre Headline ausfällt, desto kleiner die Typo und desto schneller wird sie übersehen. Denn sehen und verstehen ist beim Leser eins!

Hüten Sie sich vor austauschbaren Headlines – und stellen Sie den Text ruhig einmal auf diese Probe. Wenn sie ebenso über einer Anzeige für Kfz-Versicherungen wie über der einer Lotterie-Gesellschaft oder eines Investmentfonds stehen kann, dann ist die Headline einfach schlecht. Arbeiten Sie die Schlüsselbotschaft heraus!

Wenn das alles geschafft ist, können Sie Ihren Leser an die Hand nehmen und durch die Anzeige bis zur Reaktion führen.

Von guten und schlechten Traditionen

Zu Zeiten, in denen der Versandhandel die Direktmarketing-Szene beherrschte – also in den 70er und frühen 80er Jahren –, waren Headline-Texte besser, weil griffiger:

„Bestellen Sie jetzt, bezahlen Sie später!"

Klare, prägnante Aussagen, ohne Schnörkel und Windungen. Hier wird kein Leser verwirrt. Eine gute Tradition, die leider zusehends in Vergessenheit gerät.

Dabei müssten sich doch gerade heute, wo der Verbraucher umworben wird auf Teufel komm raus und wo an den Schreibtischen der Zeitungsredaktionen wortgewaltige Redakteure ihr Bestes zur Auflagensteigerung geben, viel mehr gut getextete Anzeigen-Headlines finden lassen. Aber – im wahrsten Sinne des Wortes – Fehlanzeige!

Selbstgefälliges Amtsdeutsch bewegt nichts

Heute sind die Finanzdienstleister im Blätterwald allgegenwärtig und nur schwer ist vielen von ihnen das selbstgefällige Amtsdeutsch mit Geldmarkt-Couleur auszutreiben. Auch das hat Tradition. Nicht nur, dass in verschämt typografierten Headlines unverschämte Sterne lauern. Die sollen mir – wenn ich die Headline denn bemerke – sofort signalisieren: „Was hier steht, stimmt nicht wirklich". Woraufhin ich mich aus purem Ärger über diese Gaukelei auf eine 7-zeilige, 5 Punktgroße „Sternchenauflösung" stürze, nur um zu erfahren, worauf sich die Kernaussage der Headline eben **nicht** bezieht.

Nicht nur, dass diese Mode immer mehr dazu führt, gleich die ganze Anzeige – und in Mailings setzt es sich fort – im Stile von „Sternchenauflösungen" zu verfassen. Nein, die meisten Finanzdienstleistungs-Anzeigen kommen so sehr in Schlips und Kragen daher, dass es schon ein Anachronismus ist, hierfür überhaupt Geld auszugeben – denn auffallen will man ja offensichtlich nicht. Was ist zu tun? Entweder raus mit solchen Anzeigen aus den Zeitschriften oder raus mit „bänkischem Gedankengut" und „bänkischem Wortwitz" aus den Köpfen dieser pasteurisierten Texter und Anzeigengestalter.

Vielleicht tue ich der rechnenden Zunft aber auch Unrecht und die Headlines sind nicht etwa deshalb so klein, weil man jede Aufmerksamkeit beim einfachen Volk vermeiden will, sondern weil in den Headlines Wortungetüme fröhliche Urstände feiern, die einfach keinen Platz mehr für Erkennbares und Vorteilhaftes lassen:

„Investieren Sie jetzt in den internationalen Aktienfonds Metzger Professional World Invest Global Strategies XY Plus MI".*

Kommt Ihnen das bekannt vor? Als Kunde darf Ihnen so etwas passieren – immerhin sind Sie stolz auf Ihr Produkt – als Texter NIE! (Oder kaufen Sie etwa bei jemandem, der Ihnen nur seinen Namen zuruft und Ihnen alles andere schuldig bleibt?) Sie müssen also solche Headlines verfassen, dass Ihr Kunde sich freiwillig und überzeugt von seinem geliebten Produktnamen in der Headline trennt.

Was bringt wohl mehr Anzeigen-Coupons für eine Krankenhaus-Tagegeldversicherung zurück:

„Sie bekommen täglich Geld!“

oder

„Die Krankenhaustagegeldversicherung der Humbug-Frauensteiner Versicherung AG!“

Nicht verschwiegen werden darf allerdings, dass es auch kurz und hilflos geht, wie ich erst kürzlich lesen musste:

„Rendite macht schön“

(für Sparpläne mit Indexzertifikaten). Ausgerechnet hier hätte ich mir jetzt doch ein Sternchen mit der entsprechenden Auflösung gewünscht!

Va banque! Genug der Schelte

Entweder ganz oder gar nicht

Response-Anzeigen vieler Markenartikler bedienen sich einer ganz anderen, sehr hybriden Technik. Frei nach dem Rezept: Man nehme eine klassische Anzeige (manchmal ganz ohne Headline), baue Zähne knirschend einen klitzekleinen Coupon oder eine noch kleinere Internet-Adresse ein und fertig ist die Response-Anzeige. (Achtung: Diese Anzeigen müssen so sein, denn käme tatsächlich Response zurück – kein Mensch wüsste damit etwas anzufangen.)

Damit wir uns recht verstehen: Ich rede nicht greller Massenware das Wort, die auf niedrigem Niveau traumhafte Response-Quoten erzielt. Sondern intelligenten Headlines, denen eine ebenso intelligente Anzeige unterlegt ist. Einer Symbiose aus Produktvorteil und Zielgruppe. Und einer guten, signalhaften Response-Mechanik, die den Leser an die Hand nimmt.

Dass Texter wirklich etwas leisten, beweist die Headline: *„Neid und Missgunst für nur 99 Mark“* – die kennt nicht nur jeder (und immerhin sind schon über zehn Jahre seit ihrer Veröffentlichung vergangen), dem Unternehmen Sixt brachte sie auch Anfragen ohne Ende. Super!

Was Headlines angeht, die zur Sache kommen, ist Bild einsame Spitze. Und JvM setzt diesen Vorteil brillant in Anzeigen um.

Der hermeneutische Zirkel – So gelingen erfolgreiche Headlines

Wie entsteht aber nun eine wirklich unwiderstehliche Anzeigen-Headline?

Stellen Sie sich zunächst folgende Fragen:

- Was habe ich anzubieten?
- Wer will es haben? (Zielgruppe)
- Was will ich sagen?
- Wie soll es gesagt werden?
- Was soll der Empfänger tun?
- Wie soll die Botschaft visuell umgesetzt werden?
- Welches Medium soll die Botschaft transportieren?
- Was kann ich besser machen als die Konkurrenz?

Kleinanzeigen sind Herausforderungen

Besonders schwierig – aber ideal für jeden Texter zum Üben – sind Kleinanzeigen. Schlagen Sie einmal die ADAC Motorwelt auf, dann wissen Sie sofort, was ich meine. Wer hier die 5 Grundsätze nicht befolgt, wer hier die obenstehenden Fragen nicht präzise beantwortet, der hat schon verloren. Denn hier müssen Sie auf kleinstem Raum den größten Effekt erzielen. Und um Sie herum tummelt sich ein schier unüberschaubarer Wust von mehr oder weniger guten Angeboten.

Zwei Beispiele aus dem Sanitärhandel für behindertengerechte Bade- und Duschwannen:

Gut: *„Die Wanne mit der Tür“*
Schlecht: *„Sicher duschen und baden“*

Was die eine Anzeige schon in der Headline schafft, ...

... kann die andere auch durch doppelte Größe nicht wettmachen.

Trotz doppelter Größe fällt die Anzeige nicht auf und kein Mensch weiß auf den ersten Blick, worum es geht.

Wer die große Kunst der Kleinanzeige beherrscht, der kann auch aus einer 4-farbigen Doppelseite das Optimum herausholen – nicht umgekehrt.

Damit das weiße Blatt seine Macht verliert, bedarf es neben der grauen Theorie natürlich auch hilfreicher Methoden, die das Texten erleichtern...

8 Regeln für Headlines mit System

1. Beschränken Sie sich auf 10 bis maximal 15 Wörter. Beispiel: *„Ihr Gebrauchter ist Renault 3.000 Euro wert – Mindestens“, „Machen Sie aus Ihrem Business-Trip eine Traumreise“, „Sonntags liest man keine Zeitung – man genießt sie.“*
2. Geben Sie Ihrer Headline Nachrichten- bzw. Neuigkeits-Charakter und beginnen Sie mit z.B. „Jetzt..., Ab sofort..., Zum ersten Mal..., Für immer...“
3. Nehmen Sie Ihre Zielgruppe schon in der Headline ins Visier. „Achtung Mieter!“
4. Packen Sie die Kernaussage als „Stenogramm der Argumentation“ unbedingt in die Headline: *„Höchstleistung: 4,5% Zinsen ab dem ersten Euro!“ „Es wird höchste Zeit! Max im Mini Abo: 4 Hefte nur 4,90!“*
5. Machen Sie den Verbrauchernutzen deutlich und beantworten Sie die Basisfrage: „Was habe ich davon?“: *„Sparen Sie bei der Anreise, nicht bei der Aussicht.“ „Bessere Unterhaltung bringt Ihnen so schnell keiner nach Hause.“*
6. Bauen Sie emotional geladene Wörter in Ihre Headline ein: *„Anhalten! Aussteigen! Wir fahren! – Is it Love?“ (Mini), „Abgebrannt, aber glücklich“ (B&H), „Er bringt jeden Tag meine Kinder zur Schule, aber ich kenne nicht mal seinen Namen.“*
7. Stellen Sie – wenn überhaupt – nur dramatische Fragen: *„Sie können länger frühstücken. Sie sind früher zum Abendessen zurück. Gibt es ein besseres Familienauto?“ (Porsche), „Können Sie es sich als Rentner leisten, unterversichert zu sein?“*

8. Verwenden Sie Aktivsätze: *„Mehr Meer zum Baden her!"*, *„Gehen Sie neuen Freunden an die Wäsche!"*, *„Hol dir volle ISDN-Power fürs Internet mit AOL!"*

Die richtigen Wörter, um die richtigen Worte zu finden

Hier hilft der hermeneutische Zirkel. Er führt Sie vom **Phantombild** über das **Profil** zum **Steckbrief** aller Produkte und Dienstleistungen, die Sie per Anzeige verkaufen müssen. Dabei geben Sie sich stets selbst ein Stichwort nach dem anderen – so lange, bis Sie mit Ihrer Headline zufrieden und die bisher aufgestellten Forderungen an gute Texte erfüllt sind.

Wasser kann mehr als fließen

Erinnern Sie sich ruhig an Ihre Schulzeit: Dort ist Wasser nicht nur *geflossen*. Es durfte noch *sprudeln*, *glucksen*, *springen* und *gurgeln*. Es strömte, *rauschte*, *gischtete*, *spritzte* oder *ergoss sich* einfach. Je nach Absicht und atmosphärischer Dichte dessen, was ausgedrückt werden sollte. Und von den Besten der schreibenden Zunft wurde es präzise auf den Punkt gebracht. Heute habe ich oft den Eindruck, es fließt immer nur. (Ausnahme Selters. Da muss ein reines Wasser noch immer durch einen tiefen Stein.) Kein Wunder, denn unsere Sprache ist nüchterner, rüder und imperativer geworden:

„Kommen Sie zur Probefahrt", *„Asia-Wochen bei McDonald's"* oder *„6,5% SofortKredit"*

Mit dem hermeneutischen Zirkel können Sie diese Nüchternheit überwinden – oder zumindest ausprobieren, ob sich nicht doch etwas Besseres findet als zum Beispiel die grottenschlechte Headline des Italienischen Büros für Tourismus: *„Italien bietet mehr."*

Die Methode ist zwar ein wenig zeitaufwändig, aber erfolgreich und funktioniert folgendermaßen:

Erster Schritt: Das Phantombild

Von jedem Produkt bzw. jeder Dienstleistung haben Sie eine vage Vorstellung und besitzen ein mehr oder weniger grobes Grundwissen. Der eine weiß mehr über Umkehr-Osmose-Prozesse, der andere mehr über den Optionsschein-Handel und der Nächste kennt sich besonders gut mit Haushaltsgeräten aus. Aber ich behaupte, dass jeder Einzelne unter Anwendung des hermeneutischen Zirkels eine treffende Headline zum Spezialgebiet des anderen texten kann, indem er zunächst mit seinem Wissen ein Phantombild erstellt.

Am Anfang steht die freie Assoziation

Nehmen wir eine Lotterie, bei der Gewinne von 100 Euro bis 500.000 Euro möglich sind. Jetzt könnten Sie in üblicher Manier hingehen und mit der plumpen – wenn auch response-trächtigen – Headline *„Bis zu 500.000 Euro Sofortgewinn"* werben. Erlaubt, aber doch etwas simpel und austauschbar. Sie entscheiden sich also, dieses Argument in die Subline oder in einen Teaser zu nehmen. So behält es Aufmerksamkeitsstärke und einen prominenten Platz. Sie machen sich stattdessen eine Stichwortliste mit all den Begriffen, die Ihnen zur Lotterie einfallen: z.B. Geld – Euro – Gewinn – Chance usw.

Zweiter Schritt: Das Profil

Wenn Ihre Sammlung zum Phantombild komplett ist, beginnen Sie wieder von vorn. Und zwar mit jedem Begriff. Streichen Sie noch keinen Begriff heraus, der Ihnen in diesem Moment unsinnig oder abwegig erscheint. Er könnte zu überraschenden Ergebnissen führen, denn jetzt wird's spannend. Nehmen wir beispielhaft nur einmal den Euro unter die Lupe und assoziieren: *Euro – 100 Euro – Hundert – grün – barock – Brücke – Porticus – Hologramm – Grundriss – Europa – Wasserzeichen* usw. (wie gesagt, jedem fällt etwas anderes ein und deshalb muss jetzt noch ein Schritt folgen).

Dritter Schritt: Der Steckbrief

Je mehr Begriffe Sie nacheinander assoziieren, desto größer wird die Bandbreite Ihrer Stichworte, auf die hin Ihnen stets etwas Neues einfällt. Und Spaß macht diese Methode allemal, da man sich immer wieder selbst überrascht. Nehmen Sie doch jetzt einmal exemplarisch „barock“. Was fällt Ihnen ein? *Ludwig XIV. – Würzburg – Rubens – ausschweifend – Kunst – Architektur – üppig – Lebensfreude* usw.

Auf diese Art und Weise kommen Headlines zustande wie:

„In Ihrer Brieftasche herrscht bald „Grüne Welle“
oder: *„Mit Speck fängt man Mäuse!“*
oder auch: *„Knete satt für die Insel!“*
– je nach Zielgruppe, die Sie erreichen müssen. Dazu noch das Bild einer geöffneten Brieftasche mit einem Fächer von 100-Euro-Noten, und Sie haben garantiert Publikum.

Diese Vorgehensweise ist vor allem auch dann sinnvoll und hilfreich, wenn Sie zum x-ten Mal den gleichen Artikel oder viele gleiche Artikel nacheinander überzeugend bewerben müssen.

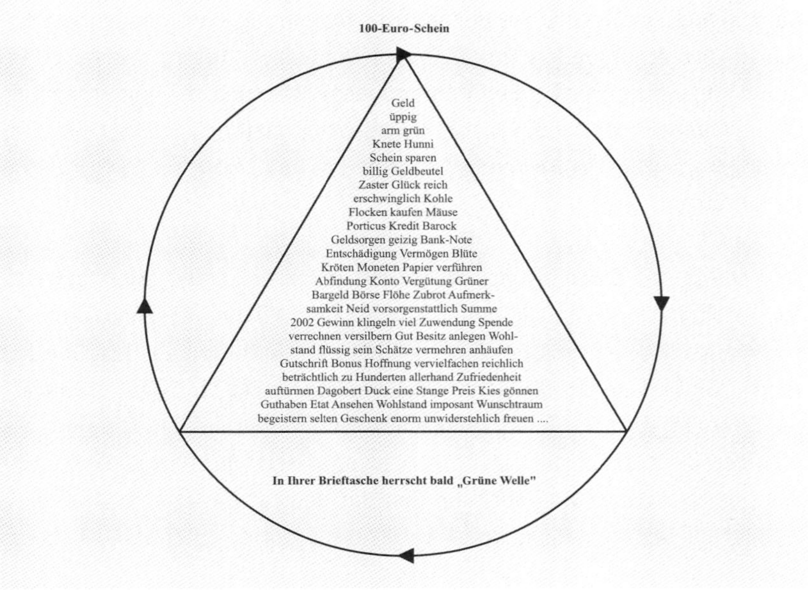

Nur so kamen Texter hinter: *„das sahnige Geheimnis von Philadelphia"*, auf: *„die lila Pause"* oder zu: *„Neid und Missgunst..."* Nun ja, Sie wissen schon.

Aktives Assoziieren ist besser als Nachlesen

Kleiner Exkurs: Selbstverständlich sollte „Sag es treffender" von A.M. Textor auf jedem Texterschreibtisch stehen und auch häufig benutzt werden. Der hermeneutische Zirkel, bei dem Sie immer wieder und beliebig oft zum Ausgangspunkt Ihrer Überlegungen zurückkehren, besitzt aber den unschätzbaren Vorteil, dass Sie selbst aktiv an der Gestaltung der Textbausteine beteiligt sind, statt sich führen zu lassen. Die Lösungen sind immer origineller und damit besser.

Sie werden sich bestimmt auch dann nicht ärgern, wenn nach der ganzen Arbeit nur noch ein einziges Wort übrig bleibt: Denn um eine Kreditkarte zur Urlaubszeit, kombiniert mit dem verlockenden Anzeigenmotiv eines viel frequentierten Reiselandes, erfolgreich an die Frau und an den Mann zu bringen, reicht schon die Headline „Urlaubsgeld", um alles gesagt zu haben. Mit dem hermeneutischen Zirkel kommen Sie drauf.

Zum Schluss: Ein paar aktuelle Mutmacher

Ganz aktuell gefällt mir die Beilage zur Abonnenten-Gewinnung der Zeitschrift „mare" besonders gut: Kennenlernangebot, Teaser mit Auszeichnung, ungewöhnliches, aber verständliches Bild und die gute Headline *„Neue Perspektiven für den Kopf."* Da bekommt man richtig Lust, die *„Einladungskarte zum Kennenlernen"* auszufüllen, um *„mare auf den Grund zu gehen"*.

Und selbst das durchgestylte Wirtschaftsmagazin „brand eins" beweist, dass sich Designanspruch und Eindeutigkeit bei der Response-Anzeige nicht ausschließen müssen: Eine ausrufende, auffordernde Headline mit einem wohl nuancierten Maß an Wortwitz beherrscht die Seite! *„Sammeln Sie Erfahrungen!"* Die farbigen Akzente von Produkt und Tip-On-Karte bestimmen die Leserichtung als folgerichtige Weiterführung und Unterstützung der Headline, die haptische Qualität der Karte fordert zur Beschäftigung auf und signalisiert dem Leser ohne Worte: „Hier soll ich etwas tun!"

Intelligente Headline mit stimmigem Bild und aktionistischen Textelementen führt zu Neugierde und Reaktion.

„Sammeln Sie Erfahrungen!" Nur wer das auch als Texter beherzigt, kann so reduziert auf den Punkt kommen wie brand eins.

Die Auflösung des Angebots ist ebenfalls eindeutig und sofort zu erfassen (trotz kleiner Typo):

Ja, ich will.

Zehnmal Brand eins

Oder dreimal (zum Verlieben)

Und selbst der alternative Response-Kanal Internet ist, dank seiner Alleinstellung, nicht zu übersehen.

Ein Beispiel für Ästheten, die an die verkäuferische Kraft des Weißraums glauben und Response-Mechanismen mit spitzen Fingern anfassen. Brand eins beweist: Intelligent eingesetzt kommen auch Puristen zu Rücklaufquoten.

Um auch bei Ihnen künftig zwingende Headlines nur so sprudeln zu lassen, fasse ich die Methodik des hermeneutischen Zirkels abschließend nochmals zusammen:

So arbeiten Sie mit dem hermeneutischen Zirkel:

- Sie sammeln alle Begriffe, die Ihnen zum jeweiligen Produkt/Service gerade einfallen.
- Sie sammeln alle Begriffe, die Ihnen zu den Begriffen aus Step 1 zusätzlich einfallen.
- Sie schlagen zu allen relevanten Begriffen aus Step 1 und 2 in entsprechenden Lexika nach.
- Sie assoziieren frei unter Zuhilfenahme aller gefundenen Begriffe oder Redewendungen.
- Sie streichen alle Begriffe, die nicht zur Zielgruppenansprache passen.
- Sie formulieren eine Aussage, Headline oder einen Produkttext.
- Sie überprüfen den Text auf Argumentation und Stimmigkeit.

Das Ergebnis: eine Anzeige, die verkauft, weil sie zuerst gelesen wird!

Guter Text für Direkt-Response-Anzeigen

Das Wichtigste auf einen Blick

Response-Anzeigen brauchen den Initial-Effekt!
Klassische Anzeigen haben Zeit. Response-Anzeigen müssen sofort wirken. Das ist der entscheidende Unterschied.

Achten Sie darauf, dass Ihre Anzeige mit den redaktionellen Aufmachern mithält!
Passen Sie Ihre Anzeige dem Medium an. Treten Sie in keinem Fall leiser auf als dessen Aufmacher. Versuchen Sie interessanter zu sein als die neuesten Nachrichten. Denken Sie daran: Sie brauchen sofort Interesse!

Ihr stärkster Köder ist die Headline!
Ziehen Sie den Leser mit einem spannenden Gedanken in seinen Bann. Formulieren Sie nicht zu hintergründig, sondern so, dass er seinen Vorteil erkennt. Arbeiten Sie nicht mit Gehirn-Akrobatik, sondern mit Dynamit!

Schreiben Sie verständlich und plausibel!
Geben Sie dem Leser im Text keine Rätsel auf, führen Sie ihn schnell zum Ziel: seinen Vorteilen. Vor allem aber: Argumentieren Sie plausibel! Bestätigen Sie ihn in seinem Interesse!

Hüten Sie sich vor plumpen Übertreibungen!
Auch wenn Ihnen die Response-Quote im Nacken sitzt – versprechen Sie dem Leser nicht das Blaue vom Himmel. Verpacken Sie die Wahrheit einfallsreich!

Führen Sie den Leser zur Reaktion!
Beginnen Sie mit der Mobilisierung nicht erst in der letzten Zeile oder dem Coupon, sondern schon bei der Headline. Nehmen Sie den Leser verbal an die Hand. Richten Sie Ihre gesamte Dramaturgie auf einen Punkt aus: die sofortige Reaktion!

Nutzen Sie die Kraft des Hermeneutischen Zirkels!

Wenn Sie das Gefühl haben: „Alles schon mal da gewesen“, dann probieren Sie diese Kreativitäts-Technik aus! Sie hilft Ihnen, frei zu assoziieren, neue Gedanken zu entwickeln oder Bekanntes in packende Worte zu fassen. Und darauf kommt‘s an...

Totgesagte leben länger oder Warum der Werbebrief nachhaltig wirkt, auch wenn ihn angeblich keiner liest

Wolfgang Hothum

Von Umschlaggrößen und Portogrenzen abgesehen, limitiert ihn prinzipiell nichts. Aber in der Regel kommt uns der Brief heute in DIN-genormter Einheitsgröße unter die Augen: 210 mm breit, 297 mm hoch, einseitig beschrieben. Macht 623,7 Quadratzentimeter für Botschaften aller Art.

Da bittet das Finanzamt auf 80g/m2 Recycling-Papier zur Steuer-Nachzahlung. Auf feinstem Bütten verkündet der Vorstandsvorsitzende einer großen Aktiengesellschaft die neuesten Geschäftszahlen – und hofft darauf, dass sie den Aktionären gefallen. Auch frisch Verliebte sehen im Griff zu Papier und Feder keinen Anachronismus – denn längst nicht alles lässt sich im bescheidenen Rahmen der maximal 160 Zeichen sagen, die uns der ShortMessageService (SMS) derzeit zugesteht. Und dann melden sich natürlich auch noch die zu Wort, für die Sie in Zukunft schreiben werden: die Unternehmen. Ziel der Kontaktaufnahme: Die Marken wollen Endverbraucher (Business-to-Consumer) oder Geschäftskunden (Business-to-Business) von ihren Angeboten und Services überzeugen. Sie zum Kauf bewegen oder fester an das Unternehmen binden.

In fast allen Lebenslagen einsetzbar

Stellen wir gleich hier die Kardinalfrage: Bringt uns der Werbebrief diesem Ziel tatsächlich näher? Oder ist er bei einer nachgewiesenen Informationsüberlastung von mittlerweile 98% nicht unnötiger Ballast – und damit längstens überflüssig? Die Antwort lautet: Gut gemacht ist er heute wichtiger denn je! Denn der Werbebrief löst beim Empfänger stets das Signal „Achtung, wichtig!“ aus.

Den Römern sei Dank

Von der Kanzlei-Sprache in die Werbung

Die Tatsache, dass wir Briefen intuitiv einen besonderen Wert zumessen, haben wir übrigens den alten Römern zu verdanken. Denn vor allem Urkunden wurden von ihnen als „breve" (scriptum) bezeichnet. Zusammen mit ihrer Buchstabenschrift floss dieses Wort dann auch in den germanischen Sprachraum ein. In Anlehnung an den lateinischen Ur-Begriff entwickelte sich daraus im Althochdeutschen der „Briaf" und später im Mittelhochdeutschen der „Brief". Lange Zeit lebte das Wort fast ausschließlich in der Kanzlei-Sprache – und stand damit auch weiterhin für offizielle und wichtige Mitteilungen. Ein Schuldbrief konnte nicht nur Haus und Hof kosten, sondern auch den Kopf. Ein Freibrief setzte Gesetze außer Kraft und ließ seinem Besitzer alle Möglichkeiten offen. Und jemandem „Brief und Siegel geben" war höchste Garantie und größtmöglicher Vertrauensbeweis in einem.

Die Bedeutung von damals ist das Kapital von heute

In unserer Zeit hat sich natürlich vieles relativiert. Trotzdem: Der Werbebrief kann auch heute noch ein echtes „Wertpapier" sein – vorausgesetzt, Sie kennen die formalen Grundlagen und beherzigen bei der Textaufbereitung einige wichtige Regeln.

1. Die Nähe zum Original ist wichtig. Denn je stärker der Werbebrief einem Original ähnelt, desto besser und nachhaltiger ist seine Wirkung. Der Abdruck eines Briefes in einem Prospekt wird daher stets weniger Beachtung finden als ein separat beigelegtes Exemplar, das Original-Merkmale trägt, wie Anschrift, Namen, exaktes Datum und persönliche Anrede. Das sind nämlich die Details, auf die der Empfänger als erstes achtet.

2. Auf die Textform kommt es an. Denn Blickverlauf-Tests beweisen, dass Sie mit der richtigen Mischung aus variablen Absatzlängen und gezielten Hervorhebungen viel für Ihren Brieftext tun können. So schreckt eine geschlossene Textform (Blocksatz, keine Absätze) den Leser zum Beispiel ab. Während ein lebendig strukturiertes Textbild (Flattersatz, Absätze) dem Auge des Betrachters eine Vielzahl an Fixationspunkten bietet – und damit hilft, seine selektive Wahrnehmung aktiv zu steuern.

sancura BKK
Ihre Gesundheit, unsere Stärke.

sancura BKK, Postfach 15 60, 35525 Wetzlar
1118766

1 Ute Winter
Steinheimer Vorstadt 34-36

63456 Hanau

sancura BKK
Körperschaft des öffentlichen Rechts
Servicebereich West
Laufdorfer Weg 2
35578 Wetzlar

Servicezeiten:
Mo. bis Fr. von 07.30 Uhr bis 16.30 Uhr
Service-Line: 08 00/11 01 700
Mo. bis Fr. von 07.30 Uhr bis 22.00 Uhr

Fax: 0 64 41/92 97-6 90
Internet: www.sancura-bkk.de
E-Mail: info@sancura-bkk.de

Ihr Ansprechpartner
Silvana Walters

Telefon
06151/322804

2 Datum
18.01.2002

Ihre Gesundheit, unsere Stärke.

3 Guten Tag Frau Winter,

vielen Dank für Ihr Interesse an einer Mitgliedschaft bei der sancura BKK.

Korrekte Anschrift mit Namen und Adresse (❶), taggenaues Datum (❷) und persönliche Anrede (❸) sind unverzichtbare Standards für einen guten Werbebrief.

3. Absatzlängen unbedingt beachten. Denn auch sie beeinflussen das Verhalten und die Lese-Energie des Briefempfängers. Halten Sie sich daher immer an den Grundsatz „Alles muss schnell und einfach lesbar sein". Dabei helfen Ihnen folgende Faustregeln: Maximal 2 Zeilen für die Headline. Kein Absatz länger als 7 Zeilen. Und dann sollten Sie nie den Fehler machen und den kürzesten Absatz ans Briefende stellen. Grund: Die kürzeste Textpassage liest der Empfänger immer zuerst – und wenn die direkt vor dem Ausgang steht, dann nimmt der Leser zum Leidwesen Ihres Auftraggebers auch ganz schnell diesen Fluchtweg.

4. Mit kurzen Sätzen überzeugen. Denn sie kommen beim Empfänger nachweislich am besten an. Absatzlange „Bandwürmer" haben deshalb in Ihren Werbebriefen nichts zu suchen. Setzen Sie Ihren Sätzen ein Längen-Limit:

BMW

BMW AG, 80788 München
I521074 / 1409645 / 2556883

Frau
Christa Meier
Müllerstr. 18

11111 Schmitten

Abt./Absender	BMW Info Service
Telefon	0 18 02/12 34 80
Fax	0 18 02/12 34 84
e-mail	info.service@bmw.de
Datum	13.06.2001
Thema	**Der BMW 7er. Willkommen in der Oberklasse.**

Sehr geehrte Frau Meier,

vielen Dank für Ihr Interesse an ausführlichem Informationsmaterial zur BMW 7er Reihe. Gern überreichen wir Ihnen die gewünschten Unterlagen. Sie werden viel Erstaunliches darin entdecken!

Zum Beispiel, daß sich die großen zwei Parameter – Kraftentfaltung vs. Laufruhe – nur selten zu einer ähnlich faszinierenden Synthese zusammenfinden wie beim BMW 7er. Dafür sorgt unter anderem ein grandioser 12-Zylinder, mit so vorbildlichen Werten und einer so hohen Umweltverträglichkeit, daß eben dieser Leichtmetall-Motor nicht nur in Deutschland den Ruf eines Spitzentriebwerks genießt.

Jetzt bieten wir Ihnen auch noch die Möglichkeit, Ihren 7er mit der BMW 7er Highline Edition ganz nach Ihren persönlichen Wünschen zu individualisieren. Unsere Designer haben für Sie vier exklusive Ausstattungsvarianten vorbereitet, jede mit einer besonderen Note. Weitere Details erfahren Sie beim BMW Partner in Ihrer Nähe. Er berät Sie jederzeit persönlich zu unseren interessanten Leasingangeboten und ermöglicht Ihnen gern eine ausgiebige Probefahrt.

Aber auch das Team des BMW Info Service steht Ihnen montags bis freitags zwischen 8.00 und 20.00 Uhr und samstags zwischen 9.00 und 18.00 Uhr unter der Servicenummer **0 18 02/12 34 80** (0,12 DM pro Anruf) zur Verfügung. Oder senden Sie uns ein Fax an **0 18 02/12 34 84**. Ihre E-Mail erreicht uns unter **info.service@bmw.de** rund um die Uhr.

Mit freundlichen Grüßen
Bayerische Motoren Werke Aktiengesellschaft
Region Deutschland

Michael Braekler
Leiter BMW Info Service

Firma
Bayerische
Motoren Werke
Aktiengesellschaft

Postanschrift
BMW AG
80788 München

Hausanschrift
Region Deutschland
Heidemannstraße 164

Telefon
0 18 02/12 34 80

Telefax
0 18 02/12 34 84

e-mail
info.service@bmw.de

Internet
http://www.bmw.de

Bankkonto
Landeszentralbank
München 700 073 85
BLZ 700 000 00

Sitz und
Registergericht
München HRB 42 243

40 51 04 03 00

Bei geschlossenen und gleichförmigen Textblöcken findet das Auge keinen Halt.

CONRAD
ELEKTRONIK. TECHNIK. DURCHBLICK

Herr
Klaus Mustermann
Musterweg 11

11111 Musterhausen

Hirschau, 00. Monat 2002

Ein großes Sorry und ein kleines Trostpflaster!

Sehr geehrter Herr Mustermann,

natürlich wollen wir Ihnen heute eigentlich eine bessere Nachricht überbringen. Aber: Der Artikel 000 000 00 Satelliten-Anlage auf den Sie sicher schon mit Ungeduld warten, ist leider immer noch nicht lieferbar.

Seien Sie versichert: **Wir haben uns intensiv** für eine schnellere Problemlösung **eingesetzt.** Doch der Hersteller kann uns auch nach mehreren Terminverschiebungen noch immer **keinen verbindlichen Liefertermin** nennen.

Wir sind selbst enttäuscht, dass wir Ihren Auftrag daher im Moment nicht ausführen können und stornieren müssen.

Aber ich verspreche Ihnen: **Wir bleiben für Sie „am Ball".** Und werden Sie sofort benachrichtigen, wenn der Artikel wieder verfügbar ist.

Es grüßt Sie freundlich

Petra Müller
Leiterin Kundenbetreuung

PS: Als kleines Trostpflaster habe ich Ihnen einen **Waren-Gutschein** im Wert von 0,- Euro beigelegt. Lösen Sie ihn einfach bei Ihrer nächsten Bestellung ein.

Geschäftsführer:
Klaus Conrad, Werner Conrad
Helmut Staudte, Heike Leiner

Sitz der Gesellschaft:
D-92240 Hirschau
Amtsgericht Amberg HRB 387

Banken:
Sparkasse Amberg-Sulzbach
Kto.-Nr. 190 200 717 (BLZ 752 500 00)

Commerzbank Weiden
Kto.-Nr. 7 700 545 (BLZ 753 400 90)

HypoVereinsbank Weiden
Kto.-Nr. 7 502 834 (BLZ 753 200 75)

Dagegen bieten strukturierte Texte dem Auge des Betrachters die nötigen Fixationspunkte.

10 – 12 Worte als Maximum und ab und an auch schon mal nach 4 – 5 Worten ein Punkt. Derart variiert, bleibt das Textbild für das Auge nicht nur abwechslungsreich. Sie selbst zwingen sich damit auch zu mehr Präzision. Und im Übrigen befolgen Sie gleichzeitig eine wichtige „Kompositions-Regel“: *„Das Optimum an eingängigem und attraktivem Deutsch lässt sich durch einen lebhaften Wechsel von mäßig kurzen und mäßig langen Sätzen erzielen“* (vgl. Schneider 1984, S. 83). Die Mischung macht's.

5. Unterstreichungen und Hervorhebungen einsetzen (Möglichkeiten siehe Tabelle). Denn damit lenken Sie das Interesse gezielt auf das Wesentliche. Wenn sich Ihr Brieftext an Endverbraucher richtet, heißt das: Am besten in jedem Absatz eine unterstrichene Textpassage vorsehen. Im Business-to-Business-Bereich sollten Sie sich dagegen ein Limit von maximal drei Hervorhebungen setzen. Außerdem gilt: Das, was Sie im Text herausstellen, sollte stets im Range eines herausragenden Angebotsdetails oder eines echten Vorteils stehen. Daher nie ganze Sätze hervorheben – eine halbe Briefzeile reicht völlig aus.

Sie wollen in Ihrem Brief-Text optische Akzente setzen? Hier sind einige Möglichkeiten!	
Fett-Schreibung	Wird bevorzugt im Business-to-Business-Bereich eingesetzt
Unterstreichung	Wird traditionell bei Endverbrauchern genutzt
Farb-Marker	Aktionistisches Element mit Signalwirkung – wenn's im Brief etwas aggressiver sein darf
Nummerierungen (❶❷❸)	Gliedern Angebote der Reihe nach oder zeigen Schrittfolgen auf
Bullet-Points (●)	Stellen Besonderheiten und Vorteile plakativ heraus
Kursiv-Stellung	Relativ unauffällig – und erschwert nicht selten das schnelle Lesen
Textpassagen s p e r r e n	Antiquiert, aggressiv und schwer lesbar

hothum winter
net.vertising

Marie Musterfrau
Musterauto GmbH
Musterallee
11111 Bad Musterberg

11. Juni 2001

Gute Noten, schlechte Noten – jetzt liegen die Ergebnisse des großen Anfrage-Tests vor

Liebe Frau Franz,

vor 2 Wochen habe ich Sie über die laufende Testreihe informiert – und sicher sind Sie schon gespannt, wie Ihr Unternehmen im Marken- und **Modellreihen-Vergleich** abgeschnitten hat.

Um es vorweg zu nehmen: Jaguar und der S-Typ überzeugten mit besten Noten – und zu diesem Ergebnis **gratulieren wir Ihnen ganz herzlich**.

Über die Einzelergebnisse informiert Sie das beiliegende Test-Protokoll, das wir Ihnen auf Wunsch gerne auch ausführlich erläutern.

Nutzen Sie diese Möglichkeit zum unverbindlichen Meinungs- und Erfahrungsaustausch – denn auch ein **Test-Sieger** lernt nie aus.

Mit freundlichen Grüßen
Hothum & Winter Beratungsgesellschaft
für Dialog-Kommunikation mbH

Wolfgang Hothum

PS: Termin-Vereinbarung leicht gemacht! Einfach das beiliegende Antwort-Fax zurücksenden –alles andere erledigen wir für Sie.

Hothum & Winter
Werbeagentur für
Dialog-Kommunikation GmbH
Steinheimer Vorstadt 34-36
63456 Hanau

Telefon (0 61 81) 96 31-0
Telefax (0 61 81) 96 31-20
ISDN (0 61 81) 96 31-71/72
hothum.winter@t-online.de
www.hothum-winter.de

Geschäftsführer:
Wolfgang Hothum
Amtsgericht Hanau
HRB 5443
USt.-IdNr. DE 172 98 80 45

Bankverbindung:
Volksbank Raiffeisenbank
Hanau eG
BLZ 506 900 00
Kto.-Nr. 5 545 218

Anschrift, Logo, Datum, namentliche Anrede, Absätze, kurze Zeilen, Unterstreichungen, Grußformel, Unterschrift, Postscriptum – dieser Brief hält seinen Betrachter fest.

6. PS nicht vergessen. Denn das Postscriptum ist zumeist der erste Textblock, der vom Empfänger im Zusammenhang gelesen wird. Schenken Sie diesen 2 – 3 Zeilen deshalb besonders viel Aufmerksamkeit. Packen Sie einen Zusatzvorteil hinein – das weckt das Interesse des Lesers und lenkt seine Aufmerksamkeit auf den restlichen Text.

7. In Leselinien denken. Denn nur so haben Sie die Garantie, dass Ihr Brieftext wirklich kundenfreundlich aufgebaut ist. Achten Sie darauf, dass Ihr Brief dem Auge des Betrachters in der Endfassung wenigstens 8 – 10 Fixationspunkte (siehe Abbildung) pro Briefseite bietet. Ob Sie dieses Soll erfüllen, können Sie übrigens schnell und einfach überprüfen, wenn Sie direkt ins Brief-Layout schreiben oder Ihren Text hineinkopieren.

Ob ein Brief Format hat, hängt nicht von seinen Abmessungen ab. Sondern von der Qualität seines Inhalts

Alle formale Richtigkeit hilft allerdings nichts, wenn es Ihrem Brieftext an den wesentlichen Dingen fehlt: nämlich an inhaltlicher Substanz und einem klaren Fokus. Schreiben Sie also nie einfach drauflos – denn eine Briefseite ist ruckzuck mit nettem, aber inhaltsleerem Geschwätz gefüllt. Versuchen Sie auch nicht, in den 3 oder 4 Absätzen, die auf eine DIN-A4-Seite passen, ein Thema allumfassend und erschöpfend abzuhandeln. Das ist Aufgabe von Flyern und Broschüren – und die liegen Ihrem Brief entweder gleich bei oder sie können bei weitergehendem Interesse angefordert werden. Verstehen Sie Ihren Werbebrief lieber als Trailer, wie Sie ihn aus Kino oder Fernsehen kennen. Als kurze, kompakte Vorschau, die mit den besten Szenen neugierig macht und Interesse weckt.

Der Brief soll neugierig machen

Werden Sie sich vor dem ersten Antippen der Tastatur außerdem klar, mit wem Sie es zu tun haben und auf welches Ziel Sie mit Ihrem Brief abzielen wollen. Schlüpfen Sie in die Rolle des Empfängers. Suchen Sie mit seinen Augen nach einem interessanten Aufhänger für Ihr Thema – und machen Sie daraus eine packende Headline. Schreiben Sie „für den Leser" und nicht „über eine Sache". Meiden Sie den als distanziert und neutral empfundenen Wir-Stil und nutzen Sie lieber die Möglichkeiten der viel vertrauter wirkenden Ich-Form. Machen Sie sich klar: Ein wirklich guter Briefstil ist immer ein persönlicher Briefstil. Bauen Sie deshalb Nähe auf und nennen Sie den Empfänger auch einmal beim Namen. Den liest er nämlich nicht nur gerne – Sie geben ihm damit auch das wichtige, psychologische Signal: „...die meinen mich!". Gehen Sie mit Ihren besten Argumenten in die Offensive. Führen Sie den Leser in folgerichtigen Schritten. Und sparen Sie am Schluss auch nicht mit klaren Handlungsaufforderungen und Appellen.

Das Pro-und-Kontra-Prinzip

Machen Sie aber vor allem eins: Stellen Sie sich vorab unbedingt die typischen Leserfragen (siehe Kasten). Das ist notwendig, weil jeder Mensch nach dem Pro-und-Kontra-Prinzip funktioniert. In allem, was unser Auge anschaut, sucht das Gehirn nach Vorteilen. Wird es in Ihrem Text fündig, wächst das Interesse (positive, verstärkende Wirkung) – und der Leser Ihres Briefes bleibt bei der Sache. Verläuft die Suche allerdings erfolglos, greift die negative Kontra-Wirkung. In diesem Fall lauten die Signale an den Betrachter: Aufhören. Abbrechen. Zeitverschwendung.

Mit Vorteilen fesseln

Der Leser hat persönliche Fragen – und Ihr Brief muss darauf die richtigen Antworten geben!

Wer schreibt mir? Warum schreibt er mir? Weshalb schreibt er mir ausgerechnet heute? Was hat er mir zu bieten? Kann ich das gebrauchen? Hilft mir das weiter? Was ist an diesem Angebot so besonders? Welche Vorteile habe ich davon? Rechnet sich das für mich? Wo und wie kann ich mehr erfahren? Wen kann ich fragen? Was muss ich als nächstes tun?

Damit Ihr Brief unter dem Strich mehr Pros als Cons sammeln kann, müssen Sie als Texter konsequent sein – und Informationen in echte Vorteile ummünzen. Zum besseren Verständnis: Wenn die Marke X ein neues Gerät auf den Markt bringt, ist das zunächst nur eine wenig impulsstarke Information. Ist dieses Modell aber besser, schneller oder preiswerter, dann sind genau das die Pluspunkte, die Sie in Ihrem Werbebrief besonders stark betonen sollten.

Auf die Vorteile kommt es an

Hat das Gerät zum Beispiel bei einem renommierten Institut als Testsieger abgeschnitten, dann widmen Sie dieser Tatsache ruhig einen Absatz – und betonen Sie darin ausdrücklich den Produkt- und Marken-Status als klare Nr. 1. Lässt sich mit dem neuen Modell im täglichen Betrieb viel Zeit und Geld sparen, dann sagen Sie auch das im nächsten Textabschnitt in aller Deutlichkeit – und machen Sie dazu ruhig eine kleine Muster-Rechnung auf. Gibt es das gute Stück für kurze Zeit sogar noch zum besonders günstigen Einführungspreis, dann machen Sie auch das bitte unmissverständlich deutlich – und heben Sie dabei gezielt auf den Spar-Effekt und die zeitliche Befristung des Angebots ab. Steht für Interessierte zu guter Letzt noch ein Informationspaket bereit, dann loben Sie es als „gratis“ oder „kostenlos“ aus – und sagen Sie dem Briefempfänger, weil er uns ganz besonders wichtig ist, sei es für ihn natürlich auch bereits reserviert.

In jedem ernst gemeinten CRM-Modell spielt der Brief in Zukunft eine tragende Rolle

Gute Briefe pflegen die Kundenbeziehung

Das vorher genannte Beispiel skizziert nur eins von vielen denkbaren Gerüsten für einen klassischen Angebotsbrief. Doch die Möglichkeiten, die Sie mit werblichen Briefen haben, gehen natürlich weit über das direkte Verkaufen hinaus. Im Service-Dialog – dem weiten Feld der ganz alltäglichen Geschäftsvorfälle und Individual-Probleme – werden professionell gemachte Briefe eine immer größere Rolle spielen. Denn ein gutes Wort zur rechten Zeit hilft Wogen in der Kundenbeziehung zu glätten – und ist damit nicht selten eine besonders überzeugende Werbung für das Unternehmen. Wichtig ist, diese Briefe überhaupt als Werbe-Chance zu begreifen und sie (endlich) vom trockenen Korrespondenz-Stil zu befreien.

Bessere Kenntnis = klareres Profil = individuellerer Zuschnitt. Viele Marken haben bereits heute die Weichen auf Customer Relationship Management (CRM) gestellt. Und wie Sie wissen, steht im Kern dieser Modelle immer der absolute Kundenbezug. Und um den nachhaltig mit Leben zu füllen, wird es auch in Zukunft zwei Dinge brauchen: den Werbebrief – und die Texter, die ihn schreiben können.

Post Scriptum

PS: Noch ein Wort zu den „Neuen Medien“, in denen vieles angeblich so ganz anders ist. Auch hier gilt: In den elektronischen Briefkasten kommt persönliche Post. Und auch die E-Mail sollte ihren Empfänger umwerben. Da es sich allerdings am Bildschirm bedeutend schlechter liest als auf dem

Papier, ist es noch wichtiger, E-Mails zu strukturieren, zu komponieren und auf das Wesentliche zu beschränken – die Vorteile für den Leser. Aber das hatten wir ja schon...

Literaturhinweis:

Schneider, Wolf (1984): Deutsch für Profis. Hamburg

Warum der Werbebrief nachhaltig wirkt, auch wenn ihn angeblich keiner liest

Das Wichtigste auf einen Blick

Die Tradition lebt in unseren Köpfen. Und sie sagt: Ein Brief ist wichtig!
Reizüberflutung hin, SMS her, ein persönlicher Brief löst beim Empfänger noch immer ein klares Signal aus: „Achtung, wichtig!" Der Grund: Der Brief ist seit den alten Römern ein amtliches Dokument von Bedeutung.

Die Bedeutung von damals ist das Kapital von heute!
Auch wenn sich die Zeiten geändert haben, der Brief kann auch heute noch ein echtes Wertpapier sein. Vorausgesetzt, Sie wissen, wie er zu gestalten und zu schreiben ist.

Achten Sie bei der Gestaltung auf die Nähe zum Original!
Je mehr ein Werbebrief dem Original ähnelt, desto größer ist seine Wirkung. „Zwitterformen" aus Prospekt und Brief dagegen wirken weitaus weniger.

Strukturieren Sie den Text angenehm!
Viel Text darf auf den ersten Blick nicht nach viel Arbeit für den Leser aussehen. Verwenden Sie Flattersatz, schreiben Sie kurze Absätze und arbeiten Sie mit Hervorhebungen. Das macht das Textbild angenehm.

Fassen Sie sich kurz!
Das heißt nicht, auf wichtige Gedanken zu verzichten. Und es ist auch keine Aufforderung, in einen „Asthmatiker-Stil" zu verfallen. Aber kurze Sätze mit kurzen Wörtern gehen dem Leser schneller ein als Bandwürmer.

Vergessen Sie das PS nicht!
Es ist zumeist der erste Textblock, der im Zusammenhang gelesen wird! Packen Sie also einen echten Vorteil hinein! Das weckt auch das Interesse für den restlichen Text.

Ihr Leser hat Fragen. Antworten Sie darauf mit Vorteilen!
Sie müssen die Fragen des Lesers vorausahnen und Sie dürfen sie nicht einfach mit Informationen beantworten – sondern mit handfesten Vorteilen!

Schreiben Sie so, wie man einen Brief schreibt: persönlich!
Auch wenn Sie im Namen eines Unternehmens schreiben: Schreiben Sie möglichst in der Ich-Form. Das unterstreicht den persönlichen Charakter – und auf den kommt es beim Brief ganz entscheidend an!

Alles neu, alles anders? oder Wie fürs Internet getextet wird

Anette Scholz

„Sag mal, kannst du mir noch den Tooltip für die Subnavi machen? Maximal 25 Zeichen."

Klar kann ich. Und Sie können auch. Einen kurzen Bedienungshinweis für die zweite Ebene der Navigation, der nur erscheint, wenn der Nutzer mit seinem Mauszeiger über die Menüpunkte rollt – das hört sich schwieriger an, als es ist. Lassen Sie sich nicht den Wind aus den geistigen Segeln nehmen. Ein guter Text bleibt ein guter Text, egal ob Sie ihn für eine Plakatwand, ein Mailing oder den Computer-Bildschirm schreiben. Im Internet gelten dieselben Regeln wie in der klassischen Werbung: Es geht um Ideen, es geht um Überraschung und man spricht deutsch – auch wenn es auf der ersten Blick nicht so aussieht. Und es geht darum, einen persönlichen Dialog mit dem Nutzer aufzubauen. Stichwort: One-to-one-Marketing. Nur manchmal ist im Internet eben doch alles ganz anders. Wo und warum, das erfahren Sie hier...

Multimedia ist wie Zehnkampf

Nichts für Fachidioten

Eine gute Webseite bringt nicht nur in einer Disziplin Spitzenleistungen. Sie muss in vielen Disziplinen gut sein, die sich alle sehr voneinander unterscheiden: Konzeption, Strukturierung und Aufbereitung der Inhalte, Navigation, Interaktion, Screendesign, Dramaturgie, Programmierung. In den Projektteams treffen daher ganz unterschiedliche Menschen aufeinander mit individuellen Fähigkeiten, Sichtweisen und Arbeitsmethoden. Nur wenn jeder von ihnen bereit ist, über die Grenzen seines Fachbereiches hinaus zu denken, kann ein Ergebnis entstehen, das aus allen Disziplinen das Beste enthält. Mit anderen Worten: Internet ist nichts für Fachidioten. Doch was bedeutet das konkret für den Texter?

Die Web-Konzeption

Texter denken in Ideen. Sie entwickeln Konzepte, die dann in verschiedenen Medien umgesetzt werden. Das Internet mit seinen vielen Dimensionen, wie Video, Animation, Text, Bild und Ton ist dabei eine besondere Herausforderung. Wenn das Team aus Art Director, Flash-Experten, Programmierer, Projektmanager und Texter ein Konzept erarbeitet, müssen alle als Hüter der Idee agieren. Das Team pflegt sie gemeinsam und achtet darauf, dass sie in keiner Form verwässert oder verändert wird. Das ist manchmal anstrengend. Aber es lohnt sich. Denn nur so entsteht eine solide Grundlage für außergewöhnliche Konzepte; für Webseiten, die ansprechend sind, weil sie das Richtige sagen, und zwar auf einzigartige Weise. Das bedeutet für den Texter vor allem eines: vielseitig zu sein.

Das Handwerkszeug

Nur Interessantes wird gelesen

Sind Sie ein Werbetexter, der wie ein Redakteur denkt? Oder ein Redakteur mit dem sprachlichen Gespür eines Werbetexters? In beiden Fällen sollte es Ihnen wunderbar gelingen, alle Anforderungen des Webs unter einen Hut zu bringen: Konzeption und Kreation, Recherche, Texten von Headlines und Copies. Wie in der klassischen Werbung gilt: Nur was interessant ist, wird gelesen. Denn auch wenn das Internet ein Informationsmedium ist: An Marken, Produkte oder Inhalte, die nicht nur an den Kopf, sondern auch an das Gefühl appellieren, erinnern wir uns wesentlich besser. So weit alles klar? Dann surfen wir los.

Willkommen daheim

Treten Sie näher. Fühlen Sie sich ganz wie zu Hause. Wir betreten die Webseite durch den Haupteingang: die Homepage. Sie fängt jeden Besucher nach seiner Reise durchs Netz freundlich auf und sagt ihm, wo er sich befindet: auf einer Verkaufsseite für CDs, der Imageseite eines Zahnarztes oder der Seite der Telefonauskunft. Laut einer Studie[1] **blicken 55 %** aller Besucher direkt **auf die Headline oder den Text** der Homepage, wenn sie eine Webseite zum ersten Mal besuchen. 25 % beachten die Navigation. Dagegen beschäftigen sich nur 14 % mit Bildern, nur 6 % mit Animationen. Das freut den Texter. So viel Aufmerksamkeit ist er nicht gewöhnt. Sie resultiert aus einem grundlegenden Bedürfnis des Nutzers im Netz: Er versucht, sich zu orientieren. Er fragt sich:

Wo bin ich?

Texter sorgen für Orientierung

Und wie komme ich schnell an mein Ziel? Fast ein Drittel seiner Zeit verbringt der Nutzer damit zu suchen und zu navigieren. Eigentlich ziemlich viel für ein Medium, das vor allem Informationen vermitteln will. Die Gründe dafür liegen auf der Hand: Das körperlose Internet bietet, anders als ein Buch, keine begreifbaren Orientierungspunkte, wie z. B. Dicke oder Seitenzahlen. Sie können die Webseite auch nicht einfach mal durchblättern, um den Inhalt zu überfliegen. Im Internet ist der Nutzer auf klare Strukturen angewiesen, die er möglichst intuitiv begreifen kann. Die Basis dafür legt der Texter: Er bringt die Inhalte in eine logische Ordnung und kümmert sich um die verständliche Benennung der einzelnen Kapitel: das „Wording", wie wir es nennen.

Das Wording

Gut, dass wir Sie vorbereitet haben, denn sonst wüssten Sie nicht, von was wir sprechen. Fremdwörter haben selten das Zeug zum Kapitelnamen. Einzige Ausnahme: Sie sind allgemein verständlich, wie z. B. E-Mail, und passen außerdem ins Gesamtkonzept der Webseite. Die Kapitelnamen beschreiben eindeutig und möglichst treffend, welche Inhalte sich hinter dem Menüpunkt verbergen. Je kürzer, desto besser kann sie der Nutzer mit einem Blick erfassen. Kreative Wortschöpfungen sind zwar nett, verwirren aber leicht und kosten damit Zeit. Und die ist kostbar: Maximal 16 Sekunden dauert die Orientierungsphase, wenn ein Nutzer zum ersten Mal eine Seite betritt. Gelingt es ihm nicht, sich zurechtzufinden, gibt er frustriert auf und klickt weg. Deshalb ist ein gutes Wording eine der wichtigsten und schwierigsten Aufgaben des Texters. Es führt den Nutzer auf schnellstem Wege zu den Inhalten und nimmt ihn so verbal an die Hand. Damit trägt es maßgeblich zu einer funktionalen Struktur bei.

Die Struktur

Klick. Klick. Klick. Aus!

Hat der Besucher nach dreimaligem Klicken nicht gefunden, wonach er sucht, bricht er ab und verlässt die Seite. Je früher seine Suche über die Navigation in die richtige Richtung gelenkt wird, desto schneller gelangt er ans Ziel. Haben Sie Probleme, alle Inhalte in der gewählten Struktur unterzubringen? Dann entscheiden Sie sich lieber für einen zusätzlichen Hauptmenüpunkt als eine weitere Unterebene: Seiten, die mehr als drei Inhalts- und Navigationsebenen haben, werden häufig unübersichtlich und verwirrend. Und hat der Nutzer erst einmal die Orientierung verloren, ist fraglich, ob er die Seite ein zweites Mal aufsucht.

Schreiben in Modulen

Jedes Modul eine abgeschlossene Geschichte

Haben Sie es dagegen geschafft, das Interesse des Besuchers zu fesseln, indem Sie ihm frühzeitig die richtigen Stichworte geliefert haben, steigt er tiefer in die Inhalte ein. Doch Vorsicht! Denn beim Lesen der Inhalte geht der Besucher nicht linear wie in einem Buch vor, das er von vorne nach hinten liest. Im Internet, einem non-linearen Medium, ist der Nutzer völlig frei. Er kann die Inhalte in beliebiger Reihenfolge anklicken und lesen. Das bedeutet für den Texter: Jedes Inhaltsmodul muss in sich abgeschlossen und ohne Vorwissen verständlich sein. Das ist ein elementarer Unterschied zur Broschüre, zum Buch, zu allem, was uns gedruckt und gebunden in die Hände fällt. Was Buch und Internet jedoch wieder verbindet, ist die Mischung aus Überraschung und Nervenkitzel, die den Leser bei der Stange hält:

Die Dramaturgie

Eine gute Geschichte durchfährt wie eine Achterbahn Höhen und Tiefen. Erst das macht sie spannend. Dasselbe gilt für eine gute Webseite. Sie startet meist mit dem Intro. Je nach Konzept der Webseite ist das ein kleiner Flash-Film, ein Abfolge von Headlines oder von Bildern. Es macht dem Nutzer Appetit auf mehr, stimmt ihn auf die Seite ein und sorgt dafür, dass er auch wirklich wartet, bis alles geladen ist. Die Homepage, auf die der Nutzer anschließend gelangt, bildet den Kontrapunkt zum anregenden Intro. Sie ist meist klar, ruhig und übersichtlich. Sie fordert den Nutzer dazu auf, aktiv zu werden und in die Seite einzusteigen.

Wie die Inhalte aufbereitet werden, spielerisch oder nüchtern, kommt auf das Konzept der Seite an – und auch auf die Philosophie der Marke, für die sie konzipiert wird. Dabei bedient sich der Texter aus einem Fundus von verschiedenen statischen (Text, Bild, Graphik) und dynamischen (Ton, Animation, Video) Mediatypen. Gemeinsam erarbeitet das Team aus Texter, Gestalter und Programmierer multimediale Inhalte und Möglichkeiten der interaktiven Nutzung. Zum Beispiel einen Text, der von Bildern flankiert wird, die sich auf Klick vergrößern. Und damit sind wir schon mitten drin...

Der Unterschied heißt Multimedia

Nicht jeder Gimmick führt zum Erfolg

Augen zu. Stellen Sie sich vor, jetzt kommt ein Film. Oder eine Animation. Untermalt von emotionaler Musik. Inhalte nicht nur als Text zu vermitteln, sondern immer wieder überraschend und neu aus Ton, Bild, Text, Animation und Video zu kombinieren, ist im Internet wie sonst in keinem Medium möglich. Und es ist sinnvoll: Laut einer Studie[2] behält der Nutzer 20 % von dem, was er liest, 40 % von dem, was er in Ton und Bild aufnimmt, und 80 bis 90 % (!) von dem, was er während einer Interaktion erfährt. Dabei ist es wichtig, den Besucher nicht zu überfordern und ihn mit zu vielen Interaktionsmöglichkeiten oder Informationen in zu kurzer Zeit zu überschwemmen. Nicht alles, was technisch machbar ist, ist auch sinnvoll. Nicht jeder Gimmick garantiert Erfolg. Behalten Sie immer Ihre Zielgruppe und deren technische Möglichkeiten im Auge: Wenn ein Film fünf Minuten braucht, bis er geladen ist, macht das keinen Spaß. Stellen Sie sich auf die Bedürfnisse des Besuchers ein, dann fühlt er sich sicher und entspannt. Er ist offen für Ihre Marke, Ihr Produkt, Ihre Botschaft.

Zum Schluss: Der eigentliche Text

Bringen. Sie. Es. Auf. Den. Punkt. Kurz, knapp, knackig. Lange, ungegliederte Texte, eventuell noch mit Scrollbalken, werden schlicht und ergreifend nicht gelesen. Zu anstrengend. Denn **am Monitor lesen wir 25 bis 30 % langsamer** als vom Blatt. Außerdem gilt im Internet noch mehr als anderswo: Zeit ist Geld. Der Nutzer steht unter starkem Kostendruck. Deshalb überfliegt er viele Headlines und Texte nur oberflächlich auf der Suche nach Schlüsselworten. Reduzieren Sie bei der Auswahl der Inhalte deshalb auf das Wesentliche, Kurzweilige: Was würde Ihre Zielgruppe gerne erfahren? Bereiten Sie trockene Inhalte unterhaltsam auf und stellen Sie komplexe Sachverhalte bildhaft dar. So können Sie sicher sein, dass Ihre Texte Spaß machen. Ihnen und dem Leser. Und darauf kommt es letztlich an. Im Internet. In der Werbung. Und überhaupt.

Nie vergessen: Zeit ist Geld

„Ach ja, und dann brauch ich noch die Fehlermeldung für den Server-Error 404."

OK. Sie haben einen ersten Blick hinter die Kulissen geworfen. Trotzdem hält das Internet noch viele Überraschungen für Sie bereit. Gehen Sie auf sprachliche Entdeckungsreise: Es lohnt sich ganz bestimmt.

Anmerkungen

(1) Pilotstudie mit Einsatz der MERIAN-Technik, Institut für Marketing und Handel der Universität Göttingen

(2) Multimedia verstehen, planen, einsetzen. München 1993

Wie fürs Internet getextet wird

Das Wichtigste auf einen Blick

Ein guter Text bleibt ein guter Text – auch im Internet!
Auch wenn im Netz vieles anders ist: Es geht um gute Ideen und es geht darum, die richtigen Worte zu finden, um einen persönlichen Dialog mit den Menschen vor dem Bildschirm aufzubauen. Nur die Herangehensweise und die Gestaltungsmöglichkeiten unterscheiden sich...

Begreifen Sie die Internet-Konzeption wie einen kreativen Zehnkampf!
Denken Sie nicht eindimensional. Sondern denken Sie immer daran, wie Sie Ihre Idee optimal inszenieren können: als Text, als Video, als Animation, mit Ton... Wie Sie die Möglichkeiten des Mediums nutzen, darin liegt die große Herausforderung!

Wenn Sie vielseitig sind, sind Sie im Internet richtig!
Sind Sie ein Werbetexter, der wie ein Redakteur denkt? Oder ein Redakteur mit dem Sprachgefühl eines Werbetexters? Wenn beides auf Sie zutrifft, dann ist das Internet Ihr Medium!

Lassen Sie sich nicht zu Spielereien verleiten! Am Anfang steht die Information...
Bei aller Vielfalt und allen technischen Möglichkeiten zählt gerade im Internet die Klarheit – im grafischen Aufbau und im Wort! Denn mehr als die Hälfte aller Besucher blickt auf einer Homepage direkt auf Headline oder Text. Warum? Weil sie suchen und navigieren.

Denken Sie logisch und schreiben Sie Klartext! Das schafft Orientierung...
Der Texter sortiert die Inhalte und kümmert sich um die Benennung der einzelnen Kapitel (das Wording). Je logischer Sie denken und je klarer Ihr Wording ist, um so schneller findet sich der Besucher zurecht. Sie haben nur 16 Sekunden, ihn beim Erstkontakt zu überzeugen. Ansonsten ist er weg.

Texten Sie in einzelnen Modulen! Denn Ihr Leser liest, wie er will...
Haben Sie den Leser gefesselt, steigt er tiefer in die Inhalte ein. Doch Vorsicht: Sie wissen nicht, in welcher Reihenfolge! Also muss jedes Inhalts-Modul in sich abgeschlossen und ohne Vorwissen verständlich sein.

Legen Sie jedes Wort auf die Goldwaage! Denn Zeit ist Geld...
Bieten Sie dem Leser kurze, kompakte Absätze an. Denn am Monitor lesen Menschen bis zu 30% langsamer! Und die Online-Gebühren sitzen ihnen zusätzlich im Nacken. Machen Sie's also kurz und kurzweilig.

Ansonsten gilt: Ein guter Text bleibt ein guter Text – auch im Internet!

Slogans und Claims oder „Da weiß man, was man hat!"

Jan Oliver Wurl

Freitags, irgendwo in einer gewöhnlichen deutschen Stadt betreten wir eine Lokalität. Angesiedelt zwischen gehobener Kneipe und Gasthof, mit einem ganz normalen Publikum. Die Luft ist blau vom Zigarrettendunst, die Stimmung gut und der Feierabend fortgeschritten.

An einem der besseren Tische haben sich Skatfreunde eingerichtet. Die Runde wirkt konzentriert und angespannt. Einer der drei Herren spielt einen Grand ohne vier und ist kurz davor zu gewinnen. Beim entscheidenden Stich knallt er die Karte krachend auf den Tisch, lächelt befreit und sagt: „... darauf einen Dujardin!"

Grinsen in der Runde, kurze Pause, dann derselbe Herr in Richtung Theke: „Willi, drei Asbach!"

Vom Werbeslogan zum geflügelten Wort

Diese Szene, die in einem Lehrbuch zur Gestaltung von Werbetexten erwähnt wird (vgl. Urban 1994, S. 176), hätte sich Anfang der siebziger Jahre, aber ebensogut auch gestern zutragen können. Mit dem Dujardin-Slogan ist wahr geworden, wovon Texter träumen. Er wurde Teil der Alltagssprache und ein geflügeltes Wort. Gewirkt im Sinne des Absenders hat der Slogan aber offenbar nicht. Jedenfalls ist es kaum vorstellbar, dass die Firma Racke ihre Spirituose Jahr für Jahr mit einem satten Etat ausstattete, damit der deutsche Wortschatz um eine Spruchweisheit bereichert wird.

Ziel verfehlt, ein erfolgloser Slogan also?

Kommt darauf an. Einerseits kennen ihn sehr viele Leute. Das ist gut. Andererseits spielt das dazugehörige Produkt, ein Weinbrand aus französi-

Ein echter Dauerbrenner: Dujardin verwendete seinen Slogan über Jahrzehnte. So wurde er zum geflügelten Wort und hielt Einzug in den alltäglichen Sprachschatz.

schen Trauben, der in Deutschland hergestellt wird, auf dem Markt nur eine untergeordnete Rolle. Das ist schlecht, muss aber nicht am Slogan liegen. Was war passiert?

Der Spruch bezog sich im Anzeigenkontext immer auf besondere Ereignisse – beispielsweise eine gewonnene Partie Schach, die Verleihung einer Urkunde etc. Diese erfolgreichen Situationen wurden in Bildern dargestellt, der Slogan hat sie kommentiert: „Darauf einen Dujardin!“

Irgendwann, nach ständigen Wiederholungen, hatte das Publikum diese Mechanik „gelernt“ und auf die Realität übertragen. Der Slogan wurde, wenn man im Leben mit einer vergleichbaren Situation konfrontiert war, als passend empfunden und dann benutzt. Ironisch veranlagte Zeitgenossen verwendeten ihn sogar für Momente, in denen alles gründlich danebenging; da passt dieser Slogan vielleicht noch besser.

Er wurde zur Redensart, verließ den Kontext der Anzeige und verlor den Bezug zum Produkt, obwohl sein Name, Dujardin, Teil des Slogans ist. Damit hatte er als „Slogan" alles erreicht, aber den „Claim" des Unternehmens nicht vergrößert.

Slogan und Claim: Was ist was?

Slogans sind eine feststehende Größe. Es gibt in der Werbung kaum noch ein Motiv, das uns ohne anspricht. Der Slogan hat für ein Produkt beinahe den gleichen Stellenwert wie das Logo. Slogans und Logos übernehmen in einer Anzeige die Funktion einer Signatur, die den Absender kennzeichnet.

Das englische Wort Slogan ist in Deutschland seit 1930 bekannt als Entsprechung für eine *„knapp und einprägsam formulierte, leicht verständliche, häufig formelhafte und an Emotionen appellierende Redewendung"* (vgl. Carstensen 1993, S. 1332). Geläufig wurde der Begriff wohl erst in den 60er und 70er Jahren des 20. Jahrhunderts, als Anglizismen, nicht nur in der Sprache der Werber, verstärkt in Mode kamen.

Es fehlt an Trennschärfe

In der Umgangssprache bezeichnet man den Slogan als Werbeslogan, Werbespruch, Motto oder Parole. Die Werbebranche kennt den Slogan auch als Logo-Slogan, Claim, Pay-off; branchenintern haben sich offensichtlich die Begriffe Slogan und Claim durchgesetzt. Beide sind häufig in Gebrauch und werden synonym verwendet, was Schwierigkeiten bei der Definition mit sich bringt.

Welche Schwierigkeiten das sind, zeigt sich am Beispiel des Internetglossars der Agenturgruppe BBDO.[1] Hier lesen wir: *„Claim – Werbeslogan zu einem Produkt oder einer Dienstleistung mit hohem Wiedererkennungswert für das Produkt. Meist wird auch noch der Anspruch des Produkts in dem Slogan umgesetzt. (...) Slogan – Der Werbeslogan ist die Kurzform eines Werbetextes und enthält die zentrale Idee der Werbung. Ein Slogan sollte möglichst eingängig, verständlich und einprägsam sein."* Ein klassischer Zirkelschluss.

Aber auch die Fachliteratur tut sich schwer mit der Definition und der Differenzierung zwischen Slogan und Claim. Das „Gabler Lexikon Werbung" sieht den Slogan als *„Bezeichnung für leicht ins Gedächtnis eingehende Werbeparole, oft rhythmisch oder gereimt“*, den Claim als *„Werbebehauptung bzw. Produktvorteil“*.

Definitionen über Definitionen

Das „Lexikon der Werbung“ enthält zwar für beide Begriffe die Stichworteinträge, jeweils aber nur mit Verweisen auf andere Stichworte, und definiert Claim als *„getexteten Zusatznutzen“* (vgl. Pflaum, Bäuerle 1995, S. 555). Unter Claim findet man bei Klaus Hofe *„Werbebehauptung, auch: zentrale Werbeaussage“* (vgl. Hofe 1995, S. 37) und unter Slogan *„Werbespruch ...extrem verkürzte Aussage des Wesentlichen“* (vgl. Hofe 1995, S. 170). Werner Pepels bezeichnet Claim und Slogan als *„Abbinder“*, der wiederum *„der Abschlusssatz eines Werbetextes“* sei und als Slogan häufig neben dem Logo erscheine (vgl. Pepels 1997, S. 7).

Die Verwirrung ist beinahe perfekt

Wie kann man nun genauer zwischen Slogan und Claim unterscheiden?

Einen Versuch macht Achim Zielke, der sich mit dem Problem etwas ausführlicher beschäftigt hat. Er betrachtet den Slogan als sich wiederholende Aussage mit langer Lebensdauer und großem Wiedererkennungswert, den Claim dagegen als Sinn- und Merkspruch und Fazit aus der vorangegangenen Bodycopy (vgl. Zielke 1991, S. 84 ff., vgl. dazu auch Janich 1999, S. 46).

Zielke schreibt dazu: *„In zahlreichen Anzeigen trifft der Leser im Anschluß an die Bodycopy auf einen Claim, der gegenüber dem Fließtext häufig durch größere und fettere Typen hervorgehoben ist. Als werbliche Sentenz faßt der Claim den zentralen Bedeutungsinhalt der Copy zusammen und präsentiert ihn dem Leser in einer eingängigen sprachlichen Fassung ... Claims sind werbetextliche Erscheinungen ohne Wiederholungscharakter“* und als solche immer nur mit einer bestimmten Anzeige verbunden. Dies unterscheide den Claim vom Slogan, der im Gegensatz zu ihm *„stets in unveränderter textlicher Fassung auf allen Werbemitteln vorkommt, die für dasselbe Objekt werben“*.

Damit geht Zielke aber an den praktischen Erfahrungen vorbei. Denn der Claim, wie ihn Zielke hier beschreibt, also als typografisch hervorgehobenen Teil des Fließtextes, der den Inhalt der Copy noch einmal knapp zusammenfasst, ist ausgestorben. Es gibt ihn nur bei ganz wenigen Anzeigen.

Was macht den Text zum Claim oder Slogan?

Gehen wir noch mal zurück. Mit Claim und Slogan bezeichnen Praktiker typografisch besonders gekennzeichnete, klar vom übrigen Text getrennte und eigenständige Texteinheiten. Diese Texteinheiten werden über lange Zeiträume hinweg verwendet. Kennzeichnend für diese Einheiten ist, dass sie auch als „Solisten" funktionieren, das heißt ohne andere Textelemente und ohne Bilder die Kernaussage über ein Unternehmen oder ein Produkt vermitteln. Darüber dürfte in den Agenturen Einigkeit herrschen.

Beide vereinfachen und verkürzen

Claim und Slogan sind „Stenogramme der Argumentation"[2], sie vereinfachen und verkürzen eine Aussage, arbeiten holzschnittartig und versuchen die Dinge auf den Punkt oder mindestens auf den kleinsten gemeinsamen Nenner zu bringen. Man kann Slogan und Claim mit der Karikatur vergleichen, die das Wesentliche übertreibt, das Nebensächliche fallen lässt und erst durch diese Vereinfachung wirksam wird (vgl. Dovifat 1971, Bd. 2, S. 116). Claim und Slogan sind offensichtlich nicht mehr voneinander zu unterscheiden.

Wie kommt man aber zu einer brauchbaren Differenzierung?

Wie die Etymologie der Begriffe weiterhilft

Slogan stammt von dem gälischen Wort für Schlachtruf. Warum ruft der Krieger? Um die Furcht vor der Schlacht zu vertreiben, um sich und seinen Kameraden stark zu machen, um sich seiner Gruppenidentität zu versichern und um dem Feind Angst einzujagen.

Wenn man den Begriff Slogan in die Welt der Wirtschaft überträgt, den Markt also als Schlachtfeld betrachtet, dann muss man fragen: Warum ruft der Händler? Um auf seine Ware und ihre Qualität aufmerksam zu machen.

Ein **Slogan** in der Marktkommunikation bezieht sich also **auf das Produkt.** Deshalb kann man den Slogan der Produktkommunikation zuordnen.

Das Wort **Claim** bezeichnet im englischen Sprachraum einen Rechtsanspruch bzw. das Recht, diesen Anspruch vor Gericht geltend zu machen. Ansprüche können aber nur von einem Individuum oder einem juristisch greifbaren Kollektiv, wie es etwa ein Unternehmen darstellt, erhoben werden. Wiederum übertragen auf die Marktkommunikation bedeutet dies, dass der **Claim zum Unternehmen** selbst gehört.

Aus dieser Konstruktion kann man folgern: **Der Slogan dient der Produktwerbung, der Claim dagegen der Unternehmenswerbung.**

Der Kontext entscheidet

Diese Differenzierung mag willkürlich erscheinen. Aber sie hat den Vorteil, dass man mit ihrer Hilfe beide Begriffe zur Bildung von Kategorien heranziehen kann, bei denen nicht die formalen Aspekte im Vordergrund stehen, sondern ihr Kontext das entscheidende Kriterium ist. Slogans und Claims sind demnach nur anhand ihres Kontextes voneinander zu unterscheiden.

Wir gehen also hier davon aus, dass der Slogan sich auf die Kategorie „Produkt" und der Claim sich auf die Kategorie „Unternehmen" bezieht.

Das eingangs zitierte *„ ... darauf einen Dujardin!"* ist also ein Slogan, während *„Otto ... find ich gut!"* (Otto-Versandhaus) ein Claim ist. Entsprechend entwickelt man den Slogan immer aus dem Produkt und dessen Eigenschaften heraus und den Claim aus dem Unternehmen und dessen Mission.

Welche Formen von Claims und Slogans uns begegnen

Wenn man Slogans und Claims unter formalen Aspekten betrachtet, fällt auf, dass einige Techniken der Gestaltung (etwa Reim, Wortspiel, Redewendung usw.) besonders häufig angewandt werden. Die hier aufgeführten Beispiele machen das deutlich. Es sind Gestaltungsmuster, die sich bei der Arbeit an Claims und Slogans offenbar durchgesetzt haben.[3]

Verschiedene Muster von Slogans und Claims

Endreim – *„Feuer breitet sich nicht aus, hast du Minimax im Haus"* (Minimax Feuerlöscher, vor 1914). Reime helfen die Dinge besser im Gedächtnis zu behalten und geben der Aussage gewissermaßen eine Melodie. Eine der ältesten und bekanntesten Methoden, Claims und Slogans zu gestalten. Sie sind etwas aus der Mode, halten sich mitunter aber ziemlich lange. Beispiel: Laß dir raten, trinke Spaten (Spaten Brauerei, 1859!).

Stabreim – *„Das Gute daran ist das Gute darin"* (Erasco Konserven, ca. 1990). Der Stabreim ist auch heute noch populär, denn es handelt sich hier um eine vergleichsweise leicht beherrschbare Technik, die mit einfachen Mitteln den jeweiligen Aussagen eine eingängige Struktur verleiht und sie dadurch besonders merkfähig macht.

Übertreibung – *„Jägermeister. Einer für alle"* (Jägermeister Kräuterlikör, ca. 60er Jahre). Jeder weiß, dass das Geschmackssache ist und kein Mensch wird diesen Slogan bierernst nehmen. Gerade deshalb kann man auch mit Übertreibungen werben, ohne mit dem Wettbewerbsrecht in Konflikt zu kommen.

Überhöhung – *„Hell wie der lichte Tag"* (Osram Glühbirnen, 1949); *„Man sagt, er habe magische Kräfte"* (Fernet-Branca). Das liest sich angenehm und klingt besonders wohl in den Ohren. Durch die Wahl literarisch, ja fast schon poetisch anmutender Formen („...der lichte Tag"; „Man sagt, ...") verschafft man selbst alltäglichen Produkten wie Glühbirnen oder Kräuterschnaps so etwas wie einen Nimbus.

Statement – *„Ich will so bleiben, wie ich bin"* (Du darfst Halbfettmagarine, 1986). Die Bekenntnisse von prototypischen Verbrauchern finden sich besonders häufig bei Nahrungs- und Genussmitteln, machen aber auch vor Fotokopierern nicht halt: *„Ich freu' mich aufs Büro"* (Rank Xerox, ca. 90er Jahre).

Wortspiel – *„Mann, sind die dick, Mann"* (Dickmanns Schokoküsse, 80er Jahre). Die Berührung der Marke und jede Spielerei mit dem Markennamen ist eigentlich tabu. Hier zeichnete aber die Geschäftsleitung des Unternehmens für den Slogan verantwortlich, die über den Kopf der Agentur hinweg selbst Hand angelegt hatte. In diesem Ausnahmefall scheint es der Marke nicht geschadet zu haben.

Lautmalerei – *„... rrrrröstfrisch"* (Eduscho Kaffeeröstereien, 70er Jahre). Eine seltene Form des Slogans, aber gerade deshalb fällt sie auf, geht gut ins Ohr und bleibt dort hängen. Der Texter soll in diesem Fall von dem Geräusch von Kaffeemühlen, das die Akustik der Eduscho-Filialen prägt, inspiriert worden sein.

Redewendung – *„Astra. Was dagegen?"* (Astra Bier, ca. 1998). „Was dagegen?" war auch vor 1998 eine Redewendung, die man als Antwort zurückgab, wenn man wegen irgendetwas, was man nun mal gerne tut, kritisch angesprochen wurde. Ein Slogan, der gewissermaßen aufgesammelt und weiter verwertet wurde. Was wieder zeigt: Das Beste liegt häufig auf der Straße. Aber trotzdem: Da muss man erst einmal drauf kommen.

Deskription – Welche Eigenschaft hat unser Produkt? Welchen Vorteil bietet unser Unternehmen dem Kunden? Wenn man diese Fragen beantwortet, indem man sich auf den Kern der Sache konzentriert, dann kommt man zu ganz einfachen, aber prägnanten Beschreibungen wie diesen: *„Quadratisch, praktisch, gut"* (Ritter Sport, ca. 1970); *„Connecting People"* (Nokia, 90er Jahre).

Regelverstoß – *„Da werden Sie geholfen!"* (Telegate Telefonauskunft, ca. 1999); *„Sind wir nicht alle ein bisschen Bluna?"* (Bluna Limonade, 1995). Fehler haben zwei Vorteile: Sie fallen auf und man merkt sie sich. Und weil es in der Werbung auch ums Auffallen und ums Einprägen geht, liegt es auf der Hand, sich der grammatikalischen oder logischen Fehlkonstruktion hin und wieder zu bedienen.

Fremdsprachen – Wenn Produkte eine klar definierte Herkunft haben bzw. einem Land oder einer Landschaft zugeordnet werden sollen oder wenn es darum geht, Produkten ein internationales Flair zu verleihen, bietet sich – ganz nahe liegend – die Verwendung von Fremdsprachen an[4]: *„Moda al dente"* (Cinque Mode, 90er Jahre); *„Don't leave Home without it"* (American Express Kreditkarten, 90er Jahre).

Steigerung – *„Gut, besser, Paulaner"* (Paulaner Brauerei). Immer noch eines der schönsten Beispiele für den gekonnten Umgang mit der Steigerung. Der Superlativ wird ganz selbstbewusst durch den Markennamen ersetzt. Das klingt trotzdem nicht prahlerisch oder unangenehm und bleibt damit souverän.

Was Claims und Slogans leisten müssen

Claims und Slogans sind weder eine Aufforderung zum Kauf oder zum Handeln, noch enthalten sie eine rationale Argumentation. Sie müssen nicht informieren und belehren oder anpreisen, sondern haben die Funktion, eine vertraute Atmosphäre zu schaffen und ein suggestives Resümee zu ziehen. Sie müssen nicht Aufmerksamkeit generieren – das ist die Aufgabe der Headline und des Bildes –, sondern eine Aussage so prägnant zusammenfassen, dass sie wiedererkennbar und merkfähig wird (vgl. Gass 1996, S. 1154).

Erinnerung ist Ziel und Wirkung zugleich

Menschen sollen sich an die Aussage und damit an das Produkt oder das Unternehmen erinnern – mehr nicht, aber auch nicht weniger. Das ist das Ziel und gleichzeitig die Wirkung eines Claims oder eines Slogans. In dieser Konsequenz misst beispielsweise das Institut für Werbepsychologie und Markterkundung in Frankfurt am Main die Qualität von Slogans anhand der Gedächtniswirkung und macht dafür unter anderem folgende Faktoren verantwortlich (vgl. Urban 1994, S. 178):

1. Rhythmus, Wohlklang, Harmonie
2. Gestaltungsform
3. Werbevolumen und Verwendungszeit
4. Prägnanz und Charakteristik

Das Institut orientiert sich damit stark an formalen Kriterien. Andere Aspekte kommen dagegen etwas kurz. Unternehmen, die markenorientiert denken, das heißt, die sich oder ihr Produkt als Marke sehen, prüfen, ob die Aussagen mit dem Unternehmen bzw. dem Produkt selbst in Deckung zu bringen sind, und berücksichtigen dabei selbstverständlich auch juristische wie technische Fragen. Deshalb sollen die Kriterien, die an Claims und Slogans zu stellen sind, um bestimmte Ansprüche ergänzt werden, weil sie mindestens genauso wichtig sind (vgl. Barowski, S. 109 ff.):

5. Berücksichtigung der Positionierung
6. Bündelung des Markenversprechens
7. Alleinstellungsfähigkeit
8. Verwendbarkeit in allen Medien

Doch egal, woran man sie bemisst: Claims und Slogans müssen wirken. Das tun sie am besten, wenn sie durch eine einfache Struktur allgemein verständlich, durch Kürze prägnant und merkfähig, durch einen Rhythmus eingängiger sind und durch Wohlklang Harmonie gewinnen. Originalität macht sie zu einem verbalen Markenzeichen und idealerweise ist der Name des Unternehmens oder des Produkts integriert (vgl. Urban 1994, S. 186 und Peuckert 1997, S. 115)

Es gibt keinen Claim und keinen Slogan, der allen Kriterien genügt und jedem Anspruch gerecht wird. Sogar wenn sie den Anforderungen in einem oder mehreren Punkten widersprechen, bedeutet das nicht, dass sie nicht erfolgreich sein können. Mit einem starken Etat und unterstützt durch eine geschickte Media-Planung oder einfach, weil sie zur rechten Zeit am richtigen Ort waren, finden auch vermeintliche Blindgänger ihr Ziel. Doch um die geht es hier nicht!

Wie man gute Claims und Slogans entwickelt

Es geht vor allem ums Verdichten

Es ist nicht leicht, eine Arbeitstechnik auszuweisen, die sich speziell für Claims und Slogans eignet. Gibt es die überhaupt? Wenn ja, dann muss man diese Technik wohl „dichten“ nennen. Wie werden ausgeklügelte Positionierungen, kühne Visionen, komplexe Produkte und lange Texte zu einem Satz von vielleicht drei, vier oder sechs, im Extremfall acht oder zehn Worten „ver-dichtet“? Die Antwort auf diese Frage bleibt hier offen. Texten lernt man durch texten, der praktischen Auseinandersetzung mit dem geschriebenen Wort. Und letztendlich sind Claims und Slogans Texte wie andere auch – bloß kürzer und plakativer. Entscheidend sind auch hier die guten Ideen, die hinter ihnen stecken.

Claims und Slogans spielen eine zentrale Rolle in der Werbung. Sie sind immer Teil eines Textes, Teil einer Anzeige, Teil einer Kampagne und damit Teil einer Idee. Wenn man sie schreiben will, kann man das nicht losgelöst vom Umfeld tun. Man muss Claims und Slogans immer von der Gesamtidee und mit der Gesamtidee denken. Und diese Idee ist im Unternehmen, in der Marke oder im Produkt verborgen.

Das bedeutet, dass man einen guten **Claim** ganz praktisch **aus** dem Ziel des Unternehmens oder **dem Kern der Marke** heraus entwickelt und einen guten **Slogan aus dem Wesen des Produktes.** Man „destilliert" gewissermaßen den „Sinn aus der Sache", gewinnt die Idee und formt mit ihrer Hilfe den Text. Wie man das macht und wie man zu einer guten Idee kommen kann, an deren Ende ein guter Claim oder Slogan steht, sollen ein paar Beispiele deutlich machen.

Nur selten hilft der Zufall

Ideen begegnen uns selten als „Einfall". Meistens sind sie das Ergebnis einer intensiven, oft langwierigen Anstrengung. Nur manchmal entstehen sie leichter und schneller, als man denkt, gewissermaßen als Nebenprodukt. Etwa bei der Arbeit am Text. Der Esso-Claim *„Es gibt viel zu tun. Packen wir's an"* aus dem Jahr 1974 ist so ein Fall. Er war ursprünglich Teil eines längeren Textes, einer häufig geschalteten Anzeige, die das Unternehmen – die Energiekrise war gerade vorüber – als technisch innovativ und besonders engagiert darstellte. Den letzten Satz im Text, der auch in Filmen von einer markanten Stimme gesprochen wurde, haben sich die Leute offenbar gemerkt, denn er wurde oft und gern zitiert. Esso hat sich gefreut und ihn dann zum Claim gemacht.

Ein anderer berühmter Claim, der vergleichsweise leicht zu Papier kam, ist *„Vorsprung durch Technik"*. Er entstand 1971 in der hausinternen Werbeabteilung von Audi und konnte vielleicht auch nur dort entstehen. Denn der Werbeleiter Hans Bauer, der ihn niederschrieb, erlebte hier – also von innen – die Fusion mit NSU. Ein Moment, in dem man gerne Rückschau hält, neue Perspektiven entwickelt und in dem die ingeniösen Leistungen eines langen Zeitraumes auf einmal präsent werden. Einem Außenstehenden wird sich ein solcher Moment, der die Erkenntnis beflügelt, kaum eröffnen. Er setzt eine lange, intensive Auseinandersetzung mit dem Unternehmen, eine große Vertrautheit voraus.

Man kann sich dem aber annähern, indem man sich in die Materie einarbeitet, recherchiert und ein Unternehmen, eine Dienstleistung oder ein Produkt bis ins Detail kennen lernt. Theoretisch und praktisch. Wer intensiv recherchiert, neugierig bleibt und sich darum kümmert, ein Produkt

Drei Anzeigen-Seiten ist der Claim „Vorsprung durch Technik“ dem Hersteller Audi 1990 wert. Der Grund: Auch in den USA und Großbritannien wird der Marken-Claim erfolgreich in Deutsch eingesetzt.

selbst zu erleben, hat einen Informations- und Ideenfundus, aus dem er sich bei der Arbeit am Claim frei bedienen kann. Auch ohne Insider zu sein. Der Audi-Claim läuft immer noch und soll sich sogar auf den britischen Inseln durchgesetzt haben. Nicht als „Advantage by engineering", sondern in der Originalsprache. Darauf ist man zu Recht stolz und die Ingolstädter widmeten ihrem Stolz 1990 im Spiegel eine dreiseitige Anzeige.[5]

Die schnelle Idee ist die Ausnahme, Schweiß und Verzweiflung die Regel

Die meisten Claims und Slogans entstehen wahrscheinlich durch die Kombination von Schweiß mit Verzweiflung. Und manchmal erst dann, wenn die Aussage von einer namhaften Zeitung als Überschrift verwendet wird, wird einem klar, dass die Idee gut war. So war das bei Andreas Hetzer, der für Media Markt auf *„Gut, dass wir verglichen haben"* kam. Nach eigenen Angaben kann sich der Texter nicht mehr erinnern, wo und wann ihm der Spruch eingefallen ist, ist sich aber sicher, dass er kurz vorher verzweifelte (vgl. Hansen 2000, S. 194). Eine Standardsituation, aus der man sich befreien kann. Wenn die Ideenfindung stockt, hilft Entspannung: duschen, schlafen, joggen, an die Bar, ins Kino, in den Buchladen oder zum Essen gehen – aber immer mit Stift und Papier.

Manchmal braucht ein guter Text die Entfernung vom Schreibtisch. Slogans, die zuerst nur für Radio- oder TV-Spots geschrieben wurden, machen auf dem Papier eine sehr gute Figur, gehen dann aber in der Praxis, wenn sie aus dem Mund eines Sprechers kommen, völlig daneben. Tim Blanck hatte Verona Feldbusch für einen Spot der Telegate-Telefonauskunft zunächst einen Spruch wie „Da werde ich gehelft" zugedacht. Das klang am Set nicht überzeugend. Blanck: *„Man merkt einfach, wenn ein Spruch gut kommt. Und ‚Da werden Sie geholfen' läuft einfach besser* (vgl. Hansen 2000, S. 195). Ähnliche Erfahrungen hat Olaf Oldigs gemacht. Bei der Arbeit am Text müsse man alles, was theoretisch gut klingt, von den Darstellern sprechen lassen. *„Dann erst merkt man, ob es wirklich sitzt und das Zeug zum geflügelten Wort hat"* (vgl. Hansen 2000, S. 194).

Zeitdruck und Ehrgeiz als Geburtshelfer

Eine schwere Geburt muss der Red-Bull-Slogan gewesen sein. Agenturinhaber Johannes Kastner feilte zwei Jahre lang an Konzepten und Ideen für seinen Auftraggeber Dietrich Mateschitz – zunächst ohne durchschlagenden Erfolg. „Kastner wollte das Handtuch werfen und bat Mateschitz, sich nach einer anderen Agentur umzusehen. Der aber bewegte ihn dazu, die Angelegenheit noch eine Nacht zu überdenken. Der Legende nach wurde in dieser Nacht der Slogan geboren“ (vgl. Hars 2001, S. 346). Die Mühe war's wert, denn um die Eigenschaften eines Energy-Drinks griffig und bildhaft zu beschreiben, ist *„Red Bull verleiht Flüüügel“* (Red Bull, ca. 1996) einfach besser als das blasse *„Red Bull belebt Geist und Körper“*. Hier waren Zeitdruck und gesunder Ehrgeiz die Geburtshelfer.

Dass sich Mühe und Geduld bei der Entwicklung guter Slogans und Claims auszahlen, auch wenn man immer nur schrittweise vorankommt, zeigt Fisherman's Friend. Seit Mitte der 80er Jahre sind die Pastillen mit dem ziemlich scharfen Geschmack auf dem deutschen Markt und galten schnell als Trend-Produkt. Ein Slogan wie *„Wohltuend bei Husten und Heiserkeit“* (Fisherman's Friend, 1987) reichte nicht. Zu bieder, zu sehr auf Gesundheit fokussiert und hätte damit genauso gut zu irgendwelchen Hustenbonbons passen können. Man schaute sich daraufhin das eigene Produkt offenbar noch einmal etwas genauer an und stellte fest, dass Erstverwender sehr stark darauf reagierten: Sie spuckten es wieder aus – zu scharf. Das deutete man euphemistisch als „außergewöhnliches Frischeerlebnis“ (vgl. Hars 2001, S. 367) und nutzte nach 1988 *„Die Kraft, die in Hals und Kopf Frische schafft“*. Schon besser, aber immer noch sehr deskriptiv, ganz ohne Emotion und für ein starkes Produkt einfach zu schwach.

1991 gab das Unternehmen der betreuenden Agentur Koch, Köhler & Partner den Auftrag, eine neue Kampagne zu entwickeln, *„Hauptsache, es war frech und anders als die anderen“* (vgl. Hars 2001, S. 367). Die entfesselten Kreativen schufen das Key-Visual mit der Welle, die über Neugierigen zusammenschlägt, wenn sie wissen wollen, wie Fisherman's Friend schmeckt, und fanden endlich den passenden Slogan dazu: *„Sind sie zu stark, bist du zu schwach“*. Ein Slogan, dem man anmerkt, dass der Verbraucher genau beobachtet wurde, der gleichzeitig den Kern des Produktes trifft und die Wirkung stimmig dramatisiert. Volltreffer!

Vox populi, vox Rindviech? Von wegen!

Die Arbeit an Claims und Slogans wird leichter, wenn man zuhört. „Vox populi, vox Rindviech“ dichtete einst Franz Josef Strauß und jeder erfahrene Texter weiß, dass das nicht stimmt. Jedenfalls in Hamburg.

Produkt-Charakter bestimmt Slogan-Charakter

Im Norden hat man dem Volk aufs Maul geschaut und Astra, einer Hamburger Biermarke mit Proll-Appeal, ein neues Image verpasst, das den – sagen wir mal bodenständigen – Charakter des Bieres nicht verleugnet, ihn aber charmant zeichnet und damit Kult-Qualitäten verleiht. Die Kampagne zum Bier setzt auf Volkstümlichkeit, ohne zu „tümeln“; ist jung, ohne penetrant „jugendlich-trendy“ zu wirken, und reflektiert die Wirklichkeiten einer bestimmten Hamburger Szene, ohne platt „szenig“ zu sein. Das geht bis hin zur Übernahme von lokalen Redewendungen und des leicht nölenden Hamburger Idioms; zu hören auf der Webseite unter www.astra-bier.de: White Trash auf hanseatisch. Als Slogan heißt das *„Astra – Was dagegen?“*. Der Charakter des Produktes bestimmt den Charakter des Slogans – so soll das sein!

Auch der Slogan *„Bitte ein Bit!“* (Bitburger Brauerei, 1955) verdankt seine Existenz einem offenen Ohr. Bertrand Simon, der Geschäftsführer der Brauerei, hatte in einem Gartenlokal ein Bier bestellt, selbstverständlich ein Bitburger, und hörte, wie der Kellner dem Wirt zurief: „Bitte ein Bit!“ Wolfgang Hars schwärmt: „Ein Klassiker war geboren, dessen lyrische Schönheit und aphoristische Prägnanz seither Generationen von Germanisten mehr über den Stabreim lehrt als jede Vorlesung.“

Manchmal reicht es zu zuhören

Mit gespitzten Ohren hat sich auch Texter Werner Busam an die Arbeit gemacht. Seine Aufgabe bestand darin, mit Hilfe eines TV-Spots dem Publikum klarzumachen, dass man mit AOL leicht, schnell und ohne technische Vorkenntnisse ins Internet kommt. Als Testimonial wurde Boris Becker gewonnen. Mit der Storyline für den Spot gab es keine Probleme. Und auch beim Claim wusste sich der Texter zu helfen. Busam: *„Man muss nur mal hinhören, wenn Leute sich übers Internet unterhalten – sie gehen ‚rein‘, dann sind sie ‚drin‘. So einfach ist das manchmal“* (vgl. Hansen 2000, S. 195). Fraglich, ob das ein Klassiker wird, aber der Claim geht schnurstracks geradeaus: *„Ich bin drin“* (AOL, 2000).

Kurze Texte brauchen dichte Gedanken

Mitunter ist es hilfreich, sich an bestehenden Mustern zu orientieren und sich mit ihrer Hilfe auf den Weg zum Claim oder Slogan zu machen. Man dreht den Spieß um, schafft sich zuerst eine Form und dann den Inhalt. Die vorher erwähnte Klassifikation der Gestaltungskriterien nach Reimen, Wortspielen, Redewendungen usw. zeigt einen ganz kleinen Ausschnitt möglicher Formen.

Eine ausführliche Zusammenstellung nicht nur poetischer Formen enthält Christoph Ransmayrs „Wasserzeichen der Poesie“. Ein Buch, das fast schon enzyklopädisch vorführt, welche Gestalt kurze Texte annehmen können und wie vielseitig man sie formulieren kann.

Texten bedeutet oftmals dichten. Und viele Dichter haben getextet – von Wedekind über Brecht zu Biermann. Oft weil sie mussten, manchmal weil sie wollten. In der Stern-Bibliothek ist ein Buch dazu erschienen: „Wenn Dichter texten ...“. Und auch Journalisten werden von ganz ähnlichen Problemen geplagt wie Texter. Besonders wenn es an die Überschrift geht, die mit Claims und Slogans zumindest die Kürze gemeinsam hat. Wolf Schneider und Detlef Esslinger zeigen in „Die Überschrift“, wie man Informationen sprachlich korrekt und interessant mit wenigen Worten auf den Punkt bringt. Es lohnt sich meistens, mehr als einen Blick über den eigenen Tellerrand zu riskieren.

Die *„Fähigkeit, der langen Rede Sinn in kürzeste Typsätze zu modeln“* und *„Formulierungen, die ‚sitzen‘, die ‚hinhauen‘ sind Einmannarbeit“* schreibt Emil Dovifat (a.a.O., S. 116). Das stimmt meistens, aber nicht immer.

„Einmannarbeit“ oder Teamwork? Beides funktioniert

Für die Ideenfindung, aber auch für die Arbeit am Text kann ein Brainstorming nützlich sein. Das Brainstorming dient der systematischen Ideenfindung in Gruppen. Es basiert auf dem Prinzip der freien Assoziation. Ideen sollen nicht lange durchdacht und begründet, sondern in der Gruppe spontan und schnell geäußert werden. Quantität geht dabei vor Qualität. Phantastische Ideen sind ausdrücklich erwünscht und je mehr davon produziert werden, um so größer ist die Chance, dass eine verwertbare Idee dabei ist. Killerphrasen, Rechtfertigungen, Kritik, Lob, Logik und Diskussionen sind während des Brainstormings tabu. Mit dieser Regel versucht man Denkblockaden zu überwinden, bevor sie entstehen. Kurz: Ein Brainstorming veranstalten, heißt im Prinzip laut denken.

Aus einer Frage wird ein Slogan

Laut gedacht hat während eines Brainstormings der Mitarbeiter einer Hamburger Werbeagentur. Man saß zusammen, um für das Katzenfutter Kitekat einen neuen Slogan zu entwickeln. Das Team ging wohl von der Überlegung aus, dass es selbstverständlich auch für den Katzenhalter positiv ist, wenn sich sein Tier wohl fühlt, weil er es gut füttert. Einer der Teilnehmer hat dann versucht, diese Überlegung in Worte zu fassen, und fragte: „Wie lässt sich das eigentlich ausdrücken: ‚Ist die Katze gesund, freut sich der Mensch?'" Das war eine Frage, die gleichzeitig ihre Antwort mitlieferte: Kitekat hatte einen neuen Slogan.

Eine stumme Form des Brainstormings ist die Methode 6-3-5. Sechs Personen machen auf einem Formblatt mit 18 Feldern jeweils drei Lösungsvorschläge und geben das Blatt nach zwei Minuten an den Nachbarn weiter. Das wiederholt sich fünfmal, die Blätter sind voll, und man hat im besten Fall innerhalb von zwölf Minuten immerhin 108 Ideen zur Hand.

Vom Brainstorming unterscheidet sich die Methode 6-3-5 dadurch, dass sie gruppendynamische Prozesse weitgehend ausschaltet, die Teilnehmer zu exakter Arbeit zwingt und sie bis zu einem gewissen Grad unter Stress setzt, weil ein sehr enger Zeitrahmen gesetzt wird. Beide Methoden eignen sich relativ gut, um mit der Unterstützung von Gruppen zu einem Slogan oder Claim zu kommen. Die Ergebnisse, die mit der Methode 6-3-5 erzielt werden, sind erfahrungsgemäß konkreter und etwas genauer. Das liegt vielleicht daran, dass die Teilnehmer hierbei schriftlich arbeiten.

Tendenziell eignet sich das Brainstorming eher für frühe Phasen im Arbeitsprozess, wenn man über die Richtung, in die man gehen möchte, noch nicht im Klaren ist. Die Methode 6-3-5 führt mit ihren Ergebnissen etwas näher ans Ziel. Sie wird deshalb dann eingesetzt, wenn man sich mit dem Problem schon länger beschäftigt oder wenn das klassische Brainstorming noch keine brauchbaren Lösungsmöglichkeiten geliefert hat. Das Kitekat-Beispiel mit dem Slogan, der noch im Brainstorming präsentationsreif entsteht, ist die absolute Ausnahme. In der Regel liefern die Ergebnisse dieser beiden Methoden Rohmaterial, das kritisch gesichtet werden muss und individuell weiterentwickelt werden kann.

Was Claims und Slogans bewirken können

Sie geben der Marke eine Stimme

Claims sind Investitionen in Unternehmen, Slogans Investitionen in Produkte. Sie übernehmen in der Marktkommunikation wichtige Aufgaben. Sie sind Teil der Markenidentität und als solche inzwischen schutzfähig[6], sie können den Aufbau der Marke beschleunigen und unterstützen. Wenn das Logo das Gesicht der Marke ist, dann sind sie es, die dem Gesicht eine unverwechselbare Stimme geben. Und diese Stimme soll man hören.

Viele der hier vorgestellten Claims und Slogans haben nur durch die dauernde Wiederholung den Weg in das Bewusstsein der Zielgruppen gefunden. Sie konnten sich durchsetzen, weil sie in jeder Anzeige, in jedem TV-Spot, in jedem Mailing konsequent eingesetzt wurden. Einige von ihnen aber sind in den Köpfen lebendig geblieben, weil sie Qualitäten besitzen, die die Menschen ansprechen und sie manchmal sogar faszinieren. Dann sind sie beinahe so etwas wie Zaubersprüche. Aber verkaufen können sie alleine trotzdem nicht. Man muss sich stets vor Augen halten, dass sie immer nur einen Teil der Kommunikationsarbeit leisten.

Sympathiewerte für Marken sind nicht alleine von Claims, Kaufentscheidungen sind nicht alleine von Slogans oder deren Qualität abhängig. Wie das Dujardin-Beispiel beweist, muss bezweifelt werden, ob sie überhaupt in der Lage sind, aus einem Produkt ein relevantes, d.h. für den Kauf in Frage kommendes Produkt zu machen. Ihre Wirkung besteht allein darin, Unternehmen und Produkte in Erinnerung zu bringen – nach Möglichkeit in angenehme Erinnerung.

Ein guter Slogan erzählt ohne viele Worte alles über das Produkt, ein guter Claim alles über das Unternehmen. Wenn Slogans und Claims diesen Ansprüchen gerecht werden, dann drängt sich dem Publikum früher oder später ein Gedanke förmlich auf: „Da weiß man, was man hat." Und das kann für Unternehmen sehr wertvoll sein:

Die Anzeige ist ein Ratespiel mit gezinkten Karten. Denn „Nichts ist unmöglich“ ist so sehr in den Köpfen verankert, dass keine Zweifel aufkommen können.

Im Sommer 1994 hielt der damalige US-Präsident Bill Clinton vor dem Brandenburger Tor in Berlin eine mit Spannung erwartete Rede. Würde er, wie über dreißig Jahre zuvor John F. Kennedy – „Ich bin ein Berliner“ – ebenfalls deutsch sprechen? Clinton tat es, indem er in die Menge rief: „Nichts ist unmöglich!“ Das Echo aus dem Publikum: „Toyootaa!“[7] (vgl. Hars 2001, S. 305)

Voilà: eine Zielgruppe, die auf Jahre hinaus so konditioniert ist, dass sie auf einen bestimmten verbalen Schlüsselreiz hin sofort den Namen eines Unternehmens oder eines Produktes repetiert. Darf man sich als Werbungtreibender mehr wünschen? Wohl kaum.

Anmerkungen

(1) http://www.bbdo.de/glossar/1985_2036.html, Dezember 2001

(2) Dieser Begriff, ein Claim für Claims, stammt von Heinz Hartwig (hier zit. nach Urban, 1994, S. 176).

(3) Die in diesem Beitrag aufgeführten Beispiele – wenn nicht anders vermerkt – gehen auf Wolfgang Hars zurück, der sich die verdienstvolle Mühe gemacht hat, im Lexikon der Werbesprüche die besten Claims, die überraschendsten Slogans und die schönsten Sentenzen der Werbung zusammenzuführen und den Geschichten hinter den Sprüchen auf die Spur zu kommen.

(4) Einer neueren empirischen Untersuchung nach haben die meisten Deutschen kein Problem mit englischsprachigen Claims und Slogans; sie werden verstanden, weil die Zielgruppen über einen ausreichend großen passiven Wortschatz des Englischen verfügen. Auf Befragen gaben viele Personen über 50 Jahre, wie übrigens auch viele Angehörige der Altersgruppe zwischen 20 und 35 an, dass sie es vorziehen würden, in der Werbung auf deutsch angesprochen zu werden. Vgl. Gawlitta, S. 86 ff.

(5) „Englands bekanntester Autoslogan stammt aus Deutschland." Der Spiegel Nr. 6, 1990, S. 219 ff.

(6) „Werbeslogans können künftig als Marke europaweit geschützt werden. Das hat der Europäische Gerichtshof in 1. Instanz entschieden. Das Urteil liegt im allgemeinen Trend von Gerichten, bei der Eintragung von Markennamen großzügiger zu verfahren. In Deutschland hatte der Bundesgerichtshof vor etwa zwei Jahren erstmals entschieden, dass Slogans als Marke eingetragen werden können und damit gegenüber Nachahmern geschützt sind. (...) Dem Urteil lag ein Streit zwischen einem Möbelwerk und dem Amt für die Eintragung von Gemeinschaftsmarken zugrunde. Das Möbelwerk hatte sich den Slogan ‚*Das Prinzip der Bequemlichkeit*' europaweit als Markennamen schützen lassen wollen. Das Amt hatte die Eintragung abgelehnt. Das Unternehmen zog daraufhin vor Gericht und hat nun Recht bekommen (Az.: T-138/00)." Nicola de Paoli: „Werbeslogans können in Europa geschützt werden". In: Financial Times Deutschland, 17.12.2001.

(7) In der tagesaktuellen Presse wird Clintons Rede anders zitiert. Dort heißt es z.B. in der Berliner Zeitung vom 13.07.1994: „Nichts wird uns aufhalten, alles ist möglich. Berlin ist frei!" Bedenkt man zudem, dass der Toyota-Claim *„Nichts ist unmöglich – Toyota"* vor allem über TV-Spots bekannt wurde, in denen Tiere diesen Spruch mit einer sehr charakteristischen Betonung singen, was Clinton sicher nicht tat, fällt es recht schwer, dieser kleinen Anekdote Glauben zu schenken. Schön bleibt sie trotzdem.

Literaturhinweise:

Barowski, Mike (1997): Textgestaltung. Berlin

Bohmann, Stephanie (1996): Englische Elemente im Gegenwartsdeutsch der Werbebranche. Marburg

Carstensen, Broder (1993): Anglizismen-Wörterbuch. 2 Bde. Berlin

Dovifat, Emil (1971): Handbuch der Publizistik. 3 Bde. Berlin

Gass, Franz Ulrich (1996): „Werbeslogans." In: Koschnick, Wolfgang J.: Standard-Lexikon Werbung, Verkaufsförderung, Öffentlichkeitsarbeit. 2 Bde. München

Gawlitta, Ludger (2000): Akzeptanz englischsprachiger Werbeslogans. Paderborn

Hansen, Dorthe: „Ihr EinSatz, bitte." In: Allegra, Nr. 6/2000, S. 194 ff.

Hars, Wolfgang (2001): Lexikon der Werbesprüche. München

Hofe, Klaus G. (1995): Praktisches Werbe- und Marketing-ABC. Freiburg

Janich, Nina (1999): Werbesprache. Tübingen

Kuhn, Robert (1996): Wenn Dichter texten ... Hamburg

Langwost, Ralf (1998): Strategien von Top-Kreativen. München

Linneweh, Klaus (1994): Kreatives Denken. Rheinzabern

Neske, Fritz (1993): Gabler Lexikon Werbung. Wiesbaden

Noble, Valerie (1970): The effective echo: A dictionary of advertising slogans. New York (New York)

Pepels, Werner (1997): Kompaktlexikon Marketing-Kommunikation. Düsseldorf

Peuckert, Carsten L. (1997): Lokaler Hörfunk als Werbemedium (Diss.). Schriftenreihe für die Brauereiwirtschaft. Bd. 6, hrsg. von Wolfgang Lück. Krefeld

Pflaum, Dieter; Bäuerle, Ferdinand (Hrsg.) (1995): Lexikon der Werbung. 6. Aufl. Landsberg (Lech)

Ransmayr, Christoph (1986): Das Wasserzeichen der Poesie. Frankfurt am Main

Rees, Nigel (1997): Dictionary of slogans. Glasgow

Schneider, Wolf; Esslinger, Detlef (1993): Die Überschrift. München

Sharp, Harold S. (1996): Advertising slogans of America. Metuchen (New Jersey)

Urban, Dieter (1994): Text Design. München

Werz, Edward W., Germain, Sally (1996): Phrases that sell. Lincolnwood, Illinois

Zielke, Achim (1991): Beispiellos ist beispielhaft. Pfaffenweiler

Slogans und Claims

Das Wichtigste auf einen Blick

In Claim und Slogan kommt das Wesentliche zum Ausdruck!
Vieles haben sie gemeinsam: Sie sind Stenogramme der Argumentation. Sie verzichten auf alles Nebensächliche. Sie vereinfachen und verkürzen. Sie verdichten eine Flut von Argumenten auf einen gemeinsamen Nenner. Und dennoch sind sie unterschiedlich...

Vom Schlachtruf zum Aufruf – die Geschichte des Slogans!
Slogan stammt von dem gälischen Wort für Schlachtruf. So wie der Krieger rief, um seine Furcht vor der Schlacht zu vertreiben, so rief später der Händler, um seine Ware zu vertreiben. Ein Slogan bezieht sich also immer auf das Produkt!

Goldgräber stecken Claims ab – Unternehmen auch!
Das englische Wort Claim bezeichnet einen Rechtsanspruch. Dieser Anspruch kann vor Gericht nur von einem Individuum oder einer juristischen Person (wie einem Unternehmen) geltend gemacht werden. Deshalb bezieht sich der Claim auf das Unternehmen selbst. Er steckt verbal das Feld ab.

Nur wenn man sich an sie erinnert, sind sie gut!
Sie müssen nicht informieren und nicht argumentieren. Sie müssen nicht zum Kauf auffordern. Sie müssen nicht einmal direkte Wirkung zeigen. Claims und Slogans müssen nur eines: in Erinnerung bleiben. Als Markenzeichen des Produkts oder des Unternehmens.

Wer einen guten schreiben will, der muss den Kern der Sache freilegen!
Auch wenn sie sich manchmal so lesen: Sie sind keine lockeren Sprüche, die einem mal eben so nebenbei einfallen. Sie sind fast immer das Ergebnis harter (Denk-)Arbeit. Denn das Wesentliche eines Produktes oder einer Marke findet sich selten an der Oberfläche. Man muss es herausdestillieren... und dann auch noch in eingängige Worte fassen.

Trotzdem gilt: Augen und Ohren offen halten! Manchmal liegt die Lösung auch auf der Straße!

Dem Volks aufs Maul zu schauen hat beim Formulieren schon oft geholfen. Und mitunter zeigt sich auf der Straße auch der wahre Charakter des Produktes. Gutes Beispiel: „Astra – Was dagegen?“ Der Charakter des Slogans spiegelt den des Produktes – und erlangte prompt Kult-Status.

Ob im Team oder allein: Am Ende zählt der langen Rede kurzer Sinn!

Es gibt keinen Königsweg zum guten Claim oder Slogan. Sie können sich im Team die Ideen zuspielen oder sich gleich ins stille Kämmerlein zurückziehen. Das ist Geschmackssache und ändert an der Aufgabe nichts. Nämlich den einen Gedanken zu finden, der in wenigen Worten alles ausdrückt, was z.B. die hohe Ingenieurskunst im deutschen Automobilbau zustande bringt: „Vorsprung durch Technik“.

Kein Werbetext, aber auch kein Journalismus: Die Besonderheiten der PR-Texte

Claudia Cornelsen

Käufer, Kunden und Konsumenten – in ihre Köpfe will man die Werbebotschaft einpflanzen. Eye-Catcher und provokative Slogans wecken die Aufmerksamkeit, Zwischenheads und verbale Schlaglichter kitzeln das Interesse, Long-Copys und Abbinder wecken Wünsche – doch hat man damit wirklich schon gewonnen? Leider nein. Denn alle Anstrengungen um Bekanntheit und Image brauchen Glaubwürdigkeit. Und genau hier beginnt die Arbeit der PR.

Das Ziel: Das Volk soll nicht nur hören, dass ein Unternehmen, ein Produkt oder eine Person prima, klasse, wunderbar ist, sondern es auch wissen und vor allem glauben. Wie aber kommt jemand zu einer festen Überzeugung?

„Werbung lügt", denkt der Volksmund, und der aufgeklärte Bürger steht jeder Art von Reklame eher skeptisch gegenüber. Er vertraut nur seinen Vertrauten: Familie, Freunden, Kollegen, Bekannten und – gelegentlich – den Journalisten.

Diese öffentliche Meinung rund um den Verbraucher gilt es zu beeinflussen und zu prägen: Je mehr Menschen „Otto gut finden", desto mehr Menschen werden Otto gut finden. Dieses Rad der werblichen Erfolgsspirale muss man zum Laufen bringen – PR ist der erste Anstoß zur Mundpropaganda.

Ganz gezielt werden Informationen, die das Unternehmen vorstellen und die Arbeit transparent machen, zusammengestellt und an relevante Stellen weitergegeben. Dabei kommen zum einen die klassischen Werbe-Instrumente wie beispielsweise Plakat und Anzeige zum Einsatz. Zum anderen werden aber auch spezifische PR-Instrumente genutzt: Geschäftsbericht, Vortrag, Kundenzeitschrift und Pressemitteilung.

Entscheidend ist, dass die Botschaften, die man für die PR formuliert – anders als die Werbebotschaften – nicht direkt verständlich sind, sondern gewissermaßen „treppenhaustauglich“: Die Nachricht muss so interessant sein, dass sie schnell und gern – eben auch im Treppenhaus – weitererzählt wird. Und die Nachricht muss auch noch so einfach und klar sein, dass sie richtig (also positiv) weitererzählt wird.

Diese Informationen sind der Rohstoff, der von Dritten – meist Journalisten – verarbeitet wird. Schleichwerbung nennen das die einen, Informationsstrategie die anderen. In jedem Fall meint es die Veröffentlichung von Produkt- und Unternehmensinformationen durch die Medien. Denn die Medienwelt ist zu einem unverzichtbaren Mittler und Multiplikator unserer Zeit geworden. Presse, Rundfunk, Film, Fernsehen und Internet sind bedeutende Verbindungskanäle zwischen Unternehmen und Öffentlichkeit.

PR – Ein Diener zweier Herren

Doch der Weg in die Medien ist nicht so einfach, wie er auf den ersten Blick zu sein scheint. Denn bei dieser Art von Stille-Post-Kommunikation gilt es, eine der schwierigsten Stationen überhaupt zu meistern: die Journalisten. Egal ob Redakteure oder Volontäre, ob Bild- oder Online-Journalisten, sie alle verstehen sich als „kritisch“, auch und vor allem der Wirtschaft und Werbung gegenüber, worunter sie meist eh dasselbe verstehen.

Die erste Hürde sind die Journalisten

Und so publizieren sie eben nicht ungesehen alles, was ihnen tagtäglich auf den Tisch kommt. Sie filtern die tägliche Flut an Informationen sehr bewusst und eben auch kritisch: Alles, was auch nur annähernd nach Werbung aussieht, landet direkt im Müll, Langweiliges ebenfalls und auch Unverständliches findet seinen Weg in den Papierkorb.

Nur das wirklich Interessante, das Neue, das Faszinierende, das Bunte oder das Besondere – das bekommt den Ehrenplatz auf der Medienseite, wird geadelt und zu einem redaktionellen Beitrag verarbeitet. Wer heutzutage Öffentlichkeitsarbeit macht, muss deshalb auf vordergründig werbliche

Botschaften völlig verzichten und obendrein mehr bieten als schlichte Information. Mehr denn je gilt es, Fachkompetenz verständlich zu vermitteln und komplizierte Zusammenhänge einfach zu erklären.

Wer PR macht, ist ein Diener zweier Herren: Zum einen müssen die Kundenwünsche und -ziele verfolgt werden, zum anderen dürfen die Medienbedürfnisse nicht aus den Augen verloren werden. Denn alle Informationen, die der PR-Beauftragte weiterleitet, bilden das Fundament für die Arbeit des Journalisten – je besser das Material, desto wahrscheinlicher der Beitrag. Die PR versteht sich als Dienstleistung für den Kunden und gleichzeitig den Journalisten. Nur so kann Presse- und Medienarbeit zu einem wichtigen Bindeglied zwischen Unternehmen und Medien werden.

Gute PR erleichtert die Arbeit der Redaktionen

Der Redakteur von heute ist mehr denn je auf die gute Zusammenarbeit mit externen und zuverlässigen Informanten angewiesen. Denn der moderne Journalismus hat nicht mehr viel mit dem Bild des rasenden Reporters gemein, der mit Euphorie und Enthusiasmus in einer Story aufgeht, monatelang recherchiert und schließlich eine Reportage schreibt. Solche journalistischen Aufgaben sind zu einem regelrechten Privileg einiger weniger – meist freier und damit schlecht bezahlter Journalisten – geworden. Ansonsten gilt: Die Welt dreht sich schneller – auch in der Medienlandschaft.

Aus diesem Grund versteht sich die PR als Dienstleister und Serviceanbieter der Medien. Kurze, prägnante Informationen, originelle Inhalte und fundiertes Hintergrundmaterial sollen die redaktionelle Arbeit so gut es geht erleichtern.

Aus der Masse herausragen, aber wie?

Noch heute ist das am stärksten verbreitete Instrument der PR-Arbeit die **Pressemitteilung.** Wie intensiv sie nach wie vor eingesetzt wird, zeigt der tägliche Berg an Post, der sich auf den einzelnen Redaktionstischen stapelt, meist liegen bleibt und sich schlimmstenfalls allein in Richtung Altpapier bewegt. Und damit nicht genug. Zu den Pressemitteilungen gesellen sich Einladungen, Briefe, Flyer, Meldungen von Nachrichtenagenturen, Faxe und E-Mails. Und nur selten entspricht die Qualität der Informationen den Ansprüchen der Medienprofis: Als „Grauen aus dem Faxgerät“ bespötteln erfahrene Redakteure die Informationsflut aus den PR-Redaktionen, die den Titel eigentlich nicht verdienen.

Anders als eine Anzeige kann ein Pressetext niemals gezielt „platziert" werden. Bei manchen Abonnement-Zeitschriften, wie „Der Instandhalter", „Logistik heute", „Bioforum" und vergleichbaren Fachmedien, gibt es allerdings so genannte Packages, Kombi-Angebote aus Anzeige und Artikel. Im Tageszeitungsgeschäft ist derlei undenkbar. Das Erscheinen eines Artikels kann man sich dort allerhöchstens in Sonderbeilagen à la „Einkaufsparadies City Nord" erkaufen. Natürlich sind die Medien zu wichtigen Werbeträgern geworden. Zeitungen, Zeitschriften, Radio, Fernsehanstalten und selbst das Internet finanzieren sich heute weitgehend über Anzeigen, Werbespots, Banner, Beihefter und dergleichen mehr. Tatsächlich könnten bis auf wenige Ausnahmen die meisten Medien ohne Werbung gar nicht existieren.

Unabhängigkeit bringt Glaubwürdigkeit

Doch selbst wenn es einfacher ist, zehnmal in der „Bäckerblume" zu stehen, als einmal in der „Wirtschaftswoche" – Masse gilt nicht! Im Ranking der Glaubwürdigkeit stehen werbenahe Medien nur selten ganz oben. Zwar besteht auch das Nachrichtenmagazin „Der Spiegel" zur Hälfte aus Werbung, doch gekauft wird das Blatt für seine unabhängige Berichterstattung.

Meinungsbildende Medien wie die Tages- oder Wochenzeitungen „FAZ", „Süddeutsche", „Tagesspiegel", „Zeit" oder „Woche", die großen Rundfunkanstalten und das Fernsehen wählen ihre Informationen sehr genau aus. Wer hier redaktionell mitspielen möchte, der sollte auf die Qualität und Prägnanz seiner Pressemeldungen achten – nur echte Nachrichten kommen ans Ziel.

Pressemitteilungen schreiben, aber richtig

Wie aber sieht nun eine gute Pressemitteilung aus? Erst wenn Inhalt und Form des Textes die Aufmerksamkeit der Journalisten zu wecken vermögen, wird ein Beitrag in den Medien denkbar.

Der inhaltliche Aufbau und die formale Gestaltung einer Pressemitteilung ergeben sich aus ihrer Funktion: Eine Pressemitteilung informiert und bietet dem Journalisten gleichzeitig Hilfe bei seiner Arbeit an. Neben der Beantwortung der zentralen Fragen des journalistischen Tuns – den so genannten **W-Fragen:** Wer, Was, Wann, Wo, Wie und manchmal auch Warum – bringt sie ihm im Idealfall die Idee zu einem redaktionellen Beitrag und liefert dafür bereits ausreichend Hintergrundinformationen.

Durch eine **bildreiche Sprache** werden dem Journalisten auf einer Art „Ideenbuffet" die leckersten Formulierungshäppchen serviert, die übersichtlich gestaltet auf einen Blick einfach zu erkennen sein sollten. Eine klare und **aussagekräftige Schlagzeile** weckt den Appetit des Journalisten, durch einen kurzen **Einführungstext** wird er auf den Geschmack gebracht, und der **Fließtext** bringt schließlich die informative Sättigung.

Die Verpackung zählt

Dabei sollten Sie nie vergessen, dass es an einem schön gedeckten Tisch gleich besser schmeckt als an der Imbissbude. Das Auge isst schließlich mit. Und so sollte dem Journalisten durch die **Kennzeichnung als Pressemitteilung** auf einen Blick ins Auge springen, was auf dem Speiseplan steht. Die **Zeichenzahl** verrät, wie viele Gänge das Menü haben wird, und für den Wunsch nach einem Nachschlag sollte es stets eine **Angabe zur Adresse** geben. Durch solche formalen und vor allem sprachlichen Tricks kann eine Pressemeldung schnell aus der Masse der Einsendungen hervortreten. Doch Achtung: Es ist ebenso peinlich, wenn der Inhalt nicht hält, was das Layout verspricht, wie umgekehrt.

Die Nachricht stets an den Anfang

Und bedenken Sie, eine Pressemitteilung ist kein Kriminalroman. Des Rätsels Lösung muss daher nicht bis zum Ende des Buches im Verborgenen bleiben, so dass der Leser zum Miträtseln animiert wird. Nein, das Geheimnis einer funktionierenden Pressemitteilung liegt vielmehr darin, die Informationen stets so aufzubereiten, dass **das Wichtigste** immer **zuerst** gesagt wird. Erst dann wird über die näheren Umstände und schließlich über die Einzelheiten berichtet. Dem Redakteur sollte am besten immer die Möglichkeit geboten werden, von hinten weg zu kürzen. Denn eine Pressemitteilung sollte inhaltlich auch dann noch verständlich bleiben, wenn sie um einige Zeilen gekürzt werden musste.

All diese Faustregeln gehören zum Handwerkszeug jedes PR-Redakteurs. Und dennoch trennt sich auf den Tischen des Journalisten immer wieder aufs Neue die Spreu vom Weizen. Die eine Pressemeldung schafft ihren Siegeszug in die Medien, während die andere in der Bedeutungslosigkeit verschwindet. Wie also sucht sich ein Journalist die Informationen, die er weiter verwendet, aus?

Das Geheimnis der Nachrichtenfaktoren

Was macht eine Meldung zu einer Nachricht? Wer sich diese Fragen ernsthaft stellt, stolpert früher oder später über die **zehn Nachrichtenfaktoren.** Nähe, Aktualität, Prominenz, Fortschritt, Human Interest, Folgenschwere, Dramatik, Konflikt, Kuriosität, Sex und Liebe entscheiden immer wieder über das Schicksal eines Pressetextes. Ob Publikation oder Papierkorb, hängt von der Vielzahl der erfüllten Nachrichtenfaktoren ab. Zusätzlich gibt es auch innerhalb dieser zehn Faktoren eine unterschiedliche Gewichtung. Die Hauptpfeiler bilden **Aktualität** und **Nähe.** Nur wenn wirklich beide Faktoren erfüllt werden, wird eine Meldung zur Nachricht und kann an den Start gehen. So wird beispielsweise der Schwarzwälder Bote niemals über die erfolgreiche Erdbeerernte in Mecklenburg-Vorpommern berichten; schon gar nicht, wenn es seit einem Monat bereits wieder Kirschen gibt.

Auf Aktualität und Nähe kommt es an

Wer in den Medien präsent sein will, muss sich also die Frage stellen, wie viele der Nachrichtenfaktoren er mit seiner Neuigkeit erfüllt und welche er zusätzlich erfüllen könnte. Das Wissen um die Nachrichtenfaktoren kann man gezielt nutzen. Medienwirksame PR ist auf genau diese Faktoren ausgerichtet und versucht, so viele wie möglich zu erfüllen. Ein echter Medienprofi wird daher nicht erst handeln, um sich danach zu überlegen, ob er mit seinen Aktionen Presse- und Medienarbeit machen kann, sondern stellt sich zunächst die Frage nach der **Medienwirksamkeit** seiner Ideen – und schreibt erst dann.

Doch Vorsicht vor allzu offensichtlichen und schwerfälligen Konstruktionen. Unter dem Wunsch nach Bekanntheit und dem Drang, in die Schlagzeilen zu kommen, darf weder das Image noch die Glaubwürdigkeit eines Unternehmens leiden. Ein Beispiel dafür sind Skandalgeschichten bekannter Persönlichkeiten, die man immer mal wieder in Medien aller Art findet.

Hauptsächlich dann, wenn es einem Star droht, in Vergessenheit zu geraten, sind diese Stories ein beliebtes PR-Mittel, um auf ihn aufmerksam zu machen.

Nur ein schmaler Grat trennt den Medienstar von der Medienschnuppe: Wer zu offensichtlich die Nachrichtenfaktoren zu bedienen versucht, wird schnell als mediengeil entlarvt und sein Handeln als PR-Gag verurteilt.

PR-Gags – besser als ihr Ruf

Gute Gags sind eine Kunst

Und dabei sind PR-Gags meist besser als ihr Ruf. Denn hinter jedem gekonnten und erfolgreichen PR-Gag mit langem Nachhall verbirgt sich stets ein kluger Kopf, eine zielgerichtete Strategie und jede Menge taktisches Kalkül. Ein PR-Gag, soll er nicht zerplatzen wie eine Seifenblase, muss wohl durchdacht und gut geplant sein. Nicht ohne Grund werden die einen als Medienstars gefeiert, lächeln regelmäßig von den Titelseiten der Hochglanz-Illustrierten und winken aus jeder erst-, zweit-, aber niemals drittklassigen Talkshow, während die anderen es nur in den Big-Brother-Container schaffen.

Sag mir, was du tust, und ich sag dir, welcher PR-Typ du bist

Die Schnellstraße in die Schlagzeilen hat sieben ganz verschiedene Abzweigungen. Für welche Ausfahrt man sich schließlich entscheidet oder ob man sogar versucht, gleich über mehrere Wege zum Ziel zu gelangen, ist letztlich eine Frage des PR-Typs.

Während die einen sich als die großen Meister der **Selbstinszenierung** verstehen und – wie Kabarettist Helge Schneider – ihr gesamtes Leben und jeden öffentlichen Auftritt nach diesem künstlich aufgestellten Image ausrichten, scheuen andere, wie das Mediensternchen Jenny Elvers, nicht einmal vor einem gezielten **Tabubruch** zurück. Unbekümmert streckt sie ihren Nachwuchs vor jede Linse, wenn doch nur wieder eine neue Schlagzeile winkt.

Gerade in der heutigen medialen Welt wird das bewusste **Sonnen im Glanze anderer** als Türöffner in neue mediale Sphären genutzt. Nur aus diesem Grund kann die First Lady Deutschlands Doris Schröder-Köpf in ihrem Buch „Der Kanzler wohnt im Swimming-Pool" zur Kennerin und Insiderin der deutschen Politik avancieren.

Wer sich hingegen wie Verona „Da werden Sie geholfen"-Feldbusch immer wieder **erfolgreich selbst blamiert** und die **vermeintlichen Niederlagen** konsequent und stets medienwirksam in aller Öffentlichkeit inszeniert, der erobert sehr schnell die Titelseiten der Hochglanzmagazine.

Während die einen das Rampenlicht um jeden Preis suchen, üben sich die anderen in der **Kunst der Verschleierung und Geheimnistuerei.** So erfährt man über den Talkmaster Harald Schmidt, obgleich er fast jeden Abend von der Mattscheibe lacht und seine Scherze auf Kosten der Stars und Sternchen macht, nie etwas Privates.

Vom Unsinn zum Schokoladen-Symbol

Auch **Schummeleien und pointierte Täuschungen** können für Schlagzeilen sorgen, wenn man dadurch, wie Konrad Kujau, eine renommierte Zeitschrift wie damals den „Stern" mit falschen Hitlertagebüchern in Verlegenheit bringt. Von einer solchen Bekanntheit hatte er sicherlich auch nicht zu träumen gewagt. Und sogar die berühmte „lila Kuh", die Veteranin der Schoko-Industrie, lässt sich mit einer der sieben Taktiken der PR-Gags beschreiben: Hat sie es immerhin durch die **gekonnte Verknüpfung von Unsinn** (Kuh und Farbe Lila) zu Neusinn (Sinnbild für Schokolade) zu medialer Prominenz und jeder Menge Bekanntheit gebracht.

Wo, bitte, geht's zur Titelseite

Gerade in unserer medienorientierten Welt wird Popularität immer deutlicher zum Schüssel des Erfolgs. Nicht ohne Grund bemühen sich auch Vorstandsvorsitzende, Unternehmer und Manager verstärkt und offensiv um Bekanntheit. Die Medien – Spiegel der Gesellschaft – sind zu einem Sprachrohr der Wirtschaft geworden. Sie sind wichtige Gradmesser für das persönliche und vor allem wirtschaftliche Renommee. Doch wer sich in dieser Flut von Geschichten und Gesichtern behaupten will, wer ganz gezielt den Weg raus aus dem Schatten, rein ins Rampenlicht sucht, der setzt auf strategische PR: Ob man gesehen wird, ist stets eine Frage der richtigen Positionierung.

PS: Hat man sich erst einmal alle Tricks und Kniffe der PR zu Herzen genommen und auch die schwierigsten PR-Klippen umschifft, kommen auch die Bauernregeln zu ihrem Recht: **Ausnahmen bestätigen die Regel**. Gerade das Abweichen von der Norm, eine unkonventionelle Herangehensweise an ein Thema machen häufig eine Information erst zu einer Top-Nachricht.

Ausnahme bestätigt Regel

Wieso sonst konnte eine kurze E-Mail einem Manager aus der IT-Branche zum medialen Durchbruch verhelfen? Gerade einmal vier Zeilen brauchte es, um ihn zur Titelstory eines großen Wirtschaftsmagazins zu machen. Und was stand in der Mail? Nun, es sei verraten: „Der Kerl ist interessant, weil er 1. jünger als 40 Jahre ist, 2. weder Studium noch überhaupt Abitur hat und 3. trotzdem im Top(!)-Management eines traditionellen Groß-Konzerns sitzt. Ist das normal?“

Die Besonderheiten der PR-Texte

Das Wichtigste auf einen Blick

Der Vorteil der PR: Sie wirkt glaubwürdiger als Werbung!
„Werbung lügt", so denkt fast jeder aufgeklärte Bürger. Was er in den Medien dagegen liest, wirkt schon objektiver – schließlich meldet sich da nicht die Reklame zu Wort, sondern die öffentliche Meinung. Und genau die will die PR beeinflussen.

PR-Texte sind nicht das Endprodukt – sie liefern die Rohstoffe für Dritte!
PR-Texte werden zumeist nicht direkt für die Endverbraucher geschrieben, sondern für die Journalisten. Deshalb müssen sie vor allem eine interessante Nachricht enthalten, und sie müssen „treppenhaustauglich" sein. Also leicht und schnell wiederzugeben.

Die höchste Hürde für PR-Texte ist der kritische Geist der Journalisten!
Es gibt nur einen Punkt, in dem sich alle Journalisten gleichen – sie halten sich alle für kritisch. Deshalb landet alles, was sich wie vordergründige Werbung liest, direkt im Müll. Es muss Nachrichten-Charakter haben! Es muss spannend klingen! Es muss eine Besonderheit versprechen!

Ein PR-Text muss Kompetenz vermitteln – aber einfach geschrieben sein!
Für Journalisten zählt Fachkompetenz: stimmige Fakten, belastbare Daten, spürbares Hintergrundwissen. Am liebsten einfach und eingängig formuliert. Das erleichtert ihnen die Arbeit und erhöht die Chance, dass sie das Thema aufgreifen.

Die Pressemitteilung funktioniert, wenn sie professionell gemacht ist!
Beantworten Sie zuerst die W-Fragen: Wer, was, wann, wo, wie und am besten noch warum. Formulieren Sie eine schlagkräftige Headline, einen kurzen Einführungstext und einen aussagefähigen Fließtext. Geben Sie die Zahl der Zeichen an. Und kennzeichnen Sie das Ganze als Pressemitteilung.

Publikation oder Papierkorb? Die Nachrichtenfaktoren entscheiden!
Aktualität und Nähe sind die Schlüsselwörter. Ist Ihre Mitteilung aktuell? Und ist sie nah genug an der Redaktion? Sprich: Ist sie exakt auf die Zeitung, den Sender zugeschnitten, an den Sie sich damit wenden? Hier heißt es, vorher gut recherchieren. Denn auch in der PR ist letztlich die Strategie entscheidend!

6 Horizonte

Warum der Blick über den Tellerrand notwendig ist und am Ende doch nur eines hilft: üben!

Die Grenzen sprengen oder International ist nicht nur Hirnschmalz, sondern reichlich Gänsehaut gefragt

Delle Krause

Die Brasilianer werden vom Publikum geliebt, weil sie virtuos mit dem Ball umgehen. Begeistern. Neidisch machen. Die Italiener werden gefeiert, weil sie Fußball zelebrieren. Leben und lieben. Da noch ein Trick, hier noch ein Schlenzer und gleich noch ein Kabinettstückchen für die Ränge hinterher. Tosender Applaus. Davon ist man begeistert. Davon will man mehr sehen. Und die Deutschen? Die würden nie zur Lieblingsmannschaft eines internationalen Turniers gekürt werden, nur weil sie rackern und ackern und mit dem Kopf spielen, die Strategie befolgen und dann auch noch gewinnen. Außer deutschen Trainern und deutschen Kommentatoren redet da draußen keiner von deutschen Tugenden. Geschweige denn, dass sie begeistern.

Good communication is as stimulating as black coffee, and just as hard to sleep after.

(A.M. Lindbergh)

Warum soll es uns international in Sachen Werbung besser gehen? Hier geht es nicht allein um rational nachzählbare Tore. Hier kann man auch nicht allein durch Fleiß, Engagement oder Argumentieren gewinnen. Hier geht es um Fühlen, Spüren, Lieben, Mögen. Um den Bauch, nicht um den Kopf. Um Entertainment. Ganz gezielt und mit Absicht. Können wir es nicht oder wollen wir es nicht? Öfter Werbung machen, die bewegt, anmacht, gefällt. Und nicht nur nebenbei zum Produkt passt.

Today many products seem equal, managerial skills are equal. What is left is the ability to communicate.
(Bill Bernbach)

Heute werden die armen Konsumenten von Botschaften überrollt bzw. überfordert – in Fachbüchern nennt man das Reizüberflutung oder Informationsüberlastung. Im Bereich Werbung stieg z.B. in den letzten zehn Jahren die Zahl der beworbenen Marken um 20 Prozent, die der beworbenen TV-Marken um fast 300 Prozent, die Zahl der Werbespots gar über 300 Prozent[1]. Wen wunderts, dass immer mehr Werbesignale in dieser Informationsflut untergehen. Heute werden die armen Konsumenten aber auch von Botschaften gelangweilt, weil sich die Produktangebote immer mehr ähneln. In der Fachliteratur nennt man dies Produkt-Einerlei oder Produkt-Austauschbarkeit. Spätestens seit dieser Erkenntnis wundert es keinen mehr, dass immer mehr Marken ohne trennendes Profil dastehen.

Werbung muss interessant sein. Sie muss interessanter sein als die übrige Werbung im gleichen Umfeld. Sie muss interessanter sein als die nächste Flasche Bier oder interessanter als das Bedürfnis, das durch die letzte Flasche Bier ausgelöst wurde.
(Bob Isherwood)

Auch wenn die Werbeakzeptanz bei den Zuschauern seit 1997 langsam wieder zunimmt[2], hilft nur eins: Raus! Raus aus der Normalität. Raus aus dem Brei. Raus aus der Langeweile. Nur wer im Chaos der Beliebigkeit die richtigen Inhalte vermittelt, kommt durch. Kann was bewegen. Nur wer im Chaos der Verbraucherseele einen inspirierenden Gedanken findet, kann für eine Marke Ideen, Sprache, Bilder, Konzepte entwickeln, die den Nerv des Lesers oder des Zuschauers treffen. Es hilft nur eins: Rein in die Kreativität. Denn die ist alles andere als normal.

Das Gewohnte wird nicht wahrgenommen, nicht gesehen, es wird nur wiedererkannt.

(Victor Sklovskij)

Magerkost für Deutsche in den internationalen TV- und Print-Awards. Wenn man die Ergebnisse mit England oder den USA vergleicht. Nein, es stimmt nicht, dass in Cannes oder bei der One-Show immer nur die Spots gewinnen, die am Ende mit einem Witzlein überraschen. In Cannes gewinnen Spots, die Geschichten mitten aus dem Leben erzählen. Und zwar so, dass sie für die Marke sinnvoll sind. Geschichten, die bewegen, anmachen, gefallen. Sind wir zu kopflastig, zu rational, zu feige, um emotional zu werden? Ja, ja, und noch mal ja! Im Fußball können wir es uns offensichtlich leisten, ohne die begnadeten Jongleure in ein Turnier zu gehen, weil am Ende ein erarbeitetes 1:0 ein 1:0 ist und bleibt, auch wenn es kein begeisterndes Spiel war. In der Kommunikation geht es aber nur über Begeisterung. Wildes Herzklopfen. Feuchte Hände.

Ein guter Redner bewirkt, dass die Menschen mit den Ohren sehen können.

(Arabisches Sprichwort)

Was wir brauchen, sind Geschichtenerzähler. Kreative, die in der Lage sind, den Vorteil eines Produktes oder die Welt einer Marke emotional aus dem Leben, auch aus dem Arbeitsleben heraus, zu verkaufen. Die fühlen, was die Insights der Zielgruppe sind. Wie sie sich verändern. In welchem größeren, vielleicht völlig neuen Zusammenhang man sie heute zu bewerten hat. Wie man damit virtuos spielt, wie man sie effizient kommunikativ nutzen kann. Hier könnte auch stehen: Diese Macher haben verinnerlicht, dass sie heute den Phänotypus und die Persönlichkeit einer Marke dem Wandel der Zeit anpassen müssen. Und dabei den Genotypus und das Grundwesen lassen, wie sie sind. Was wir also brauchen, sind mehr Texter, die einer Marke Sinn einhauchen, die ihre Persönlichkeit ausdrücken, und die verstanden haben, dass eine Marke bei aller Kreativität sich selbst treu bleiben muss. Was wir brauchen, sind Texter, die wissen, dass es nichts Schwierigeres gibt, als einfach zu bleiben. Und es deshalb machen. Die wirklich neue Stories erzählen. Und nicht die 145ste langweilende Plattheit. Davon gibt es ja zum Glück ein paar. Aber leider ist das noch die seltene Ausnahme.

Nichts ist schwerer, als einfach zu bleiben

Wenn Aechines sprach, sagten alle, „wie gut er reden kann". Aber nachdem Demosthenes gesprochen hatte, sagten sie, „lass uns gegen Philipp marschieren". (David Ogilvy)

Mit dem Bauch denken, mit dem Kopf fühlen

Wir brauchen dringender denn je mehr Texterinnen und Texter, die ihren Text wegwerfen, wenn sie die Idee nicht in einem Satz erklären können. Die sagen: Schreib wie an deine Oma. Verständlich. Mit Respekt. Und dem richtigen Gefühl. Oder: Denk daran, mit dem Bauch zu denken, statt mit dem Kopf zu fühlen. Die Substantive rausnehmen und alles Aktive reinpacken. Für diese Texter gilt: Gedanke vor Formulierungskunst. Sie beachten das Prinzip der Abweichung und fragen sich vor dem Schreiben: Was ist hier die Norm? Für sie geht es darum, Regeln, Erwartungen, Gewohnheiten zu durchbrechen. Sie verinnerlichen die Marke, die sie betexten. Lesen, bevor sie loslegen, und zwar zwei Dinge mehr als verlangt. Sie vervollkommnen ihren Schreibstil. Bis man nur noch den jeweiligen Charakter der umworbenen Marke spürt.

An idea is the bridge between logic and magic. (Robyn Putter)

Texter dieser Sorte hören dem Kunden zu, fragen sich dann aber ganz genau, was den Leser interessieren könnte – und schreiben das hin. Wie schreibt man eine Satire? Wie ein Drama? Ein Lustspiel? Eine Komödie? Sie gehen auf Seminare, bei denen man lernt, wie Liebesszenen dramatisch, romantisch oder einfach nur erotisch enden. Schreiben schwarzen Humor genauso lustvoll wie deutsche Schenkelklopfer. Schaffen die Gratwanderung vom Witz über den Humor zur Skurrilität. Widersetzen sich dem Üblichen. Das ist mutig und es kann schiefgehen. Aber dafür ist das Ergebnis um so lustvoller. Kreativität ist nun mal überraschende Kommunikation.

Die größte Achtung, die ein Autor für sein Publikum haben kann, ist, dass er niemals bringt, was man erwartet.

(Johann Wolfgang von Goethe)

Möchtegernwerber brauchen exotische Locations

Ich rede also exakt von den Textern, bei denen es einem den Atem verschlägt, wenn man deren Texte zum ersten Mal liest. Einen, den man gerne selbst geschrieben hätte. Einen, der unheimlich Lust auf mehr macht. Was wir vergessen sollten, sind Möchtegernwerber, die bereits stolz sind, wenn es ihnen mit Ach und Krach gelingt, die schon x- mal benutzte Bildidee irgendwie um das Produkt herumzudrapieren. Es helfen auch keine Agenturchefs oder Auftraggeber, die meinen, sie seien schon unheimlich innovativ, wenn der Spot oder die Anzeige nur schön witzig, schräg und ungewöhnlich ist, auch wenn die ganze Chose nicht so richtig zur Marke passt. Oder diese von der Branche selbst gezüchtete Spezies von Machern, bei denen der Fotograf berühmt und teuer und die Location schön exotisch sein muss.

Rules are what the artist breaks.

(Bill Bernbach)

Die Idee macht's. Nichts als die Idee. Eine, die vom Normalen abweicht. Die Regeln aushebelt. Die existierende Informationen über Markt, Marke, Produkt und Insights der Zielgruppe neu ordnet und darstellt. Es geht ums Fühlen, Spüren, Lieben, Mögen. Nicht darum, zum hundertfünfundzwanzigstenmal wieder nur die Produktvorteile herunterzubeten.

Unless your advertisement contains a Big Idea, it will pass like a ship in the night.

(David Ogilvy)

Ein Bild oder eine Zeile oder ein Bild mit Zeile, und es macht Bumm im Bauch. Können wir es nicht oder wollen wir es nicht? Ideen finden, die mehr als gewöhnlich sind. Weil schon der Inhalt eine neue Sichtweise hat. Der Gedanke irgendwie neu ist. Und weil Bild und Headline nicht nur überraschend, sondern auch unheimlich intensiv das Thema dramatisieren. Und zwar so, dass es für die Marke, das Produkt, den Adressaten einen Sinn ergibt. Also Werbung, die man so und dann auch schon immer gut fand. Es geht um Ideen, die radikal genug sind, um aufzufallen. Und relevant genug, um etwas zu bewirken. Alles andere sind und waren Ausreden. Gestern. Heute. Und morgen.

When a dog bites a man, that is not news, but it happens so often. But if a man bites a dog, that is news.

(F. M. O'Brien)

Allzulange hat man sich hierzulande auch in der Werbebranche mit deutschen Tugenden rausgeredet. Weil wir doch angeblich das Volk sind, bei dem nun mal das meiste über den Kopf an den Bauch geht. Aber immer öfter funktionieren Werbeideen und Kampagnen, die nach internationalem Strickmuster eben nun mal emotional gestaltet sind, auch national. Also auch bei uns. Also Mut, es geht. Man muss es nur wollen. Können.

Es kommt in Zukunft immer weniger darauf an, was wir sagen. Entscheidend wird sein, wie wir es sagen.

(W. Kroeber-Riel)

Ja, ich übertreibe – aber ich bin fest davon überzeugt, dass in einem Europa, das immer mehr zusammenwächst, und in einer Welt, die immer mehr auf globale Kommunikation setzt, mal wieder nur die deutsche, rationale Lösung nichts bringt. O.K., es wird immer lokale Umsetzungen geben müssen, aber wer verbietet uns, die mit Ideen zu bestücken? Ideen, die aus dem Leben kommen. Die funktionieren dann auch im Test beim Verbraucher. Oder beim Kunden, der alles bezahlen soll. Oder bei welchen Juroren eines internationalen Festivals auch immer.

Art must take reality by surprise.

(Françoise Sagan)

Aber es wird nur öfter funktionieren, wenn der deutsche Werbemichel öfter seine Sucht verliert, alles rein formal zu betrachten und rational zu bewerten. Nur dann wird er endlich fühlen, dass man auf der großen Werbebühne anders diskutiert. Dass die Macher oder die Award-Juroren auf internationalem Parkett eine ganz andere Denke haben. Dass sie erst über Consumer Insights reden. Dann darüber, ob der Film oder die Anzeige eine Relevanz hat, und drittens, ob sie auf einer guten Idee basieren. Und dass dann auch noch überprüft wird, ob diese drei Kriterien intelligent, aber vor allem menschlich verknüpft wurden. Dann wird der deutsche Werbemichel auch immer öfter aufhören, seine Kreativität allein darauf zu beschränken, sich krampfhaft darum zu bemühen, herauszubekommen, was gerade trendy und cool und in ist.

Fällt denn weder Machern noch Werbetreibenden auf, dass im Flachland nicht das Flache sichtbar ist, sondern die Erhebung rausragt?

(Roman Herzog)

Schon die Ausbildung ist beschränkt

Gefragt ist schon bei der Ausbildung der Blick über den Tellerrand. Fatalerweise leiden aber offensichtlich gerade deutsche Ausbildungsstätten hier besonders an Kurzsichtigkeit. Da pflegt man seinen künstlerischen oder intellektuellen Freiraum wie die letzten 30 Jahre. Nur nichts verändern. Nur nicht breiter denken – über den eigenen Gartenzaun hinaus. Nur nicht mit den Anforderungen und Veränderungen aus dem Arbeitsleben in Berührung kommen. Prototypisch sind für mich da die vielen Herren Gestaltungsprofessoren, die in den Leuten aus der Praxis allzu gerne nur geldgeile „Werbefuzzies“ sehen, um die man einen weiten Bogen macht. Mit denen man sich höchstens einlässt, wenn man für die eigenen Werke einen Sponsor sucht.

Musst ins Breite dich entfalten, soll sich dir die Welt gestalten.

(Friedrich Schiller)

Als einer, der täglich händeringend nach neuem Nachwuchs Ausschau hält, schaut man da neidvoll Richtung Kapstadt. Findet sich doch hier eine Texterschule, in der nicht nur Sprachwissenschaftler, sondern auch Theater-, Film- und Fernsehleute den jungen Werbetextern beibringen, wie man spannende oder rührselige Geschichten erzählt. Zwei Tage davor war der Protokollchef von Nelson Mandela da und hat anschaulich referiert, wie man ein politisches Bankett zum emotionalen Event werden lässt. Da fragt man sich, warum man in London – und nicht in München oder Dortmund – in Gestaltungsschulen berühmte Comedyschreiber treffen kann. Und warum nur dort berühmte Schauspieler mit den Nachwuchsgestaltern der Werbebranche darüber diskutieren, wie man das Publikum mit Gestik und Mimik begeistert. Oder sie in Funkspots so inszeniert, dass man sie nicht nur hört, sondern sehen kann.

Unser Job ist es, tote Fakten zum Leben zu bringen.

(Bill Bernbach)

Höchste Zeit weiter zu denken

Allzu selten lernt ein Werbetexter hierzulande, wie man die Figuren in einem Drama aufbaut. Allzu wenige sagen ihm, was ein Gag ist. Was den jüdischen vom englischen Humor unterscheidet und was sie gemeinsam haben. Und wer beredet mit einem Grafiker nach der Helvetica-Stunde, was Consumer Insights sind und wie man die neu interpretiert? Wo findet Ausbildung über den jeweiligen Fachbereich hinaus statt? Wo redet der Bildhauer mit dem Theatermann? Wo der Drehbuchautor mit dem Werberegisseur? Wo lernt man mit Anschluss ans Leben? Wo wird Herz gelehrt statt Hirn-Einmaleins? Wo denkt man voraus? Welcher Geisteswissenschaftler beeinflusst die Macher in der Praxis? Fordert sie? Inspiriert sie? Wo? Und warum nicht? O.K., es gibt ja durchaus erste Hoffnungsschimmer und vereinzelte Lichtblicke. Aber warum so zaghaft, so verhalten, so rar?

Man soll nie vergessen, dass die Gesellschaft lieber unterhalten als unterrichtet werden will.
(Freiherr von Knigge)

Es hilft nichts: Heftig mehr Leben, heftig mehr Vielfalt, heftig mehr Breite, heftig mehr Magic, nicht einfach nur Logic, ist der einzige Weg, wenn man außerhalb unserer Landesgrenzen nicht in die Bedeutungslosigkeit degradiert werden will. Weniger Hirnschmalz und mehr Gänsehaut sind beim Machen und Umsetzen gefragt. Täglich mehr. Wenn es einem nicht genügt, dass wir bei den Cannes Grands Prix nur mit deutschen Autos oder deutschen Songs vertreten sind. Aber es gibt ja eine Alternative, die Erfolg versprechender ist: Fußball spielen. Hatten wir da nicht auch schon so 'ne Diskussion?

Anmerkungen

(1) MindShare 2001, AGF/GfK-Fernsehforschung, A.C. Nielsen Werbeforschung S+P, Television Key Facts

(2) MindShare 2001, Heinrich Bauer Verlag, VerbraucherAnalyse 1992-2000, Horizont Kommunikationsbarometer, GFK-Marktforschung, Omnibus-Systeme, TNS-Emnid; n = 2000 bis 2.500

Grenzgänger oder Was der Texter vom Drehbuchautor und der Drehbuchautor vom Texter lernen kann

Torsten Wacker

Gibt es eigentlich Horrorfilme, die noch grausamer sind als deutsche Werbung? Klar. Genauso wie es im Kino Werbespots gibt, die besser sind als der Hauptfilm. Es gibt gute Drehbücher und schlechte, und ein guter Drehbuchschreiber muss noch lange kein guter Werbetexter sein. Was umgekehrt natürlich genauso gilt.

Also alles irgendwie egal?

Keineswegs. Denn selbst wenn du in deinem Leben kein einziges Drehbuch schreiben wirst, die Techniken des Geschichtenerzählens zu kennen ist gerade für einen Werbetexter alles andere als kontraproduktiv. Im Folgenden habe ich deshalb ein paar Regeln lose zusammengefasst. Andere mögen andere für wichtiger und diese für überflüssig halten. Aber andere als ich sitzen gerade nicht an meiner Tastatur.

Erstens. Der Autor muss das Ende seiner Geschichte kennen, bevor er anfängt!

Das ist sozusagen elementar. Du musst wissen, was du am Ende sagen willst. Warum es den Film überhaupt gibt. Wie oft sitzt man im Kino und ist zwei Drittel des Films gefangen, um am Ende enttäuscht rauszugehen, weil der Film irgendwie aufhört und damit irgendwie unbefriedigend ist? Frag dich mal, welche Filme du dir mehrmals ansiehst, obwohl du sie schon kennst – es sind garantiert Filme mit einem genialen Ende. Das dich überrascht hat. Oder dir eine Gänsehaut verpasst hat. Oder dich zu Tränen rührte. Oder dir das Grinsen bis zum Bier danach ins Gesicht brannte. Warum sich mit weniger zufrieden geben? Fragt sich offensichtlich auch der eine oder andere Werbetexter. Und schreibt Filme, die ein klasse Ende haben. Eine Monsterpointe. Eine Überraschung. Den Spruch des Jahres. Darunter tun sie's nicht. Und kassieren in der Regel Preise und ganz bestimmt die Zustimmung des Publikums.

Zweitens. Vermeide Klischees!

Vieles, was in Werbung und Film extrem nervt, hat direkt oder indirekt mit Klischees zu tun. All die Frauen, die mit Müttern darüber reden, wie man am besten wäscht. Die Typen in Waschmittelspots, die irgendwie alle weichgespült wirken. Die umgedrehten Basecaps bei den Kids. Die Anbiederung an vermeintlich jugendliche Sprache. Die Polizisten, die immer einen nervigen Chef haben. Der Chef, der den Bürgermeister im Nacken hat. Der Bürgermeister, der die nächste Wahl gewinnen will.

Diese Liste ließe sich aus beiden Bereichen beliebig weiter schreiben. Das gilt es zu verhindern. Niemand ist davor gefeit, in seiner Geschichte einem Klischee aufzusitzen. Aber bis der Film das Licht des Projektors erblickt, gibt es bestimmt Hinweise vom Regisseur, vom Art Director, vom CD, vom Produzenten, von der besten Freundin, vom Kunden, vom schlechten Gewissen, vom guten Geschmack... Dann gilt es, nicht darum zu kämpfen, sondern das Klischee sofort zu eliminieren.

Was vorhersehbar ist, ist langweilig

Wer will schon Charaktere sehen, die er in- und auswendig kennt? Die ihn schon in hundert anderen Filmen genervt haben? Wo er am Anfang weiß, was am Ende mit ihnen passiert? Niemand. Also bitte, wenn du schon die Chance hast, einen Film zu machen, dann versuche wenigstens, ihn einzigartig zu machen. Auch wenn es kein Cannes- oder Oscar-Gewinner ist, denn davon gibt es erstens ganz wenige und zweitens müssen sich viel mehr Menschen die Nichtgewinner ansehen. Allein deinen Zuschauern bist du es schuldig, deine Geschichte irgendwie besonders zu machen. Sonst schalten die nämlich weg.

Jetzt wird es Menschen geben, die rufen **Halt**! Die „andere Werbung" funktioniert aber. Quatsch! Das Einzige, was daran fast immer funktioniert, ist der Druck der Mediamillionen, deren Auswirkungen sich kaum jemand entziehen kann. Ein guter, besonderer, außergewöhnlicher Film braucht viel weniger Mediageld, weil er schon beim ersten Ansehen wirkt. Flensburger Pilsener geht seit Jahren mit Minibudget in die nicht wirklich billigen Werbeblöcke der Formel 1. Und kriegt Erinnerungswerte, von denen der eine oder andere Budget-Multi nur träumen kann.

Drittens. Nur die Sache zählt!

Das sagt sich einfach, ist aber schwer durchzuziehen. Kreative sind Zicken, eitel bis ins Mark und schwer davon zu überzeugen, dass ihre Idee einfach nur Mist ist. Das verbindet den Texter mit dem Drehbuchschreiber. Wenn Letzterer allerdings 25 Seiten in einer Woche Tag und Nacht geschrieben, sämtlichen Grüntee verbraucht und reichlich bewusstseinserweiternde Drogen teuer bezahlt hat, dann tut es richtig weh, wenn der Regisseur oder der Produzent nach dem ersten Lesen sagt: „Da pennen die Leute im Kino ein. Der ganze Scheiß muss raus." Und, glaub mir, das tut sogar deutlich mehr weh, als wenn ein 30-Sekünder abgeschossen wird.

Nicht nachlassen, auch wenn es weh tut

Aber in beiden Fällen ist das einzig Wichtige, die Sache im Vordergrund zu sehen. Am Ende muss ein guter Film dabei rauskommen. Alles andere interessiert nicht. Darum hör gut zu, wenn der Regisseur oder der Produzent oder dein Freund oder deine Kollegin einen Einwand, ein Problem oder eine Idee haben. Es könnte der Sache dienen, also **deinem** Film! Und in der Werbung gilt unbedingt: Selbst der Kunde hat nicht automatisch Unrecht, nur weil er der Kunde ist.

Viertens. Deine Figuren müssen glaubwürdig sein!

(Dann kannst du **jede** Geschichte erzählen.)

Nehmen wir den Film „Matrix". Das Leben ist eine Matrix, in der lediglich unser Geist unterwegs ist, während unser Körper von den Maschinen als Batterie benutzt wird, weil die ursprünglich auf Solarenergie liefen, der Himmel allerdings verdunkelt wurde. Aha. Eine völlig absurde Geschichte läuft da über die Leinwand, trotzdem fiebert man mit, hat Angst um die

Figuren, hofft, die Matrix möge besiegt werden. Warum? Weil die Figuren glaubwürdig sind!

Trinity, eine Frau, die um der Liebe willen um die Freiheit kämpft. Morpheus, ein Mann, der die Menschheit vom Joch eines Unterdrückers befreien will. Neo, ein Held, der wie wir selbst in viel zu vielen Widersprüchen steckt, um zu akzeptieren, dass ausgerechnet er etwas Besonderes sein soll. Figuren wie wir. Sind wir nicht auch auf der Suche nach Liebe? Nach Freiheit? Verstricken wir uns nicht auch dauernd in unseren eigenen Widersprüchen, wenn es darum geht, uns selbst zu erklären?

Effekte sind Nebensache

Der Film ist nicht etwa gut, weil die Effekte so toll sind. Die Effekte sind toll, weil die Geschichte mit ihren Figuren so verdammt gut ist! Und außer den Guten in diesem Film ist auch das Böse nicht nur gut besetzt, sondern als Figur nachvollziehbar. Agent Smith ist eben nicht böse, weil er böse ist, sondern weil die Menschen ihn anwidern. Ihre Dummheit beleidigt ihn. Er leidet unter ihrer Existenz. Und ihrem Duft...

Es gibt mehrere Beispiele aus der Werbung, die so funktionieren. Ein besonders spektakuläres ist dieses hier: Nike's „Good versus Evil".

Die Grundidee könnte so lauten: Ein *paar Jungs* kicken im Stadion gegen ein *paar Monster*, und dank der Nike-Schuhe gewinnen sie. Toller Film. Vielleicht ein wenig zu banal. Und eventuell unglaubwürdig. Darf's ein bisschen dicker sein? Wie wäre es so: In einer dem Kolosseum nachempfundenen Arena warten die Gladiatoren (hier die besten Fußballer der Welt) auf die Löwen (in diesem Falle Ausgeburten der Hölle), um vor den Augen des Imperators (bei Nike der Teufel) zerfetzt, sprich besiegt zu werden. Als die Furcht erregenden Dämonen aus den Tiefen der Unmenschlichkeit die Spielfläche betreten, ist sofort klar, dass sie normalerweise nicht besiegt werden können. Aber heute ist nicht normalerweise. Heute ist Showdown im ewigen Gefecht zwischen Gut und Böse, und die Guten haben Paolo Maldini in die Abwehr gestellt. Der ist zufällig bester Verteidiger der Welt und nimmt einem Höllenhund geschmeidig das Leder ab. Seine Mitstreiter spielen einen ähnlich gepflegten Ball wie er und tragen ihn technisch brillant nach vorne, wo **er** wartet. Eric Cantona. Und als der den Kragen hochschlägt, um den Ball zu versenken, da geht es nicht um ein Tor, auch nicht um einen Sieg, sondern schlicht und einfach darum, den Fürsten der Hölle für immer zu vernichten. Mit ein *paar Jungs* und ein *paar Monstern* wäre der Film überladener, größenwahnsinniger Mist geworden. So wie Tarsem ihn erzählt, ist er ein gigantisches Meisterwerk, das man nicht oft genug sehen kann.

Fünftens. Schreib Dialoge, die deine Figuren auch sprechen können!

Da sagt eine dreißigjährige Frau zu ihrer Mutter: „Mutti, die nehm ich doch schon lange." Die Betonung liegt auf dem **die** und dem **ich** und dem **schon lange**. Man zeige mir eine dreißigjährige Frau, die so etwas zu ihrer Mutter sagt. Besonders, wenn es um Spülmittel geht. In schlechter Werbung werden Dialoge gesprochen, die einfach nur wehtun. Und das gleiche passiert in schlechten Filmen.

Gute Dialoge brauchen natürliche Sprache

Folgende Anfangsszene wurde tatsächlich so gesendet. 20:15 Uhr, Primetime. Ein junges Paar liegt im Bett, wahrscheinlich nach dem Liebesakt. Sie fragt ihn, was mit Kindern wäre. Er: „Dafür ist dein Job doch viel zu gefährlich." Sie, lächelnd: „Ich als Historikerin habe doch keinen gefährlichen Job, aber du als Feuerwehrmann schon." Aha, sie ist Historikerin. Oho, und hätte gern ein Kind. Aber er, uhu, ist Feuerwehrmann, ein gefährlicher Job. Na, wenn's da man nicht gefährlich für alle wird. Ob sie den Fall dank ihres Wissens als Historikerin lösen wird? Und er den Bösen dramatisch in höchster Gefahr als Feuerwehrmann besiegt? Und am Schluss kann dann ja vielleicht wieder über Kinder gesprochen werden? Und während sie das Vorhaben in die Tat umzusetzen beginnen, beginnt der Abspann?

Was hat der Fernsehzuschauer verbrochen, um für so dämlich gehalten zu werden, dass man ihm diese scheinbar wichtigen Informationen mit dem Vorschlaghammer ins Bewusstsein nageln will?

Dialoge wie Faustschläge in den Unterleib töten **jede** Geschichte, egal wie gut sie ist. Bevor du deine Figuren so etwas sagen lässt, lass sie lieber gar nicht sprechen. Wie man das elegant hinbekommt, zeigt uns Ingmar Bergmann in „Das Schweigen". Anna geht in ein Restaurant und lässt sich vom Kellner verführen, um ihre Schwester damit zu provozieren. Wie lässt der Autor das passieren? Macht der Kellner ihr Komplimente, bietet ihr eine Sightseeing-Tour an, erzählt ihr, wann er Feierabend hat?

Bergmann löst die Szene so: Der Kellner lässt am Tisch die Serviette absichtlich fallen und atmet Annas Duft tief ein, als er sie wieder aufhebt. Anna atmet ebenfalls tief ein, als sie den Kellner so nah an sich spürt. Schnitt. Die beiden liegen im Hotelbett. Kein Wort ist gefallen.

Auch beim Dialog gilt: Weniger ist mehr

Wenn Dialoge, dann das Nötigste. Sieh dir einfach ein paar Steve McQueen-Filme an. Es gibt wohl kaum einen Schauspieler in der Güteklasse, der in seinen Filmen weniger redet als er. In „Getaway" fällt in den ersten 10 Minuten kein einziges Wort! In „Papillon" braucht er ein Boot von den Leprakranken. Ein Leprakranker hält ihm seine angelutschte Zigarre hin und sagt, er solle mal dran ziehen, sie wäre gut. Steve McQueen steckt sich den immerhin von Lepraspucke besudelten Stumpen in den Mund und zieht dran. Der Leprakranke fragt ihn: „Woher wusstest du, dass ich trockene Lepra habe, und dass die nicht ansteckend ist?" Was könnte er jetzt nicht alles antworten – cool, lässig, locker, witzig, alles geht. Er ist der Held. Er kann jetzt ganz dick auftragen. Und was passiert? Steve McQueen antwortet völlig lapidar: „Das wusst' ich nicht." Und dann zieht er noch mal. Peng. Damit ist alles gesagt. Und bei genauer Betrachtung fällt uns auf, dass die Antwort cool, lässig, locker und witzig zugleich ist.

Es gibt viele Beispiele in der Werbung, die die obigen Regeln eingehalten haben, wahrscheinlich ohne sie explizit zu kennen! Ich will nur ein Beispiel aufgreifen. Den hoch dekorierten Mercedes-Spot mit dem kleinen Jungen, der in der Schule aus dem Fenster sieht und einen Mercedesfahrer beobachtet, wie der zu seinem Auto geht. Der Rest der Klasse redet mit der Lehrerin darüber, was jeder Einzelne mal werden will. Die Antworten der Kinder hört man eher nebenbei, während man mit dem kleinen Helden den Mercedesfahrer beim Einsteigen beobachtet. Verträumt ist er dabei, kriegt gar nicht mit, was in der Klasse passiert. Bis ihn plötzlich die Lehrerin fragt, was er werden will. Und erst als die Frage für unseren Helden wichtig wird, bekommt sie für uns Gewicht. Alle Augen sind auf ihn gerichtet, und auch wir als Zuschauer überlegen, was wir werden wollen, um so einen Mercedes fahren zu können. Arzt? Pilot? Generaldirektor? Kölner

Bürgermeister? Tausend Antworten sind möglich, aber nur eine ist perfekt: „Achtzehn."

Das Ende kannte der Texter bestimmt schon am Anfang, Klischees finden nicht statt, die Figuren sind glaubwürdig, der Dialog ist aufs Nötigste reduziert und mit hoher Wahrscheinlichkeit stand bei der Ausarbeitung der Idee bis zum fertigen Film die Sache im Vordergrund. Das Ergebnis ist ein Award-Winner, der auch sein Publikum überzeugt.

Apropos Publikum. Man könnte auch Zielgruppe sagen. Aber, mal ehrlich, gibt es ein Wort, das noch weniger Emotion hat? Wer will denn eine Zielgruppe kennen? Mit ihr Zeit verbringen? Mit ihr lachen, weinen, jubeln? Wer für Zielgruppen schreibt, stellt sich über sie. Aber, was viel schlimmer ist – wer für Zielgruppen schreibt, wird nie echte Gefühle kreieren. Was mich zur letzten und für mich wichtigsten Regel bringt:

Sechstens. Nimm dein Publikum ernst!

Egal, was der nette Marketingleiter von nebenan sagt, die „Leute da draußen" sind nicht alle blöd. Die meisten von ihnen haben einen Job oder leiten so ein kompliziertes Gefüge wie eine Familie, viele tun sogar beides gleichzeitig. Sie wissen, dass es Dinge im Handel gibt, denn sonst würden sie verhungern.

Sehen wir uns mal die aktuelle Kino-Top-Ten aller Zeiten an, Stand 03/2002:

1. Titanic
2. Harry Potter
3. Star Wars: Episode 1
4. Jurassic Park
5. Independence Day
6. Krieg der Sterne
7. König der Löwen
8. Herr der Ringe

9. E.T.

10. Forrest Gump

Von persönlichen Vorlieben einmal abgesehen, kann man durchaus feststellen, dass „die Leute da draußen" sich Liebesgeschichten ansehen, auch wenn sie schon vorher wissen, dass sie nicht gut ausgehen, einen kleinen Jungen als Magier mehr als akzeptieren, in komplexe, ferne Welten vordringen wollen, Dinosaurier auf Inseln für 100 Minuten ernst nehmen können, die Erde gegen Außerirdische verteidigen wollen, das Menschliche an der Tierwelt (sogar gezeichnet) hoch interessant und amüsant finden, ausgedehnten Urlaub in Mittelerde machen, freundliche Außerirdische nur zu gerne zu sich einladen und Geschichte in der richtigen Darreichungsform geradezu verschlingen. Und die sollen alle so blöd sein, dass sie nichts verstehen, nicht abstrahieren können, Angst vor Neuem haben? Blödsinn!

Noch was in eigener Sache

Menschen lieben gute Geschichten

Nicht dass mich jemand falsch versteht – ich glaube nicht, dass Werbung diese Regeln befolgen muss, um gut zu sein. Es gibt viele gute, überraschende, wichtige und geniale Spots, die keine Geschichte erzählen. Wunderbar. Aber die Kino-Top-Ten sagt uns, dass die Menschen Geschichten lieben und dafür gerne mal ein paar Stunden am Abend opfern. Und auch wenn der Texter nur für knapp 30 Sekunden Aufmerksamkeit will – zu wissen, wie man eine gute Geschichte erzählt, kann da nicht völlig falsch sein...

Wer jetzt Lust aufs Drehbuchschreiben gekriegt hat, der sollte sich unbedingt zwei Bücher besorgen:

Christopher Vogler – *The Writer's Journey*, und Robert McKee – *Story*.

Zum Schluss noch ein Zitat von Robert McKee: *„Ein Autor, der sich seines Talents sicher ist, weiß, dass ihm im Schaffen keine Grenzen gesetzt sind, und daher verwirft er alles, was weniger gut als das Allerbeste ist, auf der Suche nach einer Story, die so rein und klar ist wie ein Diamant."*

Na, dann mal los.

Auch was man kann, kann man nur, wenn man es übt

Reinhold Scheer

Meine Übung begann vor Jahren in Hamburg an einem sonnigen Tag im Mai. Nach dem Studium an der Hochschule für Bildende Künste, Fachbereich Fotografie und Film, wollte ich es wissen: Werbung, wenn möglich im Bereich FFF, Filme schreiben, beim Dreh dabei sein, getragen von einer Branche, die boomt. Eine entsprechende Stellenanzeige in der „Welt" flatterte vor meinen Augen im Wind auf der Terrasse eines Alster-Cafés. Wenig später hatte ich den Job in einer Düsseldorfer Agentur, wenig später trug ich dem Inhaber-Geschäftsführer meine ersten Script-Ideen vor. „So etwas schreibt meine Großmutter auf dem Fahrrad hinterm Vorhang mit der linken Hand im Dunkeln..." sagte er. „Dann soll sie das auch..." sagte ich und war weg.

Ich gab der Branche noch eine Chance: Entweder ich bekomme Gelegenheit, in der damals besten und kreativsten Agentur Deutschlands meine unglaublichen Fähigkeiten umzusetzen, oder ich beglücke einen Verlag oder einen Sender oder versuche mein Glück in Santa Fé.

Vier Wochen später saß ich als Text-Novize vor meistens leeren Blättern, und mir dämmerte, dass ich zwar schreiben konnte, aber nicht so genau, was und wie, dass mich das Spiel mit Worten faszinierte, der Einsatz von Witz, Humor, Ernst und Ironie, die suggestive Information, die Grenzen von Lob und Übertreibung, die Transformation von Banalitäten in Ideale, das Kokettieren mit Bescheidenheiten und nüchternen Informationen.

Ich fing an, abzuschreiben bzw. nachzuschreiben. Immerhin waren meine Meister die Autoren der vielleicht besten Kampagnen für Volkswagen. Beim Nachschreiben bekam ich Sicherheit für Stil und Satzlängen, für Text-Strukturen, für die Proportionen von Informationen und Sprachspiel, für den Klang einer Copy (was mir besonders wichtig war, weil ich wusste, dass das Lesen Rhythmen und Klänge erzeugt).

Allmählich konnte ich meinen eigenen Stil entwickeln und entsprechende Texte schreiben. Das ist der große Unterschied zu Art Directoren, die von einer Schule kommen und in Agenturen ihren Job beginnen: Ein Texter hat keine Ausbildung und muss in Agenturen zur Schule gehen, erst dort findet er in Person von Textern oder CDs seine Lehrer und seine Professoren. Und erst dort stellt sich heraus, ob er das kann, was er kann, und erst dort wird er möglicherweise scheitern, denn wenn man nicht von der Grundanlage her Texter ist, wird man nie einer werden. Bei Sängern ist das auch so, auch bei Fußballspielern oder bei Politikern.

Eine Headline am Tag. Morgen vielleicht die Body-Copy...

Das konnte nicht lange gut gehen, genauer gesagt dreieinhalb Jahre, dann löste ökonomischer Pragmatismus die kreative Décadence auf. Immerhin entstanden in dieser Zeit die „kreativsten" Kampagnen der Republik, und auf vielen Award-Trophäen stand der Agenturname Doyle Dane Bernbach.

Alles, was man in Worten oder Bildern ausdrückt, vor allem alles, was multimedial gedruckt, gesendet, veröffentlicht wird, wird – ob man will oder nicht – ein Teil der Kultur. Drückt man sich gut aus, wird es „gute" Kultur. Drückt man sich schlecht aus, wird es „schlechte" Kultur. Bill Bernbach hat das wohl gewusst, gewusst haben es auch die Herren Gredinger, Gerstner und Kutter. Mit Vehemenz führten sie Kultur in der Werbung ein, nicht nur gestalterische, auch unternehmerische. Ihr Erfolg gab ihnen Recht: Mehr als ein Jahrzehnt dominierten sie die Agentur-Szene in Deutschland mit brillanten Kampagnen und so mancher Network-Emissär, der zu Fusions-Verhandlungen in Europa unterwegs war, wurde beim Einblick in die Bücher der GGK blass vor Neid: Die Zahlen waren ebenso brillant wie die Kampagnen.

Kultur in der Werbung lohnt sich

GGK wurde die Kreativen-Schule der Nation und GGK wurde die Unternehmer-Schule der Nation: Viele Mitarbeiter gründeten erfolgreich eigene Agenturen oder leiteten und leiten Agenturen als Top-Manager.

„Du bist ein Implosions-Texter“, sagte Paul Gredinger zu mir. Er meinte damit, dass ich eigentlich nicht schreiben könne, nur halt diese komprimierten, aus wenigen Worten bestehenden, Headline genannten Sätze, nicht aber eine längere, elegante Folge von Gedanken, also eine gute Long-Copy, also auch keine richtig umwerfende Text-Kampagne. Das saß.

Mit langem Gesicht übte ich Long-Copies, so lange, bis ich ein Vergnügen daran fand, mich bei ADs mit kargen, vierspaltigen Text-Wüsten unbeliebt zu machen.

Aus dem Mund von Art Directoren hörte ich damals zum ersten Mal die unsägliche Weisheit: „Das liest doch keiner.“ Diesen Satz hörte und hörte ich immer wieder. Auch von Menschen, die z. B. eine FAZ vor sich liegen haben, also eine Zeitung, die sie nicht lesen, weil sie zu viel Text hat? Vielleicht liegt die Bild-Zeitung darunter, deren Nutzung aber wenig mit Lesen zu tun hat, eher etwas mit „Zapping“.

Gute Texter dürfen sich nicht selbst kopieren

Nachdem ich gelernt hatte, Headlines zu schreiben, Headlines mit Copy, Headlines mit Long Copies, Headlines für Broschüren mit noch längeren Copies, lernte ich ein weiteres Kapitel. Ich lernte, zu verlernen. Ich lernte, dass ein wirklich guter Text nicht das Klischee eines anderen Textes sein darf, dass jeder Text, jeder gute Gedanke sorgfältig geschrieben, aber ebenfalls sorgfältig vernichtet werden soll. Viele gute Texter scheitern an sich selbst, weil sie sich selbst kopieren: Kreativität ist eine destruktive Kraft, nichts ist vor ihr sicher. Auch die eigene Arbeit nicht.

Mit anderen Worten: Man kann für ein Dosenbier nicht die gleichen Texte schreiben wie für eine Urlaubsreise. Natürlich nicht. Aber man kann auch in diesem Jahr nicht den gleichen Stil schreiben, den man vor fünf Jahren geschrieben hat, auch nicht den von vor einem Jahr, vor einem Monat, gestern: Eine gute Idee kann man nicht zweimal haben. Zur Kontrolle gibt es jeweils das Gewissen dessen, der schreibt, aber es gibt auch mehr oder minder wache Aufsichtsbehörden wie z. B. den Art Directors Club oder andere Jurys.

Zurück zum Handwerk.
Parallel zur Beobachtung, dass es vor allem gute Gedanken sind, die einen guten Text ausmachen, dass es Gedanken sind, die Überraschung, Niveau,

Qualität, kreatives Niveau eines Textes, einer Headline ausmachen und genau die Worte aus dem Sprach-Universum zusammenfügen, die Aufmerksamkeit und Verblüffung auslösen, machte ich eine zweite Beobachtung: Mindestens so wichtig wie das Gesagte ist das, was eine Formulierung nicht sagt.

Das Gesagte kann nur vor dem Nichtgesagten existieren. Das Gesagte braucht eine Bühne, einen Hintergrund.

Nur richtig reicht nicht

Virtuose Texter spielen virtuos auf dieser Bühne, weniger virtuose Texter sehen in einem Text ein finales Objekt ohne Bezug zum Universum des Nichtgesagten. Solche Texte lösen keine Überraschung aus, keine Gefühle, sie sind in einem ganz banalen Sinn einfach nur richtig, in einem anderen Sinn, der sich auf das Nichtgesagte bezieht, sind sie richtig im Sinn eines wie auch immer gearteten Briefings, aber sie sind auch richtig im Sinn einer Aussage, die so selbstverständlich ist, dass sie an sich selbst zugrunde geht.

Dieses Phänomen taucht übrigens überall dort auf, wo einem „schlechte" Werbung begegnet. Man hat das Gefühl, dass die Texte einem Klischee hinterherrennen und das Klischee bereits überholt haben oder man hat das Gefühl, dass die Texte nur leicht paraphrasierte Briefings oder Strategien sind. Oft hat man auch das Gefühl, dass die Texte gar nicht von Textern geschrieben werden, sondern „im Team". Denn da wir alle mit Sprache umgehen, können wir natürlich auch alle lesen und von dort aus ist es zu dem Schluss nicht mehr weit, dass wir, wenn wir lesen können, natürlich auch schreiben können, quasi „von Natur" aus. (Schlussendlich gibt es ja auch keine Ausbildung oder Schulen für Texter, kein Diplom und kein Examen, also, was soll daran so schwer sein?)

Das ist auch der Grund, warum Copies immer „disponibler" sind als Layouts oder Bilder:

Ein Text ist halt schnell gemacht. Vor allem ein schlechter!

Worte gelten nicht viel

Wer so denkt, hält im Grunde genommen nicht viel von der Sprache, er denkt vielleicht, sie sei nicht so recht greifbar, aber vielleicht ist sie ja auch unheimlich und fordernd und maßlos in ihren Regelwerken? Warum sollte man sich intensiv mit ihr in der Tiefe auseinander setzen, wenn eine Auseinandersetzung an der Oberfläche eigentlich schon reicht? Im Ernst: Es geht doch nur um ein paar Worte!

Wie so oft ist alles anderswo viel besser.
Zum Beispiel in Amerika.
Oder in England.
Oder auch in Frankreich.
Dort hat man ein nationales Sprachverständnis, an das man glauben kann.

Der Text einer Anzeige wird dort als ein Stück Sprache empfunden, das sich nicht automatisch auf ein möglichst populäres, wenn nicht vulgäres Niveau zurückzieht. Hierzulande würde, was dort als vergnüglich, witzig und anspruchsvoll empfunden wird, als „sophisticated" definiert und ergo ausgeschlossen.

Möglicherweise ist die Präzision der deutschen Sprache auch ein wenig ihr Verhängnis: Mit ihrer Treffsicherheit lässt sie vielleicht zu wenig Spielraum, alles wird ein wenig atemlos und eng, Wortwitz ist beschränkt möglich und was den Humor betrifft, seien Monty Python mit den von ihnen ausgesuchten drei dünnsten Büchern der Welt zitiert:
„Höhepunkte englischer Küche"
„Italienische Heldensagen"
„1000 Jahre deutscher Humor".

Wer diesem Thema nachgehen will, besorgt sich am besten einige englische oder amerikanische ADC-Annuals und vergleicht z. B. erstens Menge und Stilistik der dortigen Text-Anzeigen mit denen in deutschen Annuals. Dort, bei den anderen, gibt es tatsächlich eine Text-Kultur, die es hier, im Land, wo die Werbung immer noch Reklame heißt, nicht so ausgeprägt gibt. Genau an dieser Stelle drängt sich ein verlockender Gedanke, besser eine gleichwohl verlockende wie hämische Behauptung auf:

In England und Amerika wird mehr gelesen, Bücher sind die Basis aller Bildung und wo soll in einem Land, wo so wenig gelesen wird wie in Deutschland, das Interesse an guten Texten herkommen, und, noch einen Gedanken weiter: Wo sollen die guten Texter herkommen? Händeringend wird anderweitig schon nach Autoren für TV-Serien und Spielfilm-Scripts gesucht, Ghost-Writer haben Guru-Status, sprechen wir also auch über ein Bildungs-Problem?

Es wird zu wenig gelesen

Zurück zum Texten. Wo sind bitte die Tipps, die Analysen, die Hinweise für das, was eine gute Copy von einer schlechten unterscheidet, wo sind die Parameter, mit denen man die Spannung zwischen Headline und Copy messen kann, und die optimale Perzeptionsbalance zwischen Bild und Text?

Das alles gibt es nicht.

Das Einzige, was es beim Schreiben gibt, ist Denken und Schreiben und das immer wieder neu und von vorne und von Anfang an.

Wen will ich ansprechen?
Wie? Wie oft? Wann? In welchem Medium?
Höflich? Devot? Provokant? Witzig? Arrogant?
Nach welcher Strategie? Nach welchem Briefing?
Das ist alles Routine, Vorbereitung, Alltag und hat mit Texten nichts zu tun. Diese Fragen stellen sich alle Kreativen, auch alle Berater, alle Strategen, alle Kunden.

Die Quälerei beginnt erst:
Ein leerer Bildschirm, ein leeres Blatt, eine leere Gegenwart. Keine Chance, ein Archiv anzuklicken, keine Chance, an einem Layout herumzubasteln, keine Chance, ein Text-Scribbel zu schreiben, es ist nichts da und aus dem Nichts muss etwas werden.

Verzweiflung.

Ich habe in vielen Agenturen die Verzweiflung von Art Directoren gesehen: Berge von zerknülltem Papier, Gebirge von Filzschreibern, Stiften, Typo-Mustern, Klebe-Utensilien, fahrige Bewegungen, rote Augen, Qualm, Bier und vieles andere mehr, früher. Blaue Müllsäcke voll mit vierfarbigen Ausdrucken, Klicken um Mitternacht, rote Augen, müde, schattige Gesichter vor Bildschirmen, mild beleuchtet, heute.

Wie sieht die Verzweiflung von Textern aus?

Immer eher etwas hager, leicht umwölkte Gesichter, 5 Semester Pharmazie oder 9 Semester Geografie oder frisch geschieden oder Schauspielschule oder Lektorat oder Lehramt geschmissen, also meistens schon mit einer Grundausstattung an Verzweiflung angetreten, in puncto Kleidung eher dezente Hinweise auf Kreativität, oft erstaunlich geschmacklos. (Da könnte man noch was tun.)

Verzweifelt, bei der Arbeit:
Aus dem Fenster starren, dem Kundenberater noch einmal bestätigen, dass das Briefing super-beschissen ist, an die Kündigung denken, eine leichte Verspannung im Rücken aufbauen, das Uni-Sekretariat anrufen und Seminar-Termine abfragen, obszöne Phantasien abrufen.
Das ist noch gar nichts.

Nur Texter arbeiten alleine

Schreiben ist die (vielleicht einzige) Arbeit in einer Agentur, die nicht Teamarbeit ist. Beim Schreiben ist der Schreiber allein. Dem Art Director oder Berater lässt es sich schon einmal über die Schulter schauen. Hast du dich je getraut, einem Texter auf das Blatt zu sehen, auf den Bildschirm, auf dem gerade ein Text entsteht? Tu es nicht. Es wäre das Überschreiten einer Schwelle, die niemand tangieren sollte: sich in das Gehirn eines Menschen zu wagen, ihn beim Denken zu beobachten und durch Beobachtung zu zensieren und zu unterwerfen. Respekt: Das einzige, auch heute nicht verhandelbare Territorium und Refugium, vielleicht die Würde des Menschen, ist, seine Gedanken frei sein zu lassen.

Kein Texter wird sich seinen Arbeitsplatz freiwillig so gestalten, dass jemand, der sein Office betritt, auf seine Arbeit und seine Arbeiten sehen kann. Schreiben ist die intimste Arbeit, die es in einer Agentur gibt. Das werden auch die bestätigen, die in eher „funktionaler“ Situation schreiben: der CEO seine Weihnachtsgrüße, der Personalchef eine Kündigung, der Stratege sein Briefing, der Berater seinen Besprechungsbericht.

Alle werden bestätigen, dass es beim Schreiben eine zugleich faszinierende wie quälende Grundvoraussetzung gibt: Wenn man schreibt, gibt es kein Entrinnen in die Vergangenheit, kein Entrinnen in die Zukunft, kein Entrinnen vor der Gegenwart:

Texte entstehen nur im Jetzt!

Zwar kann man ständig sagen und sicher trösten: Die nächste Headline schreibe ich morgen oder den Rest des Textes schreibe ich übermorgen, aber wenn das, was noch geschrieben werden muss, geschrieben wird, wird es immer in der Gegenwart geschrieben, dann, wenn der Buchstabe auf der Tastatur gedrückt wird oder der Stift sich auf der Oberfläche des Papiers bewegt. Das ist der „Geburtsschmerz“ eines Gedankens, aber zugleich auch die Geburt.

Texter schämen sich.

Die Position des Texters ist schwach

Sie gehen in Boutiquen und kaufen sich schwarze Anzüge, tragen „Drei-Tage-Bärte“ und „positionieren“ sich jenseits aller Positionierungs-Klischees, die Agenturen zulassen. Niemals ein Buch zu schreiben, mag bitter sein. Niemals eine Medaille zu gewinnen, mag bitter sein. Am bittersten aber ist das Gefühl, erfahren zu müssen, wie disponibel, schwach und wertlos das Produkt ist, das ein Texter tagtäglich erstellt. Was taugt schon seine Sprache im Vergleich mit den agressiven Bullit-Points einer mächtigen Präsentation? Was taugt schon seine Sprache im Vergleich mit der Sprache der „Charts“! Wie relativ werden seine Worte im Vergleich mit den „wahren“ Fakten aus Marktuntersuchungen oder Media-Plänen.

Präsentationen bedienen sich mehr und mehr einer geschickt entfesselten Energie, mit der man versucht, von einer höheren dialektischen Ebene zu dem Punkt zu gelangen, wo sich Sprache (auch die des Texters) beherrschbar, durchschaubar, argumentierbar und jenseits aller subjektiver Bewertungen einsetzbar formulieren lässt. Sozusagen getestet. Das ist der paradoxe Versuch, zur Wissenschaft zu machen, was, zur

Wissenschaft gemacht, sofort zugrunde geht: kreativ mit Worten umzugehen.

Dieser Aspekt lässt sich dramaturgisch beliebig steigern und wird individuell je nach Charakter, Metier und Lebenseinstellung mehr oder weniger schmerzhaft erlebt. Schwarze Anzüge helfen wenig. Genauso wenig wie Alkohol oder Kokain, eine stabile private Beziehung schon eher.

Am besten hilft ein aufgeräumter Kopf.

Aufräumen.
Da liegt ein Handy auf einer E-Mail, die E-Mail auf einem Besprechungsbericht, darunter ein Briefing, daneben ein Umschlag mit einer Bewerbung, darunter ein Kuvert mit Hauspost, daneben ein Plastikbecher, daneben Fingerabdrücke vom letzten Meeting, am Ende des Tisches ein Aschenbecher, an der Wand Entwürfe, ein angeheftetes Polaroid, hinter der Wand Gemurmel, im Flur der Andruck eines A2-Plakats, auf einem Regal Kassetten. In einer Ecke ein Stapel speckig geblätterter Magazine, die Oberfläche des Alltags, darüber seine Atmosphäre: atomfeine Relikte von Meetings, dreimal ein- und ausgeatmete Luft, der Geruch von altem und neuem Trash, Stimmen, hierarchisch nach Wichtigkeit sortiert, ein Stil, wie von ferner Hand diktiert, Design auch noch überall, schöne Formen, die unter dem Druck des Geschehens kapitulieren, Schönheit als Spott. Ein pdf, eine verschwundene Datei, ein Cursor, der hängt. Das gecancelte Meeting findet doch statt, Flug auf Warteliste, das Taxi wartet, Kalender, SMS, im Test gewinnt die schlechtere Kampagne, dafür also werde ich bezahlt.

Die Welt entsteht neu

In einem Kloster in Japan in einem 3 x 3 Meter großen Raum: 1 Tisch, 1 Stuhl, 1 Bett. Durch eine Klappe an der Tür wird Essen und Trinken geschoben, dreimal am Tag. Der Raum ist 24 Stunden dunkel. Danach wird, handbreit, eine Jalousie hochgezogen, die Welt erscheint, ein Ausschnitt, ein schmaler Streifen Licht, das Grün eines Gartens. Am nächsten Tag eine Handbreit mehr, noch mehr am Tag darauf, nach 14 Tagen ist die Welt neu entstanden, sauber, klar und leer. Diese Art des Aufräumens lässt sich an jedem Platz der Welt wiederholen, im Großen und im Kleinen, auf dem Tisch, an der Wand, bei einem Spaziergang, im Meeting, vor allem aber beim Schreiben selbst:

Sieh zu, dass das Blatt Papier vor dir sauber, klar und leer ist, sonst kannst du nichts darauf schreiben.

Das hätte ein schönes Ende meines Beitrages sein können, aber ich habe da noch einen Gedanken, der mich schon länger begleitet und beschäftigt, und da ich, wie schon erwähnt, jede Art von Trick, Tipp, Rat zum Thema Schreiben verweigere, bin ich mir im Klaren darüber, dass aus meinem Schreiben über das Schreiben dennoch etwas „Anwendbares" hervorgehen müsste.

Von einem zum Schreiben oder zum Beruf des Texters etwas distanzierten Standpunkt aus ist nicht mehr relevant, ob man Art Director oder Texter ist. Man ist vor allem Kreativer. (Woher immer auch die Branche den Mut genommen hat, einen Anspruch zur Berufsbezeichnung zu machen!)

Gehen wir einmal davon aus, dass der Anspruch auch erfüllt wird, und teilen wir den Kreativen das zu, was sie dazu macht: Kreativität. Was ist das? Die häufigste Antwort auf diese Frage wäre vermutlich Talent oder Begabung.

Ganz am Anfang sprach ich davon, dass man nichts werden kann, was man nicht ohnehin schon kann. Aber das reicht dann auch noch nicht ganz.

Ich bin der festen Überzeugung, dass Kreativität Talent voraussetzt, zugleich aber ein Lebensprinzip ist.

Es geht nicht ohne Kampf

Jenseits des Ego-Wachstums durch gelungene Arbeit, durch Lob, Gehaltserhöhung, Beförderung und Awards gibt es den Kampf um die Durchsetzung guter Ideen, den Kampf gegen das Erlahmen, den Kampf gegen den Rückzug, den Kampf gegen Kompromisse, den Kampf gegen alle, die Arbeit nicht als Arbeit interpretieren, sondern als Pfand.

Das sollte jeder sehen und lernen:

Ein intelligenter Text braucht eine intelligente Durchsetzungsstrategie und jeder intelligente Texter wird eine solche Strategie haben!

Bei der Entwicklung dieser Strategie lohnt es sich, nicht ausschließlich die Stärke der Starken anzustarren, man kann mindestens so viel von der Stärke der Schwachen lernen: die leisen Töne, die Geduld, die Leistungsfähigkeit und den unerschöpflichen Willen, Ziele nicht nur mit der Brechstange zu erreichen.

Sagt dem Berater nicht, dass ihr einen guten Text geschrieben habt, sondern erklärt ihm, warum er gut ist. (Das könnt ihr nur, wenn er wirklich gut ist.) Sagt dem Kunden nicht, euer Text sei gut, erklärt ihm, warum er gut ist. Lernt, die Botschafter eurer Arbeit zu sein, dann werden mehr und mehr Menschen euch verstehen und erfahren, dass vielleicht jeder lesen, aber deshalb noch lange nicht jeder schreiben kann.

Nachwort

Achtet die Regeln!

Jörn Winter

Für gewöhnlich enden Bücher für Kreative damit, dass der Autor die Kreativen beruhigt. Und zwar, indem er ihnen sinngemäß sagt: „Ich habe euch jetzt 99 Regeln gepredigt. Regel 100 lautet: Vergesst alle Regeln!" Da atmen wir Kreativen auf. Haben wir's doch gewusst: Es kommt nur auf das Genie in uns an.

Dieses Buch endet anders. Nämlich mit dem guten Rat, den der französische Maler Eugène Delacroix seinen Schülern zu geben pflegte: *„Lernen Sie erst mal Ihr Handwerk. Es wird Sie nicht daran hindern, ein Genie zu werden."*

Picasso war ein Genie. Ein handwerklich perfekt ausgebildetes Genie und sein Kubismus deshalb kein Zufall. Er hat die Regeln nicht zufällig gebrochen, sondern er konnte sie nur so, in dieser Art brechen, weil er sie kannte und beherrschte.

Auch Werbung lebt davon, die Regeln zu brechen, außergewöhnlich zu sein und deshalb bemerkt zu werden. Und weil dem so ist, machen sich viele in unserer Branche nicht die Mühe, die Regeln überhaupt erst zu lernen. Doch wie will man außergewöhnlich sein, wenn man nicht mal das Gewöhnliche durchdrungen hat, es erkennt, versteht, beherrscht?

Lernen, was in einem steckt

Regeln für Texter, für Kreative überhaupt, sind keine Rezepturen, keine Backmischungen, an deren Ende zwangsläufig der Erfolg steht. Es bedeutet zu lernen, zu begreifen, seine eigenen Schwächen zu entdecken und sich ständig zu verbessern. Es bedeutet, den Meistern über die Schulter zu sehen, ihnen zuzuhören, ihre Muster zu entschlüsseln und daran zu arbeiten, ihr Niveau zu erreichen. Vor allem das Arbeiten sollte man dabei nicht vergessen.

Nur so lässt sich herausfinden, wie viel Talent in uns steckt, wie weit wir mit unserer „Gottesgabe“ kommen. Ob es „nur“ zum guten Handwerker reicht (wovon viele Texter weit entfernt sind) oder ob sich am Ende wirklich ein verborgenes Genie zeigt. Und nur für diese wenigen, für die „Bernbachs“ und „Ogilvys“, wird das Korsett irgendwann zu eng und nur sie schreiben die Regeln neu.

Regeln sind nicht statisch. Es sind praktische Anleitungen, es sind Geländer zum Festhalten, es sind wichtige Erkenntnisse anderer und damit sind es vor allem Denkanstöße.

Diese Denkanstöße wollten wir Ihnen geben – auf dass sie in Ihren Köpfen weiterarbeiten.

Exkurs

Vorsicht vor falschen Versprechen und Finger weg von anderer Leute Ideen

Der Texter und die Paragraphen

Jörn Winter

In der Werbung ist es wie im richtigen Leben: Wer um die Gunst von jemandem wirbt, der versucht sich so wirkungsvoll wie möglich in Szene zu setzen. Der setzt alles daran, um selbst möglichst gut auszusehen, damit die anderen Bewerber möglichst „alt" aussehen. Und bei der Konkurrenzdichte ist es auch kein Wunder, dass die eigenen Stärken zumeist in den schillerndsten Farben geschildert werden, dass es Texter und Kunden, wo immer es geht, zum Superlativ drängt. Da wird das „weißeste Weiß noch weißer" und das günstige Angebot plötzlich „megagünstig".

Ob das in der Wortwahl immer gelungen ist und ob es im Einzelfall zur jeweiligen Marken-Persönlichkeit passt, das wollen wir hier ausnahmsweise mal unberücksichtigt lassen. An dieser Stelle geht es nämlich ausschließlich um die Frage, wann es überhaupt möglich ist, sich als „den Schönsten, den Besten" und damit „den Begehrenswertesten" zu bezeichnen; wann man also der Konkurrenz verbal mal so ein richtiges Schnippchen schlagen kann und wann nicht. Denn diese Entscheidung liegt weder beim Unternehmen noch bei der Agentur oder dem Texter alleine, sondern sie liegt final beim Vertreter einer ganz anderen Fakultät: dem Juristen.

Nicht jede zweite Headline darf durchfallen

Deshalb sind überall dort, wo Werbetexte entstehen, die Gesetzestexte nicht fern – weshalb es unabdingbar ist, in einem Buch für Texter zumindest die wichtigsten Paragraphen zu streifen. Ein guter Texter muss sie natürlich nicht auswendig kennen und er muss auch nicht jede möglich Interpretation parat haben (damit haben selbst die Juristen ihre Mühe). Aber er sollte zumindest so sattelfest sein, dass nicht jede zweite Headline, die er verfasst, bei der juristischen Prüfung durchfällt, weil sie gegen geltendes Recht verstößt und damit den Auftraggeber im Falle einer Veröffentlichung angreifbar und haftbar machen würde.

Um dies zu verhindern, sollte ein Texter die wichtigsten Paragraphen des Wettbewerbsrechts kennen. Und er sollte auch vom Markengesetz und vom

Urheberrecht wenigstens so viel wissen, dass es Ideen und Aussagen gibt, die schützenswert sind und deshalb eventuell nicht verwendet werden dürfen, weil ein anderer die Idee nun einmal zuerst hatte.

Wenn sich heute ein Texter beispielsweise für eine Bank oder eine Sparkasse den Claim „Freude am Sparen“ ausdenken würde, dann müsste er sich auf eine Auseinandersetzung mit den Juristen von BMW gefasst machen. Denn hier wäre die Verwechslungsgefahr mit „Freude am Fahren“ sehr groß und das wiederum ist seit Jahren der Marken-Claim von BMW.

Eine Ahnung von diesen rechtlichen Rahmenbedingungen zu vermitteln, darum geht es im folgenden Beitrag. Denn diese Ahnung gehört genauso zum Handwerkszeug eines Texters wie etwa die Fähigkeit, die Positionierung einer Marke zu verstehen oder die Bedürfnisse einer bestimmten Zielgruppe zu treffen.

Den Juristen und sein Spezialwissen kann der Texter natürlich dennoch nicht ersetzen. Das ist Gott sei Dank ein anderes Betätigungsfeld, dessen Sprache vor allem durch sehr viele „Wenns“ und „Abers“ und einen ausgeprägten Hang zum Konjunktiv geprägt ist. Ein Umstand, der darin begründet ist, dass jeder einzelne Fall in der Juristerei sehr genau geprüft werden muss, weil die Gesetze immer nur einen Rahmen abstecken können.

Deshalb macht der folgende Aufsatz auch weder die Rechtsberatung überflüssig noch taugt er zum Lehrstoff für angehende Juristen. Es ist nicht mehr als eine Art Streifzug durch den „Paragraphenwald“, der dem Texter sehr vereinfacht gesprochen zwei wesentliche Ratschläge mit auf den Weg gibt: Behaupte nur, was du auch beweisen kannst! Und lass die Finger von anderer Leute Ideen!

Was der Texter schreiben darf

Torsten Lütjens

Einführung

Wer wirbt, verfolgt mit seiner Werbung das Ziel, die von ihm beworbenen Produkte möglichst zahlreich zu verkaufen. Werbung, die an den Hürden des Wettbewerbsrechts oder an der Verletzung anderer Rechte scheitert, verfehlt ihr Ziel, denn sowohl die Mitbewerber als auch Verbände oder Wettbewerbsvereinigungen werden versuchen, nach erfolgloser Abmahnung rechtswidrige Werbung notfalls mit gerichtlicher Hilfe zu unterbinden.

Schon die erste **Abmahnung**, die bei Unterlassungsansprüchen voranzugehen hat, ist meist mit Kosten verbunden, weil von dem Werbenden – für ihn häufig aus „heiterem Himmel" – binnen kurzer Frist und unter Androhung gerichtlicher Maßnahmen die Unterzeichnung einer so genannten „strafbewährten Unterlassungserklärung" abverlangt wird und er der Situation ohne juristischen Rat meist hilflos gegenübersteht. Untätigkeit oder Ablehnung können bei Geltendmachung von Unterlassungsansprüchen dazu führen, dass gegen den Werbenden wegen Eilbedürftigkeit sehr schnell eine **einstweilige Verfügung** bei Gericht erwirkt wird. Hiergegen ist zwar Rechtsmittel (Widerspruch) möglich und die endgültige juristische Klärung hat in einem gesonderten Hauptsacheverfahren zu erfolgen, doch die einstweilige Verfügung ist vorläufig vollstreckbar und bedeutet für den Werbenden eine sofortige Einstellung der Werbung. Bis sich diese Situation – wenn überhaupt – ändert, kann viel Zeit vergehen.

Viele, die im Einzelhandel und in der Werbung tätig sind – auch Werbetexter – haben irgendwann „Lehrgeld" zahlen müssen, weil ihre Texte und Ideen an der Hürde des Wettbewerbsrechts oder anderer geschützter Rechte gescheitert sind oder auch versäumt wurde, eigene Rechte besser zu schützen.

Endgültige rechtliche Stellungnahmen, Auseinandersetzungen mit Wettbewerbern oder Dritten sowie die Klärung einzelner Detailfragen sollten wegen der Komplexität stets einem spezialisierten Juristen vorbehalten bleiben. Der vorliegende Text kann den juristischen Rat nicht ersetzen.

Im **Werbebereich** geht es regelmäßig um **zivilrechtliche Auseinandersetzungen.** Strafvorschriften aus dem Urheberrechtsgesetz, dem Gesetz gegen Unlauteren Wettbewerb oder dem Markengesetz dürften in der täglichen Praxis eine untergeordnete Rolle spielen und sollen hier nicht weiter abgehandelt werden.

Rechte, die durch Werbung verletzt werden können

Die bloße Werbeidee oder Konzeption ist grundsätzlich nicht geschützt. Geschützt sein kann nur die **konkrete Gestaltung** einer Idee. Auch bereits **konkretisierte Werbeideen**, die in bestimmten Werbemaßnahmen oder Gestaltungen ihren Ausdruck gefunden haben und als solche existent und wahrnehmbar sind, können geschützt sein. Eine Werbeidee konkretisiert sich im Werbetext. Ein Werbetext kann

- durch Schutzrechte gegenüber Dritten geschützt sein oder
- fremde Schutzrechte verletzen.

Ist ein Werbetext durch ein Schutzrecht geschützt, können dem Inhaber dieses Schutzrechtes Ansprüche (z.B. auf Unterlassung oder auf Schadensersatz) gegen denjenigen erwachsen, der das Schutzrecht verletzt. Verletzt der Verwender eines Werbetextes mit seinem Text fremde Schutzrechte, so kann der Inhaber dieser Schutzrechte gerichtlich gegen den Werbetexter vorgehen. Es handelt sich dabei um zivilrechtliche Ansprüche bei denen es grundsätzlich den Parteien obliegt, ihre Ansprüche geltend zu machen und ggf. vor einem Zivilgericht weiter zu verfolgen.

Im **Bereich der Werbung** bestehen folgende **Schutzrechte:**

I. Namensrecht

Das Namensrecht ist in § 12 BGB geregelt. Hier heißt es:

Wird das Recht zum Gebrauch eines Namens dem Berechtigten von einem anderen bestritten oder wird das Interesse des Berechtigten dadurch verletzt, dass ein anderer unbefugt den gleichen Namen gebraucht, so kann der Berechtigte von dem anderen Beseitigung der Beeinträchtigung verlangen.

Sind weitere Beeinträchtigungen zu besorgen, so kann er auf Unterlassung klagen.

Für den Werbetexter ist vor allem der durch § 12 BGB gegebene Schutz vor einer **Namensanmaßung** interessant, also der Schutz davor, dass jemand unbefugt einen Namen gebraucht und dadurch ein schutzwürdiges Interesse des Namensträgers verletzt. Dieser Schutz erstreckt sich auf **jede beliebige Art der Verwendung des Namens** und schützt gegen **jeden unbefugten Gebrauch**.

Werden z.B. in einem Werbetext unter Verstoß gegen § 12 BGB Namensrechte verletzt, steht dem Namensträger gegen den Werbenden ein **Abwehranspruch** (Unterlassungs- und Beseitigungsanspruch) zu, auch wenn dieser das Namensrecht schuldlos verletzt hat. Darüber hinaus kommt bei Verschulden auch ein Schadensersatzanspruch gegen den Werbenden in Betracht.

Ergänzt wird dieser Schutzbereich durch § 15 Markengesetz (siehe hierzu „III. Markengesetz“) und für die Firma (= Handelsname des Kaufmanns) durch handelsrechtliche Vorschriften (§ 37 Abs. II HGB) geschützt, welche hier jedoch nicht weiter dargestellt werden.

Mitunter kann es recht schwierig sein zu beurteilen, ob eine Bezeichnung als Name geschützt ist. Im Rahmen dieser Ausführungen kann dies nicht in allen Einzelheiten dargestellt werden. Grundsätzlich sind folgende Bezeichnungen als Namen geschützt:

- Namen natürlicher Personen,
- Decknamen (= Pseudonym) natürlicher Personen (z.B. Künstlername),
- Firma (= Name) eines Einzelkaufmanns, einer Gesellschaft (z.B. OHG, GmbH oder AG) oder eines eingetragenen Vereins,

- Wappen und Vereinsembleme, sofern sie geeignet sind, auf den Namensträger hinzuweisen (z.B. *Berliner Bär*)
- Unternehmensbezeichnungen, die unabhängig vom Namen bzw. der Firma geführt werden, jedoch **unterscheidungskräftig** und nach der *Verkehrsauffassung* geeignet sind, wie ein Name zu wirken (z.B. *Meisterbrand* als Bezeichnung des Unternehmens eines Spirituosenherstellers) oder Hotel- und Gaststättenbezeichnungen, die vom Haus geschützt sind, wenn es Phantasiebezeichnungen sind (z.B. *Hotel Vier Jahreszeiten, Hotel Atlantik, Gaststätte mit der Bezeichnung „tabu" oder* Hotels mit Tiernamen wie *Hirsch, Bär* etc.)
- Marken (hier Warenbezeichnungen), wenn sie im Geschäftsverkehr als **Name** des Inhabers oder seines Unternehmens angesehen werden. Dies wird am häufigsten zutreffen, wenn eine Firma (Name des Unternehmens) gekürzt als Zeichen verwendet wird (z.B. *hp, mercedes*). Ist der Name nicht aus der Marke ersichtlich, so liegt keine Namensverletzung vor.
- Gebäudebezeichnungen, wenn sie Namensfunktion besitzen (z.B. *Sternhaus*) oder wenn sie zugleich das Unternehmen oder einen Teil des Unternehmens bezeichnen.
- Abkürzungen und Schlagworte, wenn sie **namensmäßige Unterscheidungskraft** besitzen.

Aus dem Wesen des Namens als Individualisierungsmittel folgt, dass er namensmäßige Unterscheidungskraft besitzen muss. Deshalb muss er seiner Art nach geeignet sein, Personen oder Gegenstände von anderen zu unterscheiden. Allerweltsnamen wie z.B. *Müller, Meier, Schulze, Schmidt* u.ä. sind so weit verbreitet, dass sie wenig über den Namensträger aussagen und ohne einen weiteren Zusatz (z.B. Vornamen) keine Unterscheidungskraft haben.

Wegen Fehlens der Unterscheidungskraft sind Worte der Umgangssprache, Sachbezeichnungen, geografische Bezeichnungen u.ä. nicht schutzfähig. Diese Begriffe kann niemand dadurch an sich reißen, indem er sie für sich in Benutzung nimmt. **Beispiele:** *„VIDEO-RENT", „Warenkredit", „Chemotechik", „Flocktechnik"* sind nicht schutzfähige Bezeichnungen.

Anders ist es, wenn ein Wort der Umgangssprache in einer nicht dem üblichen Sprachgebrauch entsprechenden Weise verwendet wird. **Beispiele:** *„spiegel", „stern", „petite fleur"*.

Ebenso besteht eine hinreichende Unterscheidungskraft, wenn allein nicht unterscheidungskräftige Wörter durch Wortverbindungen eine eigenartige, phantasievolle Wortneubildung bilden und daher als individuelle Herkunftshinweise aufgefasst werden. **Beispiele**: *„Rhein-Chemie", „Video-Land", „Charme & Chic", „Interglas" „Transcommerce", „tv-movie"*.

Reine Gattungsbezeichnungen, warenbeschreibende Angaben und sprachübliche Tätigkeits-, Bestimmungs- oder Ortsbezeichnungen sind nicht unterscheidungskräftig (z.B. *„Bauhütte", „Bücherdienst", „Haute Couture", „Med Consult", „Studio", „Discount-Haus", „Fundgrube", „Management-Seminare" , „Leasing-Partner", „Schwarzwald-Sprudel"*.

II. Geschmacksmusterrecht und Patentrechte

Ästhetisch ansprechende **Farb- und/oder Formgestaltungen** gewerblicher Erzeugnisse werden nach dem **Geschmacksmustergesetz** vom Urheber geschützt.

Patente werden für **Erfindungen** erteilt, die neu sind, auf einer erfinderischen Tätigkeit beruhen und gewerblich anwendbar sind. Die Anmeldung erfolgt nach dem **Patentgesetz** bei dem Patentamt, welches die Erfindung nach Überprüfung und Erteilung in die **Patentrolle** einträgt.

III. Markenschutz

Nach dem **Markengesetz (MarkenG)** können alle Zeichen, insbesondere **Wörter** einschließlich Personennamen, Abbildungen, Buchstaben, Zahlen, Hörzeichen, dreidimensionale Gestaltungen einschließlich der Form einer Ware oder ihrer Verpackung, sowie sonstige Aufmachungen einschließlich Farben und Farbzusammenstellungen geschützt werden, die **geeignet** sind, **Waren oder Dienstleistungen eines Unternehmens** von denjenigen **anderer Unternehmen** zu **unterscheiden.**

Gemäß § 4 MarkenG **entsteht** der **Markenschutz**

- durch die **Eintragung** eines Zeichens als Marke in das vom Patentamt geführte Register (= Markenregister),
- durch die **Benutzung** eines Zeichens im geschäftlichen Verkehr, soweit das Zeichen innerhalb beteiligter Verkehrskreise als Marke Verkehrsgeltung erworben hat, oder
- durch die **notorische Bekanntheit** einer Marke im Sinne des Artikels 6 der Pariser Verbandsübereinkunft zum Schutz des gewerblichen Eigentums (Pariser Verbandsübereinkunft).

Die Schutzdauer einer eingetragenen Marke beträgt 10 Jahre, beginnt mit dem Anmeldetag und kann um jeweils 10 Jahre verlängert werden.

Schutz nach dem Markengesetz besteht **nicht** für Zeichen, denen **jede Unterscheidungskraft fehlt** oder welche zum **allgemeinen Sprachgebrauch** freigehalten werden müssen. Weitere absolute Schutzhindernisse sind in § 8 MarkenG aufgeführt.

Auch besonders gelungene **Werbetexte** können unter den oben genannten Voraussetzungen durch das MarkenG geschützt sein. Es bietet dem Werbetexter bzw. seiner Agentur eine gute Möglichkeit, Werbeslogans zu schützen! Der Texter bzw. seine Agentur können die von ihnen entwickelte Marke auch in Form von **Lizenzen** (siehe hierzu § 30 MarkenG) vergeben. Denkbar wäre m.E. Markenschutz z.B. für Werbebezeichnungen wie *„die Beraterbank"* oder Werbeaussagen wie *„Wir machen den Weg frei"*, welche eine bestimmte Unternehmensgruppe charakterisieren.

Bei der Verletzung von Markenrechten hat der Inhaber des Markenrechts gegen den Verletzer **Unterlassungs-** und **Schadensersatzansprüche, Vernichtungsansprüche** und **Auskunftsansprüche.** Werbetreibende können hierbei sowohl Anspruchssteller – bei Inhaberschaft des Markenrechts – als auch Anspruchsgegner – bei Verletzung fremder Markenrechte – sein.

IV. Wettbewerbsrechtlicher Schutz (UWG)

Das Gesetz gegen den unlauteren Wettbewerb (= UWG) ist sicher die wichtigste gesetzliche Grundlage für das deutsche Werberecht. Ziel des Gesetzes ist es, Wettbewerber vor unlauteren Methoden gegenüber Mitbewerbern zu schützen.

Charakteristisch für das UWG ist die häufige Verwendung sog. „unbestimmter Rechtsbegriffe", die den Gerichten einen weiten Gestaltungsspielraum einräumen. Deshalb hat sich das Wettbewerbsrecht zu einem Fallrecht (case law), wie man es aus dem angloamerikanischen Rechtssystem kennt, entwickelt.

1. Generalklausel, § 1 UWG

Die Generalklausel in § 1 UWG beherrscht das Wettbewerbsrecht in weiten Teilen und enthält folgende Regelung:

> Wer im geschäftlichen Verkehr zu Zwecken des Wettbewerbes Handlungen vornimmt, die gegen die guten Sitten verstoßen, kann auf Unterlassung und Schadensersatz in Anspruch genommen werden.

a) Allgemeine Voraussetzungen

Die gesetzlichen Voraussetzungen für einen Unterlassungs- bzw. Schadensersatzanspruch nach § 1 UWG sind:

- **Geschäftlicher Verkehr:** Hiermit wird zum Ausdruck gebracht, dass das UWG sich allein auf den **wirtschaftlichen Wettbewerb** bezieht. Umfasst wird jede Tätigkeit, die der **Förderung eines beliebigen Geschäftszwecks** dient. Rein privates oder hoheitliches Handeln fällt nicht hierunter, so dass in diesen Fällen § 1 UWG nicht zur Anwendung kommt. (**Beispiele:** Personaleinkäufe wirken sich ausschließlich innerhalb des Unternehmens aus.)
- **Zu Zwecken des Wettbewerbs:** Gemeint ist hiermit, dass nur vor unlauteren Verhaltensweisen von **Unternehmen, die im Wettbewerb stehen,** also vor unlauterem Verhalten zwischen Mitbewerbern geschützt wer-

den soll. Gewerbetreibende stehen miteinander im Wettbewerb, wenn sie den gleichen Abnehmerkreis (Lieferantenkreis) haben (Baumbach, UWG, Einl., Rdnr. 219/220). Kein Wettbewerbsverhältnis besteht z.B. zwischen dem Hersteller von Möbelbezugsstoffen und einem Polsterer, der die Stoffe verarbeitet oder z.B. einem Filmverleihunternehmen und einem Gebrauchsgrafiker.

- **Wettbewerbshandlung:** Ein Handeln zu Zwecken des Wettbewerbs liegt in jedem Verhalten, das äußerlich geeignet ist, den Absatz oder den Bezug einer Person zum Nachteil einer anderen Person zu fördern. Hierbei kann es sich um die **Förderung eigener oder fremder wirtschaftlicher Betätigung** handeln. Dabei genügt es, dass durch die Wettbewerbshandlung die Stellung des Gewerbetreibenden irgendwie gefördert wird. So reicht es z.B. aus, dass die Handlung auf *Erhaltung* des bisherigen Kundenkreises zielt, dass durch die Handlung das Ansehen gegenüber den Abnehmern gestärkt wird oder dass durch die Handlung eigene Investitionskosten gespart werden.
- **Förderungsabsicht:** Erforderlich ist außerdem die Absicht, eigenen oder fremden Wettbewerb zum **Nachteil eines anderen Mitbewerbers** zu fördern. Nach ständiger Rechtsprechung spricht nach der Lebenserfahrung eine tatsächliche Vermutung für eine Wettbewerbsabsicht, wenn miteinander im Wettbewerb stehende Gewerbetreibende Äußerungen machen, die objektiv geeignet sind, eigenen oder fremden Wettbewerb zu fördern. Insbesondere bei Wirtschaftsunternehmen ist bei Vorliegen einer auf den Wettbewerb bezogenen Handlung i.d.R. auf eine entsprechende Förderabsicht zu schließen.

  Diese Vermutung führt bei dem beweispflichtigen Anspruchssteller zu erheblichen Beweiserleichterungen. Der Anspruchsgegner, also der Handelnde, kann die Vermutung allerdings widerlegen, wenn er darlegen kann, dass die Handlung z.B. aus rein publizistischen, kirchlichen, wirtschaftlichen oder familiären Gründen geschehen ist.
- **Sittenwidrigkeit:** Mit dem Begriff der Sittenwidrigkeit verweist § 1 UWG auf den Wertmaßstab der „guten Sitten" für das Wettbewerbsrecht. Schon vom Reichsgericht wurde zur Konkretisierung dieses Begriffes die Formel, wonach der Richter den Maßstab für den Begriff der guten Sitten aus dem **herrschenden Volksbewusstsein**, dem **Anstandsgefühl aller billig und gerecht Denkenden** zu entnehmen habe, entwickelt. Durch Richterrecht wurden so bereits für viele Fallgruppen

„Leitnormen" entwickelt, die sich häufig am jeweiligen „Zeitgeist" orientieren. Diese von den Gerichten entwickelten Leitnormen sind – auch wenn dies anders erscheinen mag – kein Gesetzesrecht und können durch Gerichte im Einzelfall jederzeit modifiziert werden. In der täglichen Rechtspraxis werden sich allerdings die Gerichte der unteren Instanzen an der Rechtsprechung der Obergerichte, insbesondere des Bundesgerichtshofes (= BGH) ausrichten.

b) Fallgruppen zu § 1 UWG

Die Rechtsprechung zu § 1 UWG ist heute derart umfangreich, dass hier nur einige Fallgruppen, die für den Texter von Bedeutung sein können, in alphabetischer Reihenfolge vorgestellt werden.

Angstwerbung: Grundsätzlich ist es zulässig, auf eine künftige Preissteigerung oder Rohstoffverknappung wahrheitsgemäß hinzuweisen. **Beispiel:** Empfehlung, sich einen gewissen Vorrat bestimmter Verbrauchsgüter des täglichen Lebens anzulegen, weil diese voraussichtlich knapp werden. Das ist eine **sachliche Information**, die dem Interesse des Kunden dient (vgl. Baumbach, UWG § 1, Rdnr. 176a). Ein sittenwidriges Schüren mit der Angst liegt dagegen vor, wenn durch die Art der Schilderung beim Kunden besondere Angstgefühle hervorgerufen oder bereits bestehende verstärkt werden, um den Warenabsatz zu steigern. Ein Wettbewerber darf keine **Kaufpsychosen** hervorrufen, sie planmäßig für sich ausnutzen und dadurch die Persönlichkeitsrechte des Umworbenen verletzen, sowie die öffentliche Ordnung gefährden. Wettbewerbswidrig ist es, unter Herausstellung der eigenen Preisdisziplin auf bevorstehende Preissteigerungen hinzuweisen.

Beispiele: *„Kaufen Sie bei uns erstklassige Möbel zum niedrigen Lagerpreis, bevor die Industrie die Preise heraufsetzt. Jetzt kaufen, solange es noch billig ist!"* oder *„Kaufen Sie jetzt, bevor der Kaffeepreis am Weltmarkt steigt!"* oder Werbung im Kreditgewerbe mit Kaufkraftschwund oder Kapitalangebote mit dem Hinweis auf Geldverluste infolge Inflation.

Zugelassen wurde dagegen die Werbung mit der Angabe *„Erkältung und grippale Infekte überrollen Berlin... , ... sofort besorgen!"* für eine als altes Hausmittel geltende Kräuteressenz wie Klosterfrau Melissengeist, weil sie nicht geeignet sei, ernsthafte Angstgefühle zu erzeugen (BGH GR 86, 902). Für den Bereich der Heilmittelwerbung verbietet § 11 Nr. 7 HMG (= Heilmittelwerbegesetz) Werbeaussagen, die Angstgefühle hervorrufen oder ausnutzen.

Gefühlsbetonte Werbung: Werbung, die an Gefühle des Umworbenen, wie Hilfsbereitschaft, Mildtätigkeit, Spendenfreudigkeit, Eitelkeit, soziale Verantwortung, Vaterlandsliebe, Frömmigkeit oder Trauer appelliert, ist wettbewerbswidrig, sofern sie **irreführt** (hierzu siehe Kap. IV, „3. Irreführende Werbung“) oder unter Ausnutzung der Gefühle auf **unsachliche Beeinflussung** angelegt ist. Nach ständiger Rechtsprechung kann es bei der Beurteilung des Falles darauf ankommen, ob ein sachlicher Zusammenhang zwischen der gefühlsbetonten Werbung und der angebotenen Ware oder Leistung besteht. Der fehlende Sachzusammenhang begründet zwar für sich allein noch nicht unbedingt die Unlauterbarkeit einer gefühlsbedingten Werbung, doch wenn sich ein Unternehmen das Mitgefühl oder die soziale Hilfsbereitschaft des Umworbenen für **eigennützige Zwecke planmäßig zunutze** macht, so handelt es in der Regel wettbewerbswidrig.

Beispiele: Die McDonald's-Gruppe wirbt folgendermaßen: *„Mc Happy-Tag ist Spendentag: Jeder Big Mac nur 2,- DM! Spendenaktion zugunsten des deutschen Kinderhilfswerks e.V.“*. Die Ausnutzung der Hilfsbereitschaft des Verbrauchers tritt an die Stelle des Leistungswettbewerbs, ohne dass es für diese unsachliche Beeinflussung eine Rechtfertigung gibt.

Die Aufforderung eines Kaufmannes an die Verbraucher, zur Steigerung seines Ansehens an einem bestimmten Tage bei ihm einzukaufen, weil sämtliche Einnahmen dieses Tages an seine Mitarbeiter verteilt würden, ist wettbewerbswidrig (BGH GR 95, 742). Nicht zu beanstanden war dagegen die Werbung eines Lebensmittel-Einzelhandelsunternehmens in den neuen Bundesländern, in welcher unauffällig bei den beworbenen Waren die Fußnote angebracht wurde: *„Dieses Produkt schafft Arbeitsplätze bei uns.“* Hierbei handelte es sich um einen Appell an das Solidaritätsgefühl des umworbenen Kunden, welcher sachlich gerechtfertigt war.

Ist dagegen ein **Sachzusammenhang** zu einer angebotenen Leistung oder Ware vorhanden, wird dieser eine an die Gefühle des Umworbenen appellierende Werbung rechtfertigen. **Beispiele:** Ein Hinweis auf Postkarten, dass sie von körperbehinderten Malern mit dem Mund oder den Füßen hergestellt werden, ist zulässig, denn die Körperbehinderung ist hier für die angebotene Ware oder Leistung kennzeichnend. Ebenso wenig wird der Verkauf und die Werbung von Unicef-Postkarten, die von Kindern gemalt wurden, um Geld für karikative Zwecke zu sammeln, rechtswidrig sein.

Auch bei sog. **Schockwerbung** kann es sich um gefühlsbetonte Werbung handeln, die unzulässig ist. Kennzeichnend für Schockwerbung ist eine **Imagewerbung,** die bei dem Umworbenen durch Hervorrufen von Entsetzen, Ablehnung und Mitleid Solidaritätsgefühle mit dem werbenden Unternehmen auslöst und dadurch dessen Ansehen und Geschäftstätigkeit steigert, ohne einen Informationswert oder einen Sachzusammenhang für die umworbene Ware oder Leistung zu besitzen (vgl. Baumbach, UWG § 1, Rdnr. 187a) Bekanntes Beispiel hierfür ist die Imagewerbung der Firma Benetton (Öl-verschmutzte Ente, BGH GR 95, 598; schwer arbeitende Kleinkinder der Dritten Welt bei harter körperlicher Arbeit, BGH GR 95, 595; Abbildung eines menschlichen Gesäßes mit dem Stempel H.I.V. POSITIVE, BGH 95, 600, BVerfG NJW 2001, 591; BGH WM 2002, 710). Auch Werbetexte mit entsprechend „schockierenden Äußerungen“ können, ebenso wie die genannten Bildmotive, gleich gelagerte Imagewerbung sein.

Die wettbewerbsrechtliche Problematik derartiger oder entsprechender Imagewerbung liegt in der Beurteilung der guten Sitten im Wettbewerb einerseits und dem kollidierenden Grundrecht der Meinungs- und Pressefreiheit in Art. 5 Grundgesetz (GG) andererseits. Die Rechtsprechung ist dementsprechend auch nicht einheitlich. Der BGH ging in den genannten Fällen der Firma Benetton von sittenwidriger gefühlsbetonter Werbung aus, da die Werbeaktivitäten nicht zur Auseinandersetzung mit dem Dargestellten dienten, sondern allein darauf abzielten, bei dem Verbraucher eine mit dem werbenden Unternehmen solidarisierende Gefühlslage zu schaffen, die der Steigerung des Ansehens des Unternehmens dienen sollte und damit letztendlich zu kommerziellen Zwecken eingesetzt wurde. Diese Linie des BGH war allerdings immer umstritten. Das Bundesverfassungsgericht (= BVerfG) hatte später mit Urteil vom 12.12.2000 (NJW 2001, 591) den Verfassungsbeschwerden stattgegeben, weil es der Presse- und Meinungsfreiheit eine höhere Bedeutung beigemessen hat.

Es wäre aber sicher nicht gerechtfertigt, hieraus die Schlussfolgerung zu ziehen, dass der Meinungsfreiheit immer eine höhere Bedeutung zukommen muss. Nach der o.g. Entscheidung des BVerfG, welche zu einer Rückverweisung des Verfahrens an den BGH geführt hatte, hat dieser mit Urteil vom 06.12.2001 (WM 2002,710) entschieden, dass der Schutz des unlauteren Wettbewerbs Einschränkungen der Freiheit, die eigene Meinung zu äußern, erforderlich machen kann.

Bei besonders aggressiver Imagewerbung liegt die Kollision mit dem Begriff der wettbewerbsrechtlichen Sittenwidrigkeit somit auf der Hand und kann stets zu neuen gerichtlichen Auseinandersetzungen führen.

Geschmacklose Werbung: Nicht jede geschmack- oder taktlose Werbung ist wettbewerbswidrig, denn § 1 UWG ermöglicht keine Geschmackszensur. Für die moderne Werbung ist kennzeichnend, dass sie durch drastische Schlagworte, frivole Texte oder sexbetonte Bilder die Aufmerksamkeit des Publikums zu erwecken sucht. Daran ist das Publikum heute gewöhnt und empfindet ein solches Werben nicht als grobe Belästigung. Auch Werbung mit sexuellen Anspielungen ist nicht automatisch sittenwidrig. Erst wenn eine Werbung das sittliche Empfinden des Durchschnittsbürgers und der Allgemeinheit verletzt, insbesondere in groben Maße gegen Pietät und Takt verstößt und dadurch ärgerniserregend und belästigend wirkt, ist sie sittenwidrig (Baumbach, UWG § 1, Rdnr. 84). Dies wurde beispielsweise bei Likörfläschchen mit der Bezeichnung „Busengrapscher“ oder „Schlüpferstürmer“ gesehen, weil dadurch der diskriminierende und die Menschenwürde verletzende Eindruck sexueller Verfügbarkeit der Frau als mögliche Folge des Genusses des angepriesenen alkoholischen Getränks vermittelt werde (BGH GR 95, 592/594).

Gesundheitsbezogene Werbung: Werbung, in der Waren als gesundheitsfördernd angepriesen werden, führen wegen des Interesses an der Erhaltung oder Wiederherstellung der Gesundheit bei einem Großteil der angesprochenen Verbraucher zu besonderer Aufmerksamkeit, wobei viele der angesprochenen Personen den Angaben blindlings vertrauen. Für die Zulässigkeit einer solchen, die Kaufentscheidung beeinflussenden Werbung gelten wegen der besonderen Schutzwürdigkeit der menschlichen Gesundheit strenge Maßstäbe (BGH 47, 257 „gesunder Genuss“, BGH GR 73, 429 „Idee Kaffee I“, BGH GR 75, 664 „Idee Kaffee III“, BGH GR 93,756 „ Mild-Abkommen“.

Im **Heilwesen** gilt das Gesetz über die Werbung auf dem Gebiete des Heilwesens vom 19.10.1994 (HMWG). In diesem Gesetz wird die Möglichkeit zu werben stark eingeschränkt, indem für Arznei- und sonstige Heilmittel detailliert geregelt wird, welche Werbung zulässig ist, welche Angaben die Werbung enthalten muss und welche Werbung an welchen Adressatenkreis (z.B. Fachkreise) gerichtet werden darf. Zuwiderhandlung kann als Ordnungswidrigkeit und im Falle der Irreführung als Straftat mit Geldstrafe oder Freiheitsstrafe bis zu einem Jahr geahndet werden.

Bei **Spirituosen**, die als alkoholische Genussmittel angeboten werden, darf auch dann nicht mit pauschalen Hinweisen auf eine gesundheitsfördernde oder gesundheitlich unbedenkliche Werbung hingewiesen werden, wenn das Getränk der Gesundheit dienende Zusätze enthält. **Beispiele:** Werbung für einen Kräuterlikör mit 32 % Alkoholgehalt, der zugleich als gesundheitsfördernden Bestandteil Heidelbeerextrakt enthält, mit dem Werbetext *„Ein gesunder Genuss“* ist unzulässig (BGH 47, 259). Die Werbeaussage *„topfit“* für einen 40 %-igen Magenbitter wird als gesundheitsfördernd verstanden und deutet pauschal auf eine gesundheitlich unbedenkliche Wirkung hin, was in dieser Allgemeinheit unrichtig ist (BGH GR 80,797, OLG München WRP 79, 232).

Ein Unternehmen der **Zigarettenindustrie** handelt wettbewerbswidrig, wenn es Zigaretten in seiner Anzeige bewirbt, ohne zugleich durch einen **deutlich sichtbaren und leicht lesbaren Warnhinweis** das Bewusstsein der Schädlichkeit des Rauchens wach zu halten, denn ein solcher Warnhinweis ist Ausdruck einer allgemeinen **sittlichen Verpflichtung** (BGH GR 94, 219 „Warnhinweis“).

Allgemein gilt für jede Art von Gesundheitswerbung, dass die Werbeangaben **gesicherten wissenschaftlichen Erkenntnissen** entsprechen müssen und keine Begriffe verwendet werden dürfen, die unklare Vorstellungen über ihren Inhalt hervorrufen und dadurch geeignet sind, das Publikum zu verunsichern oder irrezuführen.

Gewinnspiele, Preisausschreiben, Gratisverlosungen: Preiswettbewerbe, insbesondere Preisausschreiben, Preisrätsel und Gratisverlosungen, sowie Gewinnspiele im weitesten Sinne, die zu Zwecken des Wettbewerbs gratis veranstaltet werden, um Waren bekannt zu machen und die Aufmerksamkeit des Publikums auf das Angebot zu lenken, sind grundsätzlich erlaubt (vgl. Baumbach, UWG § 1, Rdnr. 151 m.w.N.). Unlauter werden derartige Gewinnspiele jedoch dann, wenn über die **tatsächliche Gewinnchance irregeführt** wird, wenn in **übertriebenem Maße die angesprochenen Verkehrskreise angelockt** werden oder wenn **psychologischer Kaufzwang** ausgeübt wird. Hierbei handelt es sich um allgemeingültige wettbewerbsrechtliche Grenzen, welche für jegliche Werbung im Rahmen der §§ 1, 3 UWG gelten und als gesonderte Fallgruppen abgehandelt werden.

Herkunftstäuschung, Nachahmung: Das Ausnutzen fremder Arbeitsergebnisse ist im Wettbewerb alltäglich, denn häufig eignen sich Unternehmen mühe- und kostenlos die Ergebnisse fremder Leistung an. Dies kann Werbemaßnahmen, aber auch technische oder ästhetisch wirkende Gestaltungsformen betreffen. Um Nachahmung zu vermeiden, besteht zunächst die Möglichkeit, Leistung im technischen sowie im nichttechnischen Bereich unter Sonderrechtsschutz zu stellen (Patent-, Geschmacksmusterrechte, Markenschutz, Namensschutz, Urheberrecht etc.).

Aus der gesetzlichen Anerkennung dieser besonderen ausschließlichen Rechte folgt für technische und geistige Schöpfungen zwingend, dass die **wirtschaftliche Betätigung** außerhalb dieser geschützten Bereiche **grundsätzlich frei** sein soll. Hieran ist auch die wettbewerbsrechtliche Beurteilung gebunden (Baumbach, UWG § 1, Rdnr. 439).

Grundsätzlich ist nur eine sogenannte **„vermeidbare Herkunftstäuschung“** wettbewerbswidrig. Dieser wettbewerbswidrige Tatbestand setzt sich aus folgenden Merkmalen zusammen:

- **Wettbewerbliche Eigenart:** Das Erzeugnis muss Gestaltungsmerkmale aufweisen, die geeignet sind, dem Verkehr die Unterscheidung von gleichartigen Erzeugnissen anderer Herkunft zu ermöglichen und der Verkehr muss gewöhnt sein, aus diesen Merkmalen auf die betriebliche Herkunft oder auf Besonderheiten des Erzeugnisses zu schließen.
- **Wettbewerblicher Besitzstand:** Das Erzeugnis, welches nachgeahmt wird, muss als Ware aus einem bestimmten Bereich bekannt sein, d.h. der Gegenstand der Nachahmung **muss im Verkehr eingeführt** sein.

Hierfür genügt die Vorstellung des Publikums, dass das Erzeugnis aus einem bestimmten Betrieb kommt.

- **Vorwerfbarkeit:** Der Vorwurf unlauteren Verhaltens kann dem Nachahmer erst gemacht werden, wenn er es unterlassen hat, im Rahmen des Zumutbaren geeignete Maßnahmen zur Verhütung oder Verringerung der Gefahr einer Irreführung des Verkehrs über die Herkunft der Erzeugnisse zu treffen. Welchen Abstand der Nachahmer einhalten muss, um eine Irreführung zu vermeiden, wird sich im Einzelfall nur aufgrund einer Interessenabwägung exakt bestimmen lassen. Im Rahmen dieser Abwägung ist auch bedeutsam, wie das nachgeahmte Produkt im Vergleich zu dem ursprünglichen Erzeugnis in der Werbung präsentiert wird.

- **Subjektive Voraussetzungen:** In subjektiver Hinsicht erfordert der Wettbewerbsverstoß, dass der Nachahmer die Umstände kannte, die sein Verhalten als objektiv wettbewerbswidrig erscheinen lassen. Dem steht es gleich, wenn ein Nachahmer sich dieser Kenntnis bewusst verschließt (Baumbach, UWG § 1, Rdnr. 473).

Kopplungsgeschäft: Ein Kopplungsangebot liegt vor, wenn mehrere Waren oder Leistungen zu einem Gesamtpreis angeboten werden. Man unterscheidet **offene und verdeckte Kopplungen**. Bei verdeckter Kopplung werden die Waren ohne Nennung von Einzelpreisen nur zusammen zu einem Gesamtpreis angeboten. Bei offener Kopplung sind dagegen die Einzelpreise ebenfalls genannt. Grundsätzlich sind Kopplungsgeschäfte erlaubt. Verdeckte Kopplungsgeschäfte können jedoch wegen der Erschwerung des Preisvergleichs wettbewerbswidrig sein. Dabei kommt es auf die Umstände des Einzelfalls an. Unlauter wird die Kopplung, wenn **branchenverschiedene Waren** oder Leistungen von unterschiedlicher Art und Beschaffenheit gekoppelt zu einem Gesamtpreis angeboten werden und es ohne Kenntnis der Einzelpreise dem Publikum nicht möglich ist, den Wert der zusammen angebotenen Waren oder Leistungen zu schätzen. Häufig verleitet der Gesamtpreis dabei zu der Annahme, das Preisangebot sei besonders preisgünstig. **Beispiel:** Eine Packung Tee wird zusammen mit einer „Japan-Tasse“ in einem Cellophanbeutel, auf dem nur ein Gesamtpreis verzeichnet ist, angeboten (BGH GR 62, 415/418 Glockenpackung I); das Angebot von Urlaubsreisen und Skiausrüstung zu einem Gesamtpreis; das Angebot „Auto und Urlaub“: entgeltliche Hotelübernachtung inklusive Gebrauchtwagen zu einem einheitlichen Preis, wenn die Kopplungswerbung gezielte Preisverschleierung einschließt.

Nur wenn der Verbraucher die Einzelpreise ohne weiteres in Erfahrung bringen kann, können Kopplungsangebote verschiedener Waren – z.B. eine Markengefriertruhe inkl. ½ Schwein – zu einem Gesamtpreis zulässig sein (BGH GR 96, 363 „saustarke Angebote"). Im vorliegenden Fall kam der BGH außerdem zu dem Ergebnis, dass ein Gebrauchszusammenhang zwischen der Schweinehälfte und der Gefriertruhe bestehe, so dass keine ungleichartigen Leistungen angeboten würden.

Seit **Wegfall der Zugabeverordnung** gewinnt die Rechtsprechung zur Zulässigkeit von Kopplungsangeboten neben der Rechtsprechung zu Vorspannangeboten noch stärker an Bedeutung.

Psychologischer und rechtlicher Kaufzwang: Wettbewerbswidrig ist es, den Kunden durch Einsatz physischer oder psychischer Mittel zum Abschluss eines Geschäfts zu nötigen. Der Kunde erwirbt die Ware dann nicht aufgrund freier Entscheidung, sondern wegen des auf ihn ausgeübten Drucks. Allerdings ist nicht jede psychologische Beeinflussung, die den Kunden zum Kauf bestimmt, als wettbewerbswidrig anzusehen (vgl. Baumbach, UWG § 1, Rdnr. 46). Dies muss man sich auch bei Verwendung des Schlagwortes „psychologischer Kaufzwang" vergegenwärtigen. Auf die Entschließung des Kunden einzuwirken, ist nun einmal der Sinn jeder Werbung. Die Grenze der Unlauterbarkeit kann nur dann überschritten werden, wenn der Umworbene in seiner Entscheidungsfreiheit spürbar beeinträchtigt und gegen oder ohne seinen Willen zum Abschluss des Geschäfts bestimmt wird. (Baumbach, UWG § 1, Rdnr. 46).

Von **rechtlichem Kaufzwang** spricht man, wenn dem Kunden eine geldwerte Vergünstigung für den Fall in Aussicht gestellt wird, dass er eine Ware oder eine bestimmte Warenmenge kauft. Hierbei kann es sich um ein Geschenk, die Beteiligung an einer Gratisverlosung, eine Reise oder auch eine besonders preisgünstige Vorspannware handeln (Baumbach, UWG § 1, Rdnr. 88).

Beim rechtlichem Kaufzwang ist die Grenze der Sittenwidrigkeit erreicht, wenn die Vergünstigung einen Kaufreiz ausübt, der den Kunden so beeinflussen kann, dass er die Hauptware weniger wegen ihrer Qualität oder

Preiswürdigkeit im Vergleich zu konkurrierenden Waren, sondern vornehmlich deshalb kauft, um die Vergünstigung zu erhalten (Baumbach, UWG § 1, Rdnr. 88). Dabei liegt die besondere Gefahr darin, dass der Kunde die Ware zunächst kaufen muss. Ein unzulässiger rechtlicher Kaufzwang liegt auch dann vor, wenn der Werbende die Zuwendung zwar nicht ausdrücklich von einem Einkauf abhängig gemacht hat, die **Aufmachung der Werbeaktion** aber bei einem Teil der Umworbenen die Vorstellung hervorruft, ein vorheriger Warenkauf sei Voraussetzung für den Erhalt der Vergünstigung. Der Zusatz *„Kein Kaufzwang“* ist in diesem Fall nicht ohne weiteres geeignet, den Eindruck der Abhängigkeit der Vergünstigung vom Abschluss eines Kaufs auszuschließen.

Beispiele: Geldzuwendungen, die vom Kauf einer Ware abhängig sind; Hersteller von Waschmittel verteilt zur Werbung für sein neues Waschmittel Wertscheine über 1,- DM mit Zeitungsinseraten und Postwurfsendungen, die vom Einzelhändler beim Kauf der 3-kg-Packung auf den Kaufpreis angerechnet werden (Baumbach, UWG § 1, Rdnr. 88).

Der **psychologische Kaufzwang** unterscheidet sich vom rechtlichen Kaufzwang dadurch, dass der Erhalt der Vergünstigung nicht vom Kauf einer Ware abhängig ist und die Teilnehmer dies auch wissen. Allerdings ist hier die Werbeaktion so aufgezogen, dass die Umworbenen durch die Vergünstigung in eine psychologische Zwangslage geraten, in der sie es als unanständig oder peinlich empfinden, nichts zu kaufen. Sie haben das Gefühl, sich wegen der ihnen gemachten Zuwendungen erkenntlich zeigen zu müssen und daher Hemmungen, nicht zu kaufen, so dass die Ware nicht wegen ihrer Güte, sondern „anstandshalber“ gekauft wird (Baumbach, UWG § 1, Rdnr. 89). Solch ein psychologischer Kaufzwang ist indessen nicht per se sittenwidrig. Jeder Kaufmann trachtet danach, einen Kunden möglichst so gut zu bedienen, dass er sich verpflichtet fühlt, Kunde zu bleiben. Dass auch Werbung versucht, dem Kunden ein Gefühl der Treue zu vermitteln, ist marktkonform und nicht zu beanstanden. In anstößiger Weise wird psychologischer Kaufzwang auf den Kunden dann ausgeübt, wenn er in solchem Maß unter Druck gesetzt wird, dass sich ihm das Gefühl aufdrängt, er müsse anstandshalber eine Ware zum regulären Preis erwerben (Baumbach, UWG § 1, Rdnr. 89).

Beispiele für Wettbewerbswidrigkeit sind: Anbieten kostenloser Blutdruckmessung in den Geschäftsräumen einer Apotheke, kostenloser Hauttest,

Verteilung kostenloser Gutscheine für das Entwickeln von Kleinbildfilmen (Baumbach, UWG § 1, Rdnr. 89 m.w.N.). Keine Wettbewerbswidrigkeit liegt beispielsweise vor, wenn ein Automobilclub einen Gutschein an seine Mitglieder verteilt, welcher diese zu einem kostenlosen Check des PKW bei bestimmten Werkstätten berechtigt, sofern deutlich wird, dass die Clubmitglieder die kostenlose Leistung von ihrem Club und nicht von den ausführenden Werkstätten erhalten (Baumbach, UWG § 1, Rdnr. 89 m.w.N.). Dieses Beispiel zeigt, welche Bedeutung der Darstellung in einem Werbetext zukommt.

Rechtsbruch: Dem Leistungswettbewerb widerspricht es, wenn ein Wettbewerber einen Vorsprung gegenüber seinen Mitbewerbern erlangt, weil er gesetzlich oder vertraglich festgelegte Bedingungen missachtet, an die sich Mitbewerber halten. Es ist jedoch nicht jede Werbehandlung, die gegen gesetzliche Vorschriften verstößt, wettbewerbswidrig. Bei jedem Gesetzesverstoß ist zu hinterfragen, welche wettbewerbsrechtliche Relevanz das Gesetz, gegen das verstoßen wurde, hat. Verstöße gegen **wertbezogene Vorschriften**, d.h. Vorschriften, die Ausdruck einer sittlichen Anschauung sind und sittlich fundierte Gebote aufstellen, sind per se wettbewerbswidrig gem. § 1 UWG.

Beispiele: Werbung für gestohlene, unterschlagene oder gehehlte Ware, Werbung für jugendgefährdende oder pornographische Texte/Schriften/Abbildungen, Werbung für Vergabe von Teilzahlungskrediten zu einem Wucherzinssatz, Verstöße gegen das Heilmittelwerbegesetz, welches zum Schutze kranker Menschen Arzneimittelwerbung verbietet, einschränkt oder Pflichtangaben vorschreibt, Verstöße gegen div. Vorschriften des Lebensmittelrechts und Verstöße gegen Bezeichnungsvorschriften, z.B. Inverkehrbringen von Kosmetika ohne Angabe bestimmter Stoffe auf den Behältnissen unter Verstoß gegen die Kosmetik-VO oder Werbung für Schlankmacher, die gegen die Verordnung über Nährwertangaben in Lebensmitteln verstößt.

Wertbezogene Normen sind auch Vorschriften zum Schutz der Rechtspflege oder Werbebeschränkungen in den Berufsordnungen diverser Berufsgruppen (z.B. Rechtsanwälte, Notare, Steuerberater, Wirtschaftsprüfer, Ärzte, Apotheker).

Verstöße gegen wertneutrale Vorschriften, die aus Gründen ordnender Zweckmäßigkeit erlassen wurden und weder einem sittlichen Gebot Geltung verschaffen noch dem Schutz besonders wichtiger Gemeinschaftsgüter oder allgemeiner Interessen dienen, sind nur wettbewerbswidrig, wenn besondere wettbewerbsrelevante Umstände, die dem Werbenden einen sachlich ungerechtfertigten Vorsprung verschaffen, hinzutreten (vgl. Baumbach, UWG § 1, Rdnr. 630, 646).

Folgende wertneutrale Vorschriften haben in diesem Zusammenhang eine Rolle gespielt:

- **Preisangabenverordnung:** Die Preisangabenverordnung schreibt vor, dass **Endpreise** anzugeben sind und wie die Endpreisangabe zu erfolgen hat. Die Preisangaben-VO soll dem Verbraucher eine Orientierung über die Preise ermöglichen, besitzt jedoch keinen ausgesprochen wettbewerbsrechtlichen Bezug. Deshalb muss nach Rechtsprechung des BGH bei fehlerhaften Preisauszeichnungen hinzukommen, dass der Verstoßende einen Wettbewerbsvorsprung vor gesetzestreuen Mitbewerbern erlangt hat und dass sich in subjektiver Hinsicht der Verletzer bewusst und planmäßig über das Gesetz hinweggesetzt hat, um sich einen sachlich nicht gerechtfertigten Vorsprung zu verschaffen (BGH GR 73,655). Wettbewerbswidrig handelt auch derjenige, der unter Verstoß gegen die Preisangaben-VO gegenüber Endverbrauchern Nettopreise mit dem Zusatz „plus Mehrwertsteuer" angibt.
- **Ladenschlussgesetz:** Das Ladenschlussgesetz regelt die gesetzlichen Öffnungszeiten für Verkaufsstellen. Hiernach müssen Verkaufsstellen zu bestimmten Zeiten für den geschäftlichen Verkehr mit den Kunden geschlossen sein. Wirbt ein Unternehmen mit einen Werbetext, der gegen die dort geregelten Ladenschlusszeiten verstößt, verschafft es sich einen Wettbewerbsvorsprung gegenüber gesetzestreuen Mitbewerbern und handelt dabei bewusst und planmäßig. Wettbewerbswidrig handelt zum Beispiel jemand, der mit der Headline wirbt: *„Jeden Sonntag Tag der offenen Tür. Von 14.00 Uhr bis 17.00 Uhr geöffnet! Ansehen – Anprobieren – kein Verkauf."* Nach § 3 Ladenschlussgesetz ist auch das Anprobieren von Kleidern während der Ladenschlusszeiten unzulässig. Setzt sich der Werbende darüber hinweg, verschafft er sich gegenüber den gesetzestreuen Mitbewerbern einen Vorsprung, denn Kunden, die bereits zu schätzen gelernt haben, an einem Sonntag Oberbekleidung anzuprobieren, werden am nächsten verkaufsoffe-

nen Tag nicht noch einen Mitbewerber aufsuchen, um dort Kleidung anzuprobieren (BGH 76, 438 Tag der offenen Tür I). Ebenso handelt wettbewerbswidrig, wer z.B. Werbung für einen Hausfrauen-Info-Abend macht, an welchem außerhalb der zulässigen Ladenöffnungszeiten Küchen-Elektrogeräte vorgeführt werden, denn auch hierbei handelt es sich um eine verkaufsfördernde Maßnahme, die dem Werbenden einen Vorsprung verschafft (BGH 84,361 Hausfrauen-Info-Abend).

Weitere wertneutrale Vorschriften, die hier nicht weiter abgehandelt werden, sind z.B. Erlaubnisvorschriften der Gewerbeordnung, der Handwerksordnung, des Kreditwesengesetzes, des Personenförderungsgesetzes, des Straßenverkehrsgesetzes, des Güterverkehrsgesetzes, des Außenwirtschaftgesetzes, des Arbeitszeitgesetzes, des Textilkennzeichnungsgesetzes oder des Fernmeldeanlagengesetzes. Da es sich um Ordnungsvorschriften handelt, bedarf es einer sorgfältigen Überprüfung, ob ein Verstoß dem Werbenden einen Vorsprung gegenüber dem Mitbewerbern verschafft und ob sich der Werbende geplant und bewusst hierüber hinweggesetzt hat.

Rufausbeutung: Häufig wird der gute Ruf eines fremden Unternehmens, einer fremden Ware, Leistung oder Kennzeichnung zu Wettbewerbszwecken auszubeuten versucht. Wesentlich ist dabei, dass das Publikum über den bloßen Bekanntheitsgrad hinaus eine besondere Wertestellung, insbesondere Gütevorstellung, verbindet. Gerade diese besondere Werte- bzw. Gütevorstellung, die ein Wettbewerber erworben hat, wird von einem Mitbewerber für seine Werbung ausgenutzt. Man kann hier auch vom **Schmarotzen an fremdem Ruf sprechen** (BGH GR 99, 923/927 Tele-Info CD).

Zu unterscheiden ist dabei die **Ausbeutung durch Täuschung** von der **Ausbeutung durch Anlehnung**. Bei der **Ausbeutung durch Täuschung** wird das Publikum dazu gebracht, durch Verwendung bestimmter Merkmale oder Nachahmung einer fremden Ware/Leistung, mit denen es eine besondere Vorstellung verbindet, auf eine bestimmte Herkunft zu schließen und dabei fälschlicherweise anzunehmen, dass die beworbenen Waren/Leistungen gleicher Herkunft sind. Dadurch wird die Gefahr von Verwechslungen beider Waren/Leistungen hervorgerufen, so dass die Vorstellung der fremden zur Empfehlung der eigenen Ware/Leistung ausgenutzt wird.

Im Falle der **Ausbeutung durch Anlehnung** wird der gute Ruf der fremden Ware zur Empfehlung der eigenen Ware ausgenutzt, ohne dass eine Herkunfts- oder Warenverwechslung vorliegt. Die Anlehnung kann in **offener oder verdeckter Form** erfolgen. **Beispiele für offene Anlehnung** sind Werbetexte wie *„ Statt A nimm B“* bzw. *„... die echte Alternative ...“* (BGH GR 89, 602) oder *„A ist genauso gut wie B“* bzw. Bezeichnung im Werbetext als *„gleichwertig“* (BGH GR 57, 23) oder *„... als Ersatz für ...“* oder *„... nach System von ...“* Eine erkennbare Bezugnahme auf eine bestimmte Ware oder die namentliche Nennung des Herstellers ist dabei für eine Wettbewerbswidrigkeit nicht erforderlich (BGH GR 70, 422/423). Die offene Anlehnung nimmt also immer erkennbaren Bezug auf eine fremde Ware/Marke, um die Güte der eigenen Leistung durch eine Gleichstellung mit der fremden Ware/Leistung hervorzuheben. Hierin liegt der entscheidende Unterschied zu der weiter unten (Punkt IV, 2. Vergleichende Werbung) abgehandelten „vergleichenden Werbung“.

Beispiele für verdeckte Anlehnung: Ein Whiskeyhersteller platziert in einer Werbeanzeige die von ihm beworbene Whiskeyflasche mit zwei gefüllten Gläsern vor der Kühlerpartie eines Rolls-Royce, so dass die Kühlerfigur, das Emblem „RR“ und der charakteristische Kühlergrill deutlich zu erkennen sind (BGH 86, 90/95 Rolls-Royce); Porzellanwaren werden mit der Aussage *„vom Feinsten in Meißen per Hand aus Porzellan gefertigt“* beworben, obwohl sie nicht von der Staatlichen Manufaktur Meißen GmbH hergestellt wurden (siehe Baumbach, UWG § 1, Rdnr. 554); der Kaffeehersteller Tchibo vertrieb über sein Filialnetz Imitationen von „Rolex“-Uhren. Die Wettbewerbswidrigkeit lag darin, dass Tchibo sich den exklusiven Ruf der Rolex-Modelle zunutze machte und für sich ausnutzte (BGH GR 85, 876/878 Tchibo/Rolex).

Schleichwerbung (redaktionelle Werbung): Wettbewerbswidrig ist es, eine Werbemaßnahme so zu tarnen, dass sie als solche dem Umworbenen nicht erkennbar ist, insbesondere eine Werbemaßnahme als eine objektive Unterrichtung durch eine unabhängige Stelle oder Person erscheinen zu lassen (Baumbach, UWG § 1, Rdnr. 27). Hauptfälle solcher Schleichwerbung sind wissenschaftlich-publizistisch oder redaktionell getarnte Werbung, sowie vornehmlich in der Rundfunk- und Fernsehwerbung das „Product Placement“. Hierzu im Einzelnen:

- **Wissenschaftlich-publizistisch getarnte Werbung:** Die freie Wissenschaft steht zwar außerhalb des Wettbewerbs, doch darf sich eine Werbung nicht ein wissenschaftliches oder fachkundiges Mäntelchen umhängen, um dem Verkehr besondere Vorteile- etwa für die Gesundheit- vorzutäuschen. Wettbewerbswidrig nach § 1 UWG wird die Verwendung eines Gutachtens, wenn der Anschein eines unabhängig zustande gekommenen Urteils eines unbeteiligten Dritten hervorgerufen wird. Der Konsument glaubt hier an eine objektive oder wissenschaftliche Empfehlung, der er unbedenklich folgen kann, während es sich in Wahrheit um eine zu Werbezwecken dienende Veröffentlichung handelt. Die Verwertung eines Gutachtens ohne Einwilligung des Gutachters ist stets wettbewerbswidrig. Im Heilwesen sind zudem Gutachten nur beschränkt verwertbar. Allgemeine Angaben wie *„ärztlich empfohlen“* sind unklar und irreführend. Unzulässig sind auch Texte wie *„nach den Vorschriften von Prof. X“*, wenn dieser solche nicht gegeben hat.

- **Redaktionelle Werbung (Schleichwerbung):** Das **Gebot der Trennung von Werbung und redaktionellem Text** beruht auf einer gefestigten Standesauffassung der Zeitungsverleger, Journalisten und Werbungtreibenden. Ausdruck findet es in den Richtlinien des Zentralausschusses der Werbewirtschaft (ZAW), verabschiedet 1964, neugefasst 1991, aber auch in Richtlinien der Fernsehgesellschaften, welche die Trennung von Werbung und Rundfunk-/Fernsehprogramm vorschreiben (z.B. ARD-Richtlinie).

  Um die Informationsaufgabe zu erfüllen, berichtet die Presse im redaktionellen Teil auch über bestimmte Unternehmen und ihre Erzeugnisse. Eine solche Berichterstattung, die unentgeltlich erfolgt, verletzt nicht das Gebot der Trennung von redaktionellem Text und Werbung, solange die **sachliche Unterrichtung** der Leser im Vordergrund steht und die unvermeidlich damit verbundene Werbewirkung nur als eine in Kauf zu nehmende Nebenfolge erscheint. Um getarnte Werbung bzw. Schleichwerbung handelt es sich dagegen, wenn die Produkte eines einzelnen Herstellers in einem redaktionellen Beitrag einseitig über das durch eine sachliche Information bedingte Maß werblich herausgestellt werden. Die Wettbewerbswidrigkeit liegt dann darin begründet, dass der Verkehr einem redaktionell gestalteten Beitrag in der Regel eine größere Bedeutung beimisst, als den Angaben des Werbenden in einem Werbetext. Wo jedoch die sachliche Information aufhört und die (Schleich-)Werbung beginnt, ist nur aufgrund einer Gesamtbetrachtung von Anlass und Inhalt des einzelnen Berichts feststellbar (Baumbach, UWG § 1, Rdnr. 35).

Beispiel: Sofern in einer redaktionellen Berichterstattung namentlich genannte Ärzte als „die besten Ärzte Deutschlands" bezeichnet werden, ohne dass sachliche und überprüfbare Beurteilungskriterien zugrunde liegen, handelt es sich um getarnte Werbung, die als sittenwidrige Förderung fremden Wettbewerbs gegen § 1 UWG verstößt (BGH GR 97,912); ebenso für „die 500 besten Anwälte" (BGH GR 97, 914).

- **Product Placement:** Hierunter ist der gezielte Einbau von Markenwaren in Fernsehsendungen oder Filmen als Requisiten zur Verbesserung des Images zu verstehen. Für Fernsehsendungen gilt hier ebenso das o.g. Trennungsgebot. Auch für Kinofilme gilt grundsätzlich das Trennungsgebot, doch unterliegt der Vertrieb eines Spielfilmes, welcher als Kunstwerk im Sinne des Art. 5 GG anzusehen ist, nicht schlechthin dem Verbot des § 1 oder § 3 UWG (Baumbach, UWG § 1, Rdnr. 44b).

Telefon-, Telefax-, E-Mail-, SMS-Werbung: Die Werbung durch unerbetene telefonische Anrufe zur Anbahnung von Geschäftsabschlüssen oder zur Anpreisung von Waren bzw. Leistungen ist grundsätzlich wettbewerbswidrig, es sei denn dass der Angerufene zuvor ausdrücklich oder stillschweigend sein Einverständnis erklärt hat. Entsprechendes gilt für Telefax-Werbung, E-Mail-Werbung und SMS-Werbung.

Übertriebenes Anlocken: Ein Anlocken durch Anpreisen der eigenen Ware oder Leistungen, z.B. in Werbetexten, ist grundsätzlich erlaubt, denn ohne eine solche Werbung wäre der Wettbewerb eines seiner belebendsten Elemente beraubt.

Unlauter wird Werbung dann, wenn durch das Anlocken mit übermäßigen Vorteilen eine so starke Anziehungskraft auf den Umworbenen ausgeübt wird, dass er sich mit den Angeboten der Mitbewerber gar nicht mehr befasst, sondern gleichsam magnetisch mit sachfremden Mitteln in ein Geschäftslokal oder eine Verkaufsveranstaltung hineingelockt wird. **Beispiele für unlauteres übertriebenes Anlocken** waren z.B. die Ankündigung eines *„Midsommer-Festes"* durch einen Möbelmarkt mit dem Hinweis, dass es erst einmal ein *„unmögliches Frühstück"* gibt (BGH GR 83,163), die kostenlose Gewährung einer Flasche Sekt bei Vorlage eines innerhalb von 6 Wochen wöchentlich im Geschäft abzustempelnden Spielbons oder ein Gutschein für eine Flasche Piccolo und einen Ball (BGH GR 79, 315). In die gleiche Kategorie können auch Omnibus-Werbefahrten oder Besichtigungsreisen fallen (Baumbach, UWG § 1, Rdnr. 91a).

Umweltwerbung: Werbung, die an den Umweltschutzgedanken anknüpft, wird immer bedeutender. Umweltförderung, d.h. das Anknüpfen an den Umweltschutzgedanken, ist nur dann zulässig, wenn ein **sachlicher Zusammenhang** zwischen dem in der Werbung versprochenen sozialen Engagement und der beworbenen Ware oder Leistung besteht. Beispielsweise war die Werbung eines Möbelhändlers, der mit dem Werbetext *„Biomöbel gegen Smog!“* die Erstattung einer Bus- oder Bahnkarte in Höhe von 1,50 DM für den Fall in Aussicht stellte, dass der Kunde mindestens in Höhe von 10,- DM bei ihm einkauft, sittenwidrig, weil der Sachzusammenhang zwischen dem Umweltthema „Smog“ und den beworbenen Möbeln fehlte. Deshalb war davon auszugehen, dass der Werbetreibende in unlauterer Weise den Umweltschutzgedanken zur Umsatzsteigerung ohne Sachzusammenhang aufgegriffen hatte (BGH 112, 311/314 „Biowerbung mit Fahrpreiserstattung“).

Nicht zu beanstanden ist die Werbung jedoch, wenn sie lediglich das **Mäzenatentum** des Gewerbetreibenden herausstellt, da es jedem unbenommen sein muss, auch im Bereich Umwelt gute Taten zu erbringen und in der Werbung darauf hinzuweisen (Berlit, Wettbewerbsrecht, Rdnr. 117). Zu betrachten ist Umweltwerbung aber auch unter dem Gesichtpunkt der **Irreführung** gemäß § 3 UWG. Dies gilt, wenn im Werbetext Angaben wie „umweltfreundlich“, „umweltschonend“ oder „umweltbewusst“ gemacht werden oder mit Umweltzeichen geworben wird.

Vorspannangebot: Vorspannangebote sind ein Fall des bereits beschriebenen Kopplungsgeschäfts und dürften **nach Wegfall der Zugabeverordnung an Bedeutung gewinnen.** Es handelt sich hierbei um Lockangebote besonderer Art, bei denen der Absatz einer angebotenen marktüblichen Hauptware dadurch gefördert werden soll, dass dem Kunden eine sehr preisgünstig erscheinende Nebenware (= Vorspannware) angeboten wird, die er jedoch nur erwerben kann, wenn er auch die Hauptware kauft (BGH 65, 68 „Vorspannangebot“: Einzelhandelsgeschäft bewirbt Gläser für 1,- DM bei einem Warenkauf von 5,- DM). Meistens verstoßen die Vorspannangebote nach der Rechtsprechung gegen § 1 UWG. Gründe hierfür sind die **Branchenfremdheit** der Vorspannware (BGH GR 62,415/417 Glockenpackung) oder die **fehlende Gebrauchsnähe** zwischen Vorspann- und Hauptware (Baumbach, UWG § 1, Rdnr. 135, 136).

Beispiele für unzulässige Vorspannangebote waren „2 rustikale Brettchen für 2,25 DM beim Kauf von 500 g Tchibo-Kaffee" (BGH GR 76, 637) oder „ein Kochbuch für 8,05 DM mit 500 g Kaffee für 7,90 DM" (BGH GR 77,110) oder „eine Segeltuchtasche für 4,95 DM im Rahmen eines Sommerangebots mit 500 g Kaffee" sowie Angebote wie „Taschenradio mit Kaffee", „Armbanduhren mit Kaffee", „Buch mit Kaffee", Werbung für eine Sektmarke mit Horoskop oder die Werbung für eine Stereoanlage zum Niedrigpreis von 430,- DM mit der Wirkung, dass man bei Kauf zugleich Mitglied einer Buchgemeinschaft wird (vgl. Baumbach, UWG § 1, Rdnr. 139).

Zulässig ist es, **branchenfremde Ware ohne Kopplung** als Vorspann für eine andere Ware anzubieten. Ein Gewerbetreibender darf z.B. betriebs- und branchenfremde Ware in wechselnder Folge sehr preiswert anbieten in der Hoffnung, der Kunde werde auch Waren kaufen, die zu marktüblichen oder höheren Preisen angeboten werden (Baumbach, UWG § 1, Rdnr. 141).

Wertreklame: Allen Formen der Wertreklame ist gemein, dass der Werbende nicht nur durch die Güte und Preiswürdigkeit seiner Ware oder gewerblichen Leistung, sondern vor allem oder zugleich durch ein **unsachliches Mittel**, z.B. das Gewähren einer besonderen Vergünstigung, Kunden zu gewinnen, sie gleichsam zu „bestechen" (Baumbach, UWG § 1, Rdnr. 85) sucht. Hierfür in Betracht kommen Geschenke, Gewinnchancen, attraktive Koppelungen von Waren und Leistungen, aber auch u.U. Preisnachlässe. In Teilbereichen war der Gesetzgeber der Wertreklame durch Schaffung der Zugabeverordnung und des Rabattgesetzes begegnet. Durch Wegfall beider Gesetze dürfte allerdings den wettbewerbsrechtlich durch Rechtsprechung entwickelten Grenzen der Wertreklame vermehrt Bedeutung zukommen.

Wettbewerbswidrig wird die Wertreklame immer dann, wenn die sachfremden Einflüsse auf den Kaufentschluss des Umworbenen ein zu starkes Gewicht haben und die Werbung mit Vergünstigungen zu einem Ersatz für den

Leistungswettbewerb wird. Entscheidet sich der angesprochene Verbraucher für die Ware des Werbenden nicht aufgrund deren Güte oder Preiswürdigkeit, sondern wird er durch unsachliche Mittel zum Kauf der umworbenen Ware beeinflusst, ist die Wertreklame stets anstößig (Berlit, Wettbewerbsrecht, Rdnr. 143). Unbedenklich sind dagegen Vergünstigungen zu Werbezwecken (z.B. Gratisverlosungen), bei denen es zu keiner Kontaktaufnahme mit dem Kunden kommt (Baumbach, UWG § 1, Rdnr. 86).

Beispiele für wettbewerbswidrige Wertreklame waren z.B. das Angebot eines Fotohändlers, bei Kauf einer neuen Kamera für die alte irreparable Kamera DM 30,- gutzuschreiben oder das Verteilen von Wertgutscheinen in Höhe von 0,80 DM in Zeitungsinseraten und Postwurfsendungen, die der Adressat bei Kauf einer Waschmittelpackung „Geballtes Bunt" beim Einzelhändler einlösen sollte, wobei diesem die eingelösten Gutscheine wiederum durch den Hersteller erstattet wurden(BGH GR 74,345 Geballtes Bunt).

2. Vergleichende Werbung, § 2 UWG

In Deutschland gibt es kein generelles Vergleichsverbot. Allerdings wurden durch die Rechtsprechung Grenzen gesetzt, nach welchen Werbung mit Vergleichen anderer Produkte zulässig ist. Seit September 2000 hat der Gesetzgeber eine Regelung für vergleichende Werbung in § 2 UWG geschaffen. § 2 Abs. I UWG definiert den Begriff der vergleichenden Werbung, § 2 Abs. II UWG zählt Verbotsmerkmale auf, die zu einer Sittenwidrigkeit führen und § 2 Abs. III UWG regelt Pflichtangaben bei Sonderpreisen und Sonderangeboten.

§2 UWG lautet :

> (1) Vergleichende Werbung ist jede Werbung, die unmittelbar oder mittelbar einen Mitbewerber oder die von einem Mitbewerber angebotenen Waren oder Dienstleistungen erkennbar macht.
>
> (2) Vergleichende Werbung verstößt gegen die guten Sitten im Sinne von §1 UWG, wenn der Vergleich sich

1. nicht auf Waren oder Dienstleistungen für den gleichen Bedarf oder dieselbe Zweckbestimmung bezieht;
2. nicht objektiv auf eine oder mehrere wesentliche, relevante, nachprüfbare und typische Eigenschaften oder den Preis dieser Waren oder Dienstleistungen bezogen ist;
3. im geschäftlichen Verkehr zu Verwechslungen zwischen dem Werbenden und einem Mitbewerber oder zwischen den von diesen angebotenen Waren oder Dienstleistungen oder den von ihnen verwendeten Kennzeichen führt;
4. die Wertschätzung des von einem Mitbewerber verwendeten Kennzeichens in unlauterer Weise ausnutzt oder beeinträchtigt;
5. die Waren, Dienstleistungen, Tätigkeiten oder persönlichen oder geschäftlichen Verhältnisse eines Mitbewerbers herabsetzt oder verunglimpft oder
6. eine Ware oder Dienstleistung als Imitation oder Nachahmung einer unter einem geschützten Kennzeichen vertriebenen Ware oder Dienstleistung darstellt.

(3) Bezieht sich der Vergleich auf ein Angebot mit einem besonderen Preis oder anderen besonderen Bedingungen, so sind der Zeitpunkt des Endes des Angebots und, wenn dieses noch nicht gilt, der Zeitpunkt des Beginns des Angebots eindeutig anzugeben. Gilt das Angebot nur so lange, wie die Waren oder Dienstleistungen verfügbar sind, so ist darauf hinzuweisen.

Voraussetzung für die Zulässigkeit vergleichender Werbung ist also:

- **Vergleichbarkeit:** Die Waren/Dienstleistungen, die miteinander verglichen werden, müssen den gleichen Bedarf, dieselbe Zweckbestimmung befriedigen oder, wenn die Produkte nicht identisch sind, funktionsidentisch sein.
- **Verglichene Eigenschaften:** Die gleichen Waren/Dienstleistungen, die verglichen werden, müssen **objektiv vergleichbar** sein und es müssen wesentliche, relevante, nachprüfbare und typische Eigenschaften sein. Außer den Eigenschaften von Waren oder Dienstleistungen kann sich der **Vergleich auch auf den Preis** dieser Waren und Dienstleistungen beziehen. Außerdem müssen die vergleichenden Eigenschaften/Preise

objektiv nachprüfbar sein, so dass sich ihre Richtigkeit feststellen lässt. Manche Eigenschaften, wie z.B. Energieverbrauch oder Umweltverträglichkeit, wird der Verbraucher allerdings nicht durch einen direkten Vergleich nachprüfen können. Hier genügt es, dass die Behauptung dem Nachweis zugänglich, nachweisbar oder beweisbar ist (BT-Drucksache 14/2559, 11, Nr. 2). Vergleiche, die auf **rein subjektive Wertungen** bezogen sind, sind nicht objektiv nachprüfbar und verstoßen daher gegen die guten Sitten. **Beispiel:** Geschmacksvergleichstest verschiedener Lebensmittel, nach dem ein Lebensmittel besser als das Konkurrenzprodukt schmeckt (OLG München NJW-RR 99, 1423).

- **Schutz vor Verwechslungen:** Der Vergleich darf im Verkehr nicht zu Verwechslungen zwischen dem Werbenden und einem Mitbewerber oder zwischen den von ihnen angebotenen Waren/Dienstleistungen oder den von ihnen verwendeten Kennzeichen führen. Unter den Begriff des Kennzeichens fallen ebenso wie nach dem Markengesetz sowohl geschäftliche Bezeichnungen als auch geografische Herkunftsangaben.
- **Keine Ausnutzung oder Wertschätzung eines Kennzeichens:** Die Wertschätzung des von einem Mitbewerber verwendeten Kennzeichens darf nicht in unlauterer Weise ausgenutzt oder beeinträchtigt werden. Unter das Kriterium **in unlauterer Weise** fällt nicht schon das Merkmal der Herabsetzung (BGH GR 99,501/514 „Vergleichen Sie"). Es kommt darauf an, ob über die mit jedem Vergleich verbundenen negativen Wirkungen hinaus im Einzelfall noch besondere Umstände hinzutreten, die den Vergleich in unangemessener Weise abfällig, abwertend oder unsachlich erscheinen lassen (BGH GR 99,501/514).
- **Keine Herabsetzung oder Verunglimpfung:** Waren, Dienstleistungen oder Tätigkeiten eines Mitbewerbers oder persönliche/geschäftliche Verhältnisse eines Mitbewerbers dürfen nicht herabgesetzt oder verunglimpft werden. Lediglich ein **sachbezogener kritischer Vergleich** der Waren oder Dienstleistungen eines Mitbewerbers ist zulässig. Ein **Preisvergleich,** der die eigenen Erzeugnisse als preisgünstiger als die eines Mitbewerbers herausstellt, ist nicht zu beanstanden. Herabsetzend oder verunglimpfend ist auch hier eine vergleichende Werbung nur dann, wenn über die mit jedem Werbevergleich grundsätzlich verbundenen negativen Wirkungen hinaus besondere Umstände hinzutreten, die den Vergleich in unangemessener Weise abfällig, abwertend oder unsachlich erscheinen lassen (Baumbach, UWG § 2, Rdnr. 14).

Beispiel: Die Bewerbung von Leitungswasser als Trinkwasser unter der Abbildung eines Wasserhahns, der ein Etikett trägt, das sich stark an die üblicherweise für Mineralwasserflaschen verwendeten Etiketten anlehnt und den Werbetext *„Hängen Sie noch an der Flasche?“* verwendet, ist als unzulässig herabsetzender Vergleich angesehen worden (Baumbach, UWG § 2, Rdnr. 14 m.w.N.).

- **Keine Imitation oder Nachahmung:** Vergleichende Werbung darf nicht eine Ware/Dienstleistung als Imitation oder Nachahmung einer unter einem Kennzeichen geschützten Ware/Dienstleistung darstellen.
- **Angaben bei Sonderpreisen und Sonderangeboten:** Bezieht sich der Vergleich auf ein Angebot mit einem Sonderpreis oder Sonderangebot, so muss sowohl der Zeitpunkt des Beginns als auch der Zeitpunkt der Beendigung des Angebots angegeben werden. Gilt das Angebot nur, solange die Waren/Dienstleistungen verfügbar sind, ist hierauf hinzuweisen.

3. Irreführende Werbung, § 3 UWG

§ 3 UWG verbietet irreführende Werbung und lautet:

> Wer im geschäftlichen Verkehr zu Zwecken des Wettbewerbs über geschäftliche Verhältnisse, insbesondere über die Beschaffenheit, den Ursprung, die Herstellungsart oder die Preisbemessung einzelner Waren oder gewerblicher Leistungen oder des gesamten Angebots, über Preislisten, über die Art des Bezugs oder die Bezugsquelle von Waren, über den Besitz von Auszeichnungen über den Anlass oder den Zweck des Verkaufs oder über die Menge der Vorräte irreführende Angaben macht, kann auf Unterlassung der Angaben in Anspruch genommen werden. Angaben über geschäftliche Verhältnisse im Sinne des Satzes 1 sind auch Angaben im Rahmen vergleichender Werbung.

a) Allgemeine Voraussetzungen

§ 3 UWG enthält also ein **Irreführungsverbot,** das sich auf Angaben über geschäftliche Verhältnisse beschränkt.

Voraussetzungen des § 3 Satz 1 UWG sind im Einzelnen:

- Angabe
- im geschäftlichen Verkehr (siehe Ausführungen zu §1 UWG)
- zu Zwecken des Wettbewerbs (siehe Ausführungen zu §1 UWG)
- Irreführung über
  - geschäftliche Verhältnisse
  - die Beschaffenheit
  - den Ursprung
  - die Herstellungsart
  - die Preisbemessung
  - die Preislisten
  - die Art des Bezugs
  - die Bezugsquelle von Ware
  - den Besitz von Auszeichnungen
  - den Anlass oder den Zweck des Verkaufs
  - die Menge der Vorräte

Angaben im Sinne von § 3 UWG sind nachprüfbare Aussagen, die in Werbetexten, aber auch in Wörtern, Zahlen und Zeichen sowie in bildlichen Darstellungen oder auch in einer Kombination enthalten sein können. Tatsachenbehauptungen sind stets Angaben. Entscheidend ist, ob die Werbeäußerung vom Verkehr als eine auf die Richtigkeit ihres Inhalts hin **nachprüfbare, dem Beweis zugängliche Aussage** aufgefasst wird (BGH GR 65, 366; GR 73, 0594/595; GR 75, 141).

Demgegenüber sind nichtssagende oder nicht nachprüfbare Anpreisungen, Meinungsäußerungen oder bloße Werturteile keine Angaben im Sinne von § 3 UWG, da sie keinen nachprüfbaren Tatsachenkern haben. Zum Beispiel enthält die Aussage *„AEG Lavamat – den und keinen anderen"* lediglich eine nicht nachweisbare Anpreisung und damit keine Angabe (BGH GR 65, 366 Lavamat II). Ebenso wenig sind Werbesprüche wie *„R. Uhren kaufen Sie am besten bei W."* bzw. *„... oder kennen Sie eine bessere Adresse?"* keine Angaben (Baumbach, UWG § 3, Rdnr. 14). Die Bezeichnung als

„Größtes Versandhaus Süddeutschlands" oder als *„größte und modernste Kaffeerösterei Europas"* enthält dagegen nachprüfbare Aussagen über geschäftliche Verhältnisse und sind daher „Angaben". Der Werbetexter sollte sich bei der Auswahl seiner Worte gut überlegen, ob er wirklich eine Angabe machen will oder ob es nicht besser ist, sich auf bloße Anpreisungen, Meinungsäußerungen oder Werturteile, die dem Beweis nicht zugänglich sind, zu beschränken.

Ob eine Angabe **irreführend** ist, richtet sich ganz entscheidend danach, wie der Verkehr die Angabe auffasst. Es muss nicht der überwiegende Teil oder gar die Gesamtheit der Verkehrsteilnehmer irregeführt werden. Ausreichend ist, dass ein nicht völlig unerheblicher Teil der Verkehrsteilnehmer eine mit der Angabe unrichtige Vorstellung verbindet. Die maßgebliche Höhe des Prozentsatzes solcherart Irregeführter richtet sich stets nach den Umständen des Einzelfalls, insbesondere nach der Werbeangabe sowie den berührten Interessen und deren Ausmaß. Beispielsweise wurde es als genügend angesehen, dass bei der Bezeichnung „Lübecker Marzipan" 13,7 %, bei der Bezeichnung „Dresdner Stollen" 17,3 % oder aber bei der Firmenbezeichnung eines Möbel-Großhandelsunternehmens „Kontinent-Möbel" 10 % der Verbraucher irregeführt wurden (Baumbach, UWG § 3, Rdnr. 27 m.w.N.).

Wie eine Werbung verstanden wird, hängt stets von dem angesprochenen Personenkreis ab. Eine Werbebehauptung kann sich an das breite Publikum oder an bestimmte Verkehrskreise (z.B. fachkundige Personen oder Händler) richten. Wendet sich eine Werbung an Fachleute, so entscheidet deren Auffassung und Sprachgebrauch in dem bestimmten Fachgebiet. Wendet sich die Werbung an das breite Publikum, ist an deren Erfahrung, Begabung, Aufmerksamkeit und Sachkunde ein Durchschnittsmaßstab anzulegen. Maßgebend ist also der Eindruck eines Durchschnittsbetrachters, -hörers oder -lesers. Gewisse Elementarkenntnisse dürfen vorausgesetzt werden (Baumbach, UWG § 3, Rdnr. 32).

Bei der Feststellung, ob eine Werbung irreführend ist, empfiehlt sich, nach folgender Methodik vorzugehen (siehe Baumbach, UWG § 3, Rdnr. 30) :

- Prüfung, an welche Verkehrskreise sich die Werbung richtet,
- Ermittlung, wie diese Kreise die Werbeangabe verstehen (nicht unbeachtlicher Teil genügt!),

- Feststellung, ob die bei einem nicht unbeachtlichen Teil der Verkehrskreise erweckte Vorstellung mit den wirklichen Verhältnissen übereinstimmt.

b) Fallgruppen

Auch zu § 3 UWG können nicht alle Fallgruppen abgehandelt werden, sondern es erfolgt eine Auswahl folgender Beispiele, die besonders für den Werbetexter interessant sind.

Alleinstellungswerbung: Wird eine Werbung von einem nicht unerheblichen Teil des Publikums dahin verstanden, dass der Werbende allgemein oder in bestimmter Hinsicht für sich eine **Spitzenstellung** auf dem Markt in Anspruch nimmt, so liegt eine Alleinstellung vor. Beispielsweise liegt Alleinstellungswerbung vor, wenn der Gewerbetreibende in seinen Anpreisungen darauf hinweist, dass sein Unternehmen das „größte“, das „erste“ oder das „älteste“ sei bzw. seine Ware/Leistung als „beste“, „unerreichbar“, „einzigartig“ bezeichnet oder behauptet, dass keine gleichwertige Ware/Leistung außer der seinigen vorhanden sei (Baumbach, UWG § 3, Rdnr. 68). Als Ausdrucksmittel für Alleinstellungswerbung kommen häufig **Superlativen**, wie z.B. *„die **beste** Zigarette“*, *„das **berühmteste** Parfüm der Welt“*, *„die **meistgelesene** Zeitung“*, *„**größtes** Versandhaus der X Stadt“*, *„Sunil, das **strahlendste** Weiß meines Lebens“*, *„Deutschlands **frischester** Kaffee“* oder die Aussage: *„X stellt ein **absolutes Spitzen**erzeugnis des Marktes dar; auch mit den mechanischen Eigenschaften liegen wir **absolut** an der **Spitze**“* in Betracht. Alleinstellungswerbung waren auch die Aussagen *„Das Beste, was ein Baby braucht ... alles in Alete“* bzw. *„Mutti gibt mir immer nur das Beste“* (BGH GR 65, 363 Fertigbrei). Auch ein **Komparativ** kann mitunter zu einer Alleinstellung insbesondere bei Übertreibungen führen. **Beispiele** hierfür sind Sprüche wie *„... verleiht der Wäsche **längere** Lebensdauer“*, *„... die Wäsche sitzt **besser, bleibt länger** sauber, bügelt sich **leichter**“*, *„es gibt keinen **besseren** Kaffee“*, *„keiner **bietet mehr** als ...“* oder *„keine Bausparkasse ist **besser** als Schwäbisch-Hall“* (Baumbach, UWG §3, Rdnr. 70 m.w.N.). Schließlich können auch sonstige Aussagen, wie *„erstes Kulmbacher“*, *„**das** echte Eau de Cologne“*, *„**das** Waschmittel aller Waschmittel“* oder *„**Der** Original Maraska-Geist“* Alleinstellungswerbung sein (Baumbach, UWG § 3, Rdnr. 71, 72).

Grundsätzlich ist eine Spitzen- und Alleinstellungswerbung zulässig, wenn sie wahr ist. Entscheidend ist, ob das, was behauptet wird, sachlich richtig ist. Hierfür muss der Werbende einen deutlichen Vorsprung gegenüber seinen Mitbewerbern haben und dieser Vorsprung muss die Aussicht auf eine gewisse Stetigkeit bieten (BGH GR 91, 850/851; GR 96, 910/911). Wer zum Beispiel seine Ware als „meistverkaufte" anpreist, muss einen Marktanteil haben, der erheblich über den Marktanteilen der Mitbewerber liegt.

Auszeichnung: Auszeichnung im Sinne von § 3 UWG ist alles, was den Gewerbetreibenden aus der Menge der Gleichartigen, der Mitbewerber, als **etwas Besonderes** heraushebt (Baumbach, Wettbewerbsrecht, UWG § 3, Rdnr. 355). Das trifft für Ehrenurkunden, Diplome, behördliche Anerkennungsschreiben, Medaillen, Preismünzen, Gütesiegel (z.B. TÜV- Prüfzeichen), aber u.U. auch für Bezeichnungen wie *„Hoflieferant"*, *„Hofjuwelier"* oder *„Hofbräu"* zu, weil hiermit von weiten Bevölkerungskreisen besondere Merkmale (z.B. besondere Tüchtigkeit und Zuverlässigkeit) verbunden werden. Entscheidend kommt es im Hinblick auf Irreführung nach § 3 UWG darauf an, dass die entsprechenden Gütesiegel und Auszeichnungen dem werbenden Unternehmen auch tatsächlich verliehen wurden. Auch ist es wichtig, dass das beworbene Produkt nach entsprechenden Normen von neutralen Stellen überprüft wurde.

Lockvogelwerbung: Die Lockvogelwerbung ist kein fest umrissener Rechtsbegriff. Ihre vielfältigen Erscheinungsformen, mit denen der Kunde zum Kauf angelockt werden soll, sind rechtlich grundsätzlich nur unter dem Gesichtspunkt einer konkreten und typischen Irreführungsgefahr erfassbar. Typische Lockvogelwerbung ist z.B. die Werbung für Waren, die überhaupt nicht (reine Scheinangebote) oder nur in unzureichender Menge zu dem beworbenen Preis vorhanden sind. Kennzeichnend ist dabei, dass die Anbieter die Preise einiger Waren, die beworben werden, tief ansetzen bzw. weit herabsetzen, wobei weniger der Absatz der verbilligten Ware gefördert werden soll, sondern vielmehr über diese Lockvogelwerbung eine Umsatzsteigerung der nicht verbilligten, oft sogar überteuerten Ware angestrebt wird.

Neuheitswerbung: Ausdrücke, die auf die Neuheit hindeuten, müssen wahr sein. Insbesondere darf eine solche Werbung auch zeitlich nicht zu lange zurückliegen, da sonst beim Publikum der irrige Eindruck entstehen kann, die Neuerung sei gerade erst eingetreten. Die Länge des Zeitraums, innerhalb dessen eine Werbung mit Neuheit noch zulässig ist, hängt von der jeweiligen Branche und Warenart ab. Die Werbung *„Jetzt im neuen Haus“* für die schon ein halbes Jahr zurückliegende Verlegung des Geschäfts eines Möbelhändlers wurde nicht als irreführend angesehen. Im Pharmabereich ist eine Neuheitswerbung noch während eines Jahres seit dem ersten Inverkehrbringen zulässig. Ein Kraftfahrzeug ist fabrikneu, wenn dasselbe Modell zur Zeit des Kaufabschlusses weiterhin völlig unverändert in Ausstattung, technischer Ausführung und Form hergestellt wird. Es muss nicht nur unbenutzt, sondern auch modellneu sein. Auslaufende Modelle sind besonders zu kennzeichnen (Baumbach, UWG § 3, Rdnr. 398).

Preisgegenüberstellung: Der Werbende darf seinen neuen Preis dem alten gegenüberstellen, wenn dieser eine angemessene Zeit lang tatsächlich verlangt wurde. Eine Irreführung liegt vor,

- wenn der alte höhere Preis nicht eine angemessene Zeit lang für die Ware ernsthaft verlangt worden ist,
- wenn der Anfangspreis zuvor bewusst überhöht angesetzt wurde, um eine echte Preisherabsetzung vorzutäuschen,
- wenn der Verbraucher durch die Unbestimmtheit der Ankündigung irregeführt wird (z.B. Preisherabsetzung um ca. 15 %),
- wenn die Preissenkung längere Zeit zurückliegt oder
- wenn der neue Preis nicht für die gleiche, bisher angebotene Ware gilt.

Hier kann eine Umkehr der Beweislast in Betracht kommen, das heißt, der Werbende muss gegebenenfalls den Nachweis dafür erbringen, dass die o.g. Punkte, die zu einer Irreführung führen, nicht vorliegen. So muss beispielsweise der Werbende darlegen und beweisen können, dass er die im Rahmen einer Preisgegenüberstellung genannten höheren Preise tatsächlich längere Zeit gefordert hatte, denn nur er kann genaue Kenntnis von seiner Preispolitik haben.

Preiswahrheit: Preisangaben, die ein Wettbewerber im geschäftlichen Verkehr macht, müssen wahr und klar sein. Die **Preisangabenverordnung** enthält ausführliche Regelungen über den Inhalt und die Vollständigkeit von Preisangaben. Hiernach sind Endpreise, also Preise einschließlich Umsatzsteuer und sonstiger Preisbestandteile – unabhängig von einer eventuellen Rabattgewährung – zu nennen. Werbung ist daher irreführend, wenn der Händler zusätzlich Mehrwertsteuer verlangt. Als Preis für Kredite ist der effektive Jahreszins zu nennen. Die bloße Nennung des (niedrigeren) Nominalzinses wäre irreführend, weil hierin weiter zu entrichtende Nebenkosten nicht hineingerechnet sind. Die Werbung mit einer **Preisgarantie** (z.B. Rücktrittsrecht für den Fall, dass der Verbraucher den gleichen Artikel woanders zu einem günstigeren Preis sieht) ist zulässig, wenn tatsächlich die Möglichkeit besteht, den Preis des Werbenden mit Preisen von Konkurrenten zu vergleichen. Werden Waren zu „Tiefpreisen“ oder „Preisknüllern“ beworben, müssen sie auch tatsächlich sehr preisgünstig angeboten werden.

Selbstverständlichkeit: Auch objektiv richtige Angaben können unzulässig sein, wenn sie bei einem nicht unbeachtlichen Teil der angesprochenen Verkehrskreise einen unrichtigen Eindruck erwecken, weil sie z.B. etwas Selbstverständliches betonen. Dies ist z.B. der Fall, wenn eine Brotfabrik ankündigt, es würden *„keine chemisch behandelten Mehle verwendet“*, obwohl kein Mitbewerber solche Mehle verwendet (BGH GR 56, 550/553 Tiefenfurter Bauernbrot). Kündigt jemand an, seine Marmelade enthalte *„keine Streckungsmittel“*, während solche, wie vielfach unbekannt ist, gesetzlich allgemein verboten sind, liegt ebenfalls eine Irreführung wegen Betonung einer Selbstverständlichkeit vor. Das Gleiche gilt, wenn für Nescafé mit dem Zusatz *„reiner Kaffee“* oder *„nichts als Kaffee“* geworben wird, weil jeder Kaffeeextrakt nach der Kaffee-VO ausschließlich aus gerösteten, zerkleinerten Kaffeebohnen gewonnen wird (Baumbach, UWG §3, Rdnr. 53 mit div. weiteren Beispielen). Auch Werbung mit der hervorgehobenen Angabe *„...incl. MwSt.“* wurde vom BGH als Irreführung wegen Betonung einer Selbstverständlichkeit (siehe Preisangaben-VO) angesehen (BGH GR 90, 1027/1028).

Testwerbung: Werbung mit einem wahren Testergebnis ist grundsätzlich zulässig. Damit keine Irreführung erfolgen kann, muss es sich aber um das Ergebnis von neutralen und sachkundigen Untersuchungen handeln und der getestete Artikel darf nicht zwischenzeitlich durch neuere Entwicklungen überholt sein (BGH GR 85, 932). Bei Verwendung von Testergebnissen (z.B. Stiftung Warentest) muss die Fundstelle der Veröffentlichung mit angegeben werden (BGH GR 91,679).

Umweltwerbung: Dass Umweltwerbung als gefühlsbetonte Werbung nach § 1 UWG sittenwidrig sein kann, wurde bereits erläutert. Umweltwerbung kann aber auch zu einer Irreführung gemäß § 3 UWG führen. Dies kann immer dann der Fall sein, wenn ein nicht unbeachtlicher Teil aufgrund der Umweltwerbung besondere Umweltfreundlichkeit erwartet, die tatsächlich nicht oder zumindest nicht in dem zu erwartenden Umfang gegeben ist. **Beispiel:** Der Hersteller eines WC-Reinigers verwendet den Namen „bio-Fix", ohne dass durch den Reiniger ein biologischer Abbau des Schmutzes stattfindet. Vielmehr wird ein rein chemischer Prozess in Gang gesetzt (Baumbach, UWG § 1, Rdnr. 181 mit weiteren Beispielen zu Werbung mit den Begriffen „Bio" oder „Öko").

Verschwiegene Tatsachen: Im Verschweigen einer Tatsache liegt eine irreführende Angabe, wenn für den Werbenden eine Aufklärungspflicht besteht. Eine Aufklärungspflicht besteht im Wettbewerb nicht schlechthin, denn der Verkehr erwartet nicht in der Werbung die Offenlegung aller, insbesondere auch der weniger vorteilhaften Eigenschaften einer Ware oder Leistung. Wohl aber kann sich eine Aufklärungspflicht aus der besonderen Bedeutung ergeben, die der verschwiegenen Tatsache nach der Verkehrsauffassung für den Kaufentschluss zukommt, so dass das Verschweigen zur Irreführung geeignet ist (Baumbach, UWG § 3, Rdnr. 48). **Beispiele** für solche Aufklärungspflichten sind z.B. Hinweise darauf, dass es sich um Auslaufmodelle handelt (BGH NJW 99, 2190), dass das Mindesthaltbarkeitsdatum bereits verstrichen ist (Baumbach, UWG 3, Rdnr. 49a) oder der Hinweis eines Neuwagenverkäufers, wenn ohne die übliche Werksgarantie Neuwagen verkauft werden (Baumbach, UWG § 3, Rdnr. 49c). Eine Pflicht zur Aufklärung kann sich auch aus **Kennzeichnungsvorschriften** ergeben, sofern der Verkehr die Kennzeichnung als wesentlich ansieht und daher aus ihrem Unterbleiben unrichtige Schlussfolgerungen zieht (Baumbach, UWG § 3, Rdnr. 50). **Beispiel:** Ein Desinfektionsmittel wird nicht wie vorgeschrieben als „Gift" bezeichnet (BGH GR 64, 269/271).

Vorratsmenge: Wird im Einzelhandel für den Verkauf bestimmter Waren öffentlich geworben, so erwartet der Verbraucher, dass die angebotenen Waren zu dem angekündigten oder zu erwartenden Zeitpunkt in ausreichender Menge vorhanden sind und die übliche oder zu erwartende Nachfrage gedeckt ist. Anderenfalls wird der Verbraucher irregeführt und ggf. veranlasst, andere Waren zu kaufen (Baumbach, UWG § 3, Rdnr. 360 mit div. BGH-Entscheidungen). Die beworbenen Artikel müssen grundsätzlich immer in ausreichender Menge vorrätig sein, sonst ist die Werbung irreführend.

4. Sonderregelungen in §§ 6 – 8 UWG

§ 6 UWG regelt den **Konkurswarenkauf**, § 6a UWG **Hersteller- und Großhändlerwerbung** und § 6b UWG untersagt im geschäftlichen Verkehr die Ausgabe von Berechtigungsscheinen, Ausweisen oder sonstigen Bescheinigungen zum Bezug von Waren, es sei denn, die Bescheinigungen berechtigen nur zum einmaligen Einkauf und werden für jeden Einkauf einzeln ausgegeben (= Kaufscheinhandel).

Progressive Kundenwerbung nach Art eines **Schneeballsystems**, mit welchem Personen gegen Gewährung eines attraktiven Vorteils veranlasst werden, ihrerseits andere Personen zu werben, die Waren des Veranstalters abzusetzen und weitere Teilnehmer für den Warenabsatz zu gewinnen, ist nach § 6c UWG nicht nur wettbewerbswidrig, sondern unter Strafe gestellt (Geldstrafe oder Freiheitsstrafe bis zu 2 Jahren).

Sogenannte **Sonderveranstaltungen**, d.h. Verkaufsveranstaltungen im Einzelhandel, die außerhalb des regelmäßigen Geschäftsverkehrs stattfinden, der Beschleunigung des Warenabsatzes dienen und den Eindruck der Gewährung besonderer Kaufvorteile hervorrufen, dürfen nach § 7 Abs. I UWG grundsätzlich **nicht angekündigt** oder **durchgeführt** werden. Wer hiergegen verstößt, kann auf Unterlassung in Anspruch genommen werden. Eine Ausnahme besteht nach § 7 Abs. II, III UWG für:

- **Sonderangebote**, d.h. es werden lediglich einzelne nach Güte und Preis gekennzeichnete Waren angeboten,
- **Winter- und Sommerschlussverkäufe** für die Dauer von zwölf Werktagen, beginnend am letzten Montag im Januar und am letzten Montag im Juli zum Verkauf von Textilien, Bekleidungsgegenständen, Schuhwaren, Lederwaren oder Sportartikel,

- **Jubiläumsverkäufe** zur Feier des Bestehens eines Unternehmens im selben Geschäftszweig nach Ablauf von jeweils 25 Jahren.

Bei Werbeaussagen sollte in erster Linie geprüft werden, ob diese eine (unzulässige) Sonderveranstaltung ankündigen oder lediglich andere Hinweise, wie z.B. die Leistungsfähigkeit oder Solidität der Ware (z.B. 10-jähriges Bestehen) enthalten. § 7 UWG ist heute rechtspolitisch sehr umstritten. Aufsehen erregte eine Aktion der Handelskette C&A, die zur Euro-Bargeldeinführung Anfang Januar 2002 zunächst nur EC- und Kreditkartenzahlern, danach allen Kunden, einen Preisnachlass von 20 % ankündigte. Bei dieser vier Januartage andauernden Rabattaktion (Hinweis: Das Rabattgesetz war bereits 2001 aufgehoben worden) handelte es sich um eine wettbewerbswidrige Sonderveranstaltung gemäß § 7 UWG außerhalb des gesetzlichen Winterschlussverkaufs.

Neben den genannten gesetzlich zulässigen Saisonschlussverkäufen und Jubiläumsverkäufen sind **Räumungsverkäufe** nach § 8 UWG unter den dort geregelten Voraussetzungen zulässig.

5. Klagebefugnis, Unterlassungs- u. Schadensersatzansprüche, § 13 UWG

Der **Anspruch auf Unterlassung** (siehe §§ 1,3 4,6 bis 6c,7 und 8 UWG) kann nach § 13 Abs. II UWG geltend gemacht werden

- von Gewerbetreibenden, die Waren oder gewerbliche Leistungen gleicher oder verwandter Art auf demselben Markt vertreiben (Mitbewerber),
- von rechtsfähigen Verbänden zur Förderung gewerblicher Interessen (z.B. Zentrale zur Bekämpfung unlauteren Wettbewerbs e.V.),
- von Verbraucherverbänden (z.B. Verbraucherzentralen oder andere Verbraucherverbände, die mit öffentlichen Mitteln geführt werden),
- von Industrie- und Handelskammern oder den Handwerkskammern.

Schadenersatzansprüche bestehen nach § 13 Abs. VI UWG bei Verstößen gegen §§ 3 (Irreführung), 6 – 6c, 7 (Sonderveranstaltung) oder 8 (Räumungsverkauf) UWG gegen den vorsätzlich oder fahrlässig Zuwiderhandelnden.

V. Persönlichkeitsrechte, Rechte am „eigenen Bild"

In Anlehnung an Art 2 des Grundgesetzes, der dem Einzelnen gegen den Staat das Grundrecht auf freie Entfaltung der Persönlichkeit gewährt, hat der BGH im Wege der Rechtsfortbildung für den privaten Rechtsverkehr ein auf der Würde des Menschen beruhendes allgemeines Persönlichkeitsrecht zum Schutz des gesamten Ausstrahlungs- und Wirkungskreises der Person anerkannt, das von jedermann zu achten ist (BGH 26, 349, Herrenreiter; BGH 30, 7 Caterina Valente; BGH 39, 124 Fernsehansagerin; BGH 50, 133/143 Mephisto u.v.m.). Ehrverletzende Werturteile, Eindringen in die Privatsphäre, aber auch Preisgabe von Angelegenheiten der Privatsphäre sind typische Fallgruppen der Verletzung des allgemeinen Persönlichkeitsrechts. Mit anderen Worten ist die Privatsphäre jedes Menschen geschützt und darf auch durch Werbung nicht angetastet werden. Eine Ausnahme kann allenfalls im Rahmen der Pressefreiheit (Art. 5 GG) in Betracht kommen.

Eine besondere Erscheinungsform des Persönlichkeitsrechts ist das Recht „am eigenen Bilde", das in § 22 KunstUrhG verankert ist. Verbreitung und Schaustellung von Bildnissen ist hiernach grundsätzlich nur mit Einwilligung des Abgebildeten oder nach seinem Tode mit Einwilligung seiner Angehörigen erlaubt. Eine Ausnahme besteht im Informationsinteresse der Allgemeinheit für Bildnisse einer Person der Zeitgeschichte. Niemand, auch nicht eine in der Öffentlichkeit bekannte Person, braucht es daher zu dulden, dass sein Name oder sein Bild ohne seine Zustimmung zu Werbezwecken oder sonstigen wirtschaftlichen Zwecken benutzt wird (BGH 20, 345/350 Paul Dahlke; BGH 265, 349 Herrenreiter; BGH 30, 7 Caterina Valente u.v.m.).

Eine Verletzung des allgemeinen Persönlichkeitsrechts kann Schadensersatzansprüche nach §§ 823 ff BGB, aber auch Unterlassungsansprüche oder Ansprüche auf Widerruf nach sich ziehen.

VI. Urheberrechte

Das Gesetz über Urheberrecht und verwandte Schutzrechte (UrhG) schützt **das geistige Eigentum an schöpferischen Werken.** Die Schutzfrist dauert nach deutschem Recht 70 Jahre. Im Gegensatz zu anderen Schutzrechten ergibt sich das Urheberrecht bereits aus dem Werk, ohne dass zu seiner Wirksamkeit noch etwas veranlasst werden muss. Nach deutschem Urheberrecht entsteht der Urheberschutz **kraft Gesetzes.** Dies setzt die Schaffung eines urheberschutzfähigen Werkes, also eine persönliche, geistige Schöpfung **aus dem Gebiet der Literatur, Wissenschaft oder Kunst** voraus. Förmlichkeiten brauchen dabei nicht beachtet werden. Insbesondere bedarf es **keiner Registrierung.** Das Patentamt führt zwar eine sog. **Urheberrolle,** doch diese dient lediglich der Eintragung des wirklichen Namens des Urhebers eines anonym oder pseudonym erschienenen Werkes. Urheberrecht nach deutschem Recht hat nichts mit dem Begriff des **Copyrights** zu tun. Copyright ist die englische bzw. amerikanische Bezeichnung des Urheberrechts. Hierzulande wird unter Copyright lediglich das Vervielfältigungsrecht verstanden. Die urheberrechtlichen Befugnisse bestehen also unabhängig davon, ob ein Copyvermerk angebracht ist. Vor allem bei Büchern wird üblicherweise auf der Titelblattrückseite ein Copyvermerk angebracht und der Name des Copyright-Inhabers genannt. Zu verstehen ist hierunter der Inhaber der Verlagsrechts. Derartige Vermerke beruhen auf Art. 3 des Welturheberrechtsabkommens und haben im Wesentlichen Bedeutung für den Urheberschutz in den USA. Allerdings können solche Hinweise auch hierzulande die faktische Wirkung einer Warnung vor Urheberschutzverletzungen entfalten.

Im Zusammenhang mit Werbung kann auch die Verletzung fremder Urheberrechte eine große Rolle spielen, da mitunter allgemein bekannte und gebräuchliche Ideen variiert werden. Ein nach § 2 UrhG geschütztes Werk, wie z.B. ein Bild, eine Komposition oder ein Text, darf ohne Zustimmung des Urhebers nicht für Werbezwecke übernommen werden.

Auch können Leistungen, welche durch Werbung hervorgebracht wurden, urheberrechtlich geschützt sein, wenn sie hinreichend originell sind und das Können eines durchschnittlichen Grafikers oder Texters erkennbar übersteigen (Schräder, Rechts-Ratgeber Werbung, S. 50 mit Hinweis auf OLG Frankfurt 6 W 134/86 MD 1987, 27).

Urheberschutz genießen gem. § 1 UrhG nur Werke auf **Gebieten der Literatur, Wissenschaft und Kunst**. Unter einem Werk ist eine **persönliche, geistige Schöpfung** zu verstehen. § 2 UrhG zählt im Einzelnen detailliert auf, welche Werke durch Literaturwissenschaft und Kunst geschützt sind und benennt dabei u.a. auch Sprachwerke sowie Schriftwerke und Reden. Allein hier bietet sich für den Bereich von Werbeslogans ein Ansatzpunkt. Ob bei einem Werbeslogan ein in diesem Sinne zu verstehendes Werk vorliegt, entscheidet im Streitfall ein Gericht im Rahmen seines Ermessens. Allerdings wird aufgrund des genannten gesetzlich vorgegebenen Rahmens Urheberrechtsschutz für Werbetexte nur ausnahmsweise in Betracht kommen. Als schutzunfähig ist z.B. der Fußballweltmeisterschaftsslogan von 1986 *„... für das aufregendste Ereignis des Jahres“* gewertet worden (OLG Frankfurt GR 87, 44 WM-Slogan). Als schutzfähig anerkannt wurde der Slogan *„Biegsam wie ein Frühlingsfalter bin ich im Forma Büstenhalter“* (OLG Köln GR 34, 758; BGH 28, 237). Insbesondere bei gereimten Fersen tritt die eigenschöpferische Leistung deutlicher hervor, so dass eher ein Urheberschutz in Betracht kommt.

Literaturhinweise:

Baumbach, Adolf/Hefermehl, Wolfgang (2001): Wettbewerbsrecht, 22. Auflage, München

Berlit, Wolfgang (1998): Wettbewerbsrecht, 3. Auflage, München

Schräder, Klaus (1996): Rechts-Ratgeber Werbung, Planegg

Was der Texter schreiben darf

Das Wichtigste auf einen Blick

Für die Werbung gibt es sechs verschiedene Schutzrechte!
Erstens: das Namensrecht. Zweitens: Geschmacksmuster und Patentrechte. Drittens: Markenschutz. Viertens: Wettbewerbsrechtlicher Schutz. Fünftens: Persönlichkeitsrechte und Rechte am eigenen Bild. Sechstens: Urheberrechte.

I) Das Namensrecht: Maßgeblich ist die Unterscheidungskraft!
Der Name muss seiner Art nach geeignet sein, Personen oder Gegenstände von anderen zu unterscheiden. Weit verbreitete Namen *wie Müller, Meier, Schulze ...* sind daher nicht schützenswert, zumindest nicht ohne einen Zusatz, wie z.B. den Vornamen. Dasselbe gilt für Gattungsbegriffe wie *Management-Seminare oder Leasing-Partner.*

II) Geschmacksmuster und Patentrechte: Geschützt werden Farben, Formen und neue Erfindungen!
Ästhetisch ansprechende Farb- und/oder Formgestaltungen gewerblicher Erzeugnisse werden durch das Geschmacksmuster-Gesetz geschützt. Patente werden für Erfindungen erteilt, die neu sind, auf einer erfinderischen Tätigkeit beruhen und gewerblich anwendbar sind.

III) Der Markenschutz: Auch hier ist die Unterscheidung das Maß der Dinge!
Nach dem Markengesetz können alle Zeichen, insbesondere Wörter, geschützt werden, die geeignet sind, Waren oder Dienstleistungen eines Unternehmens von denjenigen anderer Unternehmen zu unterscheiden. So lassen sich z.B. Slogans schützen. Die Schutzdauer einer eingetragenen Marke beträgt 10 Jahre.

IV) Wettbewerbsrechtlicher Schutz (UWG): Die wichtigste Grundlage für das deutsche Werberecht!
Das Gesetz gegen den unlauteren Wettbewerb (UWG) ist nicht nur wichtig, sondern auch vielschichtig. Es ist geprägt durch die häufige Verwendung sogenannter *unbestimmter Rechtsbegriffe*, die den Gerichten einen weiten Gestaltungs-Spielraum geben. Deshalb hat sich das Wettbewerbsrecht zu einem Fallrecht entwickelt, das nur noch von spezialisierten Juristen überblickt werden kann.

§ 1 UWG: Hier werden die guten Sitten des Wettbewerbs geregelt!

In der Generalklausel von § 1 UWG werden die allgemeinen Voraussetzungen dieses Gesetzes definiert. So zum Beispiel die Tatsache, dass sich das UWG allein auf den wirtschaftlichen Wettbewerb bezieht. Dass es sich mit Unternehmen beschäftigt, die in direktem Wettbewerb zueinander stehen. Und dass es für diesen Wettbewerb die guten Sitten als eine Art Leitnormen gibt.

Fallgruppen zu § 1 UWG: Von der Angstwerbung bis zum psychologischen Kaufzwang!

Zu diesem Paragraphen gibt es eine Flut sogenannter Fallgruppen und viele davon können für Texter bedeutsam sein. So wie Werbung, die den Konsumenten Angst macht, die diskriminierend ist oder die bei Preisausschreiben über die tatsächlichen Gewinn-Chancen in die Irre führt.

§ 2 UWG: Vergleichende Werbung und ihre Grenzen!

In Deutschland gibt es kein generelles Vergleichsverbot. Allerdings müssen für den Vergleich einige Kriterien eingehalten werden. So müssen z.B. die verglichenen Produkt-Eigenschaften auch vergleichbar sein. Und der Wettbewerber darf nicht verunglimpft werden. Der Vergleich muss sachbezogen ausfallen.

§ 3 UWG: Irreführende Werbung

Wer behauptet „Europas *größtes* Versandhaus“ zu sein, muss es beweisen können. Denn hierbei handelt es sich um eine faktisch überprüfbare Angabe. Wer dagegen schreibt „AEG Lavamat – den und keinen anderen“, der preist lediglich sein Produkt geschickt an, ohne eine konkrete Angabe zu machen.

Fallgruppen zu § 3 UWG: Von der Alleinstellungswerbung bis zum Lockvogel-Angebot!

Auch hier gibt es eine Vielzahl von Fallgruppen, die für einen Texter wichtig sein können. Die Bekannteste ist vielleicht die Alleinstellungswerbung, weil gerade unerfahrene Texter mit ihr häufig in Konflikt geraten. Hier gilt: Wer zum Superlativ greift (*das größte ..., das beste ...*), der muss ihn belegen können. Oder in einem anderen Fall: Wer mit einem besonderen Angebot wirbt, der muss es auch tatsächlich und ausreichend vorrätig haben.

V) Persönlichkeitsrechte und Rechte am eigenen Bild: Veröffentlichung nur mit Zustimmung!

Die Privatsphäre jedes Menschen ist geschützt und darf auch durch Werbung nicht angetastet werden. Ein Ausnahme kann allenfalls im Rahmen der Pressefreiheit in Betracht kommen. Aber das ist ein anderes Thema ... Für Werbezwecke gilt: Veröffentlichung nur mit Zustimmung!

VI) Urheberrecht: Schutz für das geistige Eigentum an schöpferischen Werken!

Schutzfähig sind persönliche geistige Schöpfungen aus dem Gebiet der Literatur, Wissenschaft oder Kunst. Dazu bedarf es keiner Registrierung. Der Schutz besteht automatisch, kraft Gesetz. Dies ist für die Werbung wichtig, da mitunter allgemein bekannte Ideen variiert werden. Hier gilt: Ein Bild, eine Komposition, ein Text dürfen nicht ohne Zustimmung des Urhebers für Werbezwecke übernommen werden!

Ein guter Rat zum Schluss: Keine Veröffentlichung ohne juristische Prüfung!

Wie schon die Zusammenfassung zeigt: Der Paragraphenwald ist dicht und voller Hindernisse. Deshalb überlassen Sie das letzte Wort einem Juristen. Das schadet zwar mitunter dem Text, wendet aber dafür größere Schäden für den Auftraggeber ab.

Anhang

Was sonst noch wissenswert ist

Die Autoren

Claudia Cornelsen

Claudia Cornelsen ist Inhaberin und Geschäftsführerin der 1993 gegründeten Agentur für Kommunikation „Art d'Eco" mit Standorten in Mannheim und Berlin. Bereits während ihres Studiums der Kunstgeschichte, Germanistik und Philosophie sammelte Claudia Cornelsen als Journalistin breite Medienerfahrung. 1991 wechselte sie zur Public Relations, wo sie zunächst als freie Beraterin arbeitete.

Mit ihrer Agentur hat sich Claudia Cornelsen auf die Entwicklung individueller PR-Strategien und deren kreative und effiziente Umsetzung spezialisiert. Zu den Kunden der Agentur zählen neben Konzernen wie IBM, Ernst & Young oder die SEB auch mittelständische Unternehmen aus ganz Deutschland sowie zahlreiche Persönlichkeiten aus Wirtschaft und Gesellschaft.

Claudia Cornelsen ist Autorin der Fachbücher „Das 1x1 der PR" und „Lila Kühe leben länger".

Stefan Gottschling

Stefan Gottschling ist Direktmarketer und Fachautor mit Agentur- und Verlagsvergangenheit als Texter und Kreativchef.

Der studierte Pädagoge, Germanist und Direktmarketing-Fachwirt (BAW) hat heute mehr als 10 Jahre Direktmarketing-Praxis aufzuweisen. Er arbeitete nach mehreren Jahren in einem Fachverlag eng mit dem „Direktmarketing-Papst“ Prof. Siegfried Vögele zusammen und ist Gründer, Gesellschafter und Mitinhaber mehrerer Unternehmen in den Bereichen Neue Medien, Training und Text.

Sein beruflicher Schwerpunkt ist heute die Geschäftsleitung der Textakademie, Gesellschaft für Textdesign und Direktmarketing mbH. Darüber hinaus ist er als Trainer, Berater und als Gastreferent an Universitäten tätig.

Stefan Gottschling ist Autor mehrerer Fachbücher und vieler Fachbeiträge.

Carsten Heintzsch

Carsten Heintzsch, 41, ist Chief Creative Officer der Saatchi & Saatchi Werbeagentur GmbH und Mitglied des European Creative Board des Saatchi & Saatchi Worldwide Network. Er führt und bestimmt das kreative Produkt der Agentur und ist Mitglied des Art Directors Club Deutschland.

Carsten Heintzsch wurde 1961 in Hamburg geboren und begann nach dem Abitur im Herbst 1981 sein Studium der Medien-Politik und Medien-Geschichte an der Universität Hamburg. Gleichzeitig begann er als fester Mitarbeiter für das Stadtmagazin „Oxmox" zu schreiben, wechselte anschließend als fester freier Mitarbeiter in die Musikredaktion des „stern". Im Juni 1984 schloss er das Studium mit der Magisterarbeit „Medien-Geschichte" ab und startete im Herbst des gleichen Jahres als Juniortexter bei der Werbeagentur ICW Wilkens in Hamburg. Im Mai 1986 dann der Wechsel zu Springer & Jacoby. 1990 der nächste Schritt: Scholz & Friends. Hier wurde er Creative Director und Mitglied der Geschäftsleitung. Ab Januar 1995 Wechsel zur Lintas als Geschäftsführer Kreation.

Danach war er für zwei Jahre selbstständig als Kreativer für über 35 Agenturen im In- und Ausland, ehe er im September 1999 Kreativchef von Saatchi & Saatchi wurde.

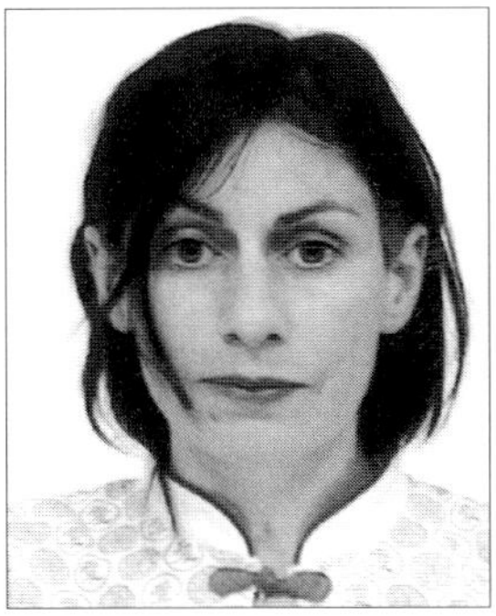

Gepa Hinrichsen

Gepa Hinrichsen, 1963 geboren, heute Mutter von zwei Kindern, fing 1984 bei Springer Nicolai Jacoby als Juniortexterin an, gewann 1986 einen bronzenen Löwen in Cannes mit einem Film für Hairstyling-Produkte von Schwarzkopf und im Jahr darauf gleich zwei Löwen: einen in Bronze für Gatzweilers Alt, einen in Silber für KangaROOS SuperShoes.

Daraufhin wurde sie 1987 mit 24 Jahren jüngstes Mitglied im Art Directors Club. 1989 verließ sie als Creative Directorin Springer & Jacoby. Sie wurde ein Jahr später feste freie Mitarbeiterin bei ihren Exkollegen, die die Agentur Knopf Nägeli Schnakenberg gegründet hatten, und arbeitete dort unter anderem für den Lucky-Strike-Etat, der 1991 den Grand Prix des ADC für seine zahlreichen VKF-Ideen bekam. Ein weiteres Jahr später wechselte sie als feste freie Mitarbeiterin zu der neu gegründeten Agentur Jung von Matt. Seitdem arbeitet sie frei.

1995 erhielt Gepa Hinrichsen zusammen mit Springer & Jacoby noch einmal den Grand Prix des ADC: für den TV-Spot Mercedes Benz „Ohrfeige“. Insgesamt hat sie bis heute rund 20 nationale und internationale Auszeichnungen für ihre Arbeit erhalten. Ihre Hobbys sind: die indonesische Teufelsspinne, Hardrock Cafés und Ron Sommer seine Mutter.

Wolfgang Hothum

Wolfgang Hothum, 47, ist geschäftsführender Gesellschafter der Hothum & Winter Werbeagentur für Dialog-Kommunikation GmbH und Mitinhaber des Corporate Text Instituts. Sein Wissen war und ist als Dozent gefragt – u.a. an der Deutschen Direktmarketing Akademie (Frankfurt/Hamburg), der Frankfurter Akademie für Kommunikation und Design (FAKD), der Texterschmiede in Hamburg und in den Direktmarketing Centren der Deutschen Post.

Hothum, Jahrgang 1955, absolvierte zunächst eine Ausbildung im grafischen Gewerbe. Nach Assistenten-Jahren in einer Verlagsagentur war er rund 10 Jahre als freier Texter und Autor tätig. In internationalen Agentur-Networks machte er Station bei Grey Direct (stellv. Geschäftsführer) sowie bei Michael Conrad & Leo Burnett (Creative Manager). Hier lernte Hothum auch seinen heutigen Geschäftspartner Jörn Winter kennen. Zusammen mit ihm entwickelte er die Corporate Tonality-Methode®.

Delle Krause

Delle Krause, Jahrgang 1952, ist Executive Creative Director von Ogilvy & Mather, Frankfurt.

Der Diplom-Kommunikationswirt Delle Krause kam nach Abschluss seines Studiums an der Akademie der Künste, Berlin, im April 1978 als Junior Texter zu O&M Frankfurt. 1980 gewann Krause als erster deutscher Kreativer den David Ogilvy Award. Zwei Jahre später wurde er Creative Director von O&M Direkt, Frankfurt, und übernahm dort 1984 die Position des Executive Creative Director. Seit 1988 ist Delle Krause Executive Creative Director von O&M Frankfurt und außerdem Mitglied im Ogilvy Central Board.

Krause ist seit 1990 Mitglied im Art Directors Club Deutschland, in dem er von 1996 bis 2000 als Vorstandsmitglied tätig war. Er zeichnet zudem seit 1994 verantwortlich für den Nachwuchs-Wettbewerb des ADC.

Thomas Lammoth

Thomas Lammoth, 44, ist geschäftsführender Gesellschafter der Lammoth Mailkonzept GmbH, Werbeagentur für Direktmarketing in Wiesbaden, und kreativer Kopf der Agentur. Er ist Verfasser zahlreicher Fachbeiträge zu Werbetext- und Response-Anzeigengestaltung und langjähriges Mitglied der Jury des Deutschen Dialogmarketing Preises ddp.

Thomas Lammoth wurde 1958 in Bad Schwalbach geboren und verbrachte seine Jugend in Oestrich-Winkel im Rheingau. Nach dem Studium der Kunst-geschichte begann er als Text-Trainee bei Grey Direct in Frankfurt. Auf Stationen als Texter und Management Supervisor bei Lammoth Mailkonzept/St. Gallen, Michael Conrad & Leo Burnett und abermals Grey Direct folgte 1993 zusammen mit Harald Sattler die Gründung der ersten Agentur mit integriertem Marketing Database Consulting & Management in Deutschland.

Torsten Lütjens

Torsten Lütjens, 44, ist Leiter der Rechtsabteilung bei der Volksbank Hamburg sowie Rechtsanwalt in Hamburg.

Er wurde 1958 in Hamburg geboren und wuchs dort auf. Nach dem Abitur 1977 und dem anschließenden Grundwehrdienst studierte er an der Universität in Hamburg Rechtswissenschaften und schloss das Studium 1984 mit dem ersten juristischen Staatsexamen ab. Es folgten dann das juristische Referendariat und 1987 das zweite juristische Staatsexamen. Seitdem ist Torsten Lütjens als Rechtsanwalt in Hamburg und seit 1992 als Justitiar bei der Volksbank Hamburg tätig.

Er beschäftigt sich neben allen bankrechtlichen Themenbereichen auch mit allgemeinem Zivil- und Prozessrecht, Arbeitsrecht sowie Wettbewerbs- und Markenrecht. Seit 1998 ist er Gründungsmitglied der Texterschmiede Hamburg e.V. und dort als Dozent im Wettbewerbs- und sonstigen Werberecht tätig.

Peter John Mahrenholz

Peter John Mahrenholz ist Vorstand der Jung von Matt AG in Hamburg.

Mahrenholz, geboren 1964, schloss nach dem Abitur zunächst eine kaufmännische Lehre ab. Von 1985 an studierte er Wirtschaftswissenschaften und Rechtswissenschaften mit Schwerpunkt Wirtschafts- und Medienrecht. Mahrenholz ist in Hamburg als Rechtsanwalt zugelassen.

1993 kam er als Effizienzer zu Jung von Matt in Hamburg. 1997 verließ er die Agentur und war Mitgründer und Gesellschafter von PENTAGON in Hamburg. 1998 ging Mahrenholz als International Senior Account Planner zu BMP DDB London. Von dort kehrte er nach zwei Jahren zu Jung von Matt zurück.

Horst-Dieter Martinkus

Horst-Dieter Martinkus ist gelernter Groß- und Außenhandelskaufmann und fuhr drei Jahre bei der Handels- und Bundesmarine zur See, ehe er die Werbefachliche Akademie Hamburg (WAH) besuchte.

1972 startete er als Texter und arbeitete seitdem in Freiburg, München, Frankfurt, Salina Cruz, Ensenada (Mexico) für Agenturen wie Herrwerth & Partner / Heumann, Ogilvy & Mather / Lürzer, Conrad & Leo Burnett / Scholz & Friends / McCann-Erickson. Seit 1990 ist er freier Texter in Hamburg.

Horst- Dieter Martinkus ist Gründungsmitglied und Dozent der Texterschmiede Hamburg.

Sein Motto: „Die Summe der Winkel, nach denen ich mich sehne, ist gewiss größer als 360 Grad." (Stanislaw Jerzy Lec)

Wolfgang Momberger

Wolfgang Momberger, 54, ist geschäftsführender Gesellschafter von Momberger's BrandNet, Europas führendem Beratungsunternehmen zu den Themen Markenführung, Markenmanagement, Absatzsteigerung und Turnaround-Management. Zu den Kunden von Momberger's BrandNet zählen u. a. Audi, Bayer, Bentley, Bertelsmann, Burda, Credit Suisse, DaimlerChrysler, Gruner + Jahr, Opel und Volkswagen.

Wolfgang Momberger wurde 1948 in Frankfurt am Main geboren. Nach Abitur, kaufmännischer Lehre und Soziologiestudium begann er seine Karriere in der Werbung. Er war Geschäftsführer von Ogilvy & Mather, Deutschland, und arbeitete in dieser Zeit eng mit David Ogilvy zusammen.

Danach war er Vorstandsvorsitzender der Steigenberger Hotels AG und Mitglied des Vorstandes der Karstadt AG.

Armin Reins

Armin Reins, Jahrgang 1958, ist Freier Creative Director in Hamburg. Seine Agentur-Stationen als Texter, CD und Geschäftsführer Kreation waren davor u.a. McCann-Erickson, Lowe, Lürzer, Michael Conrad & Leo Burnett und DMB&B. Seine mit Creative Awards (u.a. Cannes, Clio, New York Festival, London Intern. Advertising Festival) ausgezeichneten Arbeiten für Etats wie Coca-Cola, Opel oder Clearasil führten 1996 zur Aufnahme in den Art Directors Club von Deutschland.

Seit 1997 arbeitet er u.a. für Agenturen wie Scholz & Friends Berlin, Springer & Jacoby, Hamburg und McCann-Erickson, Frankfurt. 1998 war er Mitbegründer der Texterschmiede Hamburg. Seit 1999 hält er regelmäßig Textseminare für GWA, ADC und VDZ. Im Oktober 2002 erscheint sein Buch „Die Mörderfackel – ein Lehrbuch gegen das Mittelmaß“.

Reinhold Scheer

Reinhold Scheer, geboren in Srbski Itebej/Jugoslawien, studierte an der Hochschule für Bildende Künste Hamburg Fotografie und Film. Später war er u.a. als Creative Director tätig, war Geschäftsführer bei Scholz & Friends Hamburg und ist jetzt Geschäftsführer bei McCann-Erickson Frankfurt. Er erhielt für seine Arbeiten über 60 nationale und internationale Awards (Art Directors Club Deutschland, Art Directors Club New York, Clio, Cresta, BWF, Pegasus u. a.).

Neben der Agentur-Arbeit absolvierte er einen Lehrauftrag an der Folkwang-Schule in Essen bei Willy Fleckhaus und erhielt eine Professur an der FH Bielefeld. Reinhold Scheer veröffentlichte Beiträge u. a. für das Harvard Manager Magazin, die Süddeutsche Zeitung und Titel der Kommunikations-Fachpresse.

Anette Scholz

Anette Scholz wurde 1968 in Gießen geboren. Nach dem Abitur studierte sie Kommunikationsdesign an der FH Wiesbaden. Nach Abschluss ihrer Diplomarbeit gründete Anette Scholz zusammen mit ihrem Studienkollegen Michael Volkmer die Multimedia-Agentur SCHOLZ & VOLKMER in Wiesbaden.

Ende 2001 wurde SCHOLZ & VOLKMER zum zweiten Mal zur kreativsten Multimedia-Agentur Deutschlands (Horizont-Ranking) und zur kreativsten Multimedia-Agentur der Welt gekürt (AdAge-Ranking).

Ihre Arbeiten für Kunden wie Mercedes-Benz, DaimlerChrysler, USM Haller, Toni Gard Fashion und die Expo 2000 wurden mit mehr als 60 nationalen und 80 Design-Preisen ausgezeichnet.

Anette Scholz war bereits für verschiedenste nationale und internationale Wettbewerbe als Jury-Mitglied tätig, aktuell als Jury-Präsidentin des London International Advertising Award 2002.

Christian Storck

Christian Storck, 34, ist Geschäftsführender Gesellschafter der Neue Schule Kommunikations GmbH in Hamburg.

Storck wurde 1967 in Essen geboren, studierte Architektur, entwickelte Corporate-Design-Projekte und schlug schließlich die Laufbahn eines „klassischen" Werbers ein. Er war Mitbegründer und Gesellschafter von Pentagon, Deutschlands erster reinen Planningagentur, und bei Scholz & Friends u.a. Gründer und Leiter der weltweit ersten Forschung & Entwicklung einer Werbeagentur. Seine Arbeiten wurden bei nationalen und internationalen Creative Awards ausgezeichnet. Er gibt Seminare und hält Vorträge u.a. an der Universität Hamburg, Hochschule der Künste Berlin etc. und ist Mitglied und Dozent der Texterschmiede.

Sebastian Turner

Sebastian Turner, 35, ist Vorstandsvorsitzender der Scholz & Friends AG und verantwortet die kreative Leistung der Agentur. In dieser Funktion leitet er auch das International Creative Committee (ICC) der Scholz & Friends Group. Zusätzlich amtiert er als Vorstandssprecher des Art Directors Clubs Deutschland und lehrt als Gastprofessor an der Universität der Künste, Berlin.

Turner wurde 1966 in Clausthal-Zellerfeld geboren und wuchs in Stuttgart auf. 1985 gründete er das MediumMagazin, heute die führende unabhängige Zeitschrift für Journalisten. 1990 schloss er sein Studium der Politologie, Betriebswirtschaft und Wirtschaftsgeschichte, das er drei Jahre zuvor in Bonn begonnen hatte, an der amerikanischen Duke University mit dem Master of Arts ab.

Turner ist einer der meistausgezeichneten Kreativen in Deutschland. Als erster Deutscher war er Vorsitzender der Clio Jury in New York. Gemeinsam mit Heilmann wurde er 1999 von der Zeitschrift new business zum „Agenturkopf des Jahres“ gewählt.

Torsten Wacker

Torsten Wacker, 39, ist Werbetexter, Drehbuch-Autor, Filmregisseur und Mitinhaber der Werbeagentur ad.quarter in Hamburg. Bereits 1987 gründete der gebürtige Bremer seine erste Agentur: doz & Partner. 1989 wechselte er als Texter zur BBDO in Hamburg. 1995 wurde er Creative Director bei Springer & Jacoby, von wo aus er 1997 gemeinsam mit Frank Blauth, Andreas Lehmann, Mattias Bügge und Tom Krause erneut in die Selbstständigkeit startete.

Torsten Wacker hat nicht nur als CD ca. 80 Werbefilme betreut, sondern bis heute auch bei rund 90 Werbefilmen Regie geführt. Dafür wurde er mit vielen nationalen und internationalen Preisen ausgezeichnet. Zuletzt gewann er in New York beim Film & Video Festival die höchste Auszeichnung als bester Regisseur für einen Bertelsmann-Imagefilm.

Aktuell arbeitet er für Multimedia TV in Hamburg gemeinsam mit Tom Krause als Autor und als Regisseur an einem Comedy-Projekt.

Jörn Winter

Jörn Winter, 38, ist ein erfahrener Texter und Kreativer, der sein Handwerk von der Pike auf gelernt hat.

Bevor er 1994 die Hothum & Winter Werbeagentur gründete, arbeitete er als Creative Director bei Grey Direct und Michael Conrad & Leo Burnett. Er wurde in dieser Zeit mehrfach mit dem Deutschen Dialogmarketing-Preis ausgezeichnet. Bereits 1988 absolvierte er das Direktmarketing-Fachstudium BAW unter der Regie des „Direktmarketing-Papstes" Professor Siegfried Vögele. Anschließend arbeitete er erfolgreich auf klassischen Etats wie Marlboro und holte sich so die gesamtkommunikative Erfahrung, die seine weitere Entwicklung prägte.

So ist Jörn Winter Initiator und Mitentwickler der Corporate Tonality-Methode®, die seit 1999 mit Erfolg eingesetzt wird, um die Sprache von Marken charakteristisch zu definieren. Seinen Aufgabenschwerpunkt hat er heute im Corporate Text Institut, das er 1998 parallel zu seiner Agenturarbeit mit begründete. Dort ist Winter als Berater und Trainer zum Thema „Sprache als Wettbewerbsfaktor" tätig. Darüber hinaus ist er Autor vieler Fachbeiträge und seit 1999 Dozent und Förderer der Texterschmiede Hamburg.

Jan Oliver Wurl

Jan Oliver Wurl beendete 1993 das Studium der Kommunikationswissenschaft an der Ludwig-Maximilians-Universität in München. Danach Berufsstart in die Werbung bei Wunderman Cato Johnson in Frankfurt am Main.

Anschließend war er in München, Berlin und Hamburg bei verschiedenen Agenturen als Texter, Creative Director und Geschäftsführer Kreation tätig. Fokus zunächst auf Ideenentwicklung, Konzept und Text für Dialogmarketing, Business-to-Business, heute auch auf integrierter Kommunikation und Markenaufbau.

2001 gründete Jan Oliver Wurl die Agentur camp in Hamburg und Berlin. Dort ist verantwortlich für den Bereich Kreation.

Jan Oliver Wurl ist Dozent an der Texterschmiede Hamburg.

Glossar

Abbildung
Merkmal der Werbemittelgestaltung, das von der Tatsache ausgeht, dass Flächen und lebensnahe Abbildungen die Aufmerksamkeit erhöhen.

Absatz
Teil des → Werbetextes, der eine geschlossene Sinneinheit repräsentiert. Der Absatz im Werbetext soll möglichst kurz gehalten sein und zwischen vier und maximal sieben Zeilen umfassen.
→ Satz, → Werbebrief, → Wort.

Account
der Etat, den ein Kunde einer Werbeagentur anvertraut. Auch Budget oder Konto genannt.

Action-device
englisch für → Handlungsauslöser

Action-getter
Synonym für → Handlungsauslöser

ADC
„Art Directors Club“ für Deutschland. Zusammenschluss von Kreativen aus der Werbebranche, der alljährlich die einfallsreichsten Arbeiten in verschiedenen Disziplinen (TV, Funk, Print etc.) bewertet und auszeichnet.

Add-a-card-Technik
Typ der Antworttechnik, die durch eine auf dem Werbemittel (z.B. Anzeige, Prospekt) angebrachte Antwortkarte bestimmt wird. Der Beworbene hat die Möglichkeit, ohne großen Aufwand zu antworten. Die Rückläufe dieser Technik sind deutlich höher als bei der Coupon-Technik.
→ Tip-on-Card.

Adressträger
Faktor der → Direktwerbung, der beim → Direct-mail mit der Adresse kombiniert wird.

aktiver Kunde (Synonym: Stammkunde)
Kunde, der wiederholt kauft.

Aktivierungstechnik
Synonym für → Handlungsauslöser.

Anmutung
Faktor des → Konsumentenverhaltens, der die positiven und negativen Empfindungen berücksichtigt, die in der Frühphase der vorkognitiven → Wahrnehmung mit einer Information verbunden werden und der die Werbeleistung ermittelt. Die Anmutung entscheidet damit, ob eine Information im bewussten Zustand als bedürfniskonform empfunden wird. In angebotsüberfluteten Märkten kommt ihr eine wachsende Bedeutung zu. Gemessen wird die Anmutung mit Hilfe des Tachistoskops.
→ Elementenpsychologie, → Ganzheitspsychologie, → Gestaltpsychologie.

Anrede
Element des → Werbebriefs, das personen- oder funktionsbezogen abgefasst werden kann. Je genauer es den Erwartungshorizont des Lesers trifft, desto höher ist die Leistung als → Werbewirkungsverstärker.
(1) personenbezogene Anrede (Struktur: Geschlecht, Titel, Vor- und Nachname),
(2) funktionsbezogene Anrede (Beispiel: Lieber Leser).

Antwortelement
Faktor der → Direktwerbung, mit dem der Beworbene die Möglichkeit erhält, dem Werbungtreibenden einfach zu antworten.
Beim → Direct-mail wird eine Postkarte, die bereits die Adresse des Absenders und des Empfängers trägt, eingesetzt. Die zurückgesandten Antwortelemente dienen, wenn sie sorgfältig gekennzeichnet sind, der Zuordnung einer Bestellung im Rahmen des Controlling.

Art Director
führender Grafiker, der verantwortlich zeichnet für alle grafischen Arbeiten.

Artwork
grafische und typografische Elemente eines Werbemittels.

Attention-Interest-Desire-Action-Formel (Kurzbenennung: AIDA-Formel)
Schema der Merkmalsabfolge einer Werbeaktion, die Aufmerksamkeit erregen, Interesse an dem beworbenen Gegenstand hervorrufen, den Kaufwunsch erzeugen und die umgehende Handlung einleiten soll.
Diese vier Stufen des Leserinvolvements müssen mit den Inhalten von vier Absätzen eines → Werbebriefs erzeugt werden.
Die AIDA-Formel wird in vielfältigen Formen in der Praxis eingesetzt.

Augenhaltepunkt (Synonyme: Blickfang, Eyecatcher, Stopper)
Gestaltungsmerkmal des Werbemittels, das durch typographische und bildliche Gestaltung das Verweilen des Auges sichert. Die Verweildauer liegt häufig nur bei Sekundenbruchteilen. In diesem Zeitraum wird vom Beworbenen entschieden, ob sich die weitere Rezeption empfiehlt oder nicht.
Besonders leistungsfähig sind alle typographischen Merkmale des → Werbebriefs. Die Bildleistung ist besonders hoch nach nachfolgender Skala:
(1) Menschen
Mensch wirkt stärker als Sache,
Auge wirkt stärker als Kopf,
Kopf wirkt stärker als Oberkörper,
Oberkörper wirkt stärker als der gesamte Körper,
ein Mensch wirkt stärker als mehrere Menschen.
(2) Sachen
Kreis wirkt stärker als Rechteck,
ein schräg gestelltes Rechteck wirkt stärker als ein horizontal ruhendes Rechteck.
→ Fixationsdauer; → Testimonial.

Beilage (Synonym: Insert; engl. insert, inset, enclosure)
Nutzung eines → Werbeträgers, bei der das Werbemittel lose dem Trägermedium beiliegt und mit Hilfe eines Buches (oder eines anderen Werbeträgers) verbreitet wird. Das Postentgelt regelt sich nach den aktuellen Bestimmungen der AGB Pressepost.

Benefit
englisch für Vorteil. Meint zumeist den wichtigsten Nutzen eines Produktes.
→ Vorteilsstrategie.

Bestellmöglichkeit
Merkmal des Direktwerbemittels, das die Bestellung einer Ware ermöglicht.
Aufbau bei wenigen Artikeln:
(1) Ein Artikel: Kästchen zum Ankreuzen,
(2) Mehrere Artikel: Kästchen zum Eintragen der Menge.
Aufbau bei zahlreichen Artikeln:
Bestelltabelle mit oder ohne Erwähnung der Artikel.
Grundsätzlich sollten alle Bestellmöglichkeiten angegeben werden. Mit der Anzahl der Bestellmöglichkeiten wächst die Bestellwahrscheinlichkeit.
→ Bingocard-Technik.

Bestellquote (Synonym: Umwandlungsrate)
Kennzahl der → Direktwerbung, die die Anzahl der Besteller aus der beworbenen Gesamtheit ermittelt.
Formel zur Berechnung der Bestellquote:
Die Bestellquote muss mit dem Bestellwert multipliziert werden, um den Umsatz einer Direktwerbeaktion zu berechnen.

Bildstrategien
Merkmal des Werbemittels, nach dem Bilder nach bestimmten Gesetzmäßigkeiten zu kombinieren sind, um optimale Aufmerksamkeitswirkung zu erzielen.

Blickverlauf
Rezeptionsmerkmal des Werbemittels, das den Verlauf der Rezeptionsrichtung betrifft. Der Blickverlauf kann durch verschiedene Merkmale von Text und Bild gesteuert werden. Zu diesen Merkmalen zählen u. a.:
(1) → Headline,
(2) → Postskriptum,
(3) → Farbe,
(4) → Abbildung.

Blindtext
Text, der als Stellvertreter für den späteren Text eingesetzt wird. Damit diese Platzhalter-Funktion deutlich wird, besteht er zumeist aus bunt zusammen gewürfelten Wörtern oder lateinischen Passagen.

Blocksatz
Drucksatz, der links und rechts bündig ist (wird i.d.R. in Büchern genutzt).

Body-copy
Werbetext, der ein Produkt erklärt. Er wird ergänzt von der → Headline.

Brainstorming
Gemeinsame Ideen- oder Argumente-Sammlung zu einem bestimmten Thema, bei der jeder spontan sagen kann, was ihm einfällt. Diskussion und Meinungsaustausch findet erst danach statt.

Break-even-Point (Kurzform: BEP)
Punkt, an dem der Umsatz die Kosten übersteigt und damit die Gewinnzone beginnt. Berechnungsformel zur Ermittlung des BEP beim Direct-mail-advertising: $\frac{\text{Werbekosten pro 100 Werbebriefe}}{\text{(Umsatz-Gesamtkosten)}}$

Briefing
Aufgabenstellung, die der Kunde der Werbeagentur zur Bearbeitung gibt. Sie sollte schriftlich abgefasst sein und als verbindliche Grundlage für die weitere Arbeit dienen.

Card-deck
Typ des Direktwerbemittels, das durch die Kombination von Postkarten zumeist verschiedener Anbieter bestimmt ist. Die Karten werden technisch mit einer Folienverpackung verpackt. Ziel ist es, den Cpo-Wert zu senken.

Cheshire-Etikett
Adresse, die neben anderen systematisch auf einer Liste aufgedruckt ist. Die Liste muss geschnitten und die Etiketten einzeln auf jeden Werbebrief aufgespendet werden. Das kostengünstige Verfahren wird mit wachsender Technologiequalität zunehmend seltener angewandt.

Claim
steckt verbal das Feld des Unternehmens ab, indem er das wichtigste Versprechen eingängig und prägnant formuliert. Der Claim ist im Gegensatz zum → Slogan Teil der Unternehmenswerbung.

Codierung
Verfahren der → Werbeerfolgsmessung, bei der einer Direktwerbeaktion ein eindeutiger Code zugeteilt wird. Der Code wird auf dem gedruckten oder elektronischen → Antwortelement angebracht. Jede beim Werbungtreibenden eingehende Antwort kann anhand des Codes einer Werbeaktion zugeordnet werden.

Copy
Werbetext, Manuskript oder Exemplar z.B. einer Zeitschrift. Aus dem Englischen von Kopie.

Copywriter
Werbetexter

Corporate Behaviour (Kurzform: CB)
Gebaren des Unternehmens in seiner Gesamtheit. Wird insbesondere durch das Verhalten der Mitarbeiter und der Führungskräfte bestimmt.

Corporate Design (Kurzform: CD)
visueller Auftritt des Unternehmens, grafisch manifestierter Teil der Corporate Identity (CI).

Corporate Identity (Kurzform: CI)
beschreibt den Charakter des Unternehmens, seine wichtigsten Grundsätze und einmaligen Stärken. Ist die zentrale Bezugsgröße für Corporate Behaviour, Corporate Design und Corporate Tonality (CT).

Corporate Tonality (Kurzform: CT)
definiert den verbalen Stil des Unternehmens, seine Ausdrucksweise und charakteristische Stimmlage.

Coupon
Typ des → Antwortmittels und flächiger Teil eines Werbemittels, der zur Antwort von diesem abgetrennt werden muss. Der Einsatz erfolgt i.d.R. bei Anzeigen und Prospekten.

Folgende optimale Merkmale für den Gestaltaufbau lassen sich ausdifferenzieren:

(1) Die Form sollte möglichst einfach auszuschneiden sein. Aufwändige Abweichungen von gängigen Formen (z.B. Stern, Wolke, etc.) laden nicht zum Ausschneiden ein und wirken damit als → Filter und nicht als → Werbewirkungsverstärker.
(2) Adresse – einfach und klar gestaltet – des werbungtreibenden Unternehmens,
(3) Kennziffer, die über die EDV die Zuordnung zu einer Aktion ermöglicht,
(4) unterbrochene Linie, die die Begrenzung des Coupons deutlich macht,
(5) Platzierung möglichst an Beschnittkanten.

Folgende juristische Merkmale, die für das Zustandekommen eines Vertrags notwendig sind, sind zu berücksichtigen:
Obligatorisch
(1) Widerrufsbelehrung mit Fristangabe bei Dauerschuldverhältnis,
(2) Bezeichnung des Produktes,
(3) Preis oder Subskriptionspreis mit Frist,
(4) Mindestlaufzeit eines Abonnements,
(5) Lieferbedingungen,
(6) Anschrift Besteller,
(7) Unterschrift.
Fakultativ:
(1) Rückgaberecht,
(2) Geldrückerstattungsgarantie,
(3) Geschenk,
(4) Vorteile des Produktes.

Creative Director
Chef der Kreation (Grafik, Text) in einer Werbeagentur oder -abteilung.

Creative Brief
die Verdichtung der Strategie als Grundlage und Vorgabe für die Arbeit der Kreation (Grafik, Text).

Database (dt. Datenbank)
übergeordneter, computergesteuerter Speicher, der systematisch Daten und Informationen sammelt und verwaltet. Der Inhalt der Database kann mit geeigneten Programmen strukturiert abgefragt und ausgegeben werden.

Datum
Merkmal des → Werbebriefs. Das Datum signalisiert Aktualität. Ist durch Postlaufzeiten oder ähnliche verzögernde Verfahren keine deutliche Nähe zwischen aufgedrucktem Datum und Auslieferdatum, verringert das Datum die Werbewirkung.

Deckungsbeitrag
Kennzahl der Erfolgsrechnung. Der Deckungsbeitrag eines Objekts wird als Differenz zwischen seinem Gesamterlös und den direkt verursachten Einzelkosten berechnet. Er wird als Gesamtbetrag ausgedrückt und deckt einen Teil der unternehmensfixen Gemeinkosten.

Deadline
Endgültiger Abgabe- oder Schlusstermin.

Dialogmarketing
Merkmal des Direktmarketing, das keine einkanalige Marktkommunikation impliziert, sondern die Möglichkeit zur Antwort, die als → Reaktion bezeichnet wird. Die exakte Plan- und Messbarkeit des Dialogmarketing macht es gerade bei komplex erfassten Zielgruppen zu einem höchst wertvollen Absatzinstrument.
→ Antwortelement.

Direct-advertising
Kurzbenennung für das Direct-response-advertising.

Direct-mail
Verfahren des Direktmarketing, das durch den Distributionsweg Post sowie das → Direct-mail-package bestimmt ist.

Direct-mail-package
Instrument des Direktmarketings, das u.a. durch folgende Elemente bestimmt ist:
(1) Kuvert,
(2) → Werbebrief,
(3) Antwortkarte,
(4) → Prospekt,
(5) Freimachung.

Direktmarketing (Synonyme: Direktmarktkommunikation, Direktwerbung, Direct-mail-advertising, Direct-response-advertising)
Instrument der Marktkommunikationspolitik, mit dem Güter und Dienste ohne Zwischenschaltung einer weiteren Absatzstufe (z.B. Handel) direkt und individuell den Zielpersonen angeboten und zumeist ein- oder mehrstufig verkauft werden. Die Distribution erfolgt im Wege des → Direktvertriebs. Besondere Bedeutung kommt der Analyse, Anreicherung und kontinuierlichen Pflege der Adressen (Instrument: Adressenarchiv) zu.
Folgende Instrumente des Direktmarketings lassen sich u. a. ausdifferenzieren:
(1) → Direct-mail,
(2) Telefonverkauf,
(3) Direktfernsehen,
(4) Direktaußendienst,
(5) Internet.

Die konstitutiven Elemente des Direktmarketings sind folgende:
(1) individualisierte Auswahl der Zielgruppen in Bezug auf das Angebot,
(2) individualisierte Ansprache (Werbemittelgestaltung) der Zielgruppe mit Rückkopplungselement (Coupon),
(3) Bildung von Plankennzahlen,
(4) Test verschiedener Werbemittel, Werbeträger und Zielgruppenstrategien,
(5) Durchführung der Hauptaktion mit dem optimierten Instrument,
(6) statistische Auswertung und Ermittlung von Ist-Kennzahlen,
(7) Optimierung der Merkmale der Aktion.
→ Direktvertrieb.

Direktvertrieb
Instrument der Distributionspolitik, mit dem Güter und Dienste ohne Zwischenschaltung einer weiteren Absatzstufe direkt nach der Bestellung aufgrund einer Aktion des Direktmarketings
(komplementär) an den Besteller ausgeliefert werden.

Direktwerbung
Synonym für → Direktmarketing.

Dissonanz-Theorie
(Synonym: Konsistenz-Theorie)
Theorie, die von der These ausgeht, dass menschlich-kommunikatives Handeln vom Streben nach kognitiver Homöostase begleitet ist.

Dummy
Attrappe, Modell.

Early-bird
handlungsauslösendes Element (→ Handlungsauslöser) der Direktwerbung. Vorteil für diejenigen, die unter „den ersten 100 Bestellern" sind. Er dient zur Erhöhung der → Reaktionsquote.

Elementenpsychologie
Theorie zur Erklärung des Phänomens der → Wahrnehmung, nach der das Ganze der Summe seiner Teile entspricht. Danach steigt die Wirkung eines Werbemittels nicht im gleichen Maße, wie es vergrößert wird. Entscheidend ist allein die einmalige Wahrnehmung. Die Konsequenz ist eine möglichst reizintensive Werbemittelgestaltung, d.h. die Summe aus intensiven Einzelelementen. Unter dem Gesichtspunkt jüngerer Forschungserkenntnisse (→ Ganzheitspsychologie, → Gestaltpsychologie), die vor allem die Anmutung als wesentliches Gestaltganzes berücksichtigt, ist die Theorie kritisch zu betrachten.

Exekution
Umsetzung und Ausführung der vorher festgelegten Ideen in Wort und Bild.

Farbe
Element des Werbemittels, das bei korrekter Anwendung eine verstärkende Werbewirkung ausübt.

Farbwirkung
Farbreize haben grundsätzlich eine hohe Aktivierungswirkung auf den menschlichen Orientierungsreflex. Farben wirken einerseits ordnend und andererseits beeinflussend auf den Rezipienten.

(1) Besonders hoch ist die Aufmerksamkeit des Rezipienten gegenüber Farben, wenn diese vor farblosem Hintergrund eingesetzt werden.

(2) Farben wirken ordnend, d.h. Informationen können durch Farben nach Bedeutung organisiert werden.
(3) Farben stimulieren eine positive oder negative Einstellung gegenüber dem dargestellten Gegenstand.
→ Werbewirkungsmodell.

Fettschrift (Synonym: Fettdruck)
typographisches Merkmal zur Hervorhebung im → Werbetext. Fett gedruckt sollten nur für den Leser wichtige Textteile werden. Grundsätzlich ist nicht mehr als ein Textteil pro Absatz durch Fettschrift hervorzuheben. Die Fettschrift konkurriert mit → Unterstreichung, → Kapitälchen und → Kursivschrift.

Filter (Kurzbenennung für Werbewirkungsfilter)
Merkmal eines Werbemittels, das die erwünschte Werbewirkung verfehlt.
Beispiel: Fehlende Absätze in einem Werbetext.
Antonym: → Werbewirkungsverstärker.

Fixationsdauer (Synonym: Verweildauer)
Zeitraum, den das Auge bei der Begegnung mit einem Werbemittel auf den → Fixationspunkten verharrt.
Die Fixationsdauer kann u. a. durch folgende Merkmale beeinflusst werden:
(1) Die Farbabbildung wirkt stärker als die Schwarz-weiß-Abbildung.
(2) Die Kopfabbildung (Porträt) wirkt stärker als eine Halbtotale, diese stärker als die Totale, diese stärker als die Gruppe.
(3) Das Echtfoto wirkt zumeist stärker als eine Zeichnung.
(4) Der Kreis wirkt stärker als das Rechteck.
(5) Das diagonale Element wirkt stärker als das waagrechte, da es Bewegung ausdrückt.
→ Augenhaltepunkt.

Fixationspunkt (Synonym: Haltepunkt)
graphisches Element des Werbemittels, auf dem der Blick für Sekundenbruchteile verharrt. Als Fixationspunkt können u. a. wirken:
(1) Bild (belebt – unbelebt, farbig – schwarz-weiß etc.)
(2) geschlossene Formen (Balken, Kreis, Quadrat etc.).

Die wichtigsten Fixationspunkte des Werbebriefs, die die unausgesprochenen → Leserfragen beantworten, sind u. a.:
(1) Absender,
(2) Anschrift mit persönlicher Anrede,
(3) → Unterstreichung oder Fettdruck,
(4) → Unterschrift,
(5) → Postskriptum.
→ Fixationsdauer.

Flattersatz
Unregelmäßig auslaufender Satz, links- oder rechtsbündig, z.B. im Werbebrief. Gegenteil: → Blocksatz.

Flyer (Synonym: Stuffer)
Werbemittel, das ein geringes Gewicht sowie ein kleines Format aufweist. Es dient dazu, die Gewichtsdifferenz zwischen Hauptwerbemittel und Gewichtsobergrenze der Portoklasse auszugleichen.

Folder
planes, gedrucktes Werbemittel, das gefalzt ist.

Follow-up
(1) Direktwerbeaktion, die als ungeplante zweite Stufe an Adressen durchgeführt wird, deren Response ausblieb oder gering ausfiel.
(2) Direktwerbeaktion, die an Respondenten als geplante zweite Stufe durchgeführt wird.

Freelancer
Frei, also auf eigene Rechnung, arbeitender Grafiker, Texter, Fotograf, Journalist oder anderer Spezialist.

Freundschaftswerbung (engl. Member-gets-member)
Typ der Kundenakquise, bei dem ein Kunde einen Nichtkunden als Käufer vermittelt. Mit diesem Verfahren werden gezielt neue Käuferkreise erschlossen und ein stilles Verkaufspotenzial geweckt. Der Freundschaftswerber erhält i.d.R. eine Sachprämie nach Vertragsabschluss.

Ganzheitspsychologie

Theorie zur Erklärung des Phänomens der → Wahrnehmung, nach der unwillkürliche Gefühle die Wahrnehmung bestimmen. Der Anmutungscharakter eines Reizes, der der Wahrnehmung vorausgeht, wird zuerst geprüft. Das nachfolgende Bild wird, obwohl es bei längerer kognitiver Analyse kein Abbild der möglichen Wirklichkeit bietet, als möglich, d.h. als ungegliederte Ganzheit wahrgenommen. Das allgemeine Theorem ist, dass das Ganze mehr ist als die Summe seiner Teile.
→ Elementenpsychologie, → Gestaltpsychologie.

Garantie

Merkmal des Direktmarketing, das weitere Dienstleistungen um das Produkt formiert. Es dient dazu, die kognitive Dissonanz des potenziellen Käufers zu senken.
Der Garantietext ist häufig auf der Antwortkarte, die im Format Lang-DIN auf einer Seite einen abzutrennenden Abschnitt hat, aufgedruckt.
Aufbau des Garantieabschnitts:
(1) Headline mit Text (z.B. Ihre Garantien),
(2) Aufzählung der Garantien mit Nummerierung,
(3) Unterschrift eines Vertrauensträgers im Unternehmen.
Textbeispiele für Einzelgarantien:
(1) Geld-zurück-Garantie,
(2) Ansichtsgarantie,
(3) Zusatzgeschenk, das trotz Rücksendung behalten werden darf.

Gestaltpsychologie

Theorie der Berliner Schule zur Erklärung des Phänomens der → Wahrnehmung. Danach ist die Gestalt mehr als die Summe ihrer Teile, d.h., die Gestaltfaktoren werden nicht additiv wahrgenommen. Die Gestaltpsychologie spielt eine bedeutende Rolle bei der Gestaltung von Werbemitteln.
→ Elementenpsychologie, → Ganzheitspsychologie.

Gewinnspiel

Handlungsauslöser der → Direktwerbung, bei dem der Beworbene die Möglichkeit hat, einen Gewinn zu erhalten.
Gewinnspiele lassen sich u. a. nach der Leistung des Mitspielers ausdifferenzieren:
(1) ohne Leistungserbringung: Gratisverlosung (→ Sweepstake),

(2) mit Leistungserbringung: → Preisausschreiben.
Gewinnspiele erhöhen nachweislich die Anzahl der → Reaktionen.

Gimmick
handlungsauslösendes Element (→ Handlungsauslöser) der Direktwerbung. Meist besonderer Blickfang.

Give-away
kleines Werbegeschenk.

Gratisangebot
handlungsauslösendes Element (→ Handlungsauslöser) der Direktwerbung. In der Medienbranche meist bei Loseblattwerken eingesetzt, zu denen kleine Geschenke für schnelle Besteller mitgegeben werden.

Grundfrage
inhaltliches Strukturelement des → Werbetextes im → Direct-mail, das auf dem Leser a priori unterstellte Fragen, die sich auf das Leistungsspektrum des beworbenen Gutes beziehen, Antwort gewährt.
Beispiele: Was leistet das Produkt? Was kostet das Produkt?
→ Leserfrage, unausgesprochen, → Produktfrage.

Haltepunkt
Synonym für → Fixationspunkt.

Handlungsauslöser (engl. Action-device, Action-getter; Synonym: Aktivierungstechnik)
Element im Rahmen der Direktwerbung, das zu einer Handlungsauslösung beim Beworbenen führt.

Hauswurfsendung
Instrument der Werbemitteldistribution, das die Verteilung eines nicht personalisierten Werbemittels durch spezielle Dienstleister an die Zielgruppe vorsieht.

Headline (dt. Schlagzeile, Überschrift)
Die Headline greift den Kern einer werblichen Aussage in besonders spannungerzeugender und konzentrierter Form auf. Deshalb sollte sie mög-

lichst aus einem Hauptsatz und kurzen Wörtern zusammengesetzt sein.
Beispiele: „Der neue Medicus“ (Noah Gordons „Der Medicus von Saragossa“).
„Mit dieser Reihe können Sie rechnen.“
„Neu bei Musterverlag.“
Auch ein → Testimonial kann als Headline genutzt werden:
„Das spannendste Buch, das ich je gelesen habe.“ (Arthur C. Clarke zu dem Thriller „Temesis“).
„... das ist wirklich ein Jahrhundertwerk.“ (Professor Hölzel zum „Handbuch der Faser“).

Hotline
Typ des Antwortmittels der Beworbenen, das durch einen hohen Umsatz pro Zeiteinheit innerhalb einer Grundgesamtheit bestimmt ist.

Image
Mehrheitliche Vor- und Einstellung gegenüber einer Person, einem Unternehmen, einem Produkt oder einer Marke.

Involvement (Synonym: Ich-Beteiligung, engl. = Verwicklung)
grundlegender psychischer Zustand der phasischen Aktivierung des Konsumenten beim → Kontakt mit einem Werbemittel bzw. einer Kaufsituation u. a. aufgrund von folgenden Parametern:
(1) Motive und Einstellungen (z.B. Einstellung zum Produkt, zur Marke allgemein),
(2) Umweltreize (z.B. Anzeigen),
(3) Situation (z.B. Fachbuch für die Vorbereitung auf ein Referat).
Das Involvement der Zielgruppe muss neben Kosten- und Reichweitenparametern bei der → Mediaplanung und → Mediaselektion berücksichtigt werden.

Junior
Anfänger in einer Werbeagentur.

Kaltadresse
Typ der Adresse, zu der noch kein Kontakt besteht.

Kampagne
Werbefeldzug für ein Produkt oder Unternehmen.

Kapitälchen
typographisches Merkmal zur Hervorhebung im → Werbetext. Die Schrift mit Kapitälchen ist schlechter lesbar und sollte deshalb nicht im werblichen Kontext zur Hervorhebung verwandt werden.

Katalogmarketing
Typ des Direktmarketings, bei dem als Werbemittel ein Katalog eingesetzt wird.

Katazin
Typ des Katalogs, der die formale Anmutung eines Magazins hat.
→ Megalog.

Konfektionierung
technisches Verfahren, das die Teile eines Direct-mail-packages zusammenfügt.
Folgende Schritte werden u. a. durchgeführt:
(1) Falzen der Werbemittel,
(2) Kuvertieren der Werbemittel,
(3) Adressieren der Werbemittels,
(4) Frankieren der Werbemittel,
(5) Postauflieferung.
→ Letter-shop.

Konsistenz-Theorie
→ Dissonanz-Theorie.

Konsumentenverhalten (Synonym: Käuferverhalten)
Gesamtheit aller Verhaltensmuster der Konsumenten von Waren und Dienstleistungen, grundlegend für Entscheidungen in Produkt- und Marktkommunikationspolitik.

Kontakt
Leistungsmerkmal eines werbungtragenden Mediums und begrifflich das In-Verbindung-Treten einer Zielperson aus einer Bedarfsgruppe mit dem

Werbemittel (Werbemittelkontakt) bzw. einem → Werbeträger (Werbeträgerkontakt). In der Praxis wird meistens der Werbeträgerkontakt ermittelt.

Kontakter
Vertreter der Werbeagentur, der den Kontakt zum Kunden hält.

Kontakthäufigkeit (Synonyme: Kontaktfrequenz, Kontaktmenge, Kontaktzahl)
Kennzahl der Mediaerkundung für die Anzahl der → Kontakte, die ein Mediennutzer (= Umworbener) mit einem oder mehreren Werbemitteln in → Werbeträgern hat.

Kontaktqualität
Kenngröße für die Zweckeignung, um zum einen damit die Kommunikationsleistung der → Werbeträger in Hinblick auf Bedarfsgruppe und Werbebotschaft bestimmen zu können und um zum anderen eine Selektion von Werbeträgern durchführen zu können. Kenngrößen zur Ermittlung der Kontaktqualität sind u. a. die Nähe zum Medium und die Leser-Blatt-Bindung.

Kundenkarte (Synonym: Card, Kundenkreditkarte, Membercard, VIP-Karte)
Instrument der Kundenbindung, das dem Kunden einen besonderen Vorteil beim Einkauf gewährt.
Zu den Vorteilen gehören u. a.:
(1) schnelles und einfaches Zahlungssystem insbesondere beim elektronischen Einkauf im Internet.
(2) Rabatt.

Kundenprofil
Instrument der Kundenpolitik, das die Optimierung der absatzbestimmten Kundenmerkmale vorsieht.
Zu den wichtigen Merkmalen bei aktiven Kunden zählen u. a.:
(1) Kaufsumme pro Kauf,
(2) Kaufsumme pro Zeiteinheit,
(3) Kauffrequenz,
(4) Zahlungsweise (Kreditkarte, Überweisung),
(5) Zahlungsqualität (z.B. mit Skonto),
(6) Kaufthemen (eine oder mehrere Produktlinien).
→ Kundenkarte.

Kursivschrift
typographisches Merkmal zur Hervorhebung im → Werbetext. Die Schrift mit kursiven Buchstaben ist schlechter lesbar und sollte deshalb im werblichen Kontext vermieden werden.

Layout
Detaillierter grafischer Entwurf mit Headline- und Textplatzierung für eine Drucksache. Oder grafische Aufmachung einer Zeitung oder Zeitschrift.

Leserfrage, unausgesprochen
Merkmal des gedruckten Direktwerbemittels, das von der Annahme ausgeht, dass verschiedene → Werbewirkungsverstärker besondere Fragen auslösen. Die Leserfragen können nach ihrem Bezug auf das allgemeine Umfeld und das konkret angebotene Produkt unterschieden werden. Die Differenz der Summen aller negativen und positiven Antworten auf die Leserfragen führt zur Vermeidung oder zur Auslösung der Kaufhandlung.
Folgende Leserfragen lassen sich u. a. ausdifferenzieren:
(1) allgemeine Fragen (→ Grundfrage)
Briefkopf: Wer schreibt mir?
Betreff: Was will der Schreiber von mir?
→ Postskriptum: Was gibt es noch Wichtiges?
(2) produktbezogene Fragen (Produktfrage)
→ Unterstreichung: Welchen Vorteil bietet das Produkt?
Aufzählung: Welche Produktmerkmale sind für mich vorteilhaft?
→ Dialogmarketing.

Letter-shop
Dienstleistungsunternehmen, das das Verfahren der → Konfektionierung im Auftrag des Werbungtreibenden durchführt.

Leporello
Prospekt mit Zickzack- oder Ziehharmonika-Falz.

List-broker
Unternehmen, das Adressen vermittelt, die nicht in dessen Eigentum stehen.

Logo
Schriftzug, Firmenzeichen, Signet für ein Produkt oder Unternehmen. Ist Bestandteil des → Corporate Design.

Mailorder
englisch für → Postkauf.

Media-Mix
Bündelung von Werbemaßnahmen für ein Werbeobjekt.
→ Mediastrategie.

Mediaplan (Synonyme: Einschaltplan, Streuplan; engl. media plan)
Schema, in dem eine Werbekampagne für ein Werbeobjekt im Rahmen eines Werbeetats zeitlich und phasengegliedert zusammengestellt ist.

Mediaplanung (engl. media planning)
Instrument der Kommunikationspolitik. Bei der Mediaplanung wird, ausgehend vom Werbeobjekt, die optimale Werbeträger-Kombination zur Erreichung des Werbeziels festgelegt.

Die Festlegung der Werbemaßnahmen setzt eine Phasengliederung voraus:
(1) Definition der Leistungs-/Nutzenmerkmale des Produkts,
(2) Festlegung der Mediainvestition (Budget),
(3) Festlegung der Bedarfsgruppe nach soziodemographischen, -ökonomischen u. a. Merkmalen,
(4) Festlegung der Mediengruppe,
(5) Festlegung der Medien nach quantitativen (z.B. TKP) und qualitativen Merkmalen (z.B. → Kontaktqualität),
(6) Durchführung bzw. Einschaltung,
(7) Kontrolle.

Nach differenzierter Analyse der Bedarfsgruppe kann der Einsatz der Werbemittel nach Leistungskennzahlen ausgesuchter → Werbeträger gezielt erfolgen. Wichtig sind dabei folgende Planungsparameter:
(1) Bestimmung der Bedarfsgruppe,
(2) → Reichweite und verwandte Kennzahlen der möglichen Werbeträger,
(3) → Kontakthäufigkeit der möglichen Werbeträger,
(4) Kontaktverteilung der möglichen Werbeträger,
(5) → Kontaktqualität der möglichen Werbeträger.

Der Einsatz der Werbemittel wird in Anzahl, Umfeld und Zeitpunkt festgelegt.

Mediaselektion (engl. media selection)
Methode zur Ermittlung der optimalen Kombination der bedarfsgruppenrelevanten Trägermedien innerhalb einer Mediengattung bzw. innerhalb mehrerer Mediengattungen zur Optimierung des Werbeziels. Bei der Selektion von Werbemitteln und Werbeträgern ist es schwierig, valide vergleichbare Grundeinheiten (z.B. → Kontakt, → Reichweite etc.) zu definieren, da die Medialeistung der unterschiedlichen Trägermedien aus einer Bündelung von variablen Faktoren (z.B. Schrift, Ton, Bild) besteht.
→ Involvement.

Mediastrategie (engl. media strategy)
Teilbereich der Werbestrategie, der sich beschränkt auf die Auswahl der Werbemedien unter dem Gesichtspunkt der ökonomischen Optimierung unter Berücksichtigung der Kennzahlen zur Erreichung des Kommunikationsziels. Leistungsdaten der Medien in ihrer Funktion als Werbeträger werden im inter- und intramedialen Vergleich ermittelt und bereitgestellt.
→ Kontakt, → Reichweite.

Me-Too-Effekt
Nachahmungseffekt

Megalog
Typ des Katalogs, der die formale Anmutung eines Magazins hat.
→ Katazin.

Multimedia
Bezeichnet die Integration unterschiedlicher Medien (Bild, Ton, Text, Film, Grafik) in einem Datenträger.

Nachfasswerbung
Synonym für → Follow-up.

Nachnahmeversand (engl. Cash-on-delivery)
Typ eines Zahlungssystems, das durch die direkte Bezahlung an den Auslieferer bestimmt ist. Das Inkassorisiko entfällt.

negative Option
handlungsauslösendes Element (→ Handlungsauslöser) der Direktwerbung, bei der ein Abonnement fortgesetzt wird, wenn nicht vom Bezieher ausdrücklich dagegen optiert wird („Ja, wenn ich nicht ausdrücklich 20 Tage nach Erhalt des kostenlosen Probeexemplars schriftlich beim Verlag widerrufe, dann möchte ich auch weiterhin die Zeitschrift xyz beziehen“).

One-to-one
Modus der Marktkommunikation, der u. a. mit dem Instrument der personalisierten E-Mail von einem Absender zu einem Empfänger durchgeführt wird.

Orderstart
Typ des Angebotes im Direktmarketing, das durch die Hervorhebung eines besonderes günstigen Preises für ein bestimmtes Produkt bestimmt ist.
Katalog: I.d.R. ist das Produkt bereits auf dem Bestellelement eingedruckt und kann vom Besteller leicht aktiviert werden.
E-Business: Sonderangebote von Amazon: „Buch des Tages“.

passiver Kunde (Synonym: inaktiver Kunde)
Typ des Kunden, dessen letzter → Kontakt so lange zurück liegt, dass er nicht mehr zu den → aktiven Kunden zählt. Das Merkmal der Passivität hängt vom Erfahrungswert des Unternehmens ab.

Pitch
Wettbewerb mehrerer Werbeagenturen um einen Auftrag bzw. den Etat eines Kunden.

Plagiat
Nachahmung, Nachbildung z.B. eines Produktes oder einer Werbe-Idee.

Plakat
klassisches Werbemittel der Außenwerbung (18/1 Plakat, City-Light-Poster), das aber auch zur Laden- und Schaufenster-Dekoration eingesetzt wird und sich i.d.R. durch fokussierte Bildmotive und knappe Aussagen auszeichnet.

Point of Sale (Kurzform: POS)
Ort des Verkaufs, Ladengeschäft, Verkaufsraum.

portofreie Antwort
handlungsauslösendes Element (→ Handlungsauslöser) der Direktwerbung, das mit der kostenfreien Antwortmöglichkeit wirbt („Die Postgebühr bezahlen wir für Sie!“).

positive Option
handlungsauslösendes Element (→ Handlungsauslöser) der Direktwerbung, bei der beispielsweise für ein Abonnement optiert wird („Ja, bitte liefern Sie mir bis auf Widerruf die Zeitschrift xyz“).

Postkauf (engl. mailorder)
Typ des Kaufs, der durch den medienvermittelten Beleg- und Warenprozess bestimmt ist.

Postkäufer (Synonym: Direktkäufer, Medienkäufer, Mailorder)
Merkmal der Zielgruppenpolitik im Direktmarketing, das Käufer durch den medienvermittelten Bezugsweg bestimmt. Die Verkaufserfolge mit Postkäufern sind – so alle weiteren erfolgbestimmenden Parameter nach Branchenerfahrung berücksichtigt wurden – gut.
Antonym: Ladenkäufer.
Unterbegriff: → Hotline.

Postskriptum (lat. = Nachschrift)
Merkmal des → Werbebriefs. Der Nachsatz, der nach dem eigentlichen Text folgt, wird meist zuerst gelesen. In jedem Fall muss er einen deutlichen Vorteil enthalten. Enthält er diesen, dann verstärkt er die Werbewirkung deutlich. Enthält er diesen nicht, dann wirkt er genau gegenteilig und verringert die Werbewirkung.

Preisausschreiben
Typ des → Gewinnspiels, bei dem der Mitspieler eine Leistung (z.B. Lösung eines Rätsels) zu erbringen hat, um daran teilzunehmen.

Pretest
Testaussendung

Produktfrage
inhaltliches Strukturelement des → Werbetextes im → Direct-mail, das auf dem Leser a priori unterstellte Fragen, die sich auf grundsätzliche Lebenssituationen beziehen, Antwort gibt.
→ Grundfrage.

Promotion
Verkaufsförderung

Proof
Probeabzug, der häufig zur Abstimmung des endgültigen Druckergebnisses dient.

Prospekt
Kurzbenennung für Werbeprospekt.

Public Relations (Kurzform: PR)
Öffentlichkeitsarbeit eines Unternehmens, die sich i.d.R. an Medienvertreter wendet, um über die spätere Berichterstattung in Fernsehen, Zeitungen und Zeitschriften für positive Nachrichten und Vertrauen beim eigentlichen Konsumenten zu sorgen.

Publisher's letter
handlungsauslösendes Element (→ Handlungsauslöser) der → Direktwerbung, bei der auf dem Umschlag ein spannungsaufbauender Text aufgedruckt ist („Diesen Brief sollten Sie nur öffnen, wenn Sie künftig Ihr Geld verdoppeln wollen").

Realisation
Umsetzung einer Werbekampagne oder eines Werbemittels bis zur Veröffentlichung.

Reaktion
Merkmal der → Direktwerbung, das die Rückmeldung eines Beworbenen bezeichnet. Die Rückmeldung erfolgt über den aktionsabhängigen Rückka-

nal (z.B. Antwortkarte, Antworttelefon, Antwort per Internet, etc.). Die Reaktionen werden in der Tagesstatistik genau nach Umsatz erfasst. Daraus ergeben sich wichtige Kennziffern wie u. a. → Umsatz pro Reaktion und die → Reaktionsquote.
→ Gewinnspiel, → Handlungsauslöser.
Antonym: Kosten pro Reaktion.

Reaktionsquote (Synonym: Responsequote)
Kennzahl des Direktmarketings, die in Prozent- oder Promillewerten das Verhältnis zwischen eingegangenen Reaktionen und der Anzahl der verbreiteten Direktwerbemittel ausdrückt.
Die Formel zur Ermittlung der Reaktionsquote lautet:
→ Gewinnspiel, → Reaktion.

Re-Briefing
Wird von der Agentur als Zusammenfassung des Kunden-Briefings (→ Briefing) verfasst, um zu dokumentieren wie die Agentur die Aufgabe verstanden hat. Wird mit dem Kunden nochmals abgestimmt.

Reichweite (engl. coverage, audience gross rating points)
Kennzahl zur Darstellung des Anteils der genau bestimmten Bedarfsgruppe, die pro Zeiteinheit mit einem bestimmten Werbeträger → Kontakt hat.

Relaunch
Aktualisierung eines Produktes, das bereits auf dem Markt ist, durch Produkt-Optimierung, Neugestaltung des Designs, der Verpackung oder der Werbung.

Response-Anzeige
Typ der Anzeige, die über ein Antwortmittel verfügt.

Response-Quote
Synonym für → Reaktionsquote.

Robinsonliste
Adressendatei, deren Adressen ausdrücklich nicht beworben werden wollen. Im → Direct-mail besteht die Verpflichtung, diese Adressen nicht zu bewerben. Aus diesem Grund werden Adressendateien vor einer Nutzung mit der Robinsonliste abgeglichen.

Rückgabegarantie

handlungsauslösendes Element (→ Handlungsauslöser) der → Direktwerbung, das mit der Gefahrlosigkeit des Kaufs wirbt („Wenn es Ihnen nicht gefällt, schicken Sie es einfach zurück. Damit ist die Sache für Sie erledigt“).

Sample

Testaussendung.

Satz

Teil des → Werbetextes, der eine syntaktische und semantische Einheit bilden soll. Der Satz sollte möglichst kurz gefasst sein und möglichst nur aus einem Haupt- und einem Nebensatz bestehen.
→ Absatz, → Wort.

Satzspiegel

die zu bedruckende Fläche einer Seite.

Scribble

Skizze, Entwurf, Vorstufe des → Layouts.

Script

Manuskript, Drehbuch.

Slogan

leicht eingängige Werbeparole, in der die zentrale Aussage einer → Kampagne zusammengefasst wird. Der Slogan bezieht sich im Gegensatz zum → Claim auf das Produkt bzw. Angebot.

Spot

Werbeeinschaltung im Fernsehen (TV-Spot) oder Radio (Funk-Spot).

Sprache

inhaltliches Merkmal eines Textes.
Werbesprache sollte insbesondere im Direktmarketing u. a. durch folgende Merkmale bestimmt sein:

(1) Das Sprachniveau muss sich an der Bedarfsgruppe orientieren. Ein angepasstes Bildzeitungs-Niveau empfiehlt sich im privaten Bereich immer.

(2) Verben statt Nomina („ausgeliefert" statt „wurde zur Auslieferung gebracht"),
(3) aktive statt passive Konstruktionen,
(4) Einsetzen farbiger Adjektiva,
(5) Auflösen langer Wörter durch einen Bindestrich,
(6) bildhafte Wörter statt abstrakte.

Stammkunde
Synonym für → aktiver Kunde.

Storyboard
folgt nach dem → Script als Entwurfskizze der einzelnen Szenen für den späteren Dreh.

Subhead
Unterzeile der Headline oder Zwischentitel im regulären Text, die durch erhöhte Schriftgröße bzw. fette Schrift hervorgehoben wird, um wichtige Inhalte zu betonen und den Text zu gliedern.

Sweepstake (Synonym: Gratisverlosung)
Typ des → Gewinnspiels, bei dem der Mitspieler bereits gewonnen hat, ohne dass er eine Leistung (z.B. Lösung eines Rätsels) erbringen muss.
Antonym: → Preisausschreiben.

Teaser
handlungsbeeinflussendes Element des → Werbetextes, das i.d.R. an exponierter Stelle (z.B. Kuvert, Anzeige) und in exponierender Weise (z.B. in einer differenzierenden Schriftgröße) anzubringen ist.
(1) Textbeispiele im B-2-B-Markt:
Einladung für den Chef!
Wichtige Chefinformation! Sofort weiterleiten!
Würden Sie für 10 Cent die Stunde einen Top-Berater einstellen?
(2) Textbeispiele im B-2-C-Markt:
Möchten Sie für 10 Euro nach London?
Dann hier öffnen.
Das Angebot gilt nur bis zum 10. September 2002!
Jetzt die letzte Chance!
Noch drei Tage bis zum Gewinn!

Testimonial

Typ des → Handlungsauslösers der Werbung, bei der ein Meinungsführer oder eine identifikationsstarke Persönlichkeit ihrer Zufriedenheit mit dem Produkt oder der Dienstleistung Ausdruck verleihen.
Beispiele:

(1) General-interest-Markt:
Uwe S., Ingenieur: „Mit dem Praxis-Ratgeber ‚Geld richtig anlegen' habe ich im Handumdrehen mein Vermögen verdoppelt."

(2) Professional-interest-Markt:
„‚Handbuch der Faser'– das ist wirklich ein Jahrhundertwerk." Prof. Dr. Josef Hölzel, Universität Wien.

Textstrategie

Merkmal des Werbemittels, nach dem Text nach bestimmten Gesetzmäßigkeiten aufzubauen ist, um eine optimale Aufmerksamkeitswirkung zu erzielen.
→ Bildstrategie.

Textteil-Anzeige

Rundum oder zumindest an drei Seiten von redaktionellen Beiträgen eingeschlossene Anzeige.

Tip-in

englisch für eingeheftete → Beilage.

Tip-on-Card

Typ der Antwortkarte, die durch vorformulierte Antworttexte bestimmt ist. Der Respondent kreuzt in der Regel die gewünschte Antwort an.

Tonality

Klang eines Textes, Stimmlage.
→ Corporate Tonality

Traffic
Kundenverkehr, Geschäftsverkehr.

Umbruch
Merkmal eines Textes oder einer Publikation (wie Zeitung, Zeitschrift, Buch). Anordnung eines Satzes und der Vorlagen (Abbildungen) auf dem → Satzspiegel.

Umwandlungsrate
Synonym für die → Bestellquote.

Unique Selling Proposition (Kurzform: USP)
Die Eigenschaft eines Produktes, die einzigartig ist, die es damit von allen anderen unterscheidet und deshalb als wichtigstes Argument für den Kauf eingesetzt wird.

Unterschrift
Merkmal des → Werbebriefs, das die persönliche Unterschrift eines verantwortlichen Mitarbeiters bezeichnet.
Die Unterschrift wird bei Beachtung u. a. folgender Merkmale als besonderer → Werbewirkungsverstärker betrachtet:
(1) gute Lesbarkeit,
(2) Originalschrift,
(3) Originalfarbe (z.B. blau).
→ Leserfrage, unausgesprochen.

Unterstreichung
Merkmal des Werbemittels, das die typographische Unterstreichung einer wichtigen Textstelle als → Werbewirkungsverstärker nutzt. Die Unterstreichungen sollten in der Weise vorgenommen werden, dass sie in ihrer konsekutiven Abfolge einen eigenen sinnvollen Kurztext bilden. Die Unterstreichung ist die ursprünglichste Form der Hervorhebung, da sie im handgeschriebenen Brief vorkam. Aus dieser Sicht ist sie nachdrücklich als elegante Markierung zu empfehlen.

Vorteilsstrategie
Merkmal des → Werbetextes, der die konsequente Abfolge von Produktvorteilen und allgemeinen Vorteilen als Handlungsauslöser versteht.

Wahrnehmung

Prozess der Verarbeitung von Umgebungsinformationen (Reizen) und inneren Empfindungen, die als Ergebnis einen Sinn ergeben. Die Marktkommunikation beeinflusst über geeignete Werbemaßnahmen die Wahrnehmung von Produkten und ihrer Leistung.
→ Anmutung, → Elementenpsychologie, → Ganzheitspsychologie, → Gestaltpsychologie.

Werbeantwort

Merkmal des Direktmarketings, bei dem die Antwortkarte den Hinweis trägt, dass sie nicht freizumachen ist. Die Werbeantwort ist ein → Werbewirkungsverstärker. Der Vermerk „Antwort" ist auf dem → Antwortelement anzubringen, um nicht den verkehrsüblichen Nachgebühren der Deutschen Post AG unterworfen zu sein.
Beispiel für die textliche Darstellung des Sachverhalts: „Gebühr bezahlt Empfänger".

Werbebrief

Instrument des Direktmarketing, das den personalisierten Brief zur Anbahnung einer wirtschaftlich bestimmten Beziehung nutzt. Er ist neben Briefumschlag, Prospekt und → Antwortelement ein konstitutives Element des → Direct-mail-package.
Bei der Herstellung von Werbebriefen ist darauf zu achten, dass diese zusammen mit den anderen Bestandteilen die Gewichtshöchstgrenze der Deutsche Post Briefpost nicht überschreiten. Bei höheren Auflagen wird der Brief mit Inhalt gedruckt. Bei kleineren Auflagen (bis ca. 20.000 Exemplaren) können die Texte in vorgedruckte Briefe mit einem leistungsfähigen Laserdrucker eingedruckt werden.
Mit der Zunahme der elektronischen Post wird der Werbebrief auf dieses neue Trägermedium abzustimmen sein.

Grundlegende, erfolgbestimmende Merkmale des Werbebriefs sind u. a.:
Adresse,
→ Datum,
Funktionsbezeichnung,
→ Fettschrift,
→ Headline,
→ Postskriptum,

→ Sprache,
→ Unterschrift,
→ Unterstreichung,
→ Absatz, → Satz, → Wort.

Werbeerfolgsmessung
Verfahren zur Bestimmung des Werbeerfolgs, der als Kennziffer auszuweisen ist. Im Direktmarketing kann aufgrund der Codierung der Adresse und der damit eindeutigen Zuordnung zu einer Werbeaktion der Erfolg eindeutig gemessen werden.

Werbegrundregeln
Merkmalkomplex, der den Grad der Werbewirkung bestimmt.
(1) Prinzip der Alleinstellung aller Botschaften,
(2) Prinzip der Einfachheit der Botschaft vor Vollständigkeit,
(3) Prinzip der Eindeutigkeit der Botschaft vor Umständlichkeit,
(4) Fremdähnlichkeit vermeiden,
(5) Prinzip der Selbstähnlichkeit in allen Kommunikationsäußerungen,
(6) Prinzip der Variation im Rahmen fester Bestandteile,
(7) Prinzip der zeitlichen Kontinuität der Werbemaßnahmen,
(8) Prinzip der Personalisierung aller Werbebotschaften,
(9) Prinzip des langsamen und kontinuierlichen Wandels aller marktkommunikativen Äußerungen,
(10) Prinzip der Zielplanung.

Werbetext
textbezogener inhaltlicher und formaler Teil des Werbemittels. Es gelten u. a. die Grundregeln für → Sprache, → Headline, → Unterstreichung und → Fettschrift.

Werbeträger
Streumedium, das als Träger für Werbemittel mit der Absicht verteilt wird, eine Werbewirkung zu erzielen; Distributionsinstrument zur absatzfördernden Informationsübermittlung, klassifiziert nach Druckmedien, elektronischen Medien, Außenwerbung und neuen Medien.

Werbewirkungsmodell
Erklärungsmodell, das den Einfluss von Werbung auf → Wahrnehmung, Erinnerung, Einstellung und Verhalten erklärt. Gemeinhin wird ein Stufenmodell (z.B. Stimulus-Reaktion- und Stimulus-Organismus-Reaktion-Modell) angesetzt. Dabei läuft der Kommunikationsprozess über die Stufen Perzeption, Apperzeption und Speicherung der Information, sodann Veränderung und Stabilisierung der Präferenzen sowie Veränderung oder Stabilisierung des Verhaltens ab. Komplexere Modelle gehen auf die Vernetzung der Teilfunktionen ein.

Werbewirkungsverstärker (Kurzbenennung: Verstärker)
Merkmal eines Werbemittels, das die erwünschte Werbewirkung in besonderem Maße erhöht. Bester Fall: Auslösung der Kaufhandlung. Der positive Wert der Summe aller Werbewirkungsverstärker, von denen die Summe der Werbewirkungsfilter abgezogen wurde, löst nach gängiger Lehre eine Handlung aus. Ein negativer Saldo führt zum Unterlass einer Handlung.
Beispiele:
(1) klare Struktur eines Werbemittels,
(2) klare und verständliche Sprache eines Werbetextes,
(3) → Garantie,
(4) Preisvorteil,
(5) Versandkostenvorteil (z.B. Kosten zahlt Empfänger),
(6) lesbare Unterschrift im Werbebrief,
(7) klare Benennung eines Ansprechpartners mit Rufnummer und E-Mail,
(8) eindeutige Kommunikationsadressen für alle Medien (z.B. Telefon, Internet, Mobile Device etc.) auf den Werbemitteln,
(9) Abbildung, die einen Vorteil demonstriert (z.B. Vorher-Nachher-Technik).
→ Werbebrief.

Wort
Teil des → Werbetextes, dem innerhalb eines → Satzes verschiedene sinnzuordnende und sinnvermittelnde Funktionen zukommen. Die Auswahl der Worte sollte nach folgenden Merkmalen erfolgen:
(1) Kurze Worte sind langen und zusammengesetzten Worten vorzuziehen,
(2) konkrete, lebendige, metaphorische Worte sind abstrakten vorzuziehen,
(3) Verben sind Nomina vorzuziehen.

Writer's Block
Schreibblockade, Schreibhemmung

Zielgruppe
Personen oder Unternehmen, die als potenzielle Abnehmer für ein bestimmtes Produkt angesehen werden.

Das letzte Wort

Das letzte Wort ist ganz einfach: Danke.

Danke allen, die mich ermutigt und unterstützt haben, dieses Buch herauszugeben und zu schreiben. Danke den Autoren, die neben der Hektik des Tagesgeschäftes die Zeit gefunden haben, Material zu sammeln, sich Gedanken zu machen und einen Beitrag zu schreiben. Ihre Erfahrung macht den Wert dieses Buches aus.

Danke vor allem Christian Storck, den ich über die Zusammenarbeit zu diesem Buch kennen und schätzen gelernt habe. Er hat sich vom Autor zum heimlichen Mitherausgeber entwickelt und hatte jederzeit eine gute Idee, wenn ich gerade keine mehr hatte.

Danke auch Bettina Quabius vom Deutschen Fachverlag. Ihr Einsatz hat mir sehr geholfen. Und Danke Jürgen Frühschütz für seine wertvolle Mithilfe bei der Entwicklung des Glossars.

Jörn Winter